请扫描下面的二维码标签,获取本书的融媒体资源。

教育心理学
(融媒体版)(书号33885)
请刮开后扫码获取本书资源
本码2028年12月31日前有效

备注:一书一码。使用过程中如果遇到技术问题,可发邮件至 cjing@pup.cn

北大版普通高等教育"十四五"规划教材
河南省高等学校精品资源共享课配套教材
河南省一流本科课程配套教材
河南省继续教育精品在线开放课程配套教材

# 教育心理学

(融媒体版)

主　编　徐　凯
副主编　毛艳霞　李　燕
　　　　郑满利　乔晓熔

## 图书在版编目（CIP）数据

教育心理学：融媒体版／徐凯主编． —北京：北京大学出版社，2023.5
21 世纪教师教育系列教材
ISBN 978-7-301-33885-8

Ⅰ. ①教… Ⅱ. ①徐… Ⅲ. ①教育心理学—师范大学—教材 Ⅳ. ①G44

中国国家版本馆 CIP 数据核字(2023)第 057317 号

| | |
|---|---|
| 书　　　名 | 教育心理学（融媒体版）<br>JIAOYUXINLIXUE（RONGMEITI BAN） |
| 著作责任者 | 徐　凯　主编<br>毛艳霞　李　燕　郑满利　乔晓熔　副主编 |
| 策 划 编 辑 | 胡云峰　陈　静 |
| 责 任 编 辑 | 陈　静 |
| 标 准 书 号 | ISBN 978-7-301-33885-8 |
| 出 版 发 行 | 北京大学出版社 |
| 地　　　址 | 北京市海淀区成府路 205 号　100871 |
| 网　　　址 | http://www.pup.cn　新浪微博：@北京大学出版社 |
| 微信公众号 | 通识书苑（微信号：sartspku） |
| 电 子 信 箱 | zyl@pup.pku.edu.cn |
| 电　　　话 | 邮购部 010-62752015　发行部 010-62750672　编辑部 010-62707542 |
| 印 刷 者 | 北京市科星印刷有限责任公司 |
| 经 销 者 | 新华书店<br>787 毫米×1092 毫米　16 开本　19.25 印张　490 千字<br>2023 年 5 月第 1 版　2023 年 5 月第 1 次印刷 |
| 定　　　价 | 59.00 元 |

未经许可，不得以任何方式复制或抄袭本书之部分或全部内容。
**版权所有，侵权必究**
举报电话：010-62752024　电子信箱：fd@pup.pku.edu.cn
图书如有印装质量问题，请与出版部联系，电话：010-62756370

# 主 编 简 介

徐凯，洛阳师范学院教育科学学院副教授，心理学博士，硕士生导师，河南省高校青年骨干教师，中国心理学会文化心理学专业委员会委员。主要研究领域为文化与认知、发展与教育心理、健康与咨询心理、社会治理心理等。主持国家社会科学基金项目、河南省哲学社会科学规划项目、河南省重点研发与推广专项（软科学研究）项目、河南省教育科学"十四五"规划重点课题、河南省教师教育课程改革研究项目等20多个课题，在《心理科学》等刊物上发表论文近30多篇，已出版专著1部，副主编国家级和省级规划教材2部，主持和参与撰写资政报告多篇。

# 副主编简介

**毛艳霞** 洛阳师范学院教育科学学院副教授，心理学硕士。主要研究领域为青少年心理、亲子关系、情绪与压力管理等。主持多项地厅级课题，发表论文多篇，参编多部教材。

**李　燕** 洛阳师范学院教育科学学院讲师，心理学硕士。主要研究领域为人格心理学、心理咨询、团体辅导等。主持多项地厅级课题，发表论文10余篇，参编多部教材。

**郑满利** 洛阳师范学院教育科学学院讲师，心理学硕士。主要研究领域为发展心理学、教育心理学等。主持多项地厅级课题，发表论文10余篇，参编多部教材。

**乔晓熔** 洛阳师范学院教育科学学院讲师，心理学硕士。主要研究领域为心理统计、教育心理学等。主持多项地厅级课题，发表论文多篇，参编多部教材。

毛艳霞　　　　李燕　　　　郑满利　　　　乔晓熔

# 内 容 简 介

　　本书秉持"课程思政"育人思想，结合中小学教育教学实践所需，有机整合教育心理学的相关内容，形成了完整而清晰的学科体系。本书坚持科学性、基础性和实用性的原则，内容覆盖了中小学教师资格考试和教师招聘考试知识点，从理论基础、心理发展、学习心理、因材施教、教学组织五个方面对教育心理学的内容做了系统介绍：第一编理论基础主要介绍教育心理学的基本问题和理论取向；第二编心理发展与教育主要分析了认知、语言、情绪、人格、社会性与品德上的发展特点及教育；第三编学习心理与教育从学习动机、学习策略、知识学习、学习迁移、问题解决与创造力五个方面，具体阐述了学生的学习心理；第四编因材施教与教育从个体差异、性别差异两个角度，阐述了因材施教的意义和教学策略；第五编教学组织与教育主要包括教学设计与评价、课堂和班级管理、教师心理、心理健康教育等内容。

　　作为河南省高等学校精品资源共享课、河南省一流本科课程、河南省继续教育精品在线开放课程的配套教材，本书为有效整合纸质图书与数字资源的优质"融媒体"教材，录制了配套的授课视频，教师可通过"中国大学 MOOC（慕课）"安排线上教学活动。此外，本书在每章学习之前、之中、之后分别设有多样化的栏目，既方便教师备课教学，也方便学生学习领悟。

　　本书既可以作为高等师范院校公共课的教材，也可以作为心理学及相关专业的教材，同时亦可作为其他教师教育、在职教师培训、准备参加教师资格考试和教师招聘考试考生的教材，对广大中小学和幼儿园教师、家长、相关专业教师和研究人员也有参考价值。

# 前　言

为严格教师职业准入，保障教师队伍质量，依据《教师法》《教师资格条例》和《中国教育现代化 2035》，教育部印发了《中小学教师资格考试暂行办法》，规定参加教师资格考试取得合格成绩是教师职业准入的前提条件，申请中小学教师资格的人员须分别参加相应类别的教师资格考试。其中，教育心理学是其考察的重要内容。为了更好地帮助师范生，我们秉持"课程思政"育人思想，结合中小学教育教学实践所需，以中小学教师资格考试和教师招聘考试为目标导向。

本书对教育心理学的内容作了全面系统的介绍，覆盖了中小学教师资格考试和教师招聘考试中的相关知识点，从理论基础、心理发展、学习心理、因材施教、教学组织五个方面进行论述，有机整合教育心理学的相关内容，形成了完整而清晰的学科体系。本书的结构共分为五大板块：第一编是理论基础，包含 1~2 章，主要介绍教育心理学的基本问题和理论取向；第二编是心理发展与教育，包含 3~4 章，主要分析了认知、语言、情绪、人格、社会性与品德上的发展特点及教育；第三编是学习心理与教育，包含 5~9 章，从学习动机、学习策略、知识的学习、学习迁移、问题解决与创造力五个方面，具体阐述了学生的学习心理；第四编是因材施教与教育，包含 10~11 章，从个体差异、性别差异两个角度，阐述了因材施教的意义和教学策略；第五编是教学组织与教育，包含 12~14 章，主要包括教学设计与评价、课堂和班级管理、教师心理、心理健康教育等内容。

为了努力将本书打造成有效整合纸质教材与数字资源的优质"融媒体"教材，我们精心准备了丰富的在线学习资料，以及由我们亲自录制的配套在线开放课程。该课程为河南省高等学校精品资源共享课、河南省一流本科课程和河南省继续教育精品在线开放课程，紧扣本教材的相关知识点，能极大促进教学和学习的顺利开展。授课教师可以通过"中国大学 MOOC（慕课）"安排线上教学活动。

本书坚持科学性、基础性和实用性的原则，强调贴近教学，服务教学，注重理论联系实际。针对学习的不同阶段，本书在每章学习之前、之中、之后分别设有多样化的栏目，既方便教师备课教学，也方便学生学习领悟。

在学习每章内容之前，设有"学习目标""知识导图""学前反思"三个栏目："学习目标"可为读者把握本章重点内容提供参考，了解本章重要知识点，清楚了解目标，学习才能更高效；"知识导图"可让读者在第一时间把握本章知识结构内容的框架，使读者对本章内容有个概括性的认识；"学前反思"在学习前引导读者进行思考，促进读者回忆起与本章内容相关的经验知识，带读者进入新的知识探索。

在学习每章内容之中，除在书中设有"知识窗"和"活动窗"栏目外，还设有二维码关联的在线学习资源——"慕课视频"，扫一扫二维码，就可以轻松浏览本书编委精心准备的在线学习资料。"知识窗"介绍相关知识点的鲜活事例，有助于读者理解晦涩或抽象的概念和知识。"活动窗"提供相应的教学案例，"慕课视频"是本书编委录制的开放课程，不仅能让读者深度学习，还可以促进知识的融会贯通。

在每章内容之后,设有"本章小结""知识练习""推荐读物"等栏目:"本章小结"系统总结了本章的重要知识点,为读者的复习和回顾提供方便,有助于读者再次系统把握本章重点内容;"知识练习"针对本章重点内容提出问题,深化对知识的学习,并帮助读者查漏补缺;"推荐读物"在本书内容基础上推荐其他补充读物和学习资料,进一步拓展读者的阅读领域。

本书既可以作为高等师范院校公共课的教材,也可以作为心理学及相关专业的教材,同时亦可作为其他教师教育、在职教师培训、准备参加教师资格考试和教师招聘考试考生的教材,对广大中小学和幼儿园教师、家长、相关专业教师和研究人员也有参考价值。

本书的编委均为洛阳师范学院教育科学学院应用心理学系的教师,且为河南省高等学校精品资源共享课、河南省一流本科课程和校级高等学历继续教育在线开放课程《教育心理学》的主讲教师,为本科生、研究生和校外培训学员主讲教育心理学多年,有着丰富的授课经验。

本书共十三章,具体分工如下:

徐凯任主编,组织编写并负责全书的结构体例、章节设定和统稿审定,撰写第三章、第四章、第十章、第十一章以及前言;

副主编有四人,其中毛艳霞负责撰写第五章并参与章节设定;李燕负责撰写第二章、第六章、第八章;郑满利负责撰写第一章、第九章、第十三章;乔晓熔负责撰写第七章、第十二章。

本书系河南省高校人文社会科学研究一般项目"GRC视角下我国儿童青少年性别角色认同的形塑机制及其教育模式研究"(2021-ZZJH-248)、河南省教师教育课程改革课题研究重点项目"卓越教师导向下师范生教研能力的培养模式研究与实践"(2022-JSJYZD-020)、河南省教育科学"十四五"规划重点课题"新时代我国儿童青少年性别角色教育困境及对策研究"(2022JKZD20)、河南省教师教育课程改革研究一般项目"OBE视域下地方高校中小学'卓越教师'协同培养心理推进模式研究"(2020-JSJYYB-051)的主要成果。

本书是编委们共同努力的结果,有幸得到北京大学出版社陈静编辑和胡云峰编辑的大力支持和协助,在此表示衷心的感谢!陈静编辑为本书的出版做了大量的工作,认真负责的工作态度令人敬佩!本书依托《教育心理学考试大纲》(小学、中学)构建了相关框架和知识点内容,在书中不再一一标明;同时本书在编写过程中还参阅和引用了国内外大量的文献资料,借鉴和吸收了国内外同行的最新研究成果,在此一并表示深深的谢意!洛阳师范学院2018级和2019级应用心理学系本科生以及我带的研究生参与到对本书部分内容的校对工作中,在此也表示衷心的感谢!

由于各种条件和编者水平所限,本书疏漏之处欢迎学界同行和广大读者批评指正!

徐　凯<br>
2022 年 5 月 22 日

# 目　　录

## 第一编　理论基础

### 第一章　绪　论 … 3
- 第一节　教育心理学的研究对象 … 4
- 第二节　教育心理学的起源与发展 … 12
- 第三节　教育心理学的研究原则与方法 … 16

### 第二章　学习的基本理论 … 24
- 第一节　学习概述 … 25
- 第二节　行为主义学习理论 … 28
- 第三节　认知学习理论 … 37
- 第四节　人本主义学习理论 … 45
- 第五节　建构主义学习理论 … 47

## 第二编　心理发展与教育

### 第三章　认知、语言与情绪发展 … 53
- 第一节　发展的实质与议题 … 54
- 第二节　认知的发展 … 60
- 第三节　语言和情绪的发展 … 80

### 第四章　人格、社会性与品德发展 … 87
- 第一节　人格的发展 … 88
- 第二节　社会性发展：家庭、同伴和教师 … 98
- 第三节　品德的发展 … 103

## 第三编　学习心理与教育

### 第五章　学习动机 … 117
- 第一节　学习动机概述 … 118
- 第二节　学习动机理论 … 123
- 第三节　学习动机的培养与激发 … 129

### 第六章　学习策略 … 139
- 第一节　学习策略概述 … 139
- 第二节　常见的学习策略 … 143

第三节　学习策略的训练 ·············································· 152

第七章　知识的学习 ···················································· 157
　　第一节　知识学习概述 ·············································· 158
　　第二节　陈述性知识的学习 ·········································· 164
　　第三节　程序性知识的学习 ·········································· 174

第八章　学习迁移 ······················································ 184
　　第一节　学习迁移概述 ·············································· 185
　　第二节　学习迁移的理论和研究 ······································ 188
　　第三节　学习迁移的影响因素 ········································ 193
　　第四节　促进迁移的教学策略 ········································ 199

第九章　问题解决与创造力 ·············································· 204
　　第一节　问题与问题解决 ············································ 204
　　第二节　问题解决能力的培养 ········································ 211
　　第三节　创造力及其培养 ············································ 219

## 第四编　因材施教与教育

第十章　个体差异与因材施教 ············································ 229
　　第一节　学习风格 ·················································· 230
　　第二节　认知风格 ·················································· 233
　　第三节　智力差异 ·················································· 238

第十一章　性别差异与教育 ·············································· 249
　　第一节　性别差异概述 ·············································· 249
　　第二节　性别差异的表现与形成原因 ·································· 252
　　第三节　性别差异与教学 ············································ 256

## 第五编　教学组织与教育

第十二章　教学心理 ···················································· 261
　　第一节　教学设计 ·················································· 262
　　第二节　课堂管理 ·················································· 268
　　第三节　教学评价 ·················································· 273

第十三章　教师心理 ···················································· 280
　　第一节　教师的角色与心理特征 ······································ 281
　　第二节　教师的成长与发展 ·········································· 284
　　第三节　教师心理健康的维护 ········································ 290

# 第一编 理论基础

本编包含1~2章,主要介绍教育心理学的基本问题和理论取向,这些问题虽然基础,却是关系到教育心理学学科的全局性发展。在这一编中,我们首先回顾教育心理学的研究对象、起源与发展、研究原则与方法。然后,我们探讨学习的基本理论,介绍学习的实质和分类。最后,阐述行为主义(经典性条件作用理论、桑代克的联结主义学习理论、斯金纳的操作性条件作用理论、班杜拉的社会学习理论)、认知理论(苛勒的完形—顿悟说、托尔曼的符号学习理论、布鲁纳的认知发现学习理论、奥苏贝尔的认知同化学习理论、加涅的信息加工学习理论)、人本主义(马斯洛的学习理论、罗杰斯的学习理论)、建构主义(个人建构主义理论、社会建构主义理论)的理论观点。

慕课视频 1-1：
心理学概述

慕课视频 1-2：
教育心理学的
研究对象

慕课视频 1-3：
教育心理学的
研究方法

慕课视频 2-1：
学习的实质
与类型

慕课视频 2-2：
行为主义
学习理论

慕课视频 2-3：
认知学派学习理论

慕课视频 2-4：
人本主义
学习理论

慕课视频 2-5：
建构主义
学习理论

# 第一章　绪　论

## 【学习目标】

1. 掌握心理学的含义及研究内容,了解心理学的学科性质;
2. 掌握教育心理学的研究对象,了解学习教育心理学的意义;
3. 了解教育心理学的起源与发展;
4. 掌握教育心理学的研究原则与方法。

## 【知识导图】

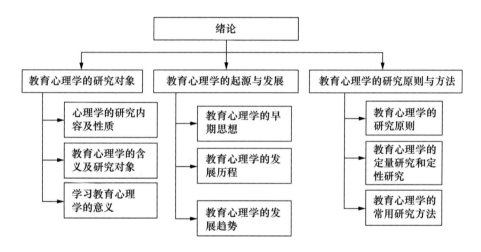

## 【学前反思】

胡月是一名新入职的老师,她怀着热切和兴奋的心情踏上了工作岗位。令她费解的是,她一直很努力地钻研教材、准备教学材料,认真地为学生讲授知识,可是班级的学生在课堂中的表现却让她感到挫败:很多学生总是茫然四顾,思考问题时也总是抓耳挠腮,不知道从哪里入手;单元测试更不用提了,学生的成绩让她非常失望。她百思不得其解,心想:"我上学时学了那么多的知识,为什么却教不好我的学生?"

有一天,她去听同年级老师的课。她发现这个班上的学生在老师讲课的过程中都很活跃,思考问题时也总能够很迅速地找到思路。课后她虚心向同事请教其中的奥秘,同事说:"没有什么奥秘啊,《教育心理学》的课程中讲了很多的教育教学规律,我只不过是把之前所学的关于学习和教学的规律运用到课堂中了而已。"胡月更加迷惑不解了:"当年上学时,我也学了这门课程,为什么我就没有看出来你上课时运用了哪些规律? 那些抽象的规律要怎么运用呢?"

教育心理学探究的是哪些规律? 在教育教学过程中哪些现象中蕴含着这些规律呢? 应该要如何运用呢?

# 第一节 教育心理学的研究对象

慕课视频1-1：
心理学概述

慕课视频1-2：
教育心理学的
研究对象

## 一、心理学的研究内容及性质

### (一) 心理学的含义及研究内容

心理学(psychology)的英文来源于希腊语"灵魂"(psyche)和"学问"(logos)的组合,意即研究心理或灵魂的学问,现指研究人的心理现象及其发生、发展、变化规律的科学。对心理现象的研究渊源已久,在两千多年前人类就开始了,但是并没有形成科学的体系。1879年,德国的心理学家冯特(W. Wundt)在莱比锡大学建立了世界上第一个心理学实验室,标志着科学心理学的诞生和心理学的独立。冯特也因此被称为"心理学之父"。

心理现象纷繁复杂,表现多种多样。如当拿到《教育心理学》这本书时,我们看这本书的封面设计、作者以及出版单位等信息,我们会推测这本书的主要内容,会回忆之前所了解到的有关心理学的知识,翻看书本时产生好奇或期待的心情,这些都是心理现象的表现。从总体上来看,心理现象主要包括心理过程和个性心理两大方面。

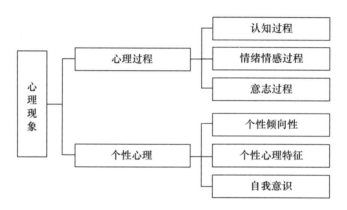

图1-1 心理现象的构成

1. 心理过程

心理过程是指人的心理活动发生、发展的过程。具体来说,它是指在客观事物的作用下,在一定时间内大脑反映客观现实的过程。心理过程包括认知过程、情绪情感过程和意志过程三个方面。

(1) 认知过程

认知过程也就是认识过程,是指人通过感觉、知觉、记忆、想象、思维等形式反映客观事物的特性、联系和关系的过程,是最基本的心理过程。其中,感觉就是人脑对直接作用于感觉器官的客观事物的个别属性的反映,如看到颜色、听到声音、闻到气味等,都是感觉。知觉是人脑对直接作用于感觉器官的客观事物的整体属性的反映,如看到红色的花、听到一首乐曲、闻到茉莉花的香味等。记忆是人脑对过去经历过的事物的反映,是对经验的识记、保持、再认或重现的过程,如记得学过的概念、公式,能够想起过去发生的事情等。想象是人脑对已储存的表象进行加工改造并形成新形象的过程,如想象一件新款衣服、自己十年后的样子等。思维是人脑对客观事物本质属性与规律的概括和间接的反映,如根据已有的信息进行推理等。

在认知过程中,还有一个特殊的心理活动——注意。注意是我们在心理活动过程中对一定对象的指向和集中。它不是一种独立的心理活动,而是会伴随着其他的心理活动如感觉、记忆、思维等同时出现。比如教师在上课时要求学生"注意",可能是要学生注意看黑板、注意听老师讲、注意记忆重点内容等。

（2）情绪情感过程

情绪情感过程是指个体对外部客观事物是否符合自己的需要、观点、期待、愿望等而产生的内在主观体验。如果客观事物能够满足个体的需要,个体就会产生喜悦、满足、快乐等积极的情绪体验;但如果客观事物不能满足个体的需要,个体就会产生生气、愤怒、难过等消极的情绪体验。情绪具有较为明显的主观性的特点,即不同的人对同一事物的情绪情感是不同的,如看到一个水杯里有半杯水,有人会感到愉悦,有人会感到难过。即使同一个人,对同一事物的情绪情感也会有不同,如故事中的"哭婆与笑婆"。

【知识窗】 哭婆与笑婆

古时候,有个老婆婆总是不停地在一座庙跟前哭泣,晴天哭,雨天也哭。人们都叫他哭婆。

一天,有个老和尚问她:"老人家,你为什么哭得这么伤心?"

老婆婆说:"我有两个女儿,大女儿卖伞,小女儿卖布鞋。天晴的时候,大女儿的雨伞卖不出去;下雨天的时候,又没有人去买小女儿的布鞋。她们挣不到钱,可怎么生活呀!一想到这些我就难过。人呀,怎么这么难?"

说完,老婆婆又悲悲切切地哭了起来。

"老人家,你为什么不反过来想呢? 晴天的时候,你小女儿的鞋店前门庭若市;雨天的时候,上街的行人又都往你大女儿的伞铺里跑。这样想不就不哭了吗?"

老婆婆觉得老和尚的话有道理,便听从他的劝告。从此,天天笑得合不拢嘴,哭婆变成了笑婆。

（3）意志过程

意志过程是指人在自己的活动中设置一定的目标,按计划不断排除各种障碍,力图达到该目标的心理过程。如在爬山过程中,人总会感到累,感到体力不支等,但是为了能够爬到山顶,便不畏艰险、坚持不懈,努力地向山顶进发,这就是意志的体现。

心理过程中的认知过程、情绪情感过程和意志过程三者既相互区别,又相互联系、相互制约、相互影响,共同构成心理活动的动态过程。认知是情绪情感和意志的基础,情绪情感是认知和意志的动力,而意志对认知和情感具有控制和调节作用。认知、情绪情感和意志简称为知、情、意,它们构成了统一的心理活动过程。

2. 个性心理

心理过程是心理现象的动态表现形式,个性心理则是在心理过程中表现出来的具有个人特点的稳定的心理倾向与心理特征。它可以划分为个性心理特征、个性倾向性、自我意识三个方面,相关内容详见本书第四章第一节《人格的发展》。

心理现象的各个方面,不是彼此孤立的,而是相互联系、相互制约、相互影响的。一方面,个性心理通过心理过程在实践活动中逐步形成、发展,并在心理过程中体现出来,没有心理过程就不可能形成个性心理。另一方面,个性心理一旦形成,又制约着心理过程,影响着心理活动的过程和特点。概括地说,既没有离开个性心理的心理过程,也没有脱离心理过程的个性心理。二者有机结合,形成一个统一的整体。

(二) 心理的实质

人的心理是如何产生的?对于这个问题的探讨,经历了从唯心主义到机械唯物主义再到辩证唯物主义的过程。现代心理学认为,心理是脑的机能,是人脑在实践活动过程中对客观现实主观能动的反映,科学地揭示了心理的实质。

1. 心理是脑的机能,脑是心理的器官

从远古时代,人们就注意到了人的精神现象。但是由于生产力水平的低下和认识的局限性,当时人们并不能科学地理解和解释精神现象,甚至把心理、意识看成是至高无上的或者虚无缥缈的东西,认为心理是不依赖于物质而独立存在的,心理是第一性的,物质是第二性的。由此出现了各种各样的唯心主义观点,如贝克莱(G. Berkeley)的"存在即被感知"、王阳明的"天下无心外之物"等。

唯物主义心理观则认为,心理的产生有赖于物质的存在,物质是第一性的,心理是第二性的,心理是由物质派生出来的。但在探讨心理究竟产生于哪一种器官时,有一观点认为心脏是产生心理的器官。这种观点至今在汉语中还留有痕迹,如心中有数、计上心来、心爱、心想、心烦、心疼等词语都与"心"有关;汉字中表示心理活动的字很多都带"心"这个部首,如思、情、意、恶、恨、感、惧、怒等。也有一种观点认为,产生心理的器官是肝、胆、脾等,人们常说胆子小、脾气大、动肝火等,就是受这种观点的影响。

随着认识水平的不断提升,人们逐步认识到心理与脑的关系。我国古代医书《黄帝内经》中就有"头者,精明之府"的说法,明代的李时珍曾指出"脑为元神之府",清代的王清任也提出了"灵机、记性不在心,在脑"的观点。俄国生理学家谢切诺夫(I. M. Sechenov)在《脑的反射》一书中,把心理、意识活动均归结为脑的反射活动,标志着人们对心理现象本质理解的一大飞跃。

现代神经解剖学和神经生理学的研究成果也进一步证明,心理活动与脑的活动是分不开的。例如,从种系的发展中可以看出,心理现象是随着神经系统的产生而出现,随着神经系统特别是大脑的不断进化而发展的。在动物进化史上,脑或神经系统的大小与动物行为的复杂程度有关。用哺乳动物脑的相对大小(脑指数)来衡量脑的进化水平,比较结果见表1-1[①]。从中可以看出,随着进化阶梯的上升,脑指数是逐渐上升的。

表1-1 常见的几个物种脑的大小比较

| 物种 | 脑容积(毫升) | 脑指数 |
| --- | --- | --- |
| 鼠 | 2.3 | 0.40 |
| 猫 | 25.3 | 1.01 |
| 罗猴 | 106.4 | 2.09 |
| 猩猩 | 440.0 | 2.48 |
| 人 | 1350.0 | 6.30 |

注:脑指数是脑的实际大小与预期大小的比值。所谓预期大小是指哺乳动物脑的大小的平均值,它考虑了脑重与体重的关系。

---

① 全国十二所重点师范大学联合编写.心理学基础[M].2版.教育科学出版社,2012:43.

对神经系统和大脑的进一步研究表明，人脑的结构和机能与心理现象密不可分。如生理心理学的实验证明，当人的脑部某个部位受到损伤时，其心理活动也会相应地出现失调。例如，大脑皮层的额叶受损，人的活动便失去了方向性，任何偶然的诱惑性情况都会引起其不正确的行为；大脑皮层的顶叶受损，人的活动便失去了方向性，甚至不能停止已经开始的活动，直到精疲力竭为止；大脑皮层的枕叶受损，人就会出现视觉障碍甚至失明。

可见，脑是心理的器官，心理是脑的机能，心理是脑对客观现实的反映。这是辩证唯物主义的心理观，也是关于心理实质唯一正确的观点。

2. 心理是人脑对客观现实主观能动的反映

神经系统尤其是大脑仅仅是产生心理的物质基础，人脑必须在客观现实的影响下才能实现其反映的机能，从而把客观存在转化为主观心理。如果把人脑比作一个加工厂，客观现实就是原材料，没有原材料，大脑这个加工厂就不能生产出任何产品。因此，客观现实是心理的源泉，心理是大脑对客观现实的反映。

所谓客观现实是指独立于人的心理之外的、不依赖于人的心理而存在的一切事物。如日月山川、飞禽走兽等自然物体，城市、乡村、工厂、学校等现实环境，以及风俗习惯、文化传统、人际关系等社会环境，都属于客观现实。社会环境是人的心理发展最主要的客观现实，大量事实证明，离开社会环境，人的心理很难得到正常发展，我们所熟悉的"狼孩的故事"便是一个典型的实例。

> **【知识窗】狼孩的故事**
>
> 1920年，印度人辛格在加尔各答附近发现了两个"狼孩"，大的7岁，取名为卡玛拉；小的2岁，取名为阿玛拉（很快便死亡）。在发现之初，卡玛拉用四肢爬行，双手和膝盖着地歇息；她害怕强光，白天蜷伏在黑暗的角落里睡觉，夜间潜行；她不穿衣服，不怕冷，不洗澡；她用舌头舔饮生水，只吃扔在地板上的生肉。经过辛格的照料和教育，卡玛拉两年后学会站立，6年后学会独立行走。8岁时她只有6个月婴儿的智力水平，4年后学会6个词，7年后学会45个词，17岁死去时只相当于4岁儿童的智力水平。

人脑对外部客观现实的反映并不像照镜子一样，完全是机械和被动的。心理的反映是由客观现实引起的在脑中形成的近似于客体的映像，具有一定的客观性。但由于每个人的知识经验、个性特征、价值观念及当时的心理状态不同，不同的人对同一事物有不同的反映，因此人脑对客观事物的反映也具有主观性的特点。比如，看到同一朵花或同一部电影，因为年龄不同、喜好不同、观念不同、视角不同，所以看法和体会都具有明显的个体性，甚至同一个人在不同时期、不同情境下对同一事物的反映也不相同。因此，人的心理是对客观现实的主观反映。

同时，人脑对客观现实的反映具有能动性的特征。人不仅可以反映客观事物的表面现象和外部联系，而且可以根据自己的知识经验，透过现象把握客观事物的本质，以及事物发展、变化的规律，从而有目的、有计划地改造客观现实。

实践活动是人的心理产生、发展的基础，而社会实践活动则是将人脑和客观现实联结起来的桥梁。人通过各种实践活动不断认识外部事物,总结规律,丰富和发展着心理。人对客观现实的反映是否正确、是否符合客观现实,要由实践活动是否达到预期目标来进行检验。实践活动推动着人们去改正错误,使反映不断完善和深刻,因此人的心理是在实践活动中实现的,是对客观现实的主观能动的反映。同时,心理对实践活动有指导和调节作用。人的心理服务于实践并指导实践,根据所获得的规律确立目标、制订计划以及根据现实调整活动方式。只有这样,实践活动才能够不断深入,效率才能够不断提高。

### (三) 心理学的性质

人们通常将科学分为自然科学和社会科学两大门类。每一门科学性质都是由其研究对象和研究方法等决定的。心理学要研究心理现象的本质和规律,研究心理的神经生物学基础,因此它所采用的研究方法和手段具有自然科学的性质。同时,心理的产生、发展离不开社会环境,人的心理是在社会生活实践中产生和发展的,对人的心理的研究又具有社会科学的性质。因此,心理学是一门兼有自然科学和社会科学性质的中间学科或交叉学科。

苏联科学院院士凯德洛夫(Б. М. Кедров)认为,心理学在整个科学系统中占中心位置,他把心理学定位于"科学三角形"的中心,而三角形的三个顶角分别是自然科学、社会科学和哲学(如图1-2)。后来,随着科学技术的发展,凯德洛夫对科学三角形做了补充。他在自然科学和哲学之间(更接近于自然科学)加了一个数学,在自然科学和社会科学之间加了一个技术,哲学和社会科学共同构成了人文科学,数学和哲学共同构成了思维科学。

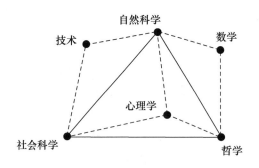

**图1-2 心理学在"科学三角形"中的位置**

因此,心理学是在思维科学、自然科学和社会科学交合点上形成的一门具有综合性的交叉学科或边缘学科,它与哲学、自然科学和社会科学有着紧密不可分割的联系。

在心理学的发展过程中,随着临近学科的发展及社会生活的实际需求,心理学的研究领域越来越广泛,分支学科也越来越多。基础学科类如普通心理学、发展心理学、实验心理学、心理测量学、认知心理学、人格心理学、社会心理学等;应用学科类如教育心理学、管理心理学、咨询心理学、临床心理学、消费心理学、广告心理学等。

## 二、教育心理学的含义及研究对象

### (一) 教育心理学的含义

教育心理学(educational psychology)是一门研究学校教育情境中学与教及其相互作用的规律的科学。它是心理学中应用心理学的一个分支,也是心理学与教育学的交叉学科。但是,这并不意味着教育心理学就是心理学基本理论和原理在教育中的应用,它有自身独特的研究课题,那就是如何学、如何教以及学与教之间的相互作用。

**(二)教育心理学的研究对象**

教育心理学研究的具体内容是围绕学与教及其相互作用而展开的。学与教相互作用过程是一个系统过程,该系统包含学生、教师、教学内容、教学媒体和教学环境五大要素,由学习过程、教学过程和评价/反思过程这三个过程交织在一起组成,简称"五要素三过程",见图1-3。

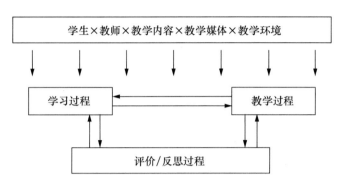

图1-3 学与教相互作用过程模式

1. 学习与教学的五要素

(1) 学生

学生是学习的主体因素,任何教学手段都必须通过学生而起作用。学生这一要素主要从两个方面来影响学与教的过程。一是群体差异,包括年龄、性别和社会文化差异等。例如,不同年龄阶段的儿童心理发展水平具有明显差异,教育教学中就要根据学生的发展水平特点采用不同的教学方法,选择适合的教学内容。二是个体差异,包括先前知识经验、学习方式、智力水平、兴趣和需要差异等,这是任何学习和教学的重要内在条件。例如,建构主义认为,学生不是空着脑袋进入教室的,而是在原有的知识经验的基础上主动建构知识的,所以教学必须考虑到不同学生的已有知识经验,尊重学生个体差异,针对学生的不同特点因材施教。在学生这一要素中,无论是群体差异还是个体差异,都是教育心理学研究的主要范畴。

(2) 教师

在教育过程中,学生是学习的主体,但这并不否定教师在教学中的主导地位。教师要理解新的教育教学理念,并且在教学过程中践行;要熟练掌握教材,准确把握教学内容的重点和难点,了解并把握教学目标和教学要求;能够掌握并灵活运用各种教学方法,根据学生在课堂中的反馈及时调整教学进度和方法等,才能更好地实现教育目的。因此,教师在组织教学、协调其他各种因素中起着关键作用。教师因素包含教师的职业道德、敬业精神、专业素养、个性特征、心理健康等方面,这些也是教师心理研究的主要内容。

(3) 教学内容

教学内容是指在学与教的过程中有意传递的知识、技能、态度、价值观等信息。教学内容一般表现为课程内容标准、教学目标以及教学材料等。教育心理学并不研究课程的具体内容,但十分关注教学内容的结构、难度与学生心理发展水平之间的关系,非常重视教学目标的设置、教学内容的分析和组织方法。教学内容必须与学生的现有发展水平相适应,同时又能有效地促进学生的发展。

**(4) 教学媒体**

教学媒体是教学内容的载体,是教学内容的表现形式和师生之间传递信息的工具,如实物、文字、图标、口头言语、图像、动画等。教学媒体往往要通过一定的物质手段实现,如书本、板书、投影仪、录像机以及计算机等。随着科学技术的发展,教学媒体已经成为教学中一个具有独特意义的因素,不仅影响着教学内容的呈现方式和容量的大小,而且对教师和学生在教学过程中的作用、教学组织形式以及学生的学习方法等都产生深远的影响。因此,对教学媒体的研究已逐渐成为教育心理学研究中的一个独特课题。但是也要注意,所有的教学媒体的使用都是为了更好地传递信息,促进学生的学习,如果过分追求媒体的使用而忽视了教学内容,为技术而技术,往往会出现舍本逐末的现象。

**(5) 教学环境**

教学环境包括物质环境和社会环境两个方面。物质环境包括课堂自然条件(如温度、照明等)、教学设施(如桌椅、黑板、投影仪等)、空间布置(如座位的排列等)等,社会环境包括课堂纪律、课堂氛围、师生关系、同学关系、校风及社会文化背景等。教学环境影响学生的学习过程、教学方法以及教学组织,尤其是社会环境,它不仅关系到学生情感和社会性的发展,而且对学生的认知发展过程也有直接的作用。因此,在教育心理学中,教学环境不仅是课堂管理研究的主要范畴,而且也是学习过程研究和教学设计研究中所不能忽视的重要内容。

2. 学习与教学的过程

**(1) 学习过程**

学习过程指学生在教学情境中通过与教师、同学以及教学信息的相互作用获得知识、技能和态度的过程。学习过程是教育心理学研究的核心内容,主要包括学习的实质和特点、学习动机、学习迁移、学习风格等。

**(2) 教学过程**

在教学过程中,教师设计教学(如选择教学目标、教学方法、环境设置等)、组织教学活动(如讲演、讨论、练习、实验等),与学生进行信息交流(如信息的呈现、课堂提问与答疑等),从而引导学生的理解、思考、探索和发现过程,使其获得知识、技能和态度。此外,教师还要进行教学管理,调节教学进程,以确保教学的有效性。在教育心理学中,研究者对教学过程的研究起步较晚,但发展很快,目前已形成了一套完整的有效教学理论。

**(3) 评价/反思过程**

评价/反思过程是对学习和教学效果进行测量、评定和反思,以及进一步加以改进的过程。它既可以是在学习过程和教学过程之后独立进行,又可贯穿在学习过程和教学过程之中。评价/反思过程包括在教学之前对教学设计效果的预测和评判,在教学过程中对教学的监视和分析以及在教学之后的检验和反思。如在教学过程中看到学生疑惑不解的神情,就要及时考虑是讲得太快,还是讲解的方式需要调整?教学结束后要对教学目标的达成情况、教学及学习的效果等进行评价,并反思教学目标设置的合理性、教学进度的快慢以及教学方法的适用性等问题,进而提出可行性的改革方案,改进教学中的不足,促进教学质量的提升。

在学与教的过程中,学生、教师、教学内容、教学媒体、教学环境五种因素共同影响学习、教学、评价/反思三个过程,而且这三个过程交织在一起,相互影响。学习过程是以学生自身原有的知识经验和发展水平为基础的,是在教学过程的背景下进行的,学习的进展和效果受到教师和教学过程的影响。反过来,教学过程要以学生的学习过程为基础而进行。比如,教学目标的确定必须要考虑学生原有的知识背景、知识结构、学习能力,考虑所教内容的特点、与学生原有知识之间的联系等,而且必须通过学习过程起作用,依学生的学习进展不断地做出改变。教学过程还要依据教师自身的特点、教学内容的难易、教学媒体和环境的不同而加以调整和改变,以更好地适应学生的学习过程。评价/反思过程随学习过程和教学过程而变化,反过来又促进学习和教学过程,从而确保学与教的过程达到最优。

### 三、学习教育心理学的意义

如前所述,教育心理学是一门交叉学科,有其独特的学科体系和研究内容,其研究成果既可以进一步丰富和充实教育学、心理学等领域的相关研究,为基础理论的发展做出贡献,也为教育实践和教学改革提供依据。同时,从实践的角度来说,教育心理学的研究可以为教师提供有关教学的系统理论和方法,从而帮助教师改进教学活动,提高教学质量,促进师生共同发展。因此,学习教育心理学,对于教师成长具有十分重要的意义和作用。

1. 帮助教师树立从教的职业意识

虽然一名学生在成为教师之前,也接受了多年的教育,和很多教师有过交集,但对于教师往往缺乏系统和完整的认识。"教师需要具备哪些知识和技能?教育过程中有哪些规律可以遵循?教师有哪些特点?……"学生对于这些问题还缺乏正确的认识,所以有人会认为只要完成了大学课程的学习,就能成为一名合格的教师;还有人认为,教育就是"一本教案用十年"简单重复的劳动,这都是缺乏职业意识的表现。

作为教师,不仅需要一些必备的学科专业知识和技能,还需要教育学、心理学的相关知识,需要具有良好的职业道德和职业精神,能够深刻认识教师的职业要求和作用,认识教师的角色特征,从而在学习和从业过程中树立正确的职业意识,更好地适应教育工作。教育心理学有关学与教的规律的研究,特别是对教师心理的研究,可以帮助教师深入了解职业特点,做好心理和知识准备。

2. 帮助教师准确地了解和干预学生

教师在教学过程中,会遇到成长经历、家庭环境和学习特点各不相同的学生,教师就需要了解不同年龄阶段学生的发展特点,了解学生成长过程中的经历与他们心理特点的关系。教育心理学不仅研究学生心理发展的特点及影响因素,研究学生学习的特点及个体差异,还研究如何针对学生的具体情况进行相应的教育措施。因此,学习教育心理学可以帮助教师更好地分析学生,了解问题的根本。例如,一个学生在学习过程中表现出对学习不上心、不想学,应付老师等情况,我们不能简单地归结为学生不思进取、思想懈怠,而是要根据具体情况分析学生的学习状况,找到影响学生学习的具体因素。已有研究发现,学生在学习中体会到强烈的习得性无助感,或者遭受到校园欺凌,或者对学习过于焦虑,或者父母对其期望过高等,都会使学生出现不想学习、应付学习等行为问题。依据教育心理学的理论对具体问题进行分析,可帮助教师进一步有针对性地提供帮助。

3. 为实际教学提供科学的理论指导

不同学科和专业都有各自的特点,所获得的有关教育教学的知识和经验的跨专业应用很受限制。但教育心理学所研究的一般规律,为实际教学提供了一般性的原则或技术,教师可以依据自己的专业特点,结合实际的教学内容、教学对象、教学材料、教学环境等进行教学设计,将这些原则转变为具体的教学程序或活动。例如,根据对学习动机的规律的研究,结合所教学科的具体特点,在课堂教学中灵活地采用创设问题情境、积极反馈、恰当控制动机水平等手段来培养和激发学生的学习动机;依据学习迁移的规律,可以合理安排教学内容,通过对问题的分析和规律整合促进学习迁移的发生。

4. 帮助教师结合实际教学进行研究

教育心理学不仅为实际教育活动提供一般性的理论指导,也为教师参与教学研究提供了可参照的丰富例证。教学有法,但无定法,有效的教学需要教师根据学生和班级的特点、教学环境、教学内容等灵活调整。因此,没有完全相同的、普遍适用的教学模式,教师需要结合教学实际,创造性地、灵活地将教育心理学的基本规律应用于教学中。

教育心理学并非给教师提供一切特定的解决问题的具体模式,而是给教师提供进行科学研究的思路和研究的方法,使教师不仅能够理解、应用某些基本原理和方法,而且还可以结合自己的教学实际进行创造性的研究,去验证这些原理并解决特定的问题。

## 第二节 教育心理学的起源与发展

教育心理学作为一门独立的学科,其发展过程既遵循学科发展的一般规律(即从不完善到完善,从分散到整合),又有其独特的发展历程。下面简要介绍教育心理学的早期思想、发展历程和发展趋势。

### 一、教育心理学的早期思想

早在两千多年前,我国教育家和思想家,如孔子、孟子、荀子等在论述教育问题时,就体现出一定的教育心理学思想。

孔子是我国古代一位伟大的教育家,他在长期教育、教学实践中,形成了对教育、教学过程中的认知、情感、意志和个性等方面丰富的教育心理学思想。例如,在认知方面,孔子重视思维的启发,指出"不愤不启,不悱不发,举一隅不以三隅反,则不复也",[1]他还提出"叩其两端而竭焉",[2]认为要从正反两个方面提问,激发思考;在情感方面,孔子提倡好学、乐学的情境,他强调"知之者不如好之者,好之者不如乐之者";[3]在意志方面,他强调立志,教导学生"三军可夺帅也,匹夫不可夺志也"。[4] 这些思想在今天也有较大的启发意义。

孟子继承孔子的思想,重视学习的主动性和自觉性,他说:"君子深造之以道,欲其自得之也。自得之,则居之安;居之安,则资之深;资之深,则取之左右逢其原,故君子欲其自得之也。"[5]

荀子在《劝学篇》中也论述了学习心理的一些问题。如"学不可以已""吾尝终日而思矣,不如须臾之所学也""君子之学也,入乎耳,箸乎心,布乎四体,形乎动静""君子之学也,以美其身""不积跬步,无以至千里;不积小流,无以成江海"等,[6]涉及学习目的、学习方式、坚持性等。

就西方古代教育哲学思想而言,柏拉图(Plato)所主张的启发式教学方法、身心和谐发展的教育要求,以及亚里士多德(Aristotle)所主张的顺应本性、培养习惯、启发心智等教育原则,

---

[1] 陈晓芬译注. 论语[M]. 中华书局,2016:80.
[2] 陈晓芬译注. 论语[M]. 中华书局,2016:109.
[3] 陈晓芬译注. 论语[M]. 中华书局,2016:71.
[4] 陈晓芬译注. 论语[M]. 中华书局,2016:116.
[5] 万丽华,蓝旭译注. 孟子[M]. 中华书局,2016:177.
[6] 安小兰译注. 荀子[M]. 中华书局,2016:2,4,8,12.

都已成为现代教育心理学的重要观念。

18世纪后期到19世纪末期心理科学诞生之前,一些教育思想家,如捷克的夸美纽斯(J. A. Comenius)、瑞士的裴斯泰洛齐(J. H. Pestalozzi)、德国的赫尔巴特(J. F. Herbert)等,都非常重视在教育中运用心理学,并把心理学作为教育理论的基础。夸美纽斯认为,"只有通过教育才能成为人",第一次明确提出教育必须遵循自然的思想。裴斯泰洛齐从教育实践中探讨和研究儿童心理特点和规律,并和教育工作具体改革结合起来,提倡因能力施教。赫尔巴特是近代第一个提出把教学理论的研究建立在科学基础上的人。他认为,这个科学基础就是心理学。赫尔巴特把教学过程分为明了、联想、系统、方法四个阶段,把教育学和心理学结合成为一个不可分割的统一体。

## 二、教育心理学的发展历程

1. 初创时期(20世纪20年代以前)

1868年,俄国教育家乌申斯基(K. A. ушинский)出版了《人是教育的对象》一书,对当时的心理学发展成果进行了总结,乌申斯基因此被称为"俄罗斯教育心理学的奠基人"。最早以教育心理学命名的书是俄国教育学和心理学家卡普杰列夫(Л Ф. Калтерев)1877年出版的《教育心理学》。但直到20世纪30年代,俄国教育心理学大都是用普通心理学研究中获得的资料去解释学校生活中的实际问题,并不是自成体系的教育心理学。

真正使教育心理学成为一门独立学科的是美国心理学家桑代克(E. L. Thorndike)。1903年,桑代克出版了《教育心理学》一书,这是西方第一本以教育心理学命名的专著。1913—1914年,桑代克将该书发展成三大卷的《教育心理学大纲》。桑代克从"人是一个生物的存在"的角度建立了自己的教育心理学体系,主要分为三个部分:第一部分讲人类的本性,第二部分讲学习心理,第三部分讲个体差异及其原因。这是世界上公认的最早的、比较科学且系统的教育心理学著作,奠定了教育心理学发展的基础,西方教育心理学的名称和体系由此确立。桑代克因此被称为"教育心理学之父"。

在此后的三十多年里,美国的同类著作几乎都师承了这一体系。但是,这一时期著作的内容多是以普通心理学的原理解释实际的教育问题,主要是一些有关学习的资料。

2. 发展时期(20世纪20—50年代)

在20世纪20年代以后,西方教育心理学汲取了儿童心理学和心理测验领域的研究成果,大大扩充了自己的内容。学科心理学发展很快,也成为教育心理学的组成部分。在这一时期出现了不同心理学流派对于学习的实质、学习的过程、学习的规律的研究和探索,为教育心理学的发展做出了贡献。

20世纪40年代,弗洛伊德(S. Freud)的精神分析理论广为流传,有关儿童的个性、社会适应以及生理卫生问题已进入了教育心理学的领域。接下来的50年代,程序教学和教学机器兴起,同时信息论的思想为许多心理学家所接受,这些成果影响和改变了教育心理学的内容。不过这时的教育心理学尚未成为一门具有独立理论体系的学科。

这一时期,西方儿童心理学和教育心理学的一些著作被介绍到苏联,引起了苏联心理学家们对教育心理学理论方面如研究对象、研究任务、方法等问题的热烈讨论。如维果斯基(L. S. Vygotsky)在《教育心理学》一书中,主张必须把教育心理学作为一门独立的分支学科来进行研究,反对把普通心理学的成果移入教育心理学,他强调教育与教学在儿童发展中的主导作用,并提出了"文化历史发展论"。

这一时期苏联教育心理学家们以马克思列宁主义作为指导教育心理学研究的理论基础，反对机械地把动物学习的研究搬到人类情境中，在研究方法上广泛采用自然实验法，着重探讨如何依据科学心理学组织教学过程及在儿童活动中和教育条件下研究心理的变化和发展的规律，获得了丰富的学科心理研究成果。然而，他们生搬硬套某些教条，对西方教育心理学和学习心理学进行全面否定，包括对心理测验做全盘否定，这是失之偏颇的。

3. 成熟时期(20世纪60—70年代)

从20世纪60年代开始，西方教育心理学的内容日趋集中，有几个方面的研究似乎为大多数研究者所公认，如教育与心理发展的关系、学习心理、教学心理、评定与测量、个体差异、课堂管理和教师心理等。纵观该时期之后的数十种教育心理学教科书的体系，以上内容几乎无一或缺，教育心理学作为一门具有独立理论体系的学科正在形成。

这一时期，西方教育心理学比较注重结合教育实际，注重为学校教育服务。20世纪60年代初，由布鲁纳(J. S. Bruner)发起的课程改革运动将面向教育实际的研究推向高潮。自此，美国教育心理学逐渐重视探讨教育过程和学生心理，重视教材、教法和教学手段的改进。有的教育心理学家甚至希望把教育心理学发展成为一门像工程学或医学一样的应用心理学。同时美国教育心理学还比较重视研究教学中的社会心理因素。60年代掀起了一股人本主义思潮，罗杰斯(C. R. Rogers)提出了"以学生为中心"的主张，认为教师只是一个促进学生学习的人。不少教育心理学家开始把学校和课堂看作社会情境，注意研究其中影响教学的社会心理因素，如有人用社会心理学理论研究学习动机，还有人重视教学组织形式中的社会心理问题，如班级的大小、学生的角色等。随着信息科学技术尤其是计算机的发展，美国教育心理学对计算机辅助教学(computer aided instruction，简称CAI)的研究也方兴未艾，对计算机辅助教学的教学效果和条件做了大量的研究。

20世纪60年代以来，苏联教育心理学的发展表现出以下四个方面的动向和特点。第一，日趋与发展心理学相结合，开展了许多针对儿童心理发展的实验研究，最为著名的是赞科夫(Л. В. Занков)的"教学与发展"的实验研究。这一研究持续了15年之久，其成果直接推动了学制和课程改革，并且还编写出版了《年龄与教育心理学》。第二，发展了不同于西方的学习理论，如巴甫洛夫的条件反射理论和列昂节夫(A. N. Leontyev)与加里培林(П. Я. Гальперин)的学习活动理论。第三，重视人际关系在儿童心理发展中的作用。第四，重视教学心理中方法论和具体研究方法的探讨。但这一时期的教育心理学研究往往与儿童心理学混在一起，还没有建立独立范围的教育心理学理论体系。

4. 完善时期(20世纪80年代以后)

这一时期，教育心理学越来越注重与教学实践相结合，教学心理学得到了很大的发展。教育心理学理论派别的分歧越来越小。一方面，认知派理论和行为派理论都在吸取对方合理的部分，两派都希望填补理论和实践的鸿沟。另一方面，东西方心理学相互吸收，自20世纪80年代以来，美国教育心理学界注意到苏联教育心理学代表人物维果斯基的思想，并在教育研究中以此为基础，做了大量的工作，取得了一定的成绩。由此，过去存在于东西方教育心理学之间的鸿沟，实际上被打破了。

1994年，布鲁纳在美国教育研究会的特邀专题报告中，精辟地总结了教育心理学十几年来的成果，主要表现在四个方面：① 主动性(agency)研究，即研究如何使学生主动参与学与教的过程，并对自身的心理活动做更多的控制；② 反思性(reflection)研究，即研究如何促使学生从内部理解所学内容的意义，研究学习的元认知和自我调控；③ 合作性(cooperation)研究，即研究如何使学生共享教与学中所涉及的人类资源,研究如何在一定背景下将学生组织起来一起学习,如同伴辅导、合作学习、交互式学习等,把个人的科学思维与同伴合作相结合;④ 社会文化(culture)研究,即研究社会文化背景是如何影响学习的。

---

**【知识窗】** 中国教育心理学的发展

中国的教育心理学最初是由西方传入的,但在教育心理学传入中国之前,我国就已经有了教育心理学的思想。其中以孔子的教育心理学思想最为著名。

据研究,我国出现的第一本教育心理学著作是1908年房东岳翻译日本小原又一著的《教育实用心理学》。1924年,廖世承编写了我国第一本《教育心理学》教科书。此后,又出现了翻译介绍西方理论的和我国学者自己编写的教育心理学著作,如1926年陆志韦翻译了桑代克的《教育心理学》,1933年艾伟撰写的《初级教育心理学》,1940年萧孝嵘编写了《教育心理学》,1943年阮镜清出版了《学习心理学》等。因此,在20世纪20—40年代我国教育心理学出现了一个发展的高潮时期,但研究问题的方法和观点大都模仿西方,没有自己的理论体系。在新中国成立以前,我国教育心理学的基础是比较薄弱的。

20世纪50年代,我国主要学习和介绍苏联的教育心理学理论和研究,并做了一些有关教学改革和儿童入学年龄的实验研究。此后,我国教育心理学工作者在学科心理方面做了大量的实验研究。1978年改革开放后,中国的教育心理学迎来了发展的新阶段。相关工作者迅速地进行了资料搜集和整理工作,在师范院校中恢复了教育心理学课程。1980年,潘菽主编的《教育心理学》修订后正式出版。1981年,冯忠良出版了《学习心理学》和《智育心理学》。1982年,高觉敷等人翻译出版了J.M.索里和C.W.特尔福德的《教育心理学》。

现在,中国的教育心理学已经面向世界,在借鉴国外研究成果的基础上形成了较为完整的理论体系。我国教育心理学工作者开展了许多深入的研究工作和教学改革实验,在我国的教育改革,尤其是课程和教学改革中发挥了重要的推动作用。

---

## 三、教育心理学的发展趋势

在教育心理学一百余年的发展历程中,随着研究的逐步深入,其学科体系逐步趋于完善,研究内容愈加丰富,研究方法也更加多样化,在理论和实践研究中取得了丰硕的成果。纵观教育心理学的发展历程,其发展趋势主要有以下四个方面。

1. 强调学习者的主体性

随着建构主义理论的不断深化,教育心理学在研究上也更重视学习者的主体性,强调学习者的主动加工和建构,也更重视学习者的社会文化互动。例如,探讨学生是如何进行知识建构的;探讨如何为学生创设问题情境以促进其自身的认知发展;如何为学生构建学习支架以帮助其自主学习过程;如何营造出以学习者为中心的学习环境;研究学生在学习风格上的个体差异;师生互动、生生互动对学生认知和情绪的影响等。

### 2. 研究领域向纵深发展

一方面,由于认知与学习机制的研究与脑科学的研究结合在了一起,使得对学习内在过程和机制的研究更加深入,同时也成为基础研究的新方向。另一方面,随着网络技术的广泛应用,网络课程、慕课、远程教学等网络学习形式日渐增加,也在不断影响着教育心理学的研究内容和范围的扩展,如当前研究中对学生信息素养、利用和管理学习资源的方法和途径、网络环境下的学习与远程教学、信息技术如何更好地服务于教学和学习的研究等。同时,教育心理学的研究领域也已拓展到学校以外的各种情境中的学习问题,如成人学习、基于工作的学习、终身学习等。

### 3. 多学科融合发展

随着教育心理学在不同学科教学中的应用越来越广泛,研究者在探究教育心理学一般规律与各学科的学科特点、教学内容等紧密结合的过程中,探索出不同领域的教育心理学,如数学教育心理学、政治教育心理学、音乐教育心理学等。同时,随着邻近学科的进一步发展,也促进了教育心理学相关理论和研究的丰富化。

### 4. 研究的国际化与本土化趋势明显

一方面,各国学者与国际教育心理学界的交流、合作日益加深,在研究方法、研究内容上与国际接轨。另一方面,强调研究的本土化,从各国教育的实际需求出发确定研究取向,并在学习和教学理论上逐步强调各国自己的创新和文化特色。如对中德教育心理学的比较研究发现,在研究方法上,中德两国都既重视实验法、调查法等实证研究方法,也提倡访谈、个案、典型行为分析等质性研究方法,都比较重视多种方法的综合运用。但中国教育心理学较重视认知学习的研究,如学生对信息的表征、记忆、注意和内隐学习与记忆的研究等,而德国的教育心理学则更重视对学生学习自我品质的激发和培养研究,如对学生自我概念、学习兴趣、学习动机和学习效能等的研究。[①]

## 第三节 教育心理学的研究原则与方法

### 一、教育心理学的研究原则

#### 1. 客观性原则

客观性原则就是指研究者对待客观事实要采取实事求是的态度,如实反映事物的本来面目。进行科学研究的目的就是为了探究心理现象的本质和发展变化的规律,只有真实、客观地进行研究,才能获得科学的研究结果。

遵循客观性原则就是要从实际出发,实事求是地进行研究。在研究态度上,要尊重事实;在研究的过程中,对学生的心理活动及其行为表现要如实记录,不能在记录过程中对发生的现象进行有偏向的记录。有些研究者在研究前会对研究结果有"期待"或推测,在研究过程中只记录与自己的期待和推测相一致的现象或行为,而选择性地忽视与自己的期待和推测不一致的现象或行为,甚至编造数据,这是不符合研究的职业道德要求的。

---

① 张大均,苏志强,王鑫强.中德教育心理学发展的比较研究——基于2000—2010年发表论文的分析[J].教育研究,2015,36(4):115-123.

在研究的方法上,要采用科学的方法进行研究。如研究设计、变量的选择和控制、研究结果的统计处理方法等都要依据科学的标准来进行,进而更为准确地反映研究的各变量之间的关系,为揭示其内在规律提供科学依据。

2. 教育性原则

教育心理学的首要任务是为教育实践服务,因此在研究中必须遵循教育性原则。教育性原则要求研究者进行研究时,从研究目标、研究内容到研究方法的选择,都必须符合我国教育方针和教育目的的要求,符合学生身心发展规律,其研究结果有助于教学和教育质量的提高,有利于学生的身心健康发展。因此,研究者必须把为学生发展服务作为进行科学研究的前提和依据。

3. 系统性原则

系统性原则就是要坚持整体系统的观点,多层次、多侧面进行研究,不能孤立地、片面地、割裂地看问题。这一研究原则要求研究者将研究对象的心理看成是一个整体的、动态的、开放的系统,运用系统的方法,从系统的不同层次、不同侧面来研究和分析研究对象的心理特点。

同时,系统性原则也强调事物之间的相互联系性,认为任何事物都处在有组织的系统中。因此,研究者也要看到研究对象所处的环境因素及其影响机制,对各心理现象及其形成的规律探究时也要看到外因与内因的关系。在执行系统性原则时,要从整体出发,从整体与部分、整体与外界环境之间的相互作用和联系来探讨心理发展的规律,揭示心理现象的本质。

4. 理论联系实际原则

教育心理学是一门理论和实践相结合的学科。理论联系实际进行研究,一方面是因为理论可以指导实践,另一方面是因为通过实践可以更好地检验和修正已有的理论。因此,教育心理学的研究应从教育实践的需要出发,研究的课题应来源于实践,研究过程要与实践紧密结合,研究成果要接受实践检验并服务于实践。这一原则实际上体现了理论与实践的相互制约但又不可相互替代的关系。

理论对实践的指导作用体现在,理论是研究者通过长期的探索和总结概括出的具有普遍意义和价值的逻辑体系,反映事物的本质和规律,具有一定的独立性。教育心理学的科学理论和研究全面地反映了客观实际,在教育实践过程中可以作为行动的依据、指导。同时,还可以通过合乎逻辑的推论,产生科学的假设,预见新的事实,为实践提供预期。

但理论对实践也具有依赖性,表现在:(1)教育实践的需要是推动教育心理学研究和理论产生的直接动力。如提高教学成效的客观要求促使教育心理学研究必须面向学生,研究学生学习的基本特点和规律。(2)教育实践为教育心理学理论的形成和发展提供了可能。教育心理学的理论是在实践的基础上,经过实践的反复检验、修正和充实、发展起来的。(3)教育实践的水平、状况也决定了教育心理学理论及研究的广度和深度。

总之,教育实践决定了教育心理学研究的方向、速度与水平,教育心理学研究及理论的提出也依赖于教育实践。因此在教育心理学的研究中,要理论与实际相结合,不断丰富和深化理论,同时也能更好地应用于实践。

5. 伦理性原则

伦理性原则就是在设计和研究的过程中,必须按照一定的操作标准来保护研究对象身心免受伤害。一般来说,以人为被试的研究,都要在研究前进行风险评估,如果在实验处理或研究过程中有可能会使被试受到生理或心理的伤害,实验就不能以人为被试进行。

研究中需要遵循的基本的伦理原则有四个方面：

（1）避免伤害。研究者不能采用任何可能伤害被试的研究操作。如果有可能造成损害，研究者就有责任寻找其他方式来收集信息，或者放弃研究。

（2）知情同意。研究应该得到被试或被试监护人（如父母、老师等）的同意，最好做成书面文件，必须告诉他们研究的所有特点，使他们以此来决定是否准许其子女或被监护人参与研究。当然，被试有权利选择不参加或在研究的任何阶段中止参与研究。

（3）保密。研究者必须对所有来自被试的身份信息、数据保密。被试有权要求在正式的或非正式的数据收集及结果报告中，隐瞒他们的身份。

（4）欺瞒、接受询问、告知结果。尽管被试有权在研究前了解研究的目的，但有些特别的研究项目有可能必须隐瞒某些信息或对被试进行欺瞒。无论如何，当一个研究项目的进行必须隐瞒信息或进行欺瞒的时候，研究者必须得到同行或监护人或相关机构的认可。如果某研究对被试隐瞒了信息或进行了欺瞒，事后必须用被试能理解的语言，告知被试研究的真实目的及为什么必须隐瞒。

## 二、教育心理学的定量研究和定性研究

实证主义和人文主义是科学研究中两种基本的方法论，分别代表着两种不同的探求知识的方法，并由此形成了定量和定性两种不同的研究范式。这两种范式在教育心理学的研究中得到了广泛的应用。

定量研究（quantitative research）又称量化研究、量的研究，是指从特定假设出发将社会现象加以数量化，计算出相关变量之间的关系，从而得出科学客观的研究结果。它重在对事物可以量化的特性进行测量和分析，以检验研究者的理论假设。它有一套完备的操作技术，包括抽样方法、资料收集方法（如问卷法、实验法等）、数据统计方法等。其基本过程是：假设—抽样—资料收集—统计检验。研究者首先明确分析所研究的问题，确定其中的重要变量（比如先前知识水平、认知加工策略、学习效果等），对变量之间的因果关系或相关关系做出理论假设，然后通过概率抽样的方式选择研究样本，使用可靠而有效的工具和程序来采集数据，进而通过数据统计分析来检验所假设的变量关系。

定性研究（qualitative research）又称为质性研究、质的研究，是指以研究者本人作为研究工具，在自然情境下采用多种资料收集方法对社会现象进行整体性探究，使用归纳法分析资料和形成理论，通过与研究对象互动对其行为和意义建构获得解释性理解的一种活动。[①] 定性研究中研究者通过与研究对象实际互动来理解和解释他们的行为。这种研究一般不使用量表或其他测量工具，而是以研究者本人作为研究工具。定性研究不像定量研究那样通过搜集事实资料来检验已有的理论假设，而是采用自下而上的思路，从原始资料中归纳出经验概括，寻找其中的核心维度，基于经验资料来建立理论。定性研究主要包括个案研究、民族志、参与观察、扎根理论等具体的研究方式。定性研究强调从被研究者的角度来真实地反映他们的做法、看法和体验，强调事件的整体性和情境性，强调随着资料的积累动态地调整研究问题和资料收集方法。

定量研究和定性研究在哲学基础、理论模式、分析方法等方面均存在差异。具体如表1-2所示。

---

① 陈向明.质的研究方法与社会科学研究[M].教育科学出版社，2000:12.

表 1-2 定量研究与定性研究的比较

| | 定量研究 | 定性研究 |
|---|---|---|
| 哲学基础 | 实证主义 | 人文主义 |
| 研究范式 | 科学范式 | 自然范式 |
| 逻辑过程 | 演绎推理 | 归纳推理 |
| 理论模式 | 理论检验 | 理论建构 |
| 主要目标 | 确定相关关系和因果联系 | 深入理解社会现象 |
| 分析方法 | 统计分析 | 文字描述 |
| 主要方式 | 实验、调查 | 实地研究 |
| 研究情境 | 控制情境 | 自然情境 |
| 资料收集技术 | 量表、问卷、结构观察等 | 参与观察、深度访谈等 |
| 研究特征 | 客观 | 主观 |

虽然定量研究与定性研究有着明显的不同,但并不存在优劣之分,而是在研究中发挥不同的作用。在实际的研究中,应依据所要研究的问题的特征选择合适的研究方法。当前,研究者更倾向于综合定量和定性的混合方法研究,克服单独使用某种研究方法的局限,整合两种研究取向,为复杂的研究提供更为丰富的研究思路。①

## 三、教育心理学的常用研究方法

### (一) 观察法

观察法(observation method)是指,在自然条件下,对所要观察的研究对象的外部活动进行有目的、有计划的系统观察,从而收集有关资料、探究其心理特点和规律的一种研究方法。观察法是教育心理学研究中经常使用的一种方法,可以单独使用,也可以作为研究的起始环节,与其他方法结合使用。

但这里的观察法与日常生活中的观察不同。日常生活中的观察没有提前预设观察目的,观察时具有明显的偶然性、碎片化的特征,且具有较强的个人偏向。研究方法中的观察法是一种科学的研究方法,具有系统性、目的性、科学性等特征,必须按照既定的程序和步骤进行研究,才能获得科学的研究结果。

在使用观察法时,需要注意提前做好观察的准备工作,如确定观察的目的、观察的内容、方法及有关工具的准备等。在观察过程中要做好观察记录,如观察的行为发生的频率、持续时间、程度、结果等,并进行客观、准确、详细的记录。如果征得了观察对象的同意,也可以采用录像等方式进行记录。但同时也要注意避免观察者自身对被观察者的干扰作用。有时由于观察者的介入或者暗示性行为造成被观察者会表现得和平常不一样,即致使观察对象行为失真;有的被观察者会迎合观察者的期待而做出相应的反应。有些研究者为了避免被试受到干扰,会通过单向玻璃观察被试的活动。观察结束后要及时对观察现象进行总结,避免因为时间间隔过久而丢失重要的信息。

与其他研究方法相比,观察法的优点主要有两点。① 可获得真实而自然的信息。由于观察法是在自然条件下进行的观察,观察对象的活动表现是真实的、自然的,因而所得到的信息

---

① 麻彦坤.心理学研究中质化与量化两种取向的对立与整合[J].南京师大学报(社会科学版),2019,5:75-81.

也是真实的、符合实际情况的。② 容易操作,能收集到第一手材料。观察法比较适用于教师在教育、教学过程中了解和研究学生的心理活动。但是,观察资料的质量易受观察者能力和其他心理因素的影响,观察结果常常不能得到精确的分析。因此,应用观察法时,研究者必须熟悉所研究的教育过程以及其中的心理现象,有一定的工作经验,善于在繁杂的现象中抓住所需要观察的事实和材料,并发现各种现象间的联系。

### (二) 实验法

实验法(experimental method)是指在控制条件下对某种心理现象进行观察,从而揭示心理活动规律的研究方法。在实验中,研究者可以积极干预被试的活动,创造某种条件使某种心理现象得以产生并重复出现。实验法可以分为实验室实验法和自然实验法。

实验室实验法源于自然科学特别是生理学的研究,通常是指在实验室内借助各种仪器并在严格控制外界条件下进行的一种实验研究。而自然实验法是在日常生活情况或自然情境中,适当控制条件进行的系统观察,并以不让学生自觉居于被试的地位为特征的。

实验室实验法通过对变量的操纵、控制来深入揭示变量间的因果关系,但由于主试严格控制实验条件,因此实验情境带有很大的人为性质,并且可能影响到被试的实验反应,这会妨碍研究结果的推广。自然实验法是在日常生活情境中,通过给定、增加或移除一些条件考察心理变化特点的方法。它比较接近实际,比较真实地反映教育过程中的心理现象。同时,它又不是纯客观的观察教育的自然进程,而是在教育的实际情况下改变某些条件,给被试一定的影响,从而观察发生的变化。

一种实验方法的精确性、科学性,主要取决于这种方法对研究对象所必须控制的条件因素能否实现最有效的控制。但是在使用实验法进行研究前,需要进行风险评估。

### (三) 测验法

测验法(test method)是指运用标准化的心理测验对被试的某种心理特质进行测量,从而了解其心理特点的方法。心理测验是进行测量的工具,包括智力测验、人格测验、成就测验、职业测验等。因此,测验法所使用的测评工具是事先以某种心理理论为依据,经过标准化的程序编制而成的心理量表,具有科学性、标准化的特点。在施测过程中,测验必须按照既定的程序和要求进行,不能随意更改测验题目和操作程序;在计分和分数的解释上,也必须依照要求进行。

使用测验法时,要注意如下基本要求:① 选择和编制符合要求的测验。在选择和编制测验时,要保证所使用的测验有适当的信度和效度,符合研究内容和研究对象的特点与要求。② 测验的实施要规范。许多测验要求严格的操作程序,通常要由经过训练的专业人员按严格的规范实施测验。③ 对测验结果的评估要客观。对测验结果的统计处理要准确、客观,对测验结果的解释也要客观和科学。④ 要遵守相应的职业道德,对测验的结果注意保密,不能随意公布。在给被试解释结果时,也要遵循既定的分数解释的要求。

因此,测验法的优点是:所用工具具有标准化特点,所得资料比较真实可靠;施测规范、简便;结果易于整理,可进行统计分析;适用范围比较广泛。但测验法也有其不足:第一,对测验工具要求较高,无论是自编测验还是选用现成测验,都要求测验工具具有较高的信度和效度。第二,测验结果的客观真实性会受到被试回答问题的主观性的影响。被试在完成测验的过程中不适当的情绪、态度和动机会干扰被试客观、真实地回答测验中的问题。

### (四) 调查法

调查法(survey method)是按照一定的目的和计划,向被调查者提出有关问题,获得被调查者的回答,从而探索心理规律的方法。常见的调查方式有问卷法、访谈法等。

1. 问卷法

问卷法(questionnaire method)是采用书面问答的方式,要求被试回答研究者提出的问题,以获得被试心理和行为表现资料的方法。问卷法有许多优点,主要是简便易行,能在短时间内获得大量研究资料,节省成本,且结果便于进行统计分析,是教育心理学常用的方法。但问卷的回收率、质量往往难以保证,有时不能及时反映被试的心理变化,被试还有可能会隐藏自己的真实想法,且对被试的文化水平有一定要求,因此使用时需要特别注意其适用范围。同时,研究结果易受抽样方式和范围的影响。

运用问卷法进行研究时,要注意以下几个问题:① 问卷指导语要简洁明了,介绍清晰;② 问卷内容应设计合理,回答方式尽可能简单方便;③ 问卷题目应避免暗示性;④ 问卷不宜过多、过长,避免被试产生疲惫或厌倦心理;⑤ 在问卷中可以根据需要加入测谎题,了解被试回答的真实性;⑥ 问卷材料选择要严格和客观,要考虑问题回答的分类和编码计分问题。

2. 访谈法

访谈法(interview method)是通过与研究对象或与研究对象有关的人进行口头交谈的方式来收集研究资料的一种方法。访谈法可以根据不同的标准划分为不同的种类,根据访谈时是否借助一定的中介物,可以分为直接访谈和间接访谈;根据访谈内容和过程有无统一的设计要求和结构,可以分为结构化访谈和非结构化访谈;根据访谈对象的特点,可以分为一般访谈和特殊访谈。

实施访谈法需要研究者提出一些精心设计、针对性强的问题,引导访谈对象说明自己对某件事情的看法,陈述自己对有关问题的理解,或者思考问题的内部过程。访谈法与观察法、问卷法不同,在整个访谈过程中,访谈者不仅通过提问方式作用于被访谈者,被访谈者也会通过回答问题反作用于访谈者,所以访谈法具有很强的灵活性,可以根据需要和实际情况探索更为广泛的课题。在使用访谈法进行研究时,首先要取得被访谈者的信任和配合;在访谈过程中,访谈者应采用合适的提问方式,使被访谈者能真实、坦率地表达自己的想法和感受;访谈者应努力掌握访谈过程的主动权,积极影响被访谈者,尽可能使他们按预定计划回答问题,但需要注意不能对被访谈者有言语或非言语暗示。

访谈法适用于一切具有口头表达能力的不同文化程度的访谈对象,适用范围广,能灵活而有针对性地开展资料搜集,可较详尽、真实、确凿地了解被访谈者心理发展的具体表现和有关细节,从而对心理和行为进行深入、全面分析。有经验的访谈者还可根据一些非言语信息判断访谈对象回答问题的可靠性,或根据访谈对象的知识水平灵活变换提问方式,及时控制谈话方向,这是其他方法难以做到的。但访谈法费时、费力,结果的准确性和可靠性很大程度受研究者素质的影响,还可能受到环境、时间和访谈对象特点的限制,研究资料也难以量化,因此应多与其他方法结合使用。

从总体上来说,调查法通常有明确的目的,制订了明确的调查方案,因此,收集的材料一般都具有典型性、客观性和真实性。但是,运用调查法要求对样本的选择要适当,最好是依据科学的抽样方法。同时,对结果的分析也要有系统化的处理。

(五) 个案法

个案法(case method)是以个体(或某一群体)作为研究对象收集信息以分析其心理发展变化规律的方法。在进行个案研究时,研究者需要收集研究对象的各种信息,如个体的背景资料、成长史、家庭关系、生活环境等,也可以根据研究需要对研究对象的某些心理特点进行测验,通过访谈向研究对象熟悉的人了解情况,或者收集研究对象的日记、书信、物品等进行分析。

在运用个案研究法进行实际研究时,要注意以下几点:① 个案研究法是针对个别研究对象的心理或行为问题进行直接的深入的研究,因而必须搜集有关研究对象的一切资料;② 研究者要与研究对象建立良好的关系,充分取得研究对象的信任;③ 个案研究的目的不只是对研究对象本身的心理或行为问题求得了解,更重要的是通过这种了解,可以进一步寻求解决有关问题的方法。

个案研究法的优点是可以使研究者充分考虑每个研究对象的特点,并能提供研究对象心理发展的具体资料,能够获得有关心理发展的规律。不足之处在于,研究结果所依据的样本较小,研究结果的推广性差。也就是说,从少数个体得到的结论不能直接推广到其他人身上。

### (六) 教育经验总结法

教育经验总结法(method of experience summarization)是指教育工作者依据教育实践所提供的事实,按照科学研究的程序,分析和概括教育现象,揭示教育现象的内在联系和规律,使之上升为教育理论的一种研究方法。教育经验具有普遍性、实践性和多样性的特点,其内容丰富多彩,因而教育经验总结法一般具有选择研究对象、收集资料、计划与实施、经验概括和总结成果等几个步骤。教育工作者一般都具有较高的教育学和心理学理论知识,同时在教育教学实践过程中积累了丰富的教学经验。通过对教学经验的深入分析和总结,探究教育教学的规律,对于提高教育教学质量、丰富教育心理学的相关理论具有重要意义。

研究者在使用教育经验总结法时应注意:选取的研究对象要具有典型意义,对于研究过程中得出的规律性的结论,要善于借鉴,并能够创造性地应用。同时,这种方法的使用效果与教师自身的理论修养水平关系密切,教师的理论修养水平越高,就越有可能总结出教育心理学的规律。如果教师的理论修养水平不高,有可能会出现"就现象谈现象"的情况,不能上升到一定的理论高度,超越不了日常经验,无法在教育实践中推广。

## 本章小结

心理学是一门研究心理现象及其发生、发展、变化规律的科学。心理现象包括心理过程和个性心理两个方面。心理是脑的机能,是人脑对客观现实主观能动的反映。

教育心理学是一门研究学校教育情境中学与教及其相互作用的规律的科学。学与教的过程包括学生、教师、教学内容、教学媒体和教学环境五要素,由学习过程、教学过程和评价/反思过程三个过程组成。学习教育心理学可以帮助教师树立从教的职业意识、帮助教师准确地了解和干预学生、为实际教学提供科学的理论指导、帮助教师结合实际教学进行研究。

1903年,桑代克出版《教育心理学》一书,这是西方第一本以"教育心理学"命名的著作,桑代克也因此被称为"教育心理学之父"。1924年,廖世承编写了我国第一本《教育心理学》教科书。教育心理学经历了初创、发展、成熟、完善四个时期。

教育心理学的研究原则主要有客观性原则、教育性原则、系统性原则、理论联系实际原则、伦理性原则。常用的研究方法包括观察法、实验法、测验法、调查法、个案法、教育经验总结法等。

## 知识练习

1. 谈谈你对心理学的认识。

2. 教育心理学的研究内容包含哪些方面?
3. 学习教育心理学有何意义?
4. 教育心理学的研究原则有哪些?
5. 可以采用哪些方法进行教育心理学研究?

 **推荐读物**

刘儒德.教育中的心理效应[M].2版.华东师范大学出版社,2013.

陈琦,刘儒德.当代教育心理学[M].3版.北京师范大学出版社,2019.

理查德·格里格,菲利普·津巴多.心理学与生活[M].19版.王垒,等,译.人民邮电出版社,2016.

莫顿·亨特.心理学的故事:源起与演变[M].寒川子,等,译.外语教学与研究出版社,2019.

罗杰·霍克.改变心理学的40项研究[M].7版.白学军,等,译.人民邮电出版社,2018.

罗伯特·斯莱文.教育心理学:理论与实践[M].10版.吕红梅,等,译.人民邮电出版社,2016.

莉萨·博林.教育心理学:激发自主学习的兴趣[M].2版.连榕,等,译.机械工业出版社,2018.

安妮塔·伍尔福克.伍尔福克教育心理学[M].12版.伍新春,等,译.中国人民大学出版社,2015.

理查德·E.梅耶.应用学习科学:心理学大师给教师的建议[M].盛群力,等,译.中国轻工业出版社,2016.

# 第二章 学习的基本理论

## 【学习目标】

1. 理解学习的概念,掌握学习的实质,识记加涅的学习水平分类和学习结果分类;
2. 理解行为主义学习理论的观点,掌握行为主义学习理论对教育实践的启示;
3. 理解认知学习理论的观点,掌握认知学习理论对教育实践的启示;
4. 理解人本主义学习理论的观点,掌握人本主义学习理论对教育实践的启示;
5. 理解建构主义学习理论的观点,掌握建构主义学习理论对教育实践的启示。

## 【知识导图】

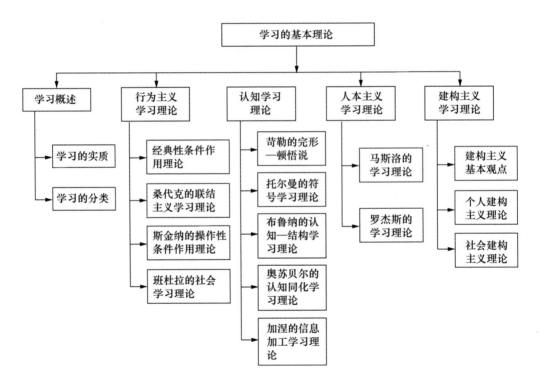

## 【学前反思】

李老师让一个擅长数学的学生王强讲讲他的解题方法,介绍他是如何思考、如何选择方法并快速准确地得出答案的。当让王强到讲台前讲话时,他的脸白得像纸一样,手也在发抖。王强开始说话了,但他太紧张,根本讲不下去。李老师知道王强是一个害羞的孩子,在众人面前很少讲话。但是,李老师认为王强喜欢数学,而且做得非常好,他应该能够描述清楚自己所做的事情。但李老师错了,王强最终还是很窘迫地回到自己的座位上,其他同学也变得不敢上前给大家讲题了。接下来,李老师点名的每一个学生都磨磨蹭蹭,或者找借口推辞。

李老师决定帮助王强提高自信。他让王强在自己的座位上回答问题,并告诉王强很多学生都害怕在全班同学面前讲话,他刚开始教书时也曾感到害怕。后来他问了王强一个关于他解题思路的非常简单的问题,王强试着回答了。李老师说:"非常好,王强!接下来你是怎么做的呢?你是怎样找到那个简便方法的呢?"这使王强受到了鼓励,于是李老师进一步鼓励他,称赞他的想法非常有效,并且表示对王强在数学竞赛中取得好成绩很有信心。自此王强对自己的解题思路谈得越来越多了,并主动讲述他是如何攻克难题的。李老师的策略见效了,他鼓励王强大声讲话,并使其他学生对数学也产生了兴趣。

# 第一节 学习概述

## 一、学习的实质

慕课视频2-1:
学习的实质
与类型

学习(learning)是个体在特定情境下由于练习或反复经验而产生的行为或行为潜能的比较持久的变化。对学习实质的理解,需要把握以下四个方面。

1. 学习的发生是由于经验所引起的。学习不是本能活动,而是后天习得的活动,是由经验或实践引起的。学习产生于个体的某种经验活动过程,这种经验活动过程可以是个体接受刺激、亲自参与某件事情或练习,也可以是观察其他个体的活动,或者是阅读、听讲等。由经验产生的学习主要有两种类型:一种是有计划的练习或训练而产生的正规学习,如中小学生在学校中的学习;另一种则是由偶然的生活经历而产生的随机学习,如遇到交通事故时认识到遵守交通法规的重要性等。

2. 学习表现为行为或行为潜能的变化。任何水平的学习都会引起适应性的行为变化,不仅有外显的行为变化,也有潜在的个体内部经验的改组与重建。由学习导致的变化有时很快反映在行为变化上,有时则需要经过很长时间才能反映在行为变化上。后者被看作行为潜能的变化,如个体的记忆、思维、情感、态度或价值观的变化。

3. 学习引起的行为或行为潜能的变化是相对持久的。由药物和疲劳等因素引起的行为变化是短暂的,不能称之为学习。机体的行为变化不仅可以由学习引起,也可以由本能、疲劳、适应和成熟等引起,如青春期儿童嗓音的变化是生理成熟的结果。由学习导致的行为变化是比较持久的,这种变化会使行为水平提高,如学会了游泳、骑车等,这些技能几乎终生不忘。成熟虽然也能带来行为的变化,但成熟比学习带来的行为变化要慢得多,成熟往往与学习相互作用引起行为的变化。

4. 学习是一个广义的概念,是人类和动物普遍具有的。学习不仅指有组织的知识、技能、策略等的学习,也包括态度、行为准则等的学习;既包括学校的学习,也包括日常生活中的学习。人的学习是一种有目的的、自觉的、积极主动的过程,学生的学习是人类学习中的一种特殊形式,是在教师的指导下,有目的、有计划、有组织、系统进行的,是在较短的时间内接受前人所积累的文化科学知识,充实自己的过程。学生的学习内容主要包括:知识、技能和学习策略的掌握,问题解决能力和创造性的发展,道德品质和健康心理的培养。

## 二、学习的分类

根据学习的主体、内容、水平、结果、方式、意识水平等不同,可以把学习分为不同的类别。

1. 根据学习主体分类

(1) 动物学习。动物学习仅限于消极适应环境变化,以满足其生理需要,主要靠直接方式获取个体经验。动物学习局限于第一信号系统。

(2) 人类学习。人类学习与动物学习具有本质的区别,主要表现在三个方面:① 人类学习的社会性。人类除了通过直接经验的方式获得个体经验以外,还在同他人的交往过程中获得人类社会的历史经验。② 以语言为中介。语言扩大了个体的可能性,个体通过语言符号不仅能掌握具体的经验,而且能掌握社会历史经验、抽象概括的经验,才能由低级的以知觉过程为主的心理机能转为高级的以抽象思维为主的心理机能。③ 积极主动性。动物学习是为了适应环境,是被动的;而人类学习不仅是为了适应环境,更要认识世界、改造世界。人是在积极地作用于环境、与周围人的交往过程中进行学习的。

(3) 机器学习。机器学习是人工智能领域的一个重要分支,是借助于计算机科学和技术原理模拟实现人类的学习行为,以获取新的知识、技能,不断改善自身性能,从而赋予计算机系统学习能力。阿尔法围棋就是机器学习的一个典型例子,它通过深度学习的原理,在与自己数万次的对弈中进行自我训练,不断提高围棋水平,在 2016 年以 4∶1 的总比分战胜围棋世界冠军。

2. 依据学习的内容分类

我国教育心理学家冯忠良认为,依据所传递经验的内容不同,可以将学生的学习分为知识的学习、技能的学习和社会规范的学习三类。[①]

(1) 知识的学习。知识的学习即知识的掌握,是通过一系列的心智活动来接受知识,在头脑中构建起相应的认知结构,通过领会、巩固和应用三个环节完成,主要包括对教材的感知和理解,解决的是知与不知、知之深浅的问题。

(2) 技能的学习。技能的学习是通过学习或练习建立合乎规则的活动方式的过程,有心智技能学习和操作技能学习两种,解决的是会不会做的问题。

(3) 社会规范的学习。又称行为规范的学习,是把外在的行为要求转化为主体内在的行为需要的内化过程,是品德形成的过程,既包含规范的认知,又包含规范的执行及情绪体验,比知识、技能的学习更为复杂。

这种分类有助于教师掌握不同类型学习的特点和特殊规律,便于教师在教育和教学过程中针对不同类型的学习进行教学和指导,常被学校教育工作者采用。

3. 根据学习水平分类

加涅(R. Gagne)根据学习的繁简水平,提出了八类学习。

(1) 信号学习。个体学习对某种信号做出某种反应,其过程是刺激—强化—反应,属于经典性条件反射。

(2) 刺激—反应学习。在一定情境下,个体做出反应,然后得到强化,其过程是情境—反应—强化,属于斯金纳的操作性条件反射。

(3) 连锁学习。连锁学习就是一系列刺激—反应的联合,各种动作技能的形成,都离不开这类学习。

(4) 言语联想学习。由言语单位所联结的一系列刺激—反应的联合。

(5) 辨别学习。个体学会识别多种刺激的异同,并对它们做出不同的反应。

(6) 概念学习。个体对刺激进行分类时,学会对一类刺激做出同样的反应。例如,将猫、

---

① 冯忠良,伍新春,姚梅林,王健敏,等.教育心理学[M]. 2 版.人民教育出版社,2010:203.

狗概括为"动物",就是概念学习。

(7) 规则的学习。规则是指两个或两个以上概念的联合,规则学习则是个体了解两个或两个以上概念之间的关系。

(8) 解决问题的学习。个体运用所学规则解决问题。

加涅对学习的分类是由简单到复杂,由低级到高级的。前三类学习都是简单反应,许多动物也能完成。1971年,加涅对这种分类进行了修正,把前四类学习合并为一类,把概念学习扩展为具体概念和定义概念的学习。这种分类就成为连锁学习、辨别学习、具体概念学习、定义概念学习、规则的学习、解决问题的学习。

4. 根据学习结果分类

为了更好地与教学实际相结合,加涅提出了学习结果分类,认为学习结果就是各种习得的能力或性情倾向,可以分为五种类型。

(1) 言语信息的学习。言语信息是指有关事物的名称、时间、地点、定义以及特征等方面的事实性信息。学习者掌握的是以言语信息传递的内容,或者学习者的学习结果是以言语信息表达出来的。学习者得到的不仅是个别的事实、概念等信息,还有对信息赋予意义、组织成系统的知识。例如,学习关于时钟的识别、四季的形成等知识。

(2) 智力技能的学习。智力技能又称为智慧技能或心智技能,指个体运用符号或概念与环境交互作用的能力。言语信息的学习,帮助学生解决"是什么"的问题,而智慧技能的学习要解决"怎么做"的问题,以处理外界的符号和信息。每种水平的学习都包含着不同的智慧技能,如怎样把分数转换成小数。

(3) 认知策略的学习。认知策略是指个体调控自己的注意、学习、记忆和思维等内部心理过程的技能。认知策略与智慧技能的不同在于,智慧技能定向于学习者的外部环境,而认知策略则支配着学习者在应对环境时自身的行为,即内在的东西,是学习者用来管理学习过程的方式。

(4) 态度学习。态度影响个体对人、事和物采取行动的内部状态。态度可以从各种学科的学习中得到,但更多的是从校内外活动中和家庭中得到。加涅提出了三类态度:儿童对家庭和其他社会关系的认识;对某种活动所表现出来的积极的、喜爱的情感,如音乐、阅读等;有关个人品德的某些方面,如热爱国家、关心社会等。

(5) 动作技能的学习。动作技能是指个体通过身体动作的质量(敏捷、准确、有力和连贯等),不断改善而形成的整体动作模式。动作技能又称为运动技能,如体操技能、写字技能等,是能力的重要组成部分。

加涅认为,上述五类学习不存在等级关系,是不同范畴的学习,顺序可以随意排列。把学习结果作为教育目标,有利于确定达到目标所需要的条件。通过对学习结果的分析,可以为教学设计提供可靠的依据,从而实现教学目标。

5. 依据学习方式分类

奥苏贝尔(D. P. Ausubel)根据学生进行学习的方式,把学习分为接受学习和发现学习;根据学习的内容,把学习分为机械学习和有意义学习。

(1) 接受学习与发现学习。接受学习是指学习的内容以某种定论或确定的形式,通过传授者传授,无须自己去独立发现。发现学习是指传授者不直接把学习内容教给学习者,而让学习者自己独立探索和发现知识。许多科学的创造发明就属于发现学习。

(2) 机械学习与有意义学习。机械学习是指学习材料不能与学习者原有认知结构建立联系,或者学习者缺乏意义学习的态度,靠死记硬背进行学习。有意义学习是指将符号所代表的新知识与学习者认知结构中已有的适当观念建立起非人为的、实质性的联系。接受学习可以是机械的,也可以是有意义的。奥苏贝尔认为,学校里的学习应该主要采用有意义的接受学习。

6. 根据学习的意识水平分类

美国心理学家雷伯(A. S. Reber)根据学习的意识水平不同,将学习分为内隐学习和外显学习。

(1) 内隐学习。内隐学习是指有机体在与环境接触的过程中,不知不觉地获得了一些经验,并因之改变其后某些行为的学习。①

(2) 外显学习。外显学习类似于有意识的问题解决,是有意识地做出努力,并按照规则做出反应的学习。许多领域都存在外显学习的现象,如第二语言的学习、社会行为的习得以及运动技能的完善等。

## 第二节 行为主义学习理论

慕课视频 2-2:
行为主义
学习理论

行为主义学习理论又称刺激—反应理论(S—R 理论),是当今学习理论的主要流派之一。行为主义学习理论重视环境和经验的作用,强调可观察的行为,认为学习发生的原因在于外部的刺激、反应和强化。人们行动的结果影响着后续的行为,多次愉快或痛苦的行为后果改变了个体的行为。行为主义理论在教学设计中的应用以及对个人心理问题的行为治疗至今仍有影响力。

关于学习是如何发展的,行为主义心理学家给出了不同的解释,其发展经历了四个时期(图 2-1)。

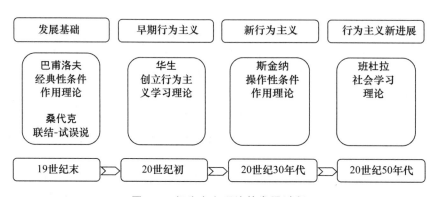

图 2-1 行为主义理论的发展过程

## 一、经典性条件作用理论

### (一) 巴甫洛夫的经典性条件作用理论

俄国生理学家巴甫洛夫(I. P. Pavlov)通过对动物的实验研究,提出了经典性条件作用理

---

① Reber A S. Implict learning of artificial grammars[J]. Journal of Verbal Learning and Verbal Behavior. 1967,6(2):317-327.

论。其中,最著名的实验是狗分泌唾液的实验,即对食物的一种反应特征。实验时,他把食物呈现给狗,并测量其唾液分泌情况。在这个过程中,他发现如果随同食物反复给狗一个中性刺激,即一个并不自动引起唾液分泌的刺激,如铃声,狗就会逐渐"学会"在只有铃响没有食物的情况下分泌唾液。一个中性刺激与一个能引起某种反应的刺激相结合,使动物学会对那个中性刺激做出反应,这就是经典性条件作用(图 2-2)。

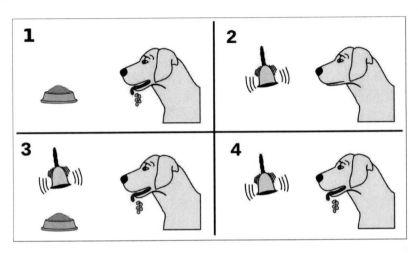

图 2-2 狗分泌唾液的实验

在经典性条件作用中,刺激是指激活行为的事件,反应是指可以观察的对刺激的回应行为。巴甫洛夫的实验中,食物被称为无条件刺激(unconditioned stimulus,US),即能够自动引起生理或情绪反应的刺激。由食物引起唾液分泌被称为无条件反应(unconditioned response,UR),即无须任何训练和经验而自动出现的生理或情绪反应。铃声原来是一种中性刺激(neutral stimulus,NS),即不会自动引起生理或情绪反应的刺激。铃声和食物在时间上多次结合,原是中性刺激的铃声就成了条件刺激(conditioned stimulus,CS),即条件作用形成后能够引起生理或情绪反应的刺激。铃声和唾液分泌之间就建立了一种新的联系,称之为条件反应(conditioned response,CR),即条件作用形成后习得的对条件刺激(以前的中性刺激)做出的反应。在条件作用的形成过程中,无条件刺激引起特定的反应是前提条件,即无条件作用是条件作用的基础。条件刺激并不限于听觉刺激,一切来自体内外的有效刺激(包括复合刺激、刺激物之间的关系及时间因素等)只要跟无条件刺激在时间上结合(即强化),都可以成为条件刺激,形成条件作用。

中性刺激一旦成为条件刺激,就可以起到与无条件刺激相同的作用。另一个中性刺激与其反复结合,可以形成新的条件作用,这一过程被称为高级条件作用(higher-order conditioning)。在已经形成的条件反射(如铃声引起唾液分泌)的基础上,如果将条件刺激(如铃声)用作无条件刺激,使它与另一个中性刺激伴随出现,就能建立一种新的条件反射,称为二级条件作用。例如,当铃声与唾液分泌的联结建立起来以后,将灯光与铃声反复伴随(无食物)出现,经过学习,灯光也会引起狗的唾液分泌。同样,在二级条件作用的基础上也可以建立三级条件作用。

针对经典性条件作用,巴甫洛夫提出以下主要原理。

1. 获得与消退

在条件作用形成的过程中,有两点十分重要:一是条件刺激和无条件刺激必须同时或近乎同时呈现,间隔太久则难以建立联系;二是条件刺激作为无条件刺激出现的信号,必须先于无条件刺激呈现,否则也难以建立联系。条件作用建立以后,如果多次只出现条件刺激而没有无条件刺激加以强化,所形成的条件反射就会逐渐减弱并最终消失,这个过程称为消退。消退(extinction)是指条件作用形成后,由于没有无条件刺激的结合,机体对条件刺激的反应逐渐消失。条件作用越巩固,消退速度就越慢。根据消退的原理,行为矫正者可以帮助学生减少或消除不良行为。

2. 泛化与分化

泛化(generalization)是指,条件作用形成以后,机体对与条件刺激相似的刺激做出条件反应。例如,我们常说的"一朝被蛇咬,十年怕井绳"。分化(discrimination)是指只对条件刺激做出条件反应,而对其他相似的刺激不做出条件反应。例如,为了使狗能够区分圆形和椭圆形光圈,只在圆形光圈出现时给予食物强化,椭圆形光圈出现时不给予强化,那么狗便可以学会只对圆形光圈做出反应而不理会椭圆形光圈。

泛化与分化是互补的过程,泛化是对事物相似性的反应,分化是对事物差异的反应。泛化能使学习从一种情境迁移到另一种情境,分化则使我们对不同的情境做出不同的恰当反应,从而避免盲目行动。

在实际的教育教学过程中,也需要经常对刺激进行分化,如引导学生分辨勇敢和鲁莽、谦让和退缩、质量和重量等,以便准确地掌握知识,恰当地表现行为。

凡是能够引起条件反应的物理性的条件刺激叫做第一信号系统(first signal system)的刺激。凡是能够引起条件反应的以语言符号为中介的条件刺激叫做第二信号系统(second signal system)的刺激。在生活中,谈虎色变就属于第二信号系统的条件作用。学生一想到测验或听到即将举行测验就产生焦虑,也属于第二信号系统的条件作用。并不是测验使得学生产生焦虑,而是有关测验的观念和语义导致学生焦虑。

值得注意的是,巴甫洛夫的两个信号系统理论明确指出,人类由于有了以语言为主的第二信号系统,其学习与动物的学习具有了本质的区别。由此可见,巴甫洛夫对人类学习的研究并非只限于以刺激与反应间建立的条件反射来解释人类行为。巴甫洛夫所做工作的重要性是不可估量的。人们一致认为,相当一部分行为可以从经典性条件作用的观点做出很好的解释。

(二)华生的行为主义

华生(J. B. Watson)在1913年首先打出行为主义心理学的旗帜,他是美国第一个将巴甫洛夫的研究结果作为学习理论基础的心理学家,主张学习就是以一种刺激替代另一种刺激建立条件作用的过程。在华生看来,人类出生时只有几个反射(打喷嚏、膝跳反射等)和情绪反应(惧、爱、怒等)。所有其他行为都是通过条件作用建立新的刺激—反应(S—R)联结而形成的。华生曾经用条件作用的原理做了恐惧形成的实验(图2-3)。

实验被试是一名出生只有11个月叫做艾波特的婴儿。首先让艾波特接触一个中性刺激小白兔,艾波特毫无害怕的表现,似乎想用手去触摸它。兔子出现后,紧接着就出现用铁锤敲击一段钢轨发出的使婴儿害怕的响声(无条件刺激)。经过3次结合,单独出现小白兔也会引起艾波特的害怕与防御的行为反应。6次结合后,艾波特的反应更加强烈。随后,这一反应泛化到相似的刺激,艾波特

图2-3 恐惧形成实验

对任何有毛的东西都感到害怕,如老鼠、动物标本,甚至是有白胡子的圣诞老人。

根据这一实验,华生提出,学习的实质就是通过建立条件作用形成刺激与反应之间联结的过程,从而形成习惯。习惯的形成遵循频因律和近因律。根据频因律,在其他条件相等的情况下,某种行为练习得越多,习惯形成就越迅速。根据近因律,当反应频繁发生时,最新近的反应比较早的反应更容易得到强化。

在课堂教学中,可以应用经典性条件作用理论,帮助学生更好地适应情感反应。例如,教师可以将快乐事件作为学习任务的无条件刺激,创造一个舒适的读书角,提供温暖舒适的课堂环境,使学生产生温馨的感觉,并将这种感觉泛化到学习活动中。

【知识窗】 经典性条件作用理论在课堂教学中的应用①

**1. 课堂中的厌恶情绪是怎样形成的?**

经典性条件作用在课堂里时有发生,生理的或者情绪上的反应多数都是经典性条件作用的结果。事实上,情绪的条件作用(conditioned emotional response,CER),就是通过经典性条件反射发生的情绪反应。引发消极情绪的刺激叫做厌恶刺激。教师会发现最常见的一种经典性条件反射就是考试焦虑,即对考试产生泛化的恐惧情绪,当这种焦虑严重的时候,它会阻碍学生取得好成绩。

学生如果在学校不断有厌恶体验,就会对学校和学习产生泛化的厌恶情绪。教师在课堂中能够注意到并控制这些潜在的经典性条件反射的形成,就能够避免或者减少厌恶性条件反射的形成。

**2. 如何控制课堂中的经典性条件反射?**

放松训练,就是把考试这个刺激与放松的反应进行配对,而不是与焦虑配对。这种方法可以减轻考试焦虑,有助于取得好成绩。另外,教师也可以帮助考试焦虑的学生逐步适应考试、习惯考试。

## 二、桑代克的联结主义学习理论

桑代克(E. L. Thorndike)是美国心理学家,他较早地对动物及人类的学习、教学原理和学习迁移进行深入的研究,被誉为"教育心理学之父"。桑代克把人和动物的学习定义为刺激与反应之间的联结,认为这种联结是通过盲目尝试—逐步减少错误—再尝试这样一个反复作用的过程而形成的。桑代克依据其动物学习实验所得的材料,创立了学习的联结—试误说,其中最著名的实验就是饿猫打开迷笼的实验(图 2-4)。

将饿猫关入笼中,在笼外放一条鱼,饿猫要冲

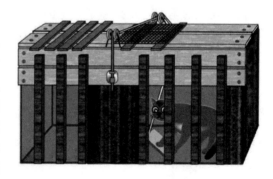

图 2-4 桑代克的饿猫实验

---

① 罗伯特·J. 斯滕伯格,温迪·M. 威廉姆斯. 斯腾伯格教育心理学[M]. 2 版. 姚梅林,等,译. 机械工业出版社,2012:210.

出笼门去吃鱼,必须踩到开门的机关。刚放入笼中的饿猫以抓、咬、钻、挤等各种方式想逃出迷笼,在这些努力和尝试中,它会无意中踩到机关最终使门打开。把猫多次放回笼中后,发现饿猫的无效动作越来越少,逃出笼子的速度越来越快。经过反复尝试,最后饿猫一进入迷笼就会立即以一种正确的方式去触及机关打开门。这时,饿猫就学会了做出成功的反应,抛弃了不成功的反应,自动形成了迷笼刺激情境与触及开门机关反应之间的联结。

桑代克依据其实验结果提出了联结主义学习理论,并总结出了以下原理。

**(一) 学习的实质在于形成一定的联结**

桑代克曾明确指出,学习即联结。联结(connection)是指某情境仅能唤起某些反应,而不能唤起其他反应的倾向。他认为,学习—刺激与反应的联结的形成是通过渐进的尝试与错误,按一定的规律形成的。

**(二) 桑代克的学习律**

桑代克认为,学习的实质是在刺激和反应之间形成联结,学习的过程是通过盲目的尝试与错误的渐进过程;学习要遵循三条重要的学习律:准备律、练习律和效果律。

1. 准备律

准备律是指学习者在学习前的预备定势。个体有准备又有活动就会感到满意,有准备而不活动、无准备而被强制活动都会感到烦恼。

2. 练习律

练习律是指刺激与反应之间的联结随练习次数的多少而增加或减弱。在学习的过程中,如果经常练习和运用,刺激与反应之间联结的力量就会逐渐增大;如果不练习和运用,联结的力量就会逐渐减少,直至消退。在后来的著作中,他修改了这一规律,因为他发现没有奖励的练习是无效的,联结只有通过奖励的练习才能增强。

3. 效果律

效果律是指在一定情境下产生满意效果的行为倾向于在这一情境中重复出现。在学习的过程中,如果其他条件相等,在学习者对刺激情境做出特定的反应之后,得到满意的结果,联结就会增强;如果得到烦恼的结果,联结就会削弱。

桑代克的学习理论指导了大量的教育实践。准备律强调在教学中要给学生一定的准备,不要经常搞突然袭击。练习律指导人们通过大量的重复、练习来训练学生。他对教师的劝告是"集中并练习那些应结合的联结,并且奖励所想要的联结"。效果律指导人们使用一些具体奖励,如小红花、口头表扬等。在实际的教育教学中,教师要允许学生犯错误,在"做"中学,鼓励学生从错误中进行学习,获得知识。

行为主义心理学家把学习看作形成刺激和反应的联结。巴甫洛夫和华生认为,学习是通过刺激和反应的相继出现进行的。而桑代克认为,学习是通过行为受到奖励而进行的,桑代克为操作性条件作用理论奠定了基础。

## 三、斯金纳的操作性条件作用理论

斯金纳以严格控制的动物实验为基础,对操作行为及其形成过程以及强化的原则、类型和程序进行了精细的研究,系统地阐明了操作性条件作用理论。

**(一) 操作性条件作用理论**

斯金纳(B. F. Skinner)认为条件作用分为两类:应答性条件作用(即经典性条件作用)和

反应性条件作用(即操作性条件作用)。经典性条件作用是刺激(S)—反应(R)的联结,反应是由刺激引起的;而操作性条件作用则是操作(R)—强化(S)的过程,重要的是跟随操作后的强化(即刺激)。斯金纳用实验室的动物实验说明了操作性条件作用的形成过程。他发明了一种学习装置——斯金纳箱(Skinner box),箱内装有一个操纵杆,操纵杆连着一个供应食丸的装置(图2-5)。

图2-5 操作性条件反射作用实验

将饥饿的白鼠置于箱内,白鼠偶然踏上操纵杆,供丸装置就会自动落下一粒食丸。白鼠经过几次尝试后,就会不断按压操纵杆,直到吃饱为止。在这一实验中,白鼠学会了按压操纵杆而获取食物的反应,把强化(食物)与操作性反应联系起来,形成了操作性条件作用。

(二)操作性条件作用理论的基本观点

1. 关于学习实质的看法

斯金纳认为,学习是有机体通过操作性条件反射的建立,形成反应与情境刺激的联结,从而获得行为经验的过程。

斯金纳虽然承认有机体一部分行为经验的获得是通过经典性条件反射建立刺激与反应的联结而获得的,但他认为,只有很少的行为经验是通过这种方式获得的,有机体的绝大部分行为经验是通过操作性条件反射建立而获得的。

在特定情境中,有机体的预期行为出现后立即强化,再出现再强化,那么,其预期行为再出现的概率就会增加,形成特定情境中的特定行为,这就是学习过程。

2. 强化理论

在斯金纳的理论体系中,强化是主要的自变量。他认为,行为之所以发生变化就是因为强化作用,对强化的控制就是对行为的控制。他使用"强化"而不是"奖励",因为奖励是对与行为相联系的愉快情境的主观解释,而强化则是一个中性术语,是能增强反应频率的后果。凡是能增强反应概率的刺激和事件都叫强化(reinforcement)。反之,在反应之后紧跟一个导致反应概率下降的刺激,则是惩罚(punishment)。

强化分为正强化和负强化。正强化通过呈现愉快刺激增强反应概率,负强化通过消除厌恶刺激来增强反应概率。惩罚也相应地分为Ⅰ型惩罚(正惩罚)和Ⅱ型惩罚(负惩罚)。Ⅰ型惩罚通过呈现厌恶刺激降低反应概率;Ⅱ型惩罚通过消除愉快刺激而降低反应概率。人们常常将负强化与惩罚相混淆,强化通常与行为的增强相联系,惩罚通常是为了减少或者抑制行为。

强化还可以分为一级强化和二级强化。一级强化是满足人和动物基本生理需要的强化,如食物、水、安全、温暖、性等。二级强化是任何一个中性刺激与一级强化反复联合,就能获得自身的强化性质。如金钱,对婴儿来说不是强化物,但当小孩知道钱能换糖时,就能对儿童的行为产生效果。再如分数,也是受到教师的注意后才具有强化性质的。二级强化可分为社会强化(社会接纳、微笑等)、代用券(钱、级别、奖品等)和活动(如自由地玩、听音乐、旅游等)。

表 2-1 强化与惩罚

| | | 条件 | 行为发生概率 |
|---|---|---|---|
| 强化 | 正强化 | 给予一个愉快刺激(如表扬) | 增加 |
| | 负强化 | 摆脱厌恶刺激(如免做作业) | 增加 |
| 惩罚 | Ⅰ型惩罚 | 呈现一个厌恶刺激(如罚抄作业) | 降低 |
| | Ⅱ型惩罚 | 撤销一个愉快刺激(如不让玩手机) | 降低 |
| 消退 | | 无任何强化物 | 降低 |

在强化时,可以使用普雷马克原理(Premack principle),即用高频的活动作为低频活动的强化物,或者说用学生喜欢的活动去强化学生参与不喜欢的活动。如"你吃完这些青菜,才可以吃火腿"。如果一个儿童喜欢做航空模型而不喜欢阅读,教师可以让学生完成一定的阅读之后再去做模型。

操作性条件作用与经典性条件作用不同。经典性条件作用是刺激—反应之间的联结,反应是由刺激引起的。操作性条件作用则是操作—强化的过程,重要的是跟随操作反应之后的强化刺激。斯金纳认为,几乎在人类的各种情境中,学习都可操作,要想改变行为就需要奖励行为。所预期的行为一旦出现,立即给予强化,出现再强化,这种行为再发生的概率就上升了。斯金纳强调分析机体的反应以及对反应产生影响的环境条件,而不在乎机体内部发生了什么。

教师要注意观察和了解学生对什么强化物感兴趣,针对不同的学生提供不同系列的强化物。教师选择强化物时应考虑年龄因素。例如,有些活动如帮助教师或做游戏,对小学生而言可能是有利的强化物,但对中学生而言,和朋友聊天、玩电子游戏、听音乐,可能是更适合的强化物。教师要对不同年龄的学生提供相应的强化刺激和事件。

3. 新行为的塑造

斯金纳认为,教育就是塑造行为。塑造(shaping)是指对与期望行为越来越接近行为的强化过程,旨在通过小步反馈帮助学生达到目标。具体而言,就是采用连续接近的方法,对趋向于所要塑造的反应方向不断给予强化,直到引出所需要的新行为。例如,教师在指导学生写字时,学生写好一个笔画时,就进行第一步表扬,然后逐渐提高期望值,要求学生把每一个笔画都写好,然后要求笔画横平竖直,最后每次都能把字写好。

教师进行行为塑造时,必须首先熟悉学生将要学习的复杂行为,然后将这个行为分解成许多小步骤。确定小步骤的方法叫任务分析(task analysis),然后采用连续接近的方法,当学生完成每一步时都给予强化,选择的目标越具体越好。要注意在塑造行为时,学生必须在他们能力所及的行为范围内得到强化。同时,这些行为又必须向新的技能延伸。例如,一名能做 20 道题的学生,必须做 20 道题后才强化。

**(三)操作性条件作用理论在教学中的应用**

斯金纳将他的学习理论运用到学生学习与学校教学中去,形成了系统的教学理论。斯金纳认为,要达到一个难度较大的行为目的,需要运用连续接近法,分很小的步子强化,每次强化的难度加大,这样可以由易到难逐步达到目的。根据这一思想,斯金纳提出了程序教学法。

所谓程序教学(programmed teaching),是指将各门学科的知识按其中的内在逻辑联系分解为一系列的知识项目,这些知识项目之间前后衔接,逐渐加深,然后让学生按照知识项目的顺序逐个学习每一项知识。伴随每个知识项目的学习,及时给予反馈和强化,使学生最终能够掌握所学的知识,达到预定的教学目的。精心设置知识项目序列和强化程序是程序教学成功的关键所在。斯金纳的程序教学思想的理论依据仍然是他的操作性条件反射理论和强化原理,是这些基本的学习理论在知识学习和教学领域中的具体化。

斯金纳对学习理论领域的研究做出了巨大贡献。他通过严格的实验对操作性条件作用进行了深入细致的研究,提出了操作性条件反射学说,并以此为基础建立了操作性条件的学习理论,在一定程度上克服了桑代克的试误说、华生的行为主义理论的局限,将联结派学习理论推向了一个新的高度。斯金纳的操作性条件作用理论在整个西方的学习理论中占有极为重要的地位。他对强化的精细研究加深了人们对行为习得机制的理解,使人们能成功地预测和控制行为,也为行为塑造矫正提供了一种可信的理论基础。斯金纳以操作性学习理论为依据提出的程序教学理论,在实际的教学活动中独具魅力,对学校教育产生了极为深刻的影响,它强调了学习的程序、反馈和操作,符合学生学习的一般规律和要求,提高了行为控制和教学的效率。在计算机技术迅速发展的今天,程序教学思想已成为计算机辅助教学技术(CAI技术)的理论基础之一,为CAI技术的发展提供了基本的原则和思路。

斯金纳的操作性条件作用理论也受到很多批评,最主要的批评是认为他试图以操作性条件作用原理解释人类的一切学习行为,显然过于偏狭。此外,斯金纳根据对动物的强化研究得到的结论不加区分地运用到人的学习上,忽略了人与动物的本质区别,这也被批评是错误的。

## 四、班杜拉的社会学习理论

班杜拉(A. Bandura)是社会学习理论的奠基人,其理论是建立在大量实验研究的基础上。这一理论关注信念、期望、记忆以及自我强化等认知因素在社会学习过程中的作用,所以又被称为社会认知理论(social cognitive theory)。

### (一)社会认知理论

社会认知理论认为,儿童通过观察他们生活中重要人物的行为而习得社会行为。这些观察以心理表象或其他符号表征的形式储存在大脑中,来帮助他们模仿行为。班杜拉的社会认知论接受了行为主义理论家们的大多数原理,但是更加关注线索对行为和内在心理过程的作用,强调思想对行为和行为对思想的作用。他的观点在行为派和认知派之间架起了一座桥梁。

1. 交互决定论

班杜拉认为,学习不但受到外部环境的影响,也受到个人的认知调节和自我调节的影响。人的行为是内部因素和外部环境相互作用的产物,多因素相互作用共同决定行为。交互决定论认为,个人、环境和行为是相互影响、彼此联系,组成了相互作用的系统,三者影响力的大小取决于当时的环境和行为的性质(图2-6)。

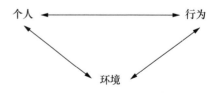

图2-6 个人、环境和行为之间的交互决定关系

2. 参与性学习和替代性学习

社会认知理论把学习分为参与性学习和替代性学习。参与性学习是通过实际行动并体验行动后果而进行的学习。那些能导致成功后果的行为被保留下来,导致失败后果的行为被舍弃。替代性学习是通过观察别人而进行的学习。在替代性学习过程中,学习者没有外显的行为。人类的大部分学习是替代性学习,替代性学习大大提高了学习的速度。例如,我们可以通过听他人讲述、看书以及看电影等来了解火灾、地震等自然灾害事故的危险性,而不必亲身去体验不良的后果。学习复杂的技能一般要通过观察和参与才能完成。学习者首先观察榜样解释并示范这些技能,然后进行大量练习和实践,并从指导者那里获得反馈和激励。

(二) 观察学习

班杜拉认为,儿童的大多数学习发生在社会环境中,儿童通过观察生活中重要人物的行为而学得社会行为。他认为,人类的学习有两种形式,一种是直接学习,另一种是间接学习。观察学习是一种间接学习的形式,人类的大多数行为是通过观察而习得的。观察学习是指通过观察并模仿他人而进行的学习。观察学习包括注意、保持、复制和动机四个过程。

1. 注意过程

注意是指观察者知觉榜样情境的各个方面。榜样和观察者的几个特征决定了观察学习的程度。观察者比较容易观察那些与他们自身相似的、被认为是优秀的和有力的榜样,如明星、教师、成绩好的学生等。在教学中,教师演示如何使用多种解法解题,或者让一个很受大家欢迎的学生到黑板上解题,或者在全班同学面前公平地表扬每一名学生的解题策略,都有助于学生进行观察和模仿。

2. 保持过程

保持是指观察者记住从榜样情境中观察到的行为,在记忆中以符号的形式表征。个体使用表象和言语两种表征系统,储存他们所看到的感觉表象,并且使用言语编码记住这些信息。

3. 复制过程

复制是指观察者将头脑中有关榜样情境的表象和符号概念转为外显的行为。观察者需要选择和组织榜样中的反应要素,进行模仿和练习,并在信息反馈的基础上精炼自己的反应。

4. 动机过程

动机是指观察者因表现所观察到的行为而受到奖励。动机过程中存在三种强化。第一种是直接强化,是指在模仿行为之后直接给出的强化,为学习者提供信息和诱因。第二种是替代性强化,是指观察者因看到榜样受强化而受到的强化。例如,当学生看到同伴因助人行为得到奖赏,也会受到鼓舞而加以模仿。第三种是自我强化,指观察者依照自己的标准对行为做出判断后而进行的强化。当个体的行为表现符合甚至超过这一标准时,他就对自己的行为进行自我奖励。例如,学生为自己设定的成绩标准是90分,测验成绩超过90分就奖励自己。

(三) 自我效能感理论

20世纪70年代末期以后,班杜拉的研究兴趣开始转移到个体自我效能感。所谓自我效能感,是指个人对影响其生活的事件能够施加控制的信念。自我效能感通过决定人试图去做什么,以及在做的过程中要付出多大努力的预期而对个体行为起着重要的引导作用,尤其是个体自己的行为和榜样行为之间存在差距时。例如,如果一个人觉得榜样的行为在自己的能力范围之内,那么,他就会设法去模仿这一行为;反之,如果他的自我效能感很低,觉得榜样的行为超出自己的能力,就会妨碍其采取积极的行动。因此,从自我效能感的功能来看,自我效能感高的人更倾向于选择具有一定难度和挑战性的任务,活动过程中更具有坚持性,并伴随积极的情绪体验。个体的自我效能感来源于两个方面:一是他在某一领域所取得的成就;二是源于对他人活动效能的观察比较。因此,增加儿童的成功体验、转换观察比较对象是提高儿童自我效能感的有效措施。该理论观点详见第五章第二节中的"自我效能感理论"。

班杜拉的社会学习理论揭示了观察学习这一人类社会中极为普遍的学习形式,提出多因素相互作用共同决定行为以及重视观察、模仿、自我效能感在学习中的作用等观点,不论是在行为习惯和道德品质的形成方面,还是在语言知识及人际交往技能的学习方面,都有着很重要的指导作用和参考价值。

## 第三节 认知学习理论

慕课视频 2-3:
认知学派学习理论

认知学习理论非常关心人类的学习,重视人在学习或记忆新信息、新技能时的内部心理过程,注重学习理论在教学过程中和教学策略方面的实际应用。认知学习理论认为,学习是通过理解,主动地在头脑内部构造认知结构的过程,不是受习惯支配而是受主体的预期所引导。个体当前的学习依赖于他原有的认知结构和当前的刺激环境,教学的目标在于帮助学习者把外界客观事物(知识及其结构)内化为其内部的认知结构。认知学习理论与行为主义学习理论的不同之处在于,它强调了学习过程中隐含在信息加工与信息表征之下的心理机制。

### 一、苛勒的完形—顿悟说

认知学习理论是从格式塔学派发展起来的。格式塔学派以动物实验来证明他们对学习中产生变化的实质及其原因的理解。1913—1917 年,苛勒(K. Kohler)用黑猩猩做了一系列实验,证明了黑猩猩的学习是一种顿悟。

#### (一)苛勒的经典实验

1. 箱子实验

把一只黑猩猩放在一个大的笼子里,笼子顶端悬挂有香蕉,地面上有箱子。简单的问题情境只需要黑猩猩运用一个箱子便可够到香蕉,复杂的问题情境则需要黑猩猩将两个箱子叠在一起方可够到香蕉。

实验过程如图 2-7 所示:当黑猩猩看到香蕉时,它最初的反应是用手去够,但够不着。它就把自己用来躺卧的箱子移到香蕉底下,站在箱子上伸手去取香蕉,但由于不够高,仍够不着,它并没有像桑代克实验中的猫一样盲目尝试,而是开始休息和思考。突然间,黑猩猩跃起,将两个箱子叠放在一起,然后迅速地登上箱子取得了香蕉。三天后,苛勒稍微改变了实验情境,但黑猩猩仍能用旧经验解决新问题。

图 2-7　箱子实验

图 2-8　棒子实验

2. 棒子实验

如图 2-8，把黑猩猩放在一个锁着的笼子里，笼子外面放有香蕉，笼子里面放有两根短竹棒，用其中的任何一根都够不着笼子外面的香蕉。对于简单的棒子问题，黑猩猩只要使用一根木棒便可获取食物，复杂的棒子问题则需要黑猩猩将两根木棒接在一起（一根木棒可以插入另一根木棒），方能获取食物。

起初黑猩猩够不着笼子外面的香蕉，常常将棒子扔向香蕉，连棒子也丢了。当它拿起棒子玩时，思考一会，突然将两根棒子像钓鱼竿一样接起来，够着了香蕉，把香蕉拨过来。黑猩猩一旦领悟棒子接起来与远处香蕉的关系时，就一次又一次地把一根棒子插进另一根棒子的末端，以便够得着远处的香蕉。

对于黑猩猩的这些行为，苛勒的解释是，动物遇到问题时可能会审视相关的条件，也许还会考虑某种行动成功的可能性，当突然看出两根棒子接起来与远处香蕉的关系时，它便产生了顿悟，从而解决了这个问题。并且，动物一旦发现了这一方法，遇到类似的情境就能够运用这一领悟了的经验。

### （二）完形—顿悟说的基本内容

1. 学习是通过顿悟过程实现的

苛勒认为，学习是个体利用本身的智慧与理解力对情境以及情境与自身关系的顿悟，而不是动作的累积或盲目的尝试。动物只有在清楚地认识到问题情境中各种成分之间的关系时，顿悟才会出现。

2. 学习的实质是在主体内部构造完形

格式塔心理学家认为，学习就是知觉的重新组织。人在认知活动中需要把感知到的信息组织成有机的整体，在头脑中构造和组织一种格式塔（或称为完形），对事物、情境的各个部分及其相互关系形成整体理解。这一过程不是渐进的尝试与错误的过程，而是顿悟。也就是通过对问题情境的观察，理解它的各个部分的构成及相互联系，分析出制约问题解决的各种条件，从而发现通向目标的途径。之所以产生顿悟，一方面是由于分析当前问题情境的整体结构；另一方面是由于心智本身具有组织功能，能利用过去经验的痕迹填补缺陷。顿悟的过程就是相应的格式塔的组织过程,因此,在格式塔心理学家看来,学习是一种积极主动的过程而不是盲目的、被动的过程。

格式塔学派的学习理论有重要的贡献,强调学习过程是有机体内部进行复杂的认知活动而实现顿悟的过程,而不是通过试误而形成的联结活动,主张从问题情境的整体出发去知觉、学习、记忆,反对刺激—反应学习;它的知觉组织原则对学习和记忆问题有很大的作用;它提出的顿悟学习,不同于桑代克的尝试错误学习,并且对桑代克的学习理论进行了批判。但是,格式塔学派把知觉经验组织的作用归因于脑的先验本能,有严重的唯心主义色彩。同时,把试误学习与顿悟学习完全对立起来,否认试误学习,不符合人类学习的特点。

## 二、托尔曼的符号学习理论

托尔曼(E.C.Tolman)是一位受格式塔学派影响的行为主义者,经常用动物的动机、认识、预期、意向和目的来描述动物的行为。他关心行为理论如何同知识、思维、计划、推理、目的、意向等概念相联系。他的理论被称为目的行为主义、符号—完形说或预期说。托尔曼通过严格的实验研究对联结派学习理论的主要观点进行了检验,根据实验结果对学习做出了认知主义的解释。

1. 位置学习实验

为了考察有机体学习结果的实质,托尔曼进行了一系列位置学习的实验。其中一个典型的实验是训练白鼠学习方位迷宫的实验,如图2-9。

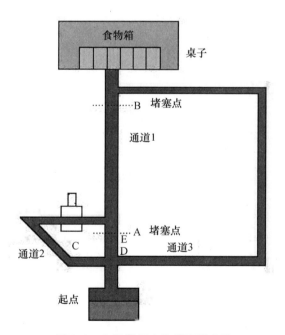

图 2-9 白鼠学习方位迷宫的实验

迷宫有一个出发点、一个食物箱和三条长度不等的从出发点到达食物箱的通道。实验开始时,将白鼠置于出发点,然后让它们自由地在迷宫内探索。一段时间后,检验它们的学习结果。检验时将白鼠置于出发点,并对各通道做一些处理,观察他们的行为。结果发现,若三条通道畅通,白鼠会选择最短的通道1到达食物箱;若A处堵塞,白鼠会选择通道2,若B处堵塞,白鼠会选择最长的通道 3。根据这一实验以及许多类似的实验,托尔曼提出了符号学习理论。

符号学习理论注重认知过程在学习中的重要性,基本观点有三个:① 学习是有目的的行为,不是盲目的;② 学习是对"符号—完形"的认知。白鼠在学习方位迷宫图时,并非学习一连串的刺激与反应,而是在头脑中形成一幅"认知地图",即"目标—对象—手段"三者联系在一起的认知结构;③ 在外部刺激和行为反应之间存在中介变量。他主张将 S—R 公式改为 S—O—R 公式,O 代表机体的内部变化。

2. 潜伏学习实验

1930 年,托尔曼做了一个潜伏学习的实验,如图 2-10 所示。他将白鼠分为三组让它们走方位迷宫:第一组无实物奖励;第二组有实物奖励;第三组前 10 天无食物奖励,第 11 天之后有食物奖励。结果发现,第三组在前 10 天的表现与无实物奖励组相当,但在第 11 天获得食物奖励以后,其行为表现发生巨变,后来甚至优于经常得到食物奖励组。这一结果表明,外在的强化并不是学习产生的必要因素,不强化也会出现学习。动物未获得强化前学习已经出现,只不过没有表现出来。托尔曼把这种在无强化条件下进行的学习称为潜伏学习。潜伏学习的事实也证明,学习并不是刺激与反应的直接联结,在未受奖励的学习期间,认知结构也发生了变化。

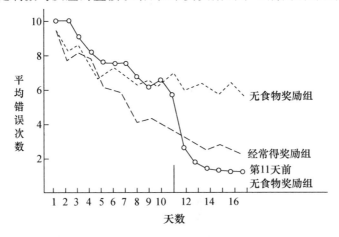

图 2-10 托尔曼的白鼠潜伏学习的研究结果

托尔曼认为,潜伏学习之所以能够发生,是因为白鼠在走迷宫时根据对情境的感知,在头脑里有一种预期或者假设。动物的行为受其预期的指导,因此动物的行为是有目的的行为。在多次尝试中,有的预期被证实,有的未被证实。预期的证实是一种强化,这就是所谓的内在强化,即由学习活动本身所带来的强化。

托尔曼的主要影响在于,他反对和部分抵制某些较严格的行为主义先驱及与他同时代的行为主义者所接受的限制性前提。认知在托尔曼的理论中占有重要的地位。托尔曼提出的认知学习理论和内部强化理论对现代认知学习理论的发展有一定的贡献。

## 三、布鲁纳的认知—结构学习理论

布鲁纳(J. S. Bruner)是美国著名的认知教育心理学家,他非常关心学校教育和学生学习的问题,把研究的重心放在知识获得的内部认知过程,以及学习理论和教学理论在教学中的应用。他特别强调学生的主动探索,主张学习的目的在于采用发现学习的方式,使学科的基本结构转变为学生头脑中的认知结构。

1. 认知结构观

学习的实质是主动形成认知结构。认知结构是指由个体过去对外界事物进行感知、概括的一般方式或经验所组成的观念结构,构成认知结构的核心是一套类别以及类别编码系统。布鲁纳十分强调学习的主动性和认知结构的重要性。他认为,学习的本质不是被动地形成刺激—反应的联结,而是主动地形成认知结构。学习者不是被动地接受知识,而是主动地获取知识,并通过把新获得的知识和已有的认知结构联系起来,积极地建构其知识体系。

布鲁纳通过对学生学习活动的具体过程的研究发现,学习包含着三个几乎同时发生的过程,即获得—转化—评价。学习活动首先是新知识的获得。新知识可能是以前知识的深化,也可能与原有知识相违背。获得了新知识以后,还要对它进行转化,我们可以超越给定的信息,运用各种方法将它们变成另外的形式,以适合新任务,并获得更多的知识。评价是对知识转化的一种检查,通过评价可以核对我们处理知识的方法是否适合新的任务,或者运用得是否正确。因此,评价通常包含对知识的合理性进行判断。

总之,布鲁纳认为学习任何一门学科的最终目的都是构建学生良好的认知结构。因此,教师首先应明确所要构建的学生的认知结构包含哪些组成要素,最好能画出各组成要素的关系图。在此基础上,教师应采取有效措施来帮助学生获得、转换和评价知识,使学科的知识结构转化为学生的认知结构,使书本上"死"的知识变为学生头脑中"活"的知识。

布鲁纳所谓的认知结构,就是某一学术领域的基本观念,不仅包括一般原理,还包括学习的态度和方法。布鲁纳认为,掌握某一知识结构就是理解它与许多其他事物之间有意义的联系,要帮助学生了解那些看似无关的新的事实是相互关联的,并且与已有的知识也是有关的。教师要引导学生理解各门学科的基本结构。

2. 发现学习

发现学习是指学习者用自己的头脑亲自获得知识的一切形式。布鲁纳提倡发现学习应该成为学生学习的主要方式。发现是教育儿童的主要手段,学生掌握学科基本结构的最好方法是发现学习。发现学习是布鲁纳学习理论的核心,这种学习方式有利于发挥学生的直觉思维,培养学生的探究意识和创造能力,调动学生学习的积极性与主动性,使学生体验新发现的喜悦,促使其外部动机向内部动机转化。

布鲁纳是推动美国以认知结构学习理论为指导进行教学改革运动的极为重要的人物,在心理学为教育教学服务方面做出了显著的贡献。他克服了以往学习理论根据动物实验的结果推演到人的学习的缺陷,针对学生在课堂教学情境下学习各种知识的活动提出了自己的学习与教学理论,把研究的重点放在学生获得知识的内部认知过程和教师如何组织课堂以促进学生发现知识上,强调认知过程和学习的主动性,重视学习者的知识结构在学习中的作用,对学习理论的发展做出了突出贡献。

布鲁纳的学习与教学理论也存在一些偏颇的地方。① 他的学习与教学理论完全放弃知识的系统讲授,而以发现法来代替,夸大了学生的学习能力,忽视了知识学习活动的特殊性。② 布鲁纳认为,任何科目都可以按某种适当的方式教给任何年龄的任何儿童,这是无法实现的。③ 发现学习在当时虽然有积极作用,但发现法运用的范围有限。从学习主体来看,真正能够用发现法学习的只是极少数学生;从学科领域来看,发现法只适合自然科学的某些知识的教学,对于文学、艺术等以情感为基础的学科不完全适用;从执教人员来看,发现法教学没有现成的方案,过于灵活,对教师知识素养、教学机智、技巧和耐心程度等要求很高,一般教师很难掌握；从效率上看，发现法耗时过多，不适合于在短时间之内向学生传授一定数量的知识和技能的集体教学活动。

## 四、奥苏贝尔的认知同化学习理论

美国教育心理学家奥苏贝尔在教育心理学研究中最重要的一个贡献是他对意义学习的描述。他仔细区分了机械学习与有意义学习之间的关系。

### (一) 有意义学习

1. 有意义学习的实质

奥苏贝尔认为，有意义学习就是将符号所代表的新知识与学习者认知结构中已有的适当观念建立起非人为的和实质性的联系。相反，如果学习者并未理解符号所代表的知识，只是依据字面上的联系，记住某些符号的词句或组合，则是一种死记硬背的机械学习。

所谓非人为的联系，是指新知识与原有认知结构中有关的观念存在某种合理的或逻辑上的联系，这种联系是内在的，而不是任意的联想或联系。例如，学习者原有认知结构中已有命题"三角形内角之和等于180度"，现在学习新命题"四边形的内角之和等于360度"，他们可以推导出任意四边形都可以分成两个三角形，所以四边形的内角和是360度。这种联系就是合理的、非任意的联系。

所谓实质性的联系，是指新的符号或观念与学习者认知结构中已有的表象、有意义的符号、概念或命题的联系，这种联系是非字面的联系。威廉·詹姆斯（W. James）在他《给教师的心理讲话》一书中，谈到过一个典型的事例。①

我有一位朋友参观一所小学，应邀检查一下年轻学子们的地理知识。他看了看课本，问道："假设你们在地上挖了一个1000英尺深的洞，你们说这个洞底比上面热还是凉？"全班鸦雀无声，一片寂静。这时，教师说道："我敢肯定他们知道，我觉得你的问题问得不合适，我来问问。"于是，他拿起书本，问道："地球的深层处于什么状态？"这时全班一半同学马上异口同声地答道："地球的深层都是熔岩。"

显然，学生只是机械地记住了这一信息，获得了字面意义。这一信息对他们而言没有用处，因为它没有和学生已有的其他信息建立起实质性的联系。学生学到的"火热的熔岩"只是一种惰性知识。惰性知识就是本来可以应用到广泛的情境中，实际上却只应用在非常有限的情境中的知识。

2. 有意义学习的条件

有意义学习的产生既受学习材料本身性质的影响，也受学习者自身因素的影响。

（1）外部条件

有意义学习的材料必须具有逻辑意义，材料本身在人的学习能力范围内，在学习者的心理上是可以理解的。一般来说，学生所学的教科书或教材，多数都具有逻辑意义。根据这一外部条件，无意义音节的学习只能是机械学习。

（2）内部条件

有意义学习的内部条件包括三个方面：① 学习者要具有有意义学习的心向，也就是积极主动地将新旧知识建立联系的倾向；② 学习者的认知结构中必须具有能够同化新知识的旧知识；③ 学习者必须积极主动地实现新旧知识之间的联系，从而揭示新知识的意义。三个条件

---

① 陈琦，刘儒德. 当代教育心理学[M]. 3版. 北京师范大学出版社，2019：116.

缺一不可，否则就不能构成有意义学习。

### （二）接受学习

奥苏贝尔认为，接受学习是在教师指导下，学习者接受事物意义的学习。奥苏贝尔大力倡导接受学习。在接受学习中，所要学习的内容大多是现成的、已有定论的、科学的基础知识，通过教科书或教师的讲述，用定义的方式直接向学习者呈现，使学习者接受这些已有的知识，掌握它们的意义。接受学习不是被动学习，学习者仍然是主动的，在学习一种新知识时，学生在教师的引导下，尝试运用既有的知识，从不同的角度去吸收新知识，最后纳入他的认知结构中，成为他自己的知识。不过，学生经由接受学习而产生有意义学习的历程，也并非全是主动的，要靠教师的教学技巧予以促成。

在学习的基本理论上，奥苏贝尔的有意义学习和布鲁纳的发现学习具有相同之处，二者都重视学生学习的主动性，都强调新知识的学习对已有知识的依赖性，都强调认知结构对学习新知识的重要性，以及认知结构的可变性。但在教学的组织模式上，二者有很大的差异。布鲁纳反对教师在教学中的系统讲解，主张学生自行发现其中的道理；而奥苏贝尔则认为，讲解式教学应该是教学的主要模式。事实上，接受学习是学习者掌握人类文化遗产及先进的科学技术知识的主要途径。在教师的合理指导下，学习者可以在较短时间内掌握大量的间接知识，所获得的知识是系统的、完整的、精确的，而且便于存储和巩固。因此，奥苏贝尔所倡导的接受学习有其合理性，尤其是他提出的"先行组织者"的教学策略很有参考价值，教学中应灵活应用该技术以促进知识的学习和保持。

先行组织者是指先于学习任务本身呈现的一种引导性材料，它要比学习任务本身具有更高的抽象、概括和综合水平，并且能清晰地与认知结构中原有的观念和新的学习任务关联。先行组织者可以是一个概念定义、一个新材料与已知例子共属的类别、一个概括、一个类比或者一个故事。例如，在学习一个化学元素之前，呈现元素周期表。

设计组织者的目的是为新的学习任务提供观念上的固定点，增加新旧知识之间的可辨别性，以促进类属性的学习。教师通过呈现组织者，使学生更有效地学习新材料。

### （三）对奥苏贝尔学习理论的评价

奥苏贝尔的学习理论注重有意义的接受学习，突出了学生的认知结构和有意义学习在知识获得中的重要作用，对有意义接受学习的实质、条件、机制、类型等做了精细的分析，澄清了长期以来对传统讲授教学和接受学习的偏见，以及对发现学习和接受学习与有意义学习和机械学习之间关系的混淆。他提出的先行组织者策略对改进课堂教学设计、提高教学效果有重要的实用价值。但是，他偏重学生对知识的掌握，对学生能力的培养尤其是创造能力的培养不够重视，且过于强调接受学习与讲授方法，没有给予发现学习应有的重视。实际上，在学生学习知识的活动中，有意义的接受学习和有意义的发现学习各有所长，都是重要的学习方式，它们常常是相辅相成、互相补充的。一般而言，年龄小的学生由于生活经验有限，本身认知结构的局限性较大，常常是利用有意义发现法学习新知识，而到了中、高年级，随着对更多知识的掌握，获得了一些较具概括性的基本观念和基本学习方法，有意义的接受学习才成为可能。在实际的教学过程中，要灵活运用发现学习法，指导学生将有意义的发现学习和有意义的接受学习有机地结合起来，以便更好地理解所学知识的意义。

## 五、加涅的信息加工学习理论

加涅（R. Gagne）是 20 世纪最有影响的教育心理学家之一，他根据现代信息加工理论，对学习的实质、过程、条件以及教学做出了系统的论述。

### (一) 学习的信息加工理论

加涅根据现代信息加工理论提出了学习过程的基本模式,这一模式展示了学习过程中的信息流程,详见图2-11。

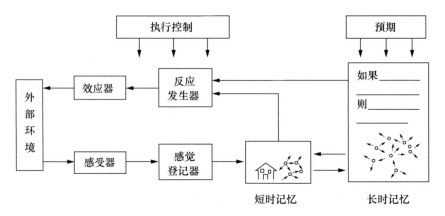

**图2-11 学习的信息加工模式**

加涅把学习看成是一个信息加工的过程,认为学习是主体和环境相互作用的结果。学习过程是信息的接收、储存和提取的过程。

### (二) 学习阶段

基于学习的信息加工流程,加涅提出了学习过程的八阶段理论。

1. 动机阶段

有效的学习必须要有学习动机,这是整个学习的开始阶段。动机的形式多种多样,在教育和教学情境中,首先要考虑的是激发学生学习活动的动机。告知学习者学习目标,形成学习期望,激发学习兴趣,建立明确的学习动机。

2. 领会阶段

有了学习动机的学生,会依据其动机和预期对外界的信息进行选择,注意与学习目标有关的刺激。当学生把所注意的刺激特征从其他刺激中分化出来时,这些刺激特征就被进行知觉编码,储存在短时记忆中,这个过程就是选择性知觉。

3. 习得阶段

在短时记忆中暂时保存的信息,与被直接知觉的信息是不同的。在这里,知觉信息已被转化为一种最容易储存的形式,这种转化过程被称为编码过程。当信息进入长时记忆时,又要经历一次转换,这一编码的目的是保持信息。在此过程中,教师可以给学生提供各种编码程序,鼓励学生选择最佳的编码方式。

4. 保持阶段

学生习得的信息经过复述强化后,以语义编码的形式进入长时记忆储存阶段。储存在长时记忆中的信息,其强度并不随时间进程而减弱,有些信息因为长期不用会逐渐消退。记忆储存可能会受干扰的影响,新旧信息的混淆往往会使信息难以提取。因此,如果教师能对学习条件做适当安排,避免同时呈现十分相似的刺激,可以减少干扰的可能性,从而提高信息保持的程度。

5. 回忆阶段

相对于其他阶段而言,回忆或信息提取阶段最容易受外部刺激的影响。教师可以利用各种方式使学生得到提取线索。作为教师,最重要的是指导学生,使他们为自己提供线索,从而成为独立的学习者。所以,对于教学设计来说,通过外部线索激活提取过程固然重要,但更重要的是使学生掌握为自己提供线索的策略。

6. 概括阶段

在变化的情境或现实生活中利用所学的知识,对知识进行概括,将知识迁移到新的情境中。为了促进学习的迁移,教师必须让学生在不同的情境中进行学习,并提供在不同情境中运用提取过程的机会。同时,更为重要的是,要引导学生概括和掌握其中的原理和规则。

7. 操作阶段

利用所学的知识,对各种形式的作业进行反应。作业的一个重要功能是获得反馈,同时,通过作业看到自己学习的结果,可以获得一种满足。

8. 反馈阶段

通过操作活动的结果认识到学习是否达到了预定的目标,从而在内心得到强化,使学习活动告一段落。教师应给予及时反馈,让学生知道自己的作业是否正确,从而强化其学习动机。当然,强化之所以起作用,是因为学生在动机形成阶段形成的期望在反馈阶段得到了肯定。

加涅认为,教师是教学活动的设计者和管理者,也是学生学习效果的评定者。一个完整的学习过程是由上述八个阶段所组成的。其中,在每一个学习阶段,学习者在头脑内部都进行着信息加工活动,使信息由一种形态转变为另一种形态,直到学习者用作业的方式作出反应为止。教学程序必须根据学习的基本原理进行。在学习结果确定之后,它们必须按照教学工作目标的适当顺序安排。有效的教学要求教师根据学生的内部学习条件,创设或安排适当的外部条件,促进学生有效地学习,以实现预期的教学目标。

加涅从信息加工的角度研究学习,重视学习的系统性,重点对学习条件进行了探讨,搭建起了学习与教学间的桥梁。他注意到了人类学习的特点,其理论是认知主义中比较有代表性的学习模式。

## 第四节 人本主义学习理论

人本主义心理学(humanistic psychology)是 20 世纪 60 年代继行为主义和精神分析学派后在美国兴起的心理学思潮。人本主义心理学家认为,人性的本质是善的,只要后天环境适当,人就会自然地成长。他们强调尊重人的价值和主观能动性,认为心理学应该研究人的价值、创造性和自我实现。人本主义心理学强调人是不可分割的整体,应把人作为一个整体来研究。心理学应当研究正常的人,关注人的高级心理活动,如信念、尊严等内容。在教育上,人本主义旗帜鲜明地倡导全人教育和情感教育等,重视为学习者创造一个良好的环境,让其从自己的角度感知世界,发展出对世界的理解,达到自我实现的最高境界。

### 一、马斯洛的学习理论

美国心理学家马斯洛(A. H. Maslow)被公认为是人本主义心理学的领军人物之一,他以性善论、潜能论和动机论为理论基础,创建了自我实现心理学。

1. 自我实现的人格观

人本主义心理学家认为,人的成长源于个体自我实现的需要,自我实现的需要是人格形成、发展和成熟的驱动力。马斯洛认为,自我实现的需要就是人对于自我发挥和完善的欲望,也就是一种使他的潜力得以实现的倾向。正是由于人有自我实现的需要,才使得有机体的潜能得以实现、保持和增强。人格的形成就是源于人性的这种压力,人格发展的关键就在于形成和发展正确的自我概念。自我的正常发展必须具备两个基本条件:无条件的尊重和自尊。其中,无条件的尊重是自尊产生的基础,因为只有别人对自己尊重,自己才会体验到自尊。如果自我正常发展的条件得以满足,那么个体就能依据真实的自我而行动,就能真正实现自我的潜能,成为自我实现者或功能完善者、心理健康者。人本主义心理学家认为,自我实现者能以开放的态度对待经验,他的自我概念与整个经验结构是和谐一致的,他能经验到一种无条件的自尊,并能与他人和谐相处。

马斯洛还认为,人的潜能是自我实现的,而不是教育的作用。在环境与教育的问题上,他们认为"文化、环境、教育只是阳光、食物和水,但不是种子",自我潜能才是人性的种子。教育的作用只在于提供一个安全、自由、充满人情味儿的心理环境,使人类固有的优异潜能自动地得以实现。

2. 内在学习论

马斯洛批判传统的学习是一种外在学习。外在学习是单纯依赖强化和条件作用的学习,其着眼点在于灌输而不在于理解,属于一种被动的、机械的传统教育模式。外在学习活动不是学生决定的,是教师强制的。学生只是对个别刺激做出零碎的反应而已,学生所学的知识缺少个人意义,对他个人的心智成长毫无意义。

马斯洛倡导内在学习。内在学习就是依靠学生内在驱动,充分开发潜能,达到自我实现的学习,这是一种自觉的、主动的、创造性的学习模式。这种内在教育的模式会促使学生自发地学习,打破各种束缚,自由地学习想学的课程,充分发挥想象力和创造性。

## 二、罗杰斯的学习理论

20世纪60年代,罗杰斯(C. R. Rogers)将他的来访者中心疗法移植到教育领域,创立了"以学生为中心"的教育和教学理论,成为20世纪最重要的教育理论之一。

1. 知情统一的教学目标

罗杰斯认为,情感和认知是人类精神世界中两个不可分割的有机组成部分,二者融为一体。罗杰斯的教育理想就是要培养"躯体、心智、情感、精神、心力融汇一体"的人,也就是既用情感的方式也用认知的方式行事的情知合一的人。他称这种情知融为一体的人为"全人"或"功能完善者"。这一教育理想要通过一个现实的教学目标而实现,即培养能够适应变化和知道如何学习的人。一个人只有意识到世上没有任何知识是可靠的,只有寻求知识的过程才是可靠的,才是真正有教养的人。人本主义重视的是教学的过程,而不是教学的内容。

2. 有意义学习与自由学习

罗杰斯认为,学生学习主要有两种类型:认知学习和经验学习。学习方式也主要有两种:有意义学习和无意义学习。所谓有意义学习,是一种与每个人各部分经验都融合在一起,使个人的行为、态度、个性以及在未来选择行动方针时发生重大变化的学习,不仅仅是增长知识,更是要引起整个人的变化,对个人的生存和发展有价值。例如,学生学习"烫"字,明白了在日常生活中要避开开水、火源的伤害。要注意,罗杰斯的有意义学习和奥苏贝尔的有意义学习的区别,前者关注的是学习内容与个人之间的关系,后者强调新旧知识之间的联系,只涉及理智而不涉及个人意义。

有意义学习具有四个要素。① 学习具有个人参与的性质。即整个人(包括情感和认知两方面)都投入学习活动。② 学习是自我发动的,即便在推动力或刺激来自外界时,也要求发现、获得、掌握和领会的感觉是来自内部的。③ 全面发展。学生的行为、态度、人格等获得全面发展。④ 学习是由学生进行自我评价的。学生更清楚学习是否满足自己的需要,是否有助于获得想要知道的东西。

3. 以学生为中心的教学

罗杰斯对传统教育的师生关系进行了猛烈的批判,提出以学生为中心的教学。他认为,在传统教育中,教师是知识的拥有者,学生只是被动的接受者。罗杰斯主张废除教师这一角色,代之以"学习的促进者"。学生自身具有学习的潜能,促进者只需为他们设置良好的学习环境,提供各种学习资源,使他们知道如何学习,他们就能学到所需要的一切。

罗杰斯认为,促进学生学习的关键在于特定的心理气氛因素,这些因素存在于促进者与学习者的人际关系中。促进学习的心理气氛因素有三条原则:真诚一致、无条件积极关注和同理心。真诚一致是指学习的促进者是一个表里如一、真诚、完整而真实的人,没有任何虚伪和防御。无条件积极关注是指学习的促进者关心学习者的方方面面,尊重其情感和意见,接纳其价值观念和情感表现。同理心是指学习的促进者能了解学习者的内在反应,了解其学习过程,为其设身处地,使其感同身受。在这样的心理气氛中,教师就真正是学习的促进者、协作者,或者说是伙伴、朋友,学习者才是学习的关键,学习的过程就是学习的目的所在。

马斯洛和罗杰斯从他们的自然人性论、自我实现论以及来访者中心出发,在教育实际中倡导以学生经验为中心的有意义的学习、内在学习和自由学习,对传统的教育理论造成了冲击,推动了教育改革运动的发展。人本主义的观点和主张从理论上来说方向是正确的,值得借鉴。但是,在教育实践中实施起来也是相当不易的,即使在人本主义思潮的鼎盛时期,他们自身的教学主张,如"开放学校""开放课堂"等,也没有被真正实现。另外,人本主义学习与教学理论片面强调学生天赋潜能的作用,无视人的本质的社会性,过分强调天生潜能的自我实现,只会导致放任自流式的"自由学习"。同时,该理论过分强调学生的中心地位,强调学习要以学习者的自由活动为中心,只注重学习与教学要符合学生个人自发的兴趣与爱好,忽视教学内容的系统逻辑性和教师在学科学习中的主导作用,降低了教育与教学的效能,影响教育与教学的质量。

# 第五节　建构主义学习理论

慕课视频 2-5:
建构主义
学习理论

一个之前从未去过医院的小女孩朵朵正躺在儿科的病床上,这时,从床头上方的对讲机传来值班护士的声音:"你好,朵朵,你还好吗?你需要什么帮助吗?"小女孩很迷惑,没有出声。护士又重复了一遍,小女孩还是没有回应。后来,护士一字一句地说:"朵朵,你在吗?请讲话。"小女孩试探着回答:"墙壁你好,我在这儿。"

这里的朵朵遇到了一种从没见过的新情境——墙壁竟然会说话。她利用自己已有的知识以及当前的情境建构出意义,并做出反应。这是一个关于建构主义的例子。建构主义强调学习者在建构对信息理解过程中主动性的观点。学习的建构理论讨论的问题是人们如何理解事物的意义,人们可以自己建构,也可以与别人一起建构。

建构主义在20世纪80年代兴起,对教学改革产生了非常深远的影响,在课程改革、科学和数学教育、教师教育、教育技术以及教育研究中占据着主导地位。面对信息技术对教育的挑战以及社会对创造性人才的培养需求,传统学习和教学理论无法适应新的要求,于是人们重新兴起了建构主义的理论思潮,进一步揭示了学习者在学习过程中的主动性,提出了意义建构和社会文化互动在学习中的作用,被称为当代建构主义。

建构主义(constructivism)是行为主义学习理论发展到认知主义以后的进一步发展。行为主义学习观和认知学习观都把学习看作学习者个体的活动,二者的不同是,行为观指向个体的外部(行为反应),认知观指向个体的内部(信息加工过程),而建构主义学习观则将学习作为个体原有经验与社会环境互动的加工过程。在教育心理学中,建构是指学习者通过新、旧知识经验之间反复、双向的相互作用,形成和调整自己的经验结构。① 总体来看,建构主义认为,学习是学习者在原有知识经验基础上,在一定的社会文化环境中,主动对新信息进行加工处理,建构知识意义(或知识表征)的过程。

教育中的建构主义可以分为个人建构主义和社会建构主义。由于个人建构主义中的皮亚杰的理论和社会建构主义中的维果斯基的理论在第三章第二节中详细介绍过,这里就不再赘述了。

## 一、建构主义学习理论的基本观点

建构主义并不是一个特定的学习理论,很多研究者都把自己的理论称为建构主义的理论,在具体观点上有很大的差异,但也存在着一些共识。

### (一) 知识观

在知识观上,建构主义在一定程度上质疑知识的客观性和确定性,强调知识的动态性。客观主义的观点认为,事物是客观存在的,知识是对事物的表征,科学命题、定理等是经过科学验证了的、对事物的唯一正确的、真实的解释。建构主义认为,个体的知识是由人建构起来的,是人们在社会实践中建立起来的、暂定性的解释和假设。对事物的理解不仅取决于事物本身,还取决于我们原来的知识经验。不同的人由于原有经验的不同,对同一事物会有不同的理解。

### (二) 学习观

学习不是知识简单地由外到内的转移和传递,而是学习者主动地赋予信息以意义。学习者不是被动的信息吸收者,而是主动建构自己的知识经验的过程,即通过新经验与原有知识经验的相互作用,来充实、丰富和改造自己的知识经验。这种知识建构过程具有三个特征。

1. **主动建构性**

面对新信息、新概念、新现象或者新问题,学习者需要主动激活头脑中的先前知识经验,通过高层次思维活动,对各种信息和观念进行加工转换,对新、旧知识进行综合和概括,解释有关现象,形成新的假设和推论,并对自己的想法进行反思和检验。

2. **社会互动性**

学习是通过对某种社会文化的参与而内化相关的知识和技能,掌握有关工具的过程,这一

---

① 吴庆麟.教育心理学——献给教师的书[M].华东师范大学出版社,2003:195.

过程常常需要通过一个学习共同体的合作互动来完成。学习共同体是由学习者及其助学者（教师、专家、辅导者等）共同构成的团体，他们经常在学习过程中进行沟通交流，分享各种学习资源，共同完成一定的学习任务，因而在成员之间形成了相互影响、相互促进的人际关系，形成了一定的规范和文化。学习共同体的协商、互动和协作对于知识建构有重要的意义。

3. 情境性

建构主义者认为，知识存在于具体的、情境性的、可感知的活动中。它不是一套独立于情境的知识符号，不可能脱离活动情境而抽象地存在。只有通过实际情境中的应用活动才能真正被人理解。学习应该与情境化的社会实践活动结合起来。

(三) 教学观

由于知识的动态性和相对性以及学习的建构过程，教学不再是传递客观而确定的现成知识，而是激发学生原有的相关知识经验，促进知识经验的生长，促进学生的知识建构活动，以促成知识经验的重新组织、转换和改造。教学要为学生创设理想的学习情境，激发学生的推理、分析、鉴别等高级的思维活动，同时给学生提供丰富的信息资源、处理信息的工具以及适当的帮助和支持，促进他们自身建构意义以及解决问题的活动。基于建构主义的观点，研究者提出了许多新的教学思路，如情境性教学，支架式教学以及合作学习等，这些教学模式对教学、科学和语言等领域的教学实践产生了巨大的影响。

## 二、个人建构主义理论

个人建构主义关注个体是如何建构某种认知（如知识理解、思维技能）或者情感（如信念态度、自我概念）的，基本观点是学习是一个意义建构的过程。这种取向主要是以皮亚杰的思想为基础发展起来的，与原来的认知学习理论（如布鲁纳、奥苏贝尔的理论）有更大的连续性。根据皮亚杰的观点，学习是学习者通过新旧经验的相互作用而形成认知结构的过程。新旧知识经验的双向相互作用表现为同化和顺应的统一。一方面，学习者需要将新知识与原有知识经验联系起来，把它纳入已有的认知结构，从而获得新知识的意义；另一方面，原有的知识经验会因为新知识的纳入发生一定的调整或改组。个人建构主义倡导发现学习、探究学习、基于问题的学习等。

## 三、社会建构主义理论

社会建构主义关注学习和知识建构背后的社会文化机制，其基本观点是：学习是一个文化参与过程，学习者通过借助一定的文化支持参与某个学习共同体的实践活动来内化有关的知识，掌握有关的工具。知识的建构不仅需要个体与物理环境的相互作用，还需要通过学习共同体的合作互动来完成。这种建构主义主要是在维果斯基的思想基础上发展起来的，同时也受到了当代科学哲学、社会学和人类学等的影响。社会建构主义倡导各种形式的文化参与、社会互动与合作学习。

建构主义在教育和心理学中的影响越来越大，在课程改革以及教育研究中占据着主导地位，对于进一步推动学习与教学理论的发展有重要的意义，对于指导教育实践也具有积极的作用。然而，建构主义学习与教学理论过于强调知识的相对性，否认知识的客观性；过于强调学生学习过程即个体知识再生产过程的信息加工活动的个别性，否认其本质上的共同性；过于强调学生学习知识的情境性、非结构性，否认知识的逻辑性与系统性，这显然又走向另一个极端。在教育实践中要合理运用建构主义理论指导教育教学。

**本章小结**

学习是个体在特定的情境下由于练习或反复经验而产生的行为和行为潜能相对持久的变化。根据学习的主体、内容、水平、结果、方式、意识水平等不同,可以把学习分为不同的类别。

行为主义学习理论重视环境和经验的作用,强调可观察的行为,认为学习的实质是刺激与反应之间建立联结的过程,关注的是行为上的变化。行为主义理论在教学设计中的应用以及对个人心理问题的行为治疗至今仍有影响力。

认知学习理论非常关心人类的学习,重视人在学习或记忆新信息、新技能时的内部心理过程,强调了学习过程中隐含在信息加工与信息表征之下的心理机制。认知学习理论注重学习理论在教学过程和教学策略方面的实际应用。

人本主义心理学强调心理学应研究人的本性和潜能、尊严和价值,强调社会文化应促进人的潜能发挥及自我实现,倡导全人教育和情感教育。建构主义强调学习的主动建构性、社会互动性和情境性,对教学改革产生了非常深远的影响。

 **知识练习**

1. 什么是学习?
2. 简述加涅依据学习结果对学习进行的分类。
3. 简述桑代克提出的学习律。
4. 强化理论如何在教育中进行应用?
5. 谈谈操作性条件作用理论在教学中的应用。
6. 观察学习的特点和过程有哪些?
7. 简述奥苏贝尔提出的有意义学习及其条件。
8. 简述加涅的信息加工学习理论。
9. 人本主义学习理论对教育活动的启发是什么?
10. 建构主义学习理论的基本观点有哪些?

 **推荐读物**

安妮塔·伍尔福克.教育心理学[M].12版.伍新春,等,译.机械工业出版社,2015.

陈琦,刘儒德.当代教育心理学[M].3版.北京师范大学出版社,2019.

陈琦,刘儒德.教育心理学[M].2版.高等教育出版社,2011.

冯忠良.教育心理学[M].2版.人民教育出版社,2010.

罗伯特·斯莱文.教育心理学:理论与实践[M].10版.吕红梅,等,译.人民邮电出版社,2016.

简妮·爱丽丝·奥姆罗德.教育心理学精要:指导有效教学的主要理念[M].3版.雷雳,等,译.中国人民大学出版社,2013.

简妮·爱丽丝·奥姆罗德.学习心理学[M].6版.汪玲,等,译.中国人民大学出版社,2015.

# 第二编　心理发展与教育

本编包含3～4章,关注教育心理中的心理发展问题,探讨认知、语言、情绪、人格、社会性与品德上的发展特点及教育,以便掌握在教学工作中必备的心理发展知识。在这一编中,我们首先探讨了认知、语言与情绪发展,在介绍发展的实质与议题后,重点介绍了皮亚杰的认知发展阶段理论和维果斯基的文化历史发展理论,其后探讨了语言和情绪的发展。其次,我们将探讨人格、社会性与品德发展,从实质、范式、内容、结构、发展五个方面介绍人格的发展,从家庭、同伴和教师三个角度阐述社会性发展,从概述、一般过程与影响因素、阶段理论、阶段特征、培养五个方面介绍品德的发展。

慕课视频 3-1：
发展的实质与议题

慕课视频 3-2：
皮亚杰的认知
发展阶段理论

慕课视频 3-3：
维果斯基的文化
历史发展理论

慕课视频 3-4：
语言和情绪
的发展

慕课视频 4-1：
人格的发展

慕课视频 4-2：
品德的发展

慕课视频 4-3：
柯尔伯格
道德发展理论

# 第三章 认知、语言与情绪发展

**【学习目标】**

1. 认识发展的实质和争论议题;
2. 掌握皮亚杰的认知发展阶段理论及其教学应用;
3. 掌握维果斯基的文化历史发展理论及其教学应用;
4. 掌握语言的获得、发展及其培养;
5. 掌握情绪的发展及其教育策略。

**【知识导图】**

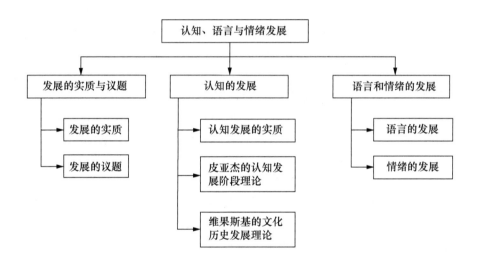

**【学前反思】**

一个4岁的小男孩精心为妈妈准备生日礼物,他在商店里选来选去,最终选择了冰墩墩玩具。问他为什么要选择冰墩墩玩具时,他回答说冰墩墩是他最喜欢的玩具,所以妈妈也最喜欢。当一个8岁的孩子要送给妈妈生日礼物时,会向其他人询问妈妈最喜欢什么,自己要在妈妈生日那天送给她最喜欢的礼物。

是什么使得4岁孩子和8岁孩子的做法不同呢?4岁孩子的认知和8岁孩子的认知相比,各有哪些特点呢?

# 第一节　发展的实质与议题

慕课视频 3-1：
发展的实质与议题

## 一、发展的实质

### (一) 发展的含义

发展(development)是个体从受精卵开始直至死亡这一过程中所发生的变化。这一概念并不指向所有的变化，而是特指那些按一定顺序发生并持续一段时间的变化。某些短暂的局部变化，诸如疾病、疲劳或剧烈运动等意外原因导致的身心短促的变化不能视为发展。

个体的发展包括生理和心理两方面的发展。(1) 生理发展(physical development)是个体身体随年龄增长而出现的持续而稳定的系列变化过程。它与构成个体的特殊生命物质直接相联，属于个体的自然实体方面的变化，相当于个体"硬件"上的发展。(2) 心理发展(psychological development)是个体从受精卵开始，经由出生、成熟、衰老直到死亡的整个生命历程中发生的持续而稳定的内在心理变化过程，相当于个体"软件"上的发展。个体的心理发展与其生理结构特别是大脑的发展关联紧密，但心理发展不能简单归结为人脑这一自然实体的发展变化，而是大脑对客观现实的主观反映，是主客观相互作用的结果。

人类学习和教育的基础是大脑的发展。大脑的发展主要在于脑皮层结构的复杂化和脑机能的完善化，直到20多岁才完全发展成熟。儿童大脑重量的增加并不是神经细胞大量增殖的结果，而主要是神经细胞结构的复杂化和神经纤维的伸长。新生儿的大脑皮层表面较光滑，沟回很浅，构造十分简单，之后神经细胞突触数量和长度增加、分支增多，神经纤维开始以不同的方向越来越多地深入到皮层各层，神经元之间的联系也越来越丰富，这都使得大脑重量的迅速增加。

大脑是人类进行心理活动的生理基础，但并不等于说大脑完全是由先天基因决定的，事实上大脑是被个体的活动和环境所塑造的，它是不断变化发展的。当人类主动地学习自身的经验，这些经验将塑造出其大脑的工作方式，从而促使神经元、突触和大脑活动发生改变。在教学活动中，一方面要清楚教学需要依据大脑的发展规律来进行，另一方面还要了解关于大脑的一些"神经神话"(neuromyths)，对这些"神话"应有清醒的认识。

表 3-1　关于大脑的"神经神话"

| 错误观念 | 真相 |
| --- | --- |
| 1. 人类只使用了10%的大脑 | 人类100%的大脑都在发挥着作用，这也是为什么在世界范围内中风的危害都如此巨大的原因 |
| 2. 聆听莫扎特的音乐能让小孩变得更聪明（莫扎特效应） | 听音乐不会让人变得更聪明，但是学习一种乐器能促进儿童的认知发展 |
| 3. 一些人是"右脑人"，其他人则是"左脑人" | 我们从事的多数活动都需要大脑两半球的协同工作 |
| 4. 幼儿的大脑一次只能学习一种语言 | 全世界所有的儿童都能一次同时学习两种语言 |
| 5. 人类无法改变大脑 | 人类的大脑无时无刻不在发生变化 |
| 6. 一旦大脑受到损害，这种损害都是永久性的 | 多数大脑受到过轻微损害的个体都能很好地恢复起来 |
| 7. 玩围棋等游戏能减缓大脑老化 | 玩围棋游戏能让你更擅长玩围棋和类似的游戏，但说到减缓衰老，锻炼身体可能是更好的选择 |

续表

| 错误观念 | 真相 |
|---|---|
| 8. 人类拥有世界所有生物中最大的大脑 | 抹香鲸大脑的重量约为人类大脑重量的5倍 |
| 9. 酒精类饮料会杀死脑细胞 | 酗酒不会杀死脑细胞,但它会损害神经末端的树突,从而导致大脑中信息传递的过程出现问题,而这种损害几乎是不可逆的 |
| 10. 青少年的大脑与成人的大脑相同 | 青少年的大脑与成人的大脑存在明显的差异,它们被称为"脱缰的野马" |
| 11. 儿童是"小大人",具有和成人一样的思维和情感,只是缺乏知识经验,因此在教学方法上要注重知识的灌输 | 无论在思维上还是在语言上,儿童都与成人有质的差异。教育的主要目的就是要形成儿童智力的与道德的推理能力,仅靠灌输知识和从外面提供材料是难以实现的,所以要发现最合适的方法和环境去帮助儿童构成他自己的力量 |

资料来源:安妮塔·伍尔福克.教育心理学[M].12版.伍新春,等,译.机械工业出版社,2015:27.有改动。

### (二)心理发展的年龄特征

年龄特征是表征个体发展阶段性的重要指标。个体发展到一定的年龄阶段,应该表现出与个体年龄相符合的身心特征,它在前一阶段的基础上发展起来,又为下一阶段打下基础。这种社会期待性的身心标准,被称为发展任务(development task)。按照个体在一段时期内所具有的共同的、典型的心理特点和主导活动,通常将个体的心理发展划分为8个阶段:乳儿期(0~1岁)、婴儿期(1~3岁)、幼儿期(3~6、7岁)、童年期(6、7~11、12岁)、少年期(11、12~14、15岁)、青年期(14、15~25岁)、成年期(25~65岁)、老年期(65岁以后)。中小学主要处于童年期、少年期和青年初期,其身心特征各有不同。

1. 童年期

童年期是指6、7岁至11、12岁的时期,相当于小学阶段。这是一个人一生发展的基础时期,也是生长发育最旺盛、变化最快、可塑性最强、接受教育最佳的时期。学习开始成为儿童的主导活动,通过识字、阅读和写作,小学生从口头语言逐步过渡到书面语言。他们的思维开始从以具体形象思维为主要形式过渡到以抽象逻辑思维为主要形式,但这时的抽象逻辑思维仍须以具体形象为支柱。小学生思维发展的这一特点,制约着其心理各方面的发展。在小学生的心理发展中,个性的发展占有重要地位。通过集体活动,自我意识进一步发展,对自我已有一定的评价。尽管小学生的道德认识与道德行为容易脱节,但对道德概念的认识已从直观具体的、比较肤浅的认识逐步过渡到比较抽象的、比较本质的认识,并开始从动机与效果的统一来评价道德行为。

2. 少年期

少年期是指11、12岁到14、15岁的时期,是个体从童年期向青年期过渡的时期,大致相当于初中阶段,具有半成熟、半幼稚的特点。整个少年期充满着独立性和依赖性、自觉性和幼稚性相互交错的矛盾。少年的抽象逻辑思维已占主导地位,并出现反省思维,但抽象思维在一定程度上仍要以具体形象作支柱。同时,思维的独立性和批判性也有所发展,但仍带有不少片面性和主观性。少年心理活动的随意性显著增长,可长时间集中精力学习,能随意调节自己的行动。随着身体的急剧变化,他们产生成人感,独立性意识强烈。他们开始关心自己和别人的内心世界,同龄人间的交往和认同大大增强,社会高级情感迅速发展。他们的道德行为更加自觉,能通过具体的事实概括出一般伦理性原则,并以此来指导自己的行动,但因自我控制力不强,常出现前后自相矛盾的行为。

3. 青年初期

青年初期是指14、15岁至17、18岁的时期,相当于高中阶段。青年初期是个体在生理上、心理上和社会性上向成人接近的时期。他们的智力接近成熟,抽象逻辑思维已从"经验型"向"理论型"转化,开始出现辩证思维。占主要地位的情感是与人生观相联系的情感,道德感、理智感与美感都有了深刻的发展。他们不仅能比较客观地看待自我,而且能明确地表现自我,敏感地防卫自我,并珍重自我,形成了理智的自我意识。然而,理想的自我与现实的自我仍面临着分裂的危机,自我肯定与自我否定常发生冲突。他们对未来充满理想,敢说敢干,意志的坚强性与行动的自觉性有了较大的发展,但有时也会出现与生活相脱节的幻想。

## 二、发展的议题

发展受到许多因素的影响。对于发展这一主题,心理学不同理论流派之间存在诸多争议,主要集中在发展的源泉、轨迹与时机三个议题上。

### (一) 发展的源泉:天性与习性

影响个体发展的决定性因素是什么?长期以来,哲学家和教育家们一直关注遗传和环境这两个因素在个体发展中的作用,在先天与后天孰强孰弱以及如何作用于人的心理发展等方面一直存在着激烈的争论。这一争论常被称为"天性与教养争议"(nature-nuture controversy),并在不同的时期形成了不同的学说。古希腊时期,就存在哲学家柏拉图的"天性观"与亚里士多德的"教养论"之争;哲学心理学时代,也有理性主义哲学家强调"先天因素",而经验主义哲学家重视"后天环境";在科学心理学兴起后的20世纪初,结构主义强调先天遗传,行为主义则重视后天环境的作用。

英国的高尔顿(F. Galton)是遗传决定论的创始人,同时又是优生学的创始人。他通过名人传记和家谱调查进行研究,提出其典型论断:"一个人的能力是由遗传得来的,它受遗传决定的程度,正如一切有机体的形态及躯体组织受遗传决定一样。"美国心理学家霍尔(G. S. Hall)也认为,人的心理发展主要由遗传决定,他的典型论断是"一两的遗传胜过一吨的教育"。与遗传决定论相反的是行为主义的开创者华生,他从行为主义的行为控制目的出发,提出了闻名于世的"教育万能论":"请给我十几个健康而没有缺陷的婴儿,让我在我的特殊世界中教养。那么我可以担保,在这十几个婴儿之中,我随便拿出一个来,都可以训练他成为任何一种专家——无论他的能力、嗜好、趋向、才能、职业及种族是怎样的,我都能够训练他成为一个医生,或一个律师,或一个艺术家,或一个商界首领,或者甚至也可以训练他成为一个乞丐或窃贼。"[①]从古希腊时期直到20世纪初,人们争论的焦点一直都是"遗传和环境谁起决定作用"("Which"问题),这一时期的代表理论或学说所持观点大多比较极端,认为在影响人的发展的因素中,要么遗传起决定作用,要么环境起决定作用,非此即彼。

现代心理学受到遗传学发展的影响,一般倾向于将天性与教养传统的争议问题转变为个体身心发展取决于遗传与环境的交互作用。遗传(heredity)是指父母性状由基因控制通过繁殖传递给后代。环境(environment)是指个体生存空间中所有可能影响个体的因素。环境因素可以分为两类:一类是生物有机体所共有的维持生存所必需的物质环境,如食物营养、地理气候等;另一类是人类的社会环境即人所处的社会生活、教育、工作条件等。

随着研究的进展,人们认识到遗传和环境都是影响发展的必不可少的条件,于是转而探讨

---

① 叶浩生.西方心理学的历史与体系[M].人民教育出版社,1998:195.

两者"各起多大作用"("How Much"问题)。现代心理学主张"相互作用效应模型"(interactive effect model),认为遗传和环境在个体发展中是相互作用的:良好遗传和良好环境相结合会导致好的发展结果,而不良遗传和不良环境相结合会引起不良的发展结果;如果良好遗传与不良环境结合,或者不良遗传与良好环境相结合,可能会得到中等发展结果。[①] 遗传与环境的作用大小主要视个体成熟程度及其身心特征而定,大致遵循以下三大原则:① 个体在受精卵到出生之前,主要由遗传因素所决定;② 出生后的婴幼儿时期,属于身体方面的特征,遗传的影响大于环境;而属于心理方面的特征,环境的影响大于遗传;③ 个体发展趋于成熟阶段,个体身心发展主要受到环境因素的影响。

随着研究的不断深入,越来越多的研究者发现遗传与环境"各起多大作用"的说法也存在明显的不足,因为这种观点的前提是遗传和环境的作用是可以相加的,这种前提是令人怀疑的。于是,研究开始聚焦在遗传和环境相互作用的方式和机制上("How"问题),最典型的是皮亚杰(J. Piaget)的儿童发展观。皮亚杰提出相互作用论,认为遗传与环境两种因素并非各占若干比例或简单相加的关系,而是一种相互交织、相互渗透和影响的关系,且两种因素的关系并不是静态的,而是存在动态的历史的联系。

在遗传与环境的交互作用中,心理学家提出"遗传限"(reaction range)的概念,用以解释遗传与环境两个因素在决定个体智力等身心特征高低时分别发生的作用。[②] 遗传限是指个体智力等身心特征的高低基本上由遗传因素决定,但遗传因素决定的并不是一个定点的值,而是一个范围,即从下限到上限之间有一段距离。根据心理学家们的估计,除了极少数的天才和低能者之外,绝大多数人的遗传限 IQ(intelligence quotient)分数约在 20~30 分之间。即在个体的遗传限之内,由下限到上限之间的距离,有着 20~30 分变化的可能。影响遗传限内分数变化的因素,就是环境。个体成长的环境越好,其智力就越接近遗传限的上限;反之,就越接近遗传限的下限。但同时也要注意到,环境对智力发展的影响是有限的,再好的环境也很难超越遗传限的上限,再坏的环境也很少低于遗传限的下限。总之,先天的遗传因素在个体心理发展中起基础作用,是个体心理发展的生物基础,为个体的发展提供了可能性,而后天的环境与教育则将这种可能性变成现实。

**(二)发展的轨迹:连续性与阶段性**

个体发展是一个连续的、能力逐渐增长的过程,还是一个飞跃式的、能力发生阶段性改变的过程呢?这里存在两个不同的理论:发展的连续性理论和阶段性理论。(1)发展的连续性理论认为,随着技能的发展以及在与父母和环境的互动过程中获得各种经验,儿童以平稳推进的方式发展着,主张只要给予适当获得经验的机会和教育,即便是非常年幼的儿童也能够像成人一样思考和行动。(2)发展的阶段性理论则认为,儿童成长必须经过一系列可预测的不可变更的发展阶段,阶段是固定的,当儿童发展到一个新的阶段时,变化几乎是突然发生的。虽然不同儿童的发展速度是不同的,但所有儿童都是以相同的顺序来获得各种机能,每个阶段表现出明显的不同特征。

现代心理学认为,个体身心特征的发展既是一个连续的过程,也可以分为不同的阶段,它是一个由不断量变积累到出现质变的过程。心理发展的连续性往往反映的是量变过程,是某一心理结构及其功能的熟练程度的变化;而阶段性则往往反映的是质的改变过程,是个体新的心理结构及其功能的形成和变化。在个体发展的轨迹中,特别需要关注的是教育与连续性、阶段性之间

---

① 彭聃龄.普通心理学[M].修订版.北京师范大学出版社,2004:486-487.
② 张春兴.现代心理学:现代人研究自身问题的科学[M].2版.上海人民出版社,2005:316-317.

的关联。一方面,教育作为一种决定性的条件,制约着个体心理发展的方向和过程,有助于儿童完成量的积累,顺利进入下一发展阶段;另一方面,教育要遵循准备性原则(principle of readiness),教师应根据学生所处发展阶段的特点来进行教学,既不能延迟也不能太过超前。我们应该遵从儿童自身的发展特点,在不同的年龄阶段采用不同的教育方式,这样才能产生事半功倍的效果。

格塞尔(A. L. Gesell)进行了著名的双生子爬楼梯实验:被试者是一对出生46周的同卵双生子A和B,格塞尔先让A每天进行10分钟的爬梯实验,B则不进行此种训练。6周后,A爬5级梯只需26秒,而B却需45秒。从第7周开始,格塞尔对B连续进行两周爬梯训练,结果B反而超过了A,只需10秒就爬上了5级梯。据此,格塞尔认为儿童需要一个好的环境来保证他们所具有的遗传天赋,但教育并不是家长和教师用自己预想的模式来塑造孩子,而是应该遵循孩子本身的内在规律,不要违背孩子发展的内在"时间表"人为地通过训练加速孩子的发展。格塞尔坚信:"当环境因素支持、改变和控制成长的时候,它们并不导致发展的根本进步",这些根本的进步只能来源于个体内部的时间表。正常儿童的发展都要经历固定的几个阶段,这些阶段对每个儿童来说都是相同的,遗传是产生这些相同阶段的原因。

在发展过程中,个体生理和心理机能的发展是有顺序的。例如,人的身体及其运动机能的发展一般遵循以下三个发展序列:① 首尾方向(cephalo-caudal direction),即人的头部最先得到迅速发展,然后是躯干,最后是下肢;② 近远方向(proximo-distal direction),即身体的发展从中部开始,从中央到四周,头和躯干的发展在前,然后是四肢的发展,手指和脚趾的发展在最后;③ 大小方向(mass-specific direction),即大肌肉活动的发展先于小肌肉活动的发展。

(三)发展的时机:关键期与敏感期

还记得第一章学习的"狼孩的故事"吗?这个故事带给我们一个很重要的思考:个体能力的发展是否存在关键期,若错过以后是否可以赶上?

个体发展的关键期,在生理上主要表现为脑功能发展的关键期,其中视觉系统的发展最能说明这一问题。如果婴儿从出生起就缺乏有效的视觉刺激,将导致本来用于视觉的脑细胞萎缩或者转而从事其他的任务。如果视觉在3岁时还不能得到恢复,婴儿就可能永久性地丧失视觉功能。在这一时期,婴儿视觉系统的结构也发生了不可逆转的变化:被剥夺的视觉神经通路由于没有获得视觉刺激,其相应的视觉皮层区域出现萎缩或被其他神经通路所占领。然而,在成年人身上,视觉刺激剥夺不会影响其视觉功能。这说明,在视觉系统的早期发育过程中存在一个关键期。关键期内,视觉经验的有无以及视觉经验的丰富与否,对建立正常视觉功能具有极其重要的意义。研究发现,人的视觉发育最敏感的时期为出生后的半年之内。

【知识窗】 意大利男孩的悲剧

在医学史上就曾有报道,一个6岁的意大利男孩子右眼失明,而其眼睛的机制是完全正常的。最后才明白,原来这孩子在婴儿期,也就是视觉发育的关键期内,为了治疗轻微的感染,他的眼睛曾被绷带包扎了两周。这种治疗对于已经成熟的脑不会有影响,但对发育中的婴儿大脑来说,其影响就非常严重了。由于这只被包扎的眼睛不再工作,脑内相应神经细胞发生萎缩,从而导致了这一悲剧的发生。

关键期(critical period)是指儿童学习某种知识、技能比较容易或其心理的某个方面发展最为迅速的时期。这一概念最初由奥地利生物学家洛伦兹(K. Z. Lorenz)提出,并因此获得了诺贝尔生理学或医学奖。1935年,洛伦兹在研究小鸭和小鹅的习性时首先发现,小鸭和小鹅在刚孵化出来后不久,会有明显的认母行为,把第一眼见到的活动物体(母鸡、人或电动玩具)当成自己的"母亲"而跟着走。洛伦兹把这种无需强化的、在一定时期容易形成的反应叫做印刻现象(imprinting),把印刻现象发生的时期称为"关键期"。关键期最基本的特征是,它只发生在生命中一个固定的短暂时期,如小鸭的追随行为典型地出现在出生后24小时内,超过这一时间,印刻现象就不再明显。之后,关键期思想引起了心理学界普遍关注。许多心理学家对儿童各方面发展的关键期进行了大量研究,在语言和视觉发展等方面都得到了证实,从而使关键期概念在心理学领域中被广泛接受和运用。

在关键期思想的影响下,很多心理学家,特别是深受弗洛伊德影响的心理学家,普遍认为早期经验在人的发展中是重要的,尤其是对情绪、社会性和认知发展有着至关重要的作用。在精神分析理论的影响下,这些学者认为,早期经验必然对个体以后人格的发展产生深刻影响,主张童年期的经验是成人期心理障碍的根源。婴儿出生后第一年与母亲或养育者之间建立的亲密、持久的关系对其今后一生有着重要影响,缺乏母爱或母爱剥夺会造成婴儿身体、智力和心理方面的发育落后,妨碍其今后与他人建立密切的关系,缺乏情感反应,易患精神分裂症、语言障碍或出现喂养困难、遗尿等行为问题。

已有研究发现了人类多个心理发展的关键期(详见表3-2),其中以出生至6岁是个体发展最快的时期,关键期主要集中于这个时期。在关键期,儿童对外界的刺激特别敏感,容易接受外界信息,儿童的先天潜能发挥得最好、最充分,从而容易获得某种能力。抓住"关键期"进行良好的教育,能达到事半功倍的效果。心理发展的最佳期是以许多因素为条件的,主要是与个体生理发展的加速、某种心理品质的萌芽期以及当前的心理特点有密切关系。如学龄前儿童大脑皮质神经活动加速发展,正在积极学习语言,发音系统活动尚未定型,再加上没有顾虑和羞于开口的心理影响,因此学前阶段存在语言学习的最佳期。

表3-2 心理发展关键期一览表

| 年龄 | 关键期 |
| --- | --- |
| 0~2岁 | 亲子依恋关键期 |
| 0~4岁 | 形象视觉发展的关键期 |
| 2岁 | 口语学习的关键期 |
| 2.5~3岁 | 社会规范关键期(教孩子怎样做到有规矩) |
| 3岁 | 计算能力发展的关键期 |
| 3~5岁 | 音乐能力发展的关键期(拉提琴3岁开始,弹钢琴5岁开始) |
| 3~8岁 | 外语学习的关键期 |
| 3岁和青少年时期 | 独立性培养的两个关键期 |
| 4岁 | 形状知觉形成的关键期 |
| 4~5岁 | 书面语言学习的关键期 |
| 5岁左右 | 数概念掌握的关键期 |

续表

| 年龄 | 关键期 |
|---|---|
| 5~6岁 | 词汇掌握的关键期 |
| 9~10岁 | 行动由注重后果过渡到注重动机的关键期 |
| 幼儿阶段 | 观察力发展的关键期 |
| 小学1~2年级 | 学习习惯培养的关键期 |
| 小学3~4年级 | 纪律分化的关键期 |
| 小学3~4年级、初二和高二 | 逻辑思维发展的关键期 |
| 小学阶段 | 记忆力发展的关键期,是记忆的黄金时代 |
| 初中阶段 | 意义记忆的关键期 |

一些儿童心理学家认为,关键期意味着一旦错过这一时期,个体心理发展就会存在不可弥补的障碍,即具有无可修复的非逆转的性质。事实真的如此吗?更多的近期研究表明,事实并不完全如此,后期经验也很重要,它甚至能够改变个体发展的方向。经过特殊的培训可以修复大脑的神经网络连接,虽然个体发展具有一定的关键期,但并不意味着,过了关键期相应发展就完全陷入停滞,相应的活动就无法进行。即使过了关键期,这些方面的能力仍然可以通过后天的学习进行弥补,只是发展水平不那么高。现在,大多数心理学家更倾向于采用"最佳期"或"敏感期"(sensitive periods)而非"关键期"来指称儿童心理发展的时机。所谓"最佳期"或"敏感期",是指在一段时间内个体已经准备好经历特定事件或对特定事件做出反应。

总之,关键期概念的提出促使人们重视早期教育,重视适时恰当的教育,丰富了儿童心理与教育理论。在强调抓住关键期及时进行相应教育以促进个体心理发展的同时,不能片面认定错过关键期个体就难以获得良好发展,而是要充分考虑心理发展内外因相互作用的原理,避免夸大最佳期效应。

## 第二节 认知的发展

### 一、认知发展的实质

认知是儿童发展的中心议题,同时也是心理活动的中心环节。心理学惯常将人的心理现象划分为认知、情绪和

慕课视频3-2:
皮亚杰的认知
发展阶段理论

慕课视频3-3:
维果斯基的文化
历史发展理论

意志三个基本成分,而认知能根本地影响着其他两个成分的性质和走向。在情绪上,拉扎勒斯(R. S. Lazarus)的认知交互理论提出,个体的认知评价往往影响个体对外在环境的主观感受和反应方式;① 在意志上,人的认知系统通过调节与控制心理活动和行为反应来实现目标。② 目前,认知已成为心理学研究的核心领域,它被认为直接影响行动的主动性及选择取向,左右着情感和意向,对心理过程的发展和态度的形成具有重要的意义。

---

① Lazarus R S, Folkman S. Transactional theory and research on emotions and coping[J]. European Journal of Personality, 1(3):141-169.
② 梁宁建. 当代认知心理学[M]. 上海教育出版社, 2003:7.

在心理学中,对认知的定义往往遵循信息加工的范式,被认为是获得和应用知识的心理过程,是个体认识客观世界的信息加工活动,包括感知觉、注意、记忆、思维、言语等心理操作活动。认知发展是个体心理发展的重要方面,个体在与环境相互作用的过程中,感知觉等认知功能系统不断发展。认知发展主要表现在两个方面:一是构成认知加工的各种不同心理成分由低级到高级,由简单到复杂,由不完整到完整,不断发展;二是构成认知加工的各种心理成分的关系逐渐趋于协调。但同时也应注意到,信息加工论的定义侧重于过程范畴而对内容范畴有所忽视,因为认知不仅包括心理过程的所有形式,关注信息如何被加工、储存、记忆表征以及与社会世界感知和交互的分析,[①]同时也指向特定的认知加工内容,[②]两者为普遍机制与特异应用(universalism vs. particcularism)的关系。[③]

在20世纪的发展和教育心理学领域,有两位同年出生的伟大心理学家,他们是瑞士的皮亚杰和苏联的维果斯基,前者被誉为"揭示智慧奥秘的巨人",后者则被称为"心理学的莫扎特"。这是两位不同世界观的学者,属于不同民族文化、不同社会制度、不同科学学派的代表。他们之间曾有过一场关于儿童发展途径和内部机制的未终结的争论,由此演变成发展心理学研究的两种不同的范式,即以皮亚杰为代表的自然科学范式和以维果斯基为代表的社会文化范式。[④] 两种范式在目标和结果方面都是富有成果的,都有存在的理由,彼此没有交叉也不可能加以整合,因为作为它们基础的科学观是相互排斥的,但两种范式都对当代发展和教育心理学产生了重要的影响。

## 二、皮亚杰的认知发展阶段理论

皮亚杰(J. Piaget)是20世纪最有影响和贡献最大的儿童心理学家,他强调儿童的思考并不是成人思考的初级形式,而是有着和成人类型不同的思考。随着儿童的逐渐成熟,其思考会依照一定的序列发展和变化。皮亚杰主张发生认识论(genetic epistemology),其特点是用发生学的观点和方法来研究人类认知(从婴儿期到青春期)的发展顺序与阶段,探讨认知形成和发展的动因、过程、内在结构和机制等。

### (一)认知发展的内在机制

认知发展论(cognitive-developmental theory)被公认为是20世纪发展心理学中最有影响力的理论。所谓"认知发展"是指自出生后个体在适应环境的活动中,对事物的认知以及面对问题情境时的思维方式与能力表现随着年龄增长而改变的历程。皮亚杰没有采用当时流行的实验组及多人资料统计的研究方式,而是在自然的情境下对个别儿童(他自己的女儿)进行连续、细密的观察,记录儿童对事物处理的智能反应,属于质的研究。这种研究方式,被现在的儿童心理学家广泛采用。

在阐述认知发展的过程时,皮亚杰还提出了若干相关概念,主要包括图式、适应、组织、同化和顺应等,它们的关系可以用图3-1来表示。

---

[①] Hamilton D L. Social cognition:key readings[M]. New York:Psychology Press,2005:2.
[②] Matsumoto D. The Cambridge dictionary of psychology[M]. London:Cambridge University Press,2009:114.
[③] 徐凯. 心理学视野下政治认知的内涵与研究[J]. 东华理工大学学报(社会科学版),2014. 33(4):352-357.
[④] 王光荣. 发展心理学研究的两种范式——皮亚杰与维果斯基认知发展理论比较研究[J]. 华中师范大学学报(人文社会科学版),2014,53(5):164-169.

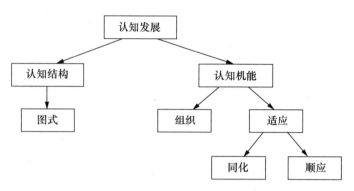

图 3-1 认知发展重要概念间的关系

皮亚杰认为,认知发展既不起源于先天的成熟,也不起源于后天的经验,而是起源于主体的动作。婴儿通过对物体的抓取、摆弄等动作获得关于物体的知识,从而认识物体。这种动作的本质是主体对客体的适应。主体通过动作对客体的适应,是儿童认知发展的真正原因。个体在认识周围世界的过程中,形成自己独特的认知结构即图式。图式(scheme)是皮亚杰理论的核心概念,是指个体在与环境的相互作用中表现出的行为模式或思维模式,它使主体能够对来自客体的信息进行加工整理、归类和改造。人类最初的图式来源于先天的遗传,表现为一些简单的反射,如吸吮图式(sucking schema)、抓握图式(grasping schema)等。儿童正是通过它们与外部环境相互作用,从而认识客观世界。随着儿童的成长,简单图式在适应环境的过程中逐渐地丰富和完善起来,形成比较复杂的图式系统,图式系统构成了人们的认知结构。

认知发展的内在机制是组织与适应。组织(organization)是指个体在处理其周围事物时,能统合运用身体与心智的各种功能达到目的的一种身心活动历程,表现为多种感觉与身体动作的配合运用。人类所有的心理反应归根结底都是适应,适应的本质在于取得机体与环境的平衡。适应(adaptation)是指个体的认知结构因环境刺激而主动改变的心理历程,它导致个体的心理状态在平衡与失衡之间波动。适应分为两种不同的类型:同化与顺应。同化(assimilation)是指将新信息纳入已有的认知结构中,它引起图式的量变,表现为认知发展的一种暂时平衡;而顺应(accommodation)是指改变已有的认知结构以适应新的环境和信息,它引起图式的质变,是图式的重建和调整。例如,儿童从吸吮母奶到学会吸吮塑料奶瓶的奶嘴时,就是一种同化现象;而儿童发现塑料奶嘴需要不同的口舌活动后,会改变自己的吸吮行为来适应新环境,这就是顺应行为。

当个体的既有图式能同化新的知识经验时,他就会在心理上处于平衡状态(equilibrium)。平衡状态通过同化和顺应两种机能达到平衡。新的暂时的平衡,并不是绝对静止或终结,而是从一个水平的平衡状态发展成为另一较高水平状态的过渡过程。当个体已有的图式不能同化环境中新的知识经验时,就会在心理上处于失衡状态(disequilibrium)。心理失衡使个体产生一种自我调节的内驱力,驱使个体改变调整已有图式或认知结构,容纳新的知识经验,经过调整,吸收新的知识经验,从而达到新的平衡,这一过程被视为平衡作用(equilibration)。皮亚杰认为认知发展依赖于这个过程,只有出现失衡,个体才有机会成长和发展。个体每经过一次由失衡到新的平衡的过程,其图式就会产生一次新的改变,以便能够吸收容纳更多的新的知识经验。这一过程促使个体智力水平得到发展和提高,最终提升到一个新的发展阶段。

整个认知发展的过程就是不断发展的平衡状态。认知发展的本质就是在主体和客体相互作用过程中,个体通过同化和顺应的交替发生从而达到平衡的过程。个体也正是在平衡与不平衡的交替中不断建构和完善其认知结构,实现其认知发展。

(二) 认知发展阶段论

皮亚杰认为,在从出生到成熟的发展过程中,个体的认知结构在与环境的相互作用中不断重构,从而表现出具有不同性质的发展阶段。皮亚杰把人的认知发展分为四个阶段:感知运动阶段、前运算阶段、具体运算阶段和形式运算阶段。

1. 感知运动阶段(sensorimotor stage,0～2 岁,婴儿期)

认知发展最早的阶段称为感知运动阶段,因为此时婴儿的发展集中在看、听、移动、接触、辨别味道上。这一阶段为儿童思维的萌芽期,是语言产生前的阶段。在这一阶段中,婴儿的认知的发展主要是感觉和动作的分化,他们通过探索感觉与运动之间的关系获得动作经验,形成了一些低级的行为图式来探索外界环境。其中,"手的抓取"和"嘴的吸吮"是婴儿探索周围世界的主要手段,他们由此逐渐认知到自己与他人(父母)、自己与物体的不同。感知运动阶段获得的主要成就是客体永存性和目标定向行为。

(1) 客体永存性

客体永存性(object permanence),又称客体永恒性,是指当某一客体从儿童视野中消失时,儿童知道该客体虽然现在看不见但仍然是存在的。研究表明,儿童大约在 9～12 个月获得客体永存性,在此之前婴儿往往认为不在眼前的事物就不存在了,并且不再去寻找客体。

客体永存性是心理表征的开始,这成为后来高级认知活动的基础。在婴儿早期,用幕布把婴儿面前的玩具遮挡住,他不会去寻找(如图 3-2),原因是婴儿还不能对具体实物形成心理表征。所以,在婴儿形成客体永存性概念以前,从他们身边拿走某一物体相对比较容易,诀窍在于要分散婴儿的注意力,趁他们没有盯着物体时拿走物体,即"看不见,即不存在"。到 1 岁左右时,对滚入床下而看不见的皮球,婴儿会继续寻找,这表示皮球虽在眼前消失,但在他心中的映像却仍然存在。显然,物体的映像之所以能够永存在婴儿的图式之中,是因为婴儿末期已开始从具体实物中学到抽象的概念。接近 2 岁时,婴儿不仅能当场模仿人或动物的动作,而且还能在事后凭记忆去模仿这些动作,即延迟性模仿(deferred imitation)。

图 3-2 客体永存性实验

(2) 目标定向行为

感知运动阶段获得的第二个成就是开始有了合乎逻辑的目标定向行为(goal-directed actions)。儿童通过动作和与客体的不断交互过程中,逐渐区分了动作本身与动作的结果,并将其逐渐扩展到与客体之间的运动关系中。一个 6 个月大的婴儿无法将物体放入容器内,而稍大一些的儿童可以有序地解决这一问题,因为他们已经掌握感知觉的基本要素,形成了"容器玩具"的图式:① 打开盖子;② 将容器放倒;③ 如果物体堵塞容器,就摇动容器;④ 看着里面的物体掉出来。为了达到目标,儿童将几个低级图式组织成为一个高级图式,从而达到目的。他们很快就能逆转这一动作,将容器重新装满。学会逆转动作是感知运动阶段儿童所取得的一种基本成就。但需要注意的是,儿童学会逆向思维,即学会从心理上逆转动作的顺序,则需要更长的时间,原因在于本阶段儿童还不能用语言和抽象符号命名事物。

由于感知运动阶段是思维的萌芽阶段,为了促进这一时期儿童智力的正常发展,应注意"早期教育",如及时给婴幼儿提供多样化的富有吸引力的物体(可供看、听、摸的玩具),提供促进儿童动作发展的训练(如触、摸、推、拉、抓、提等),在喂食和游戏时注意和婴幼儿交谈。

2. 前运算阶段(pre-operational stage,2~7岁,学前期)

这一阶段正值儿童入小学之前与入小学之初,在教育上特别重要。因此,无论是皮亚杰本人或其后的学者,对这一阶段儿童的认知发展研究最多。在感知运动阶段的后期,儿童虽然能运用许多动作图式,但是这些图式需要与身体动作相结合,这对回忆过去、保持信息痕迹、做计划是无益处的。要做到这些,儿童需要皮亚杰所说的"运算",或是通过心理表征而不是身体来完成动作和逆转动作。虽然在前运算阶段,儿童还没有掌握这些心理操作,但正朝着掌握的方向发展。"运算"(operations)是指内部化的智力或操作,它是皮亚杰从逻辑学中借用的一个术语,即借助逻辑推理将事物的一种状态转化成另一种状态。例如,"3+5=8",经过逻辑转换(运算),可以说成"8是由3和5转化而来的"。

前运算阶段儿童的认知发展具有以下六个特点。

(1) 形成和使用符号

根据皮亚杰的理论,从动作中分离出来的第一类思维是将动作图式符号化。形成和使用符号单词、姿势、手势、表象等能力是前运算阶段的主要成就,它使儿童在下一阶段能够掌握心理运算的基础和前提。这种符号使用能力,如使用词汇"狗"或者一幅狗的图去表征一只没有真正出现的狗,叫做符号语言功能(semiotic function)。在前运算阶段,语言这一非常重要的符号系统得到了快速发展。从2岁到4岁,大多数儿童的词汇量将会从200个左右扩展到2000个。

(2) 具体形象性

在这一阶段中,虽然儿童以符号表征形式思考物体的能力得到了发展,但他们是将感知运动阶段获得的各种感知运动图式内化为表象,从而具有符号功能,即儿童是凭借表象来进行思维的。依靠这种思维,儿童可以进行各种象征性的活动或游戏。随着表象的日益丰富,儿童的认知活动已经不再局限于对当前直接感知的环境施以动作,而开始运用语言或较为抽象的符号来代表他们经历过的事物,但这一阶段的儿童还不能很好地掌握概念的概括性和一般性。

(3) 泛灵论思维

此阶段儿童还不能很好地把自己与外部世界区分开来,认为外界的一切事物都是有生命的,即所谓的"泛灵论思维"。泛灵论思维使儿童相信没有生命的物体也可以行动,并将无生命的物体赋予生命的特征。前运算阶段的儿童相信是人行道发了疯,才让他们跌倒;他们会和大人说,那片叶子从树上落下,是因为那棵树将它推下来的。

(4) 不可逆性

不可逆性(irreversibility)与可逆性相对。可逆性指改变人的思维方向,使之回到起点,前运算儿童还不能这样思维。例如下面的案例。

主试:"你有哥哥吗?"

儿童:"有"。

主试:"他叫什么名字?"

儿童:"小明"。
主试:"那小明有弟弟吗?"
儿童:"没有"。

(5) 不守恒的单维思维

皮亚杰认为,前运算儿童只能从单维进行思维,即只能沿一个方向思考。与之相联系的是,前运算阶段的儿童尚未获得"守恒"(conservation)的概念。所谓守恒,是指儿童认识到客体在外形上发生了变化,但其特有的属性不变。这个阶段的儿童由于受单维思维的影响,还不能认识到这一点。皮亚杰著名的守恒实验揭示了儿童的这一思维特点。

如图3-3所示,实验者当着儿童的面拿出容积相同的两个杯子A和B,注入等量的水,问儿童A、B两个杯子里的水是否等量,儿童回答"是"。接着,将两杯同样多的液体中的一杯倒进一个细而长的C杯子里,要求儿童说出这时哪一个杯子中的液体多些时,儿童不能意识到液体是"守恒"的,因此多倾向于回答高杯子中的液体多些。儿童只注意到高杯中的液体比较高,却没有注意到高杯比较细。这反映出处于前运算阶段前期的儿童还没有形成液体的守恒概念。

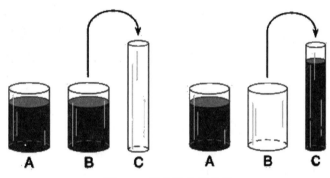

图3-3 经典的守恒任务

皮亚杰认为守恒概念的获得是儿童认知水平发展的一个重要标志。儿童一般要到具体运算阶段才能获得守恒概念。皮亚杰在实验中发现,对守恒问题,6、7岁以下的儿童仅根据杯子里水的高度去判断水的多少,而不考虑杯子口径的大小。而6、7岁以上的儿童对这个问题一般都能做出正确的回答,即他们能同时考虑水面的高度和杯子口径两个维度来决定杯子里水的多少。除了液体守恒实验,心理学家们还在体积、长度和数量方面测试了儿童的守恒概念的发展,发现前运算阶段的儿童在这些方面还都没有形成守恒概念。

对于前运算阶段儿童呈现出的思维不守恒特征,皮亚杰认为,前运算阶段儿童只能从单维进行思考,很难在同一时间考虑一个情境的多个方面,也很难做到去中心化。他们考虑高度却不能顾及宽度,反之考虑宽度却忽略了高度,因为这需要同时考虑两个维度。前运算阶段的儿童难以将他们从自己对物体外在表现的即刻知觉中摆脱出来,这就涉及前运算阶段的另一个重要特征——自我中心。

(6) 自我中心

根据皮亚杰的理论,前运算阶段儿童思维的基本特征是自我中心(egocentric),即他们从自我的角度去解释世界和他人经验,认为其他人跟自己都有相同的观点和感受。他们不会考虑别人的意见,也不会协调自己和别人的观点,表现为不为他人着想。

需要特别注意的是,自我中心这一概念并不意味着自私。正如皮亚杰所指那样,自我中心只是简单地表示儿童经常设想其他人和自己有着共同的感觉、反应和观点。例如,处于这个阶段的一个小男孩害怕小狗,他可能会认定所有的儿童都会害怕狗;当你与此阶段的儿童面对面时,他们也很难理解你的右手和他们的右手不在同一侧的原因;在解决"镜子中的时间"(根据镜子中的时间写出钟表的实际时间)这一问题时,该阶段儿童也很难做出正确的判断。

为准确评价前运算阶段的儿童是否具有自我中心的思维特征,皮亚杰曾设计了著名的"三山实验"。在"三山实验"中,实验材料是一个三座高低、大小和颜色都不同的假山模型(见图3-4)。

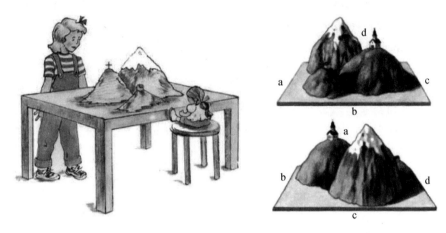

图 3-4 三山实验

实验时先在桌上摆放好三山模型,让儿童自由观察这个模型。然后要求儿童坐在桌子的一边,把一个娃娃放在桌子周围的不同位置,要求儿童从四张图片中指出哪一张是玩具娃娃看到的"山"。结果发现儿童无法完成这个任务,他们只能从自己的角度来描述"三山"的形状。

自我中心现象在儿童的语言发展中也得到体现:即便周围没有任何的听众,一个孩子也可以兴高采烈地说着他们正在做的事情;当他们处在一个群体中时更是如此,每个孩子都热情高涨地高谈阔论,但实际情况是他们彼此之间并没有真正的交流和对话。对于这一现象,皮亚杰称之为"集体独白"(collective monologue)。

然而最近的研究表明,幼儿并不是在任何情景下都表现出完全的自我中心。4岁儿童能够运用相对简单的句子与2岁儿童谈话;2岁儿童甚至更年幼的,在展示他们的玩具时也能将玩具的正面调转给成人看。这表明,在特定的情景中,幼儿似乎能考虑别人的需求和不同的观点。

3. 具体运算阶段(concrete operational stage,7~11岁,小学期)

皮亚杰认为具体运算阶段在认知发展中是一个主要的转折点。当儿童到达这一阶段时,他们的思维与成人更加相似,而不是与之前阶段的儿童相似。这一阶段发展最典型的标志就是儿童能够运用符号进行有逻辑的思考活动。虽然前运算阶段的儿童可以形成对事物的初步符号表征,但他们的认知活动还与身体经验密切相关。而在具体运算阶段,儿童的认知结构已发生了重组和改善,思维具有一定的弹性和可逆性,已经形成了在长度、体积、重量和面积等方面上的守恒概念,能凭借具体事物或从具体事物中获得的表象进行逻辑思维和群集运算。但这一阶段儿童的思维仍需要具体事物的支持,儿童还不能进行抽象思维。此外,虽然本阶段儿童已经能理解原则和规则,但在实际生活中只能刻板地遵守规则,不敢改变。因此,皮亚杰对这一阶段的思维方式采用了"具体运算"这一术语,认为这一阶段的儿童应多做事实性的、技能性的训练。

具体运算阶段儿童的认知发展具有如下六个特点。

(1) 守恒概念的形成

守恒概念的形成是具体运算阶段取得的最重要成就。按照皮亚杰的观点,一个儿童能否解决守恒问题,取决于其对推理三个基本要素的掌握:同一性、补偿性和可逆性。在完全掌握同一性(identity)后,儿童开始真正理解如果物体没有被加入或取走,那么物体还是同一个物体。通过对补偿性(compensation)的理解,儿童开始理解一个维度上的变化可通过另一维度上的变化得到补偿。

在液体守恒实验中,儿童在谈到液体的量没有发生变化时会这样解释:"玻璃杯里水的高度是高了,但它的宽度却变窄了,如果你将水倒回去,你会发现水的量是一样的"。在这一解释中,儿童将任务的几个方面结合起来,而不是像前运算阶段的儿童那样只是集中在一个方面。也就是说,具体运算阶段的儿童善于进行转换思维,他们已认识到水在一个维度(高度)的改变可以通过另一维度(宽度)的改变来补偿。这说明,儿童通过对可逆性的理解,已经能在心理认知上抵偿已经发生的变化。

儿童掌握守恒概念遵循以下顺序:开始是数字,然后是长度、质量和液体,最后是重量。

(2) 分类

分类(classification)是具体运算阶段儿童取得的另一个重要成就。分类取决于儿童对物体单一特征的聚焦能力以及根据这一特征对物体进行分组的能力。更高级的分类能力是"类包含"(class inclusion),即将同时属于两个或更多类别的物体进行分类的能力。

皮亚杰在实验中向儿童展示一束鲜花,其中包括4朵红花,2朵白花,随后提问:"这里有更多的红花还是更多的鲜花?"6岁以下的儿童倾向于说有更多的红花。对皮亚杰来说,这是儿童无法同时考虑部分和整体的证据。然而,对皮亚杰的描述方式有所质疑的地方是,其描述看起来违背了正常交流的习惯,"这里有更多红花还是有更多的鲜花"听起来很奇怪。一些研究已经发现,当问题涉及儿童所熟悉的集体名词,如一个班的儿童,5～6岁的儿童可以正确回答这一问题。分类的出现与此阶段儿童思维的可逆性有着关联。处于前运算阶段的学生如果能在心理上逆转一个过程,他就能发现对一群物体进行分类的方法不止一种。例如,学生懂得可按颜色对纽扣分类,还可根据纽扣的大小对它们重新分类。

(3) 序列

序列(seriation)是指将物体从大到小或从小到大进行有序排列的过程。为验证这个能力,皮亚杰要求儿童从短到长排列不同长度的棍子。年龄稍大的前运算阶段儿童尽管也能将棍子排成一列,但他们经常犯错误,并需要花时间去改正错误。但若他们在排列方案上得到指导,通过从最短的棍子开始,然后是第二短的棍子,以此类推,他们最终也能有效地形成一个完整的序列。与前运算阶段的儿童不同,具体运算阶段的儿童掌握了传递推理的逻辑序列。

(4) 传递推理

传递推理(transitive inference)是指对元素排列次序关系的一种推理,如由 A＞B 且 B＞C 推理出 A＞C,它是儿童逻辑推理能力的核心。对这种序列关系的理解使得儿童能建立起这种传递推理的能力。

在著名的传递推理问题中,皮亚杰给儿童展示了不同颜色的棍子实物,通过观察棍子 A 比 B 长,而棍子 B 又比 C 长,儿童必须通过智力推导得出 A 比 C 长,研究发现直到9岁或10岁的儿童才能很好地完成这项任务。

(5) 去自我中心

除了守恒、分类、序列、传递推理外,具体运算阶段儿童在空间操作能力(对距离、方向和物体间空间关系的处理)和时间概念上也有了很大的进步,比起前运算阶段他们解决问题的能力更强了。由此,具体运算阶段的儿童发展出具有完整逻辑性的思维体系,能够通过下定义的方式获得概念理解,"自我中心"的程度下降,他们开始克服"片面性"而注意到事物的各个方面,并发展了理解他人观点的能力,从而增进了自己与他人沟通的能力。

(6) 思维具有很大的具体性

此阶段儿童在进行具体运算时有一个很大的限制,那就是儿童只有在处理他们直接观察的具体信息时,才能采取有组织的逻辑方式进行思考,当解决抽象问题时其智力操作就变得很差。解决传递推理问题是一个很好的例证。当给儿童展示几对不一样长的棒子时,9岁儿童很容易指出:"如果A棒比B棒长,B棒又比C棒长,则A棒比C棒长";但是在指出"苏珊比萨莉高,萨莉比玛丽高,那么谁个子最高?"时,儿童的推理就出现很大困难。这一问题直到11、12岁,个体才能顺利解决。

具体运算阶段的逻辑思维需要具体事物的支持,这说明了具体运算推理的特殊性。此阶段儿童对具体运算任务的掌握并不是一蹴而就的,而是逐步形成的。皮亚杰用"水平滞差"(horizontal decalage)这一术语来描述掌握逻辑概念的渐进方式。水平滞差说明儿童在具体运算阶段还不能将逻辑原理应用到有关的情境中,而是聚焦于具体情景中来解决每一个单独遇见的问题。

4. 形式运算阶段(formal operational stage,11岁至成年,中学期)

形式运算阶段的典型特征是抽象思维的发展和完善。在这一阶段,青少年的思维已超越了对具体可感知事物的依赖,使形式从内容中解脱出来,开始运用抽象的概念。他们的思维是以命题的形式进行;不仅能够运用经验—归纳的方式进行逻辑推理,而且能够运用假设—演绎推理的方式来解决问题;能够理解符号的意义、隐喻和直喻,能做一定的概括,思维具有了互补性和灵活性,其思维发展水平已经接近成人的水平。

形式运算阶段儿童的认知发展具有如下三个特点。

(1) 命题思维

在形式运算阶段,青少年认知发展的一个重要特征是获得命题思维(propositional thought)。由于青少年思维已发展到抽象逻辑推理水平,所以他们不同于具体运算阶段的儿童仅能"对现实进行运算",青少年的思维已超越了对具体事物的依赖,"在运算中运算",这使青少年思维形式从具体内容中解脱出来。换句话说,青少年对具体事物和事件的运算不再依赖现实环境,而是以命题的形式进行推理。他们不仅能考虑命题与经验之间的真实性关系,而且能看到命题与现实之间的关系,并能推论两个或多个命题之间的逻辑关系。在这个意义上,形式运算阶段又称为命题运算阶段。

(2) 假设—演绎推理

在形式运算阶段,青少年进行推理就像科学家在实验室寻求解答。形式运算的能力体现在形式运算水平上,此阶段思维的焦点从"是什么"转换到"可能是什么",青少年开始知道事物的发生有多种可能性,认识到想象的情景不一定非要亲身经历过,从而使他们的思维具有更大的弹性和复杂性。如果问一名低龄的幼儿:"假如人们不睡觉,那么人们的生活会有什么不同?"幼儿可能会说:"人必须要睡觉!"而掌握了形式思维的青少年能考虑人们不睡觉这一与事实不同的假设情形,进而从一般假定到特殊结论进行推理,认为届时会有更长的工作时间、更多的钱花在能源和照明上等。青少年的回答显示其能够进行"假设—演绎推理"(hypothetical-deductive reasoning)。

假设—演绎推理一般分为两个步骤:首先提出假设,找到解决问题的各种可能性;然后以有序的方式验证这些假设,寻求可能性中的现实性,系统评价和判断正确答案。此时,青少年开始具有分离和控制变量(separation and control of variables)的能力。当检验在众多因素中某个因素导致了特定结果这样一种假设时,青少年能够在检验这一因素的同时,使其他因素保持不变,这保障了假设—演绎推理的顺利进行。也正因此,数学、自然科学的推理能力也在这一阶段开始出现。青少年获得了比率思维(proportional thinking),它可使青少年理解各种比率关系,如分数、小数、比率等。

需要注意的是,青少年假设—演绎推理这一问题的解决方式开始于可能性,并继续到现实;而具体运算阶段的儿童则开始于现实,当这些现实没被证实时,他们就无法考虑其他情形,因而不能解决问题。

(3) 青春期自我中心主义

形式运算阶段的第三个重要特征是青春期自我中心主义(adolescent egocentrism)。青春期自我中心指的是青少年高涨的自我意识,它通常反映在青少年认为其他人也和自己一样对自己感兴趣,以及认为自己是独特的和不可战胜的。在这一阶段,青少年由于在认知、身体和情感上都会经历巨大的变化,他们开始更多地关注自我,从而使自我意识显著提高。在皮亚杰看来,形式运算阶段的到来会伴随着新的自我中心,但它与幼儿的自我中心不同,青少年不否认其他人有不同的感知和信念,他们只是开始异常关注自己的观点、信念和态度。青少年似乎有这样的看法,即其他人也会像自己那样去关注他们,且其评价与青少年的自我评价非常吻合。这种自我中心主义在14、15岁即青春期早期达到顶峰。

心理学家认为,自我中心的心理特征影响了青少年的心理和行为,如对自我意识的夸大感觉、对危险的过分轻视、年轻人的理想主义和对同伴压力的过度敏感等。受皮亚杰认知发展理论的影响,戴维·埃尔金德(D. Elkind)认为,青少年的自我中心主义可以细分为两种社会思维——假想观众和个人寓言。假想观众和个人寓言这两个概念被一直沿用下来,并被用来解释青少年一些特殊的心理和行为表现。

① 假想观众(imaginary audience)涉及获取注意的行为,是指青少年表现出被人注意、被人观看或像是在"舞台上"等自我中心主义的特点。一个青春期的男孩可能会认为其他人和自己一样,也会注意到他的一缕头发乱了;一个青春期的女孩认为自己走进教室时,所有人的眼睛都在注意她的妆容。青少年,尤其是在青春期的早期阶段,感觉自己就像站在舞台上一样,并相信自己是舞台上的主角,其他人都是观众。

② 个人寓言(personal fable)是指青少年认为个人是独特的和不可战胜的这一自我中心主义特点。青少年确信其他人在观察和考虑他们,他们形成了一种自我重要性的夸张观点,他们开始感到他们是特殊的和唯一的。许多青少年既认为自己到达荣誉的极高处又认为自己跌入了失望的深渊,这使得他们感到没有人能够理解他们真正的感受。例如,一个青春期的女孩认为母亲不可能感受到她所受的伤害,因为她的闺蜜和她闹翻了。为了保持个人独特感,青少年可能会设计一个关于自己的、充满幻想的故事,沉浸在一个远离现实的世界里,这在青少年的日记里频繁地出现。青少年也会经常表现出一种不可战胜感,他们会认为虽然其他人容易遭遇悲剧,诸如一次严重的车祸,但这些事是不会发生在自己身上的。一些发展心理学家认为,自我中心主义所产生的独特感和不可战胜感会导致青少年做出一些危险行为,如吸烟、饮酒、服用成瘾药物、自杀或暴力行为等。

研究者发现,青少年自我中心主义的发展过程可能会涉及观点采择的改变。观点采择是指开始采纳他人的观点并理解他人的思想和感情。观点采择和青少年自我中心主义之间可能具有某种联系,因为观点采择的发展导致青少年能够真切地关心他人在想什么。观点采择不仅能提升青少年的自我理解,而且还能提升他们在同龄群体中的地位和他们之间友谊的质量。一项调查发现,在初中二年级中,最受同学们欢迎的是那些具有很强观点采择能力的学生。这些观点采择能力强的青少年更擅于理解同伴的需要,会更有效地与同伴交流。

对青少年而言,拥有假设—演绎推理的能力、拥有分析其他可能性组合的能力以及拥有分析自身的能力很重要也很有趣。由于青少年能思考并不存在的世界,所以他们通常对科幻小说很感兴趣,因为这使他们能从一般规律推理出特殊的行为。青少年对那些做出与一般规律相违背的行为会非常挑剔和反感,同时他们演绎出"最佳"的可能性,想象出完美的世界或人物(如父母、教师等)。这就解释了为什么青少年会开始对乌托邦的政治目标和社会问题感兴趣,因为他们想设计出更完美的世界,而且这一阶段的思维也促成了这一行为。

本阶段青少年不再刻板地恪守规则,常常由于规则与事实的不符而违反规则或违抗师长。因此,对于这一阶段的青少年,教师和家长不宜采用过多的命令和强制的教育,而应该鼓励和指导他们自己作出决定,同时对他们考虑不全面的地方提出建议和改进。

总之,皮亚杰认为,个体认知发展的阶段性遵循如下五个规律:第一,各阶段都有它独特的结构,标志着一定阶段的年龄特征;第二,各阶段的出现,从低到高是有一定次序的,不能逾越,也不能互换;第三,前一阶段为后一阶段做准备,后一阶段和前一阶段相比,有质的差异;第四,两个相邻阶段之间不是截然划分的,而是有一定的交叉;第五,由于各种因素,如环境、教育、文化及主体的动机等存在差异,阶段可以提前或推迟,但阶段的先后次序不变。

**(三)认知发展的影响因素**

皮亚杰认为,影响个体认知发展的因素主要有四个:成熟、练习和经验、社会性经验以及平衡化。

成熟(maturation)是指机体的成长,特别是神经系统和内分泌系统的发育,这为认知发展提供了生理基础。但成熟仅是某些行为模式出现的必要条件,如何使可能性成为现实性,则有赖于个体的经验和练习。

练习和经验(practice and experience)是指个体对物体施加动作过程中的练习和习得的经验。皮亚杰将经验划分为物理经验和逻辑数理经验两种:① 物理经验是指个体通过接触物体从而获得的有关物体特性的经验,比如物体的颜色、大小等。② 逻辑数理经验不是建立在物体的物理特性上,而是建立在施加于物体上的动作,从动作及其相互关系中抽象出来的经验。例如,在钟摆问题(pendulum problem)实验中,处于形式运算思维阶段的青少年能充分考虑可能发生的情形,提出假设并逐一验证,最后发现钟摆摆动的频率并不取决于钟摆的重量、开始摆动的高度和对钟摆的推力,而只取决于绳子的长度。因此,皮亚杰说:"知识来源于动作,而非来源于物体。"

社会性经验(social transmission)是指社会环境中人与人之间的相互作用和社会文化的传递,主要涉及教育、学习和语言等方面。社会环境因素对个体的发展具有重要影响,它可以加速或阻碍个体的认知发展。

平衡化(equilibration)是指调节个体与环境之间的交互作用,从而引起认知发展的一种新建构。正是由于平衡过程,个体才有可能以一种有组织的方式,把接收到的信息联系起来,从而使认知得到发展。正因如此,皮亚杰把平衡化作为认知发展的基本过程。

### (四) 对皮亚杰理论的评价及其教学应用

皮亚杰提出的认知发展理论以及图式、失衡、适应、同化、顺应等概念，不但为心理学界所接受，而且被公认为是20世纪最具影响力的心理学理论。每年都有数以千计的心理学家在探讨皮亚杰认知发展理论的价值和对相关内容进行验证，仅守恒这一项实验内容，验证研究就达3000次以上。随着研究的深入，皮亚杰的理论也受到一些研究者的质疑和批评，主要集中在以下三个方面。

(1) 生物化倾向以及忽视社会文化影响。皮亚杰从生物学的观点出发研究人类智力的发展，重视个体对周围事物的建构以及发展阶段本身的探讨，而没有对社会文化环境和实践活动对认知发展的影响进行深入探讨。

(2) 过分强调发展先于学习，缺少积极的教育意义。皮亚杰认为发展先于学习，不主张通过学习加速儿童的认知发展过程，没有足够重视教育对儿童认知发展的积极意义。但是教育实践证明，儿童认知发展除与成熟因素有关外，很大程度上是受学习的影响而表现出个体差异。

(3) 低估了儿童认知发展的程度。研究证明，皮亚杰低估了儿童的综合能力，当幼儿遇到困难任务的时候，他们的认知表现与年长儿童或成人的接近程度比皮亚杰估计的要高。例如，考虑到情景的熟悉性和问题的难度是否适合于儿童，研究者用"警察抓小偷"替代三山实验，最后发现在这一情景下，前运算阶段儿童的思维并不是"自我中心"的。

尽管皮亚杰过分强调发展先于学习，主张认知发展不是教育而成的，但其理论对教育理论和教育实践仍有着重要价值。一方面，皮亚杰强调适配发展教育（developmentally appropriate education）的观点，在环境、课程、教材、教学等方面与学生的生理、认知、情感发展阶段相适应；另一方面，在实际教学中，课程安排和教学方法大都建立在皮亚杰理论的基础上，如目前流行的建构主义学习模型就是受到皮亚杰理论的影响。

【知识窗】

伯克（L. E. Berk）概括了皮亚杰理论对教学的四点重要启示。

第一，不仅要关注儿童思维的结果，还要关注思维的过程。教师除了检查儿童答案的正确性之外，还必须了解儿童得出这个答案的过程。根据儿童当前的认知发展阶段提供适宜的学习活动；教师只有了解了儿童所使用的方法，才有可能给儿童提供适宜的帮助。

第二，认识到儿童的自主性在学习活动中的重要作用。按照皮亚杰理论进行教学的课堂中，不主张给学生呈现现成的知识，而是鼓励儿童通过自发地与环境进行互动，从而自主地发现知识。因此，教师不进行说教式的教学，而是提供大量各种各样的活动，使儿童在活动中与现实世界直接互动。

第三，不强调对儿童进行成人化的思维训练。不少心理学家和教育学家似乎对"运用什么技术才能加速儿童各个阶段的发展"这一问题最感兴趣。以皮亚杰理论为指导原则的教育方案，在一定程度上就会理解和接受皮亚杰的信条：与其过早地让儿童接受教学，还不如不教，因为这很容易导致儿童肤浅接受成人的规则，而不是达到真正的认知和理解。

> 第四，承认发展进程中的个体差异。皮亚杰理论认为，所有儿童按照相同的发展顺序经历各个阶段，但其发展速度是不同的。因此，教师需要尽力为每个儿童和各个小组安排有差异性的教学活动，而不是一刀切式的无差别教学。此外，由于存在着个体差异，在评价儿童的学业是否进步时，应当考虑他之前的发展状况，而不是根据其同龄人的成绩常模来衡量。
>
> （资料来源：罗伯特·斯莱文.教育心理学：理论与实践[M].10版.吕红梅，等，译.人民邮电出版社，2016：37-38.）

## 三、维果斯基的文化历史发展理论

与皮亚杰强调认知发展的根源在于儿童自身的成熟即"发展先于学习"不同，维果斯基强调社会文化对认知发展的影响，即"学习先于发展"。因此，维果斯基的理论也被称作社会文化理论（sociocultural theory）。

维果斯基深受马克思（K. Marx）历史唯物主义观点的影响。马克思认为社会历史的变化对人们的思维与行为有显著影响。与恩格斯（F. Engels）一样，维果斯基十分重视工具的使用对推动社会发展的作用。不同的是，维果斯基认为除了现实世界的客观工具外，概念、理论、问题解决策略等与认知有关的实体也是工具。

维果斯基全面论述了发展和教育心理、思维与语言、儿童学习、教学与发展的关系问题。他从种系和个体发展的角度出发，认为低级心理机能是种系进化的结果，而人的高级心理机能是社会历史的产物，受到社会规律的制约，十分强调人类社会文化对个体心理发展的重要作用以及社会交互作用对认知发展的重要性。维果斯基与列昂节夫（A. N. Leontyev）和鲁利亚（A. R. Luria）等人由此形成了一个极有影响的文化历史心理学学派。

维果斯基的学术生涯并不长，仅从19世纪20年代开始，到1934年因肺结核英年早逝而结束。在此期间，他在学生的协助下对儿童思维进行了大量研究。在他的主要著作中，维果斯基对其发现做了一般性描述，一些细节还做了技术性的保留，而且他的学术交流活动并不多，仅与少数几个同时代的苏联心理学家有过交流。尽管维果斯基的思想独树一帜，但直到20世纪后期，其主要著作才被翻译成英文，逐渐被西方的心理学家们所熟悉。虽然维果斯基没有机会充分发展其理论，但其观点却在很多当代学习与发展心理的研究中得到明确证实。实际上，随着近年来皮亚杰影响力的减弱，维果斯基有关语言、文化和认知发展的思想日益成为心理学和教育领域的主流，其影响日渐兴盛，被全球心理学界所推崇。

根据维果斯基的观点，影响认知发展的因素主要有三个：社会文化、文化工具和最近发展区。他主张必须将人类活动置于其文化背景中去理解，"我们特有的心理结构和思维过程来自我们与他人的社会互动；文化工具尤其是语言是个体发展的关键因素；最近发展区是使学习和发展成为可能的一个区域。"

### （一）社会文化

1. 认知发展的根源

维果斯基将心理机能分为低级心理机能和高级心理机能两种，见表3-3。

表 3-3 低级与高级心理机能的不同方面

| 心理机能特点类别 | 低级心理机能 | 高级心理机能 |
| --- | --- | --- |
| 自主性 | 不随意的、被动的 | 有意的、主动的 |
| 反应水平 | 具体的、形象的 | 抽象的、概括的 |
| 实现过程 | 直接的、无中介的 | 间接的、以符号或词为中介的 |
| 起源 | 种系变化 | 社会历史、受社会规律制约 |
| 个体发展 | 依靠遗传、生理成熟或个人经验 | 依靠人际、借助群体经验 |

维果斯基认为，儿童具有某种天生的能力，例如感知觉、不随意注意、形象记忆、情绪、冲动性意志、直观的动作思维等，这些能力被称为低级心理机能（lower mental functions）。低级心理机能是作为动物的进化结果，是消极适应自然的心理形式，这是个体早期以直接方式与外界相互作用时表现出来的特征。许多物种都具有低级心理机能，它只涉及对环境的基本学习和反应方式。

在儿童与更为成熟的同伴或成人的交往中，基本的心理机能发展为更为高级的、复杂的认知功能，如观察（有目的的感知）、随意注意、词的逻辑记忆、抽象思维等，称为高级心理机能（higher mental functions）。高级心理机能是以符号系统为中介的心理机能，是积极适应和改造环境的心理形式，是人在与社会的交互作用中发展起来的，是社会文化历史发展的结果，因此受社会历史发展规律制约。高级心理机能是人类独有的，它使人类心理在本质上区别于动物。

在个体心理发展过程中，两种机能是融合在一起的。认知发展就是由低级心理机能向高级心理机能转化的过程，其中社会文化以及社会交往在儿童高级心理机能发展过程中有着重要的作用。高级心理机能在社会互动过程中发展起来，主要分两步走：首先，在人和人之间的协作活动中产生，通过活动进行共同建构（co-constructed process）；其后，被儿童内化成自己认知发展的一部分。正如维果斯基所认为的那样，在个体心理发展过程中，"每项功能会出现两次：首先是社会活动水平，随后是个体水平；首先是人际的（人际心理），随后是儿童内部的（内在心理）。这一规律同样适用于有意注意、逻辑记忆以及概念习得等过程，所有的高级功能都源于人类个体之间的互动"。由此来看，儿童认知的发展更多依赖于周围人的帮助，其发展情况取决于他们学习的方式和内容。

尽管皮亚杰和维果斯基都强调社会互动在认知发展中的重要性，但两者显然存在较大差异。皮亚杰认为，认知发展是通过社会互动产生的失衡状态来促进的，因此最有效的互动应该发生在同伴之间，因为同伴之间的认知水平相似，能彼此提出异议。而维果斯基则认为儿童的认知发展是在与更善于思考、思维水平更高的人，特别是家长和教师的互动活动中发展的。

【知识窗】 寻找玩具

一个6岁的孩子，把玩具弄丢了，向父亲求助。父亲问他最后一次看见玩具是在哪里？

孩子说："不记得了。"

父亲又问了许多问题"在不在房间？""外面？""隔壁房间？"

每次孩子都回答："没有"。

当父亲问道："汽车里呢？"

孩子说："我想是在那里。"于是跑去取玩具了。

父亲和孩子在交往协作中完成了回忆和解决问题，孩子可能把这些策略内化，下次丢了东西就可以用上了。

2. 心理发展的实质与其影响因素

在对人的高级心理机能及其特征进行详细界定和描述的基础上,维果斯基提出了许多关于儿童认知发展的见解,这些观点与皮亚杰的认知发展观有联系也有区别。皮亚杰强调儿童主要是自己建构有关周围世界的认知图式,维果斯基却认为儿童的心理发展具有社会性。

维果斯基指出,心理发展是个体的心理随着年龄的增加,在环境与教育影响下,在低级心理机能基础上逐渐向高级心理机能转化的过程。个体心理由低级机能向高级机能发展的表现主要有四个方面。① 心理活动的随意机能不断发展。随意机能指心理活动的主动性、有意性,是由主体按照预定目的自觉引发的。儿童心理活动的随意性越强,心理水平越高。② 心理活动的抽象—概括机能提高。儿童随着语言发展和知识经验的增长,各种心理机能的概括性和间接性得到发展,最后形成最高级的意识系统。③ 各种心理机能之间的关系不断变化、重组,形成间接的、以符号为中介的心理结构。儿童的心理结构越复杂、越间接、越简缩,心理水平越高。④ 心理活动个性化。维果斯基强调个性特点对认知发展的影响,认为儿童意识的发展不仅是个别机能由某一年龄阶段向下一年龄阶段过渡时的增长和提高,更主要的是其个性的发展。个性形成是高级心理机能发展的重要标志,个性特点对其他机能发展具有重要作用。

心理发展主要受到三个因素的影响。① 心理机能发展起源于社会文化历史发展,受社会规律制约。维果斯基指出,文化创造着行为的方式,改变着心理机能的活动。② 从个体发展看,儿童在与成人交往过程中通过掌握高级心理机能的工具——语言、符号系统,从而在低级心理机能基础上形成各种高级心理机能。其中,运用语言进行的各种社会交往和互动对个体高级心理发展具有积极的促进作用。③ 高级心理机能是外部活动不断内化的结果。所谓内化(internalization)是指外部活动借助于语言转化为内部活动,把客体的东西转化为主体的东西,其实质是外部的实际动作向内部心智动作的转化,这是一个由外到内的过程。内化的过程不仅能通过教学来实现,而且也能通过日常的生活、游戏、劳动来实现。内化与外化是密切联系的。外化是内部智力动作向外部的实际动作的转化,其表现形式很多,如言语反应、行为反应、产品等。维果斯基内化学说的基础是他的工具理论。

(二) 文化工具

1. 文化工具在认知发展中的作用

根据恩格斯关于劳动在人类适应自然和在生产过程中借助于工具改造自然的思想,维果斯基认为工具使人类超越身体或心理的有限性,而且工具的使用导致了人类新的适应方式,即物质生产的间接方式,它使人类不再像动物一样以直接的身体方式来适应自然。在人的工具生产中凝结着人类的间接经验,即社会文化知识经验,这就使人类的心理发展规律不再受生物进化规律所制约,而是受社会历史发展规律制约。因此,只有当个体参与其社会环境中的活动时,他才能建构起对自身处境的理解。

维果斯基将文化工具(cultural tools)分为物质工具和心理工具两类,这两类工具在认知发展中都起到非常重要的作用。物质工具是用来作用于环境中客体的文化工具,如尺子、算盘、日历、方格纸、平板电脑、搜索引擎等;心理工具则是用来引导或调节思维与行动的文化工具,如概念、问题解决策略、论证图式等,其中最为重要的是语言符号系统。心理工具不仅能够拓展人的心理能力,而且还能支持人的思维与问题解决。

维果斯基认为,必须在工具使用和认知发展的间隙之间架起一座桥梁,这座桥梁就是心理工具的文化符号和象征性符号。在他看来,所有的高级心理机能都以心理工具为中介,必须借助于心理工具才能得以完成。认知发展的实质就是学会使用语言等心理工具,从而实现更高水平的思维过程和问题解决;而这些高水平的认知能力的发展,在不借助心理工具的情况下是不可能实现的。儿童在与他人的社会互动中共同建构出知识、思想、态度、价值观等,通过内化促使自己的认知得到发展。

在使用符号、象征和解释来进行的互动过程中,儿童建立起包括物质工具和心理工具的"文化工具箱",以此来理解和学习周围的世界。但需要注意的是,儿童并不是被动接受从别人那里传递来的工具,他们在建构自己的表征、符号、模式和理解的同时,也在主动改造着工具。正如皮亚杰所言,儿童的意义建构不同于成人。在与他人的交流互动中,儿童会创造性地得出自己的理解,并在随后的社会实践和互动中,检验和修正自己的理解。在维果斯基的理论中,语言是儿童文化工具箱中最为重要的符号系统,正是语言帮助他们建立起文化工具箱。

2. 语言和自言自语的作用

在儿童认知发展过程中,维果斯基比皮亚杰更强调语言的作用,他认为"思维是由语言、思维方式和儿童的社会文化经验所共同决定的"。语言提供了表达思想、请教问题、思考类别与概念、联结过去和未来的工具,这使思维的产生和发展具有可能性。

语言对认知发展具有两个重要功能:一是为儿童提出问题和表达思想提供可能性,儿童言语直接促进了高级心理机能发展,他们可以以语言为工具来适应环境和解决问题;二是为儿童的学习提供可能性,这让成人可以将生活经验和解决问题的方法教给儿童。因此,维果斯基提出,在发展的前语言阶段,儿童的智力更像是猿人的智力,但是语言改变了这一切。为什么?因为语言使人类的社会交流变成可能。有了语言,才使维果斯基称之为"抚养与教育"的东西具有了可能性。儿童早年还不能使用语言这个工具来组织自己的心理活动,心理活动是直接和不随意的、低级的、自然的,只有掌握了语言这个工具,才能转化为间接和随意的、高级的、社会历史的心理技能。

在儿童心理的发展过程中,语言的发展先后有三种不同的形式,每一种形式有不同的目的(详见表3-4)。维果斯基认为,与成人的思维与语言紧密相连的情况相反,婴幼儿的思维与语言是分离的,两者具有不同功能。在发展早期,思维独立于语言,语言主要作为交流的手段被使用。在和其他人的交往活动中,婴儿使用语言来控制他人的行为,如"我想吃糖""不要睡觉"等,而不是作为思维的工具。所以,语言的这一个阶段被称为社会言语或外部言语期。

表3-4 语言的阶段与功能:维果斯基的理论

| 阶段 | 案例 | 功能 |
| --- | --- | --- |
| 外部言语(到3岁) | 我想吃糖! | 控制其他人的行为;表达简单的思想与感情 |
| 自言自语(3~7岁) | 幼儿在拉较重的玩具车时,会对自己说道,"拉、拉,使劲拉!" | 在外部言语与内部言语之间搭建桥梁;用来控制自己的行为,但往往需要大声说出来 |
| 内部言语(7岁以上) | 在父母告诉儿童想在几个兴趣班中选择一个报名,儿童低头想了一会,告诉父母他的决定,并说明了他这么选的理由 | 自我谈话;使思想与行为具有方向;意识的基础;是所有高级心理机能的基础 |

资料来源:居伊·勒弗朗索瓦.孩子们:儿童心理发展[M].9版.王全志,等,译.北京大学出版社,2004:81-82.有改动。

在两三岁时,儿童的思维与语言开始交织,儿童开始用语言表达思想,并通过语言进行思维。当思维与语言融合时,幼儿常常跟自己交谈,出现了皮亚杰所描述的自我中心现象。在皮亚杰看来，儿童的自言自语是认知不成熟的表现，是一种自我中心的语言，儿童自言自语时并未考虑其他人的兴趣，只有当儿童慢慢发展到认知成熟时，才渐渐能够倾听对方的意见并与对方进行交流。而维果斯基则认为儿童的自言自语并不是不成熟的表现，他认为这种自言自语是协调儿童的思想与行动从而促进其认知发展的重要因素，这是一种儿童与自己的交流，儿童用自言自语来指导自己的行为，如"不能吃糖，吃糖牙就要生虫了"。在维果斯基所做的一个实验中，他让幼儿自由画一张图画，如太阳、月亮等，但不帮助他们在面前摆放好绘画工具，如纸和笔等。在这种情况下，幼儿自我中心言语的频率急剧增长。这说明，儿童在通过自我中心言语帮助自己思维。维果斯基还认为，自我中心言语虽然随年龄增长而逐渐减少，但直到成年还未完全消失，只不过成年人的"自言自语"现象多数隐而不显而已。

随着儿童的成长，自言自语最终演变为内部言语（inner speech），即儿童在心中跟自己对话而不是出声地说，从而完成内化过程。此时儿童虽然继续用语言指导活动，但别人却看不到也听不见。这种内部的言语思维大约到12岁以后才趋于稳定。因此，小学生在解决问题时仍需要不停地说话，阐述自己的推理，帮助自身学会控制思维过程。正因为自我言语能帮助学生调节思维，因此在教育活动中应该允许甚至鼓励学生在学校中使用自我言语。如果教师要求学生在解决难题时保持绝对的安静，这样可能会使学生更难解决这个问题。要注意，当课堂上孩子们喃喃自语多起来的时候，也正是他们需要帮助的时候。

### （三）最近发展区

维果斯基理论的核心为最近发展区。关于教学和发展的关系，维果斯基认为"儿童的教学可定义为人为的发展"主张儿童的成长过程并不一定如皮亚杰所论述的那样受到年龄的限制，进一步深化内化的观点。他提出"最近发展区"（zone of proximal development，简称ZPD）的思想，认为教学必须考虑儿童已达到的水平并走在儿童发展前面。

最近发展区是指在有指导的情境下，儿童借助成人的帮助所达到的解决问题的水平与在独立活动中所达到的解决问题的水平之间的差距，实际上是两个邻近发展阶段间的过渡状态。维果斯基指出，儿童有两种发展水平，一种是独立解决问题时所表现的现有发展水平，一种是在成人的引导或更有能力的同伴的协助下解决问题时所能达到的水平，两者之间的差距就是最近发展区。由于学生和教师不断地互动交流，因此最近发展区是一个动态的、不断变化的区域。维果斯基认为，在认知发展的过程中，最近发展区代表了认知发展的潜力，在这个区域里进行的教学才有可能是成功的。

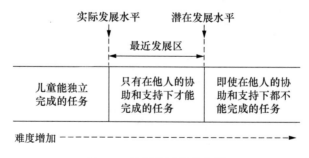

图3-5 最近发展区示意图

最近发展区内的学习是在已有能力被重组和内化后，又在更高的内化水平上整合。维果斯基认为，在认知发展问题上，人们过于强调儿童的独立表现。例如，当儿童在无人帮助的情况下算出"2+6=?"时,人们才会认为这个儿童学会了加法。但实际上,虽然独立表现是发展的重要指标,却不能完整地描述认知发展。最近发展区概念不仅解释了认知发展如何与学习相结合的问题,而且也解释了儿童在成人指导和协助下常常有更高水平表现的事实。当教师和家长对儿童的学习行为进行指导时,就等同于为儿童提供了一个"工作平台",使儿童逐渐掌握顺利解决问题所需的能力和策略。

---

**【活动窗】** 运用"最近发展区"理论进行的教学设计——《变色龙》

教师:奥楚蔑洛夫的基本性格是什么?

学生:"善变"(较容易回答出来)。

教师:他"善变"的特征有哪些?

学生热情高涨:"变得快""反复无常""蠢""好笑"等。

教师继续问:他虽变来变去,但有一点是没变的,那是什么?

学生由于有了前面的问题作铺设,可以不费劲地回答:"见风使舵"。

教师因势利导,提出有一定深度的问题:"是什么原因使他一变又变?""作者为什么要塑造这个形象?"

这样一组从易到难,环环相扣的设问,最终把学生引入"最近发展区",使他们很快就能掌握课文学习的重点和难点。

(资料来源:汤远俊."最近发展区"与语文教学[J].教育实践与研究,2005,12:24-25.)

---

最近发展区的教学为学生提供了发展可能性,教和学的相互作用刺激了发展,社会和教育对发展起主导作用。从这个意义上,维果斯基认为教学"创造着"学生的发展。他强调教学不能只适应发展的现有水平,走在发展的后面,而应当走在儿童现有发展水平的前面,适应最近发展区,从而带动发展。教学的作用表现在两个方面:一方面可以决定儿童发展的内容、水平、速度等,另一方面也创造着最近发展区。因为儿童两种水平之间的差距是动态的,它取决于教学如何帮助儿童掌握知识并促进其内化。教学不等同于发展,也不可能立竿见影地决定发展。如果从教学内容到教学方法都不仅考虑到儿童现有的发展水平,而且能根据儿童最近发展区给儿童提出更高的发展要求,就会更有利于儿童发展。

### (四)对维果斯基理论的评价及其教学应用

维果斯基理论引入了认知发展的重要影响因素,即文化和社会交互的作用,但在一定程度上有些矫枉过正。维果斯基主要集中在文化路线,而较少谈及自然路线,没有强调儿童通过发展运动、知觉和认知来适应社会生活中的变化,从而产生更高层次的能力。其实儿童依靠自身就可以发展出不少能力,他们在向社会或教师学习之前,对事物已经有一些基本的理解,如添加相同事物能使其数量得到增加。由于英年早逝,维果斯基没有对其理论做进一步的拓展与完善,所以其理论最主要的缺陷在于基本还停留在抽象的理论上,没有详细说明那些发展变化背后所隐含的认知过程,同时也没有详述如何将这些理论应用到他十分感兴趣的实际教学中,这不能不说是一大遗憾。但随着维果斯基理论在世界范围内的广泛传播,其思想观点被其他学者继承,在教学活动中形成了一些重要的理论概念和教学模式。

1. 支架式教学(scaffolding instruction)

受到维果斯基的最近发展区和辅助学习概念的影响，布鲁纳(J. S. Bruner)等建构主义者提出支架式教学的概念。支架式教学既是一种教学思想也是一种教学模式，其中支架是指在教学中根据学生的需要为他们提供帮助，并在他们能力增长时撤去帮助。支架的概念来源于建筑行业的脚手架。当建筑工人建造大楼时，会在大楼四周搭建脚手架，为工人的工作提供支持。当大楼建造好后，脚手架就不再需要，可以逐渐撤去。建构主义者要求教师在儿童学习过程中提供的帮助也应具备这种动态变化的特征，发挥这种暂时支持的作用。他们将儿童认知发展视为在成人指导和支持下的主动学习过程，将儿童看作学徒，教师则是儿童认知发展的"助推器"。其中，教师的指导起着支架的作用，随着儿童认知的不断发展，变得更有能力时，教师就逐步地撤走支架，从而使学生得以独立完成任务。因此，支架式教学就是以学生为主体，以学生自身的知识水平为基础，以培养学生的知识技能和创新能力为目标，使学生的潜能得到进一步释放和发挥的一种教学模式。

需要注意的是，对学生进行学习指导时要保证支架处于其最近发展区范围之内，使学生的学习与任务相匹配。任务太容易学生会产生厌倦，任务太难则会让学生无法理解而放弃，这称之为"匹配问题"。为此，教师要控制学习任务，既不能超过学生的最近发展区也不能低于最近发展区，并通过多种方式辅助学生进行学习：创设一些容易犯错的情境来建立合适的学习不平衡状态，示范解题技巧或思维过程；通过提问让学生的注意力集中；带领学生一步步地解决复杂问题，完成一个步骤目标就给予一次即时反馈；允许学生试误和修改。在学生能力取得发展时，支架就要根据学生的能力水平对材料或问题进行相应的调整。此外，教师提供的帮助必须适当，既不能少也不能多，过少会让学生无所适从，过多则会造成学生的依赖心理。

一般来说，支架式教学由五个相关步骤组成，即支架式五步教学法，其具体程序如下：① 引入情境。将学生引入一定的问题情境。② 搭建支架。围绕当前学习主题，按最近发展区的要求搭建好支架。③ 独立探索。教师放手让学生自己独立分析，教师在这个过程中主要担当顾问的角色，适时提示。④ 协作学习。教师组织小组进行协商和讨论，在共享集体思维成果的基础上达到对当前学习主题有全面正确的理解，完成对所学知识的意义建构。⑤ 效果评价。包括个人的自我评价和学习小组对个人的学习评价，评价内容包括自主学习能力、对小组协作学习的贡献、是否完成对所学知识的意义建构。评价要做到问题与探索过程融为一体，不能用脱离问题解决过程的标准化测验来评价教学效果。

表 3-5 为学生提供支架的教学策略

1. 为学生示范思维的过程，如在解决问题或构思大纲时将自己的思维过程大声说出来；
2. 为学生提供一些诸如"谁、什么、为什么、怎么样、接下来是什么"等连词或引入语；
3. 替学生完成部分任务；
4. 为学生提供暗示或线索；
5. 鼓励学生设定短期目标和采用小步骤；
6. 将新知识与学生的兴趣或已有学习经验联系起来；
7. 鼓励学生使用时间轴、航海图、表格、类别图、核查表和曲线图等图表形式；
8. 简化任务，阐明目的，给予清晰的指示；
9. 教授关键词汇，并举例说明。

资料来源：安妮塔·伍尔福克.教育心理学[M].12版.伍新春，等，译.机械工业出版社，2015:51.有改动。

2. 交互式教学(reciprocal teaching)

交互式教学是在支架式教学理论的基础上发展起来的，它也是维果斯基理论应用成功的方面。交互式教学是美国教育心理学家布朗(A. L. Brown)和帕林克萨(A. S. Palincsar)在1984年提出的一种教学模式,旨在教成绩差的学生学会阅读、改善学生的阅读理解和自我监控能力。由教师和一小组学生(大约6人)组成的一个协作式学习小组,由教师及学生分别扮演小组领导者的角色,轮流引导课文小节内容的讨论。交互式教学要教学生学会下面四种策略:① 总结,总结段落内容;② 提问,提与要点有关的问题;③ 析疑,提与要点有关的问题;④ 预测,预测下文会出现什么。一开始,教师做一个示范,朗读一段课文,并就其核心内容进行提问,直到最后概括出本段课文的中心大意。提问是为了引起讨论,概述大意则有助于小组成员为阅读下一段课文做好准备。然后,教师指定一个学生扮演"教师",彼此提问。在这里,教师先树立一些榜样性行为,示范这四种认知策略,然后改变自己的角色,在学生不会使用策略时给予必要的帮助,起一个促进者和组织者的作用。

研究表明,参与交互式教学的小学与初中的学生,在阅读理解方面会比其他教学方式获得更大的能力增长。交互式教学为参与活动的学生创造了一个最近发展区,使学生在理解复杂课文时承担起更多的责任。

3. 合作型学习(cooperative learning)

依据维果斯基的理论,同伴间的相互作用能激发学生的学习兴趣,帮助学生更有效地解决问题,使学生有更多机会观察别人的思考方式并对自己的想法进行反省,促进学生学习和认知能力的发展。皮亚杰更是推荐同伴协作,他认为儿童会因为毫不怀疑地服从成人的权威而不对问题进行严格的检验,而同伴之间就不存在这一问题,同伴之间冲突性观点的辩论对儿童形成逻辑思维是必须的。

尽管现在许多小学教学都引入了同伴合作,但并不总是有积极的作用,它只在一定情景下才能发挥作用,即构建同伴小组使学生朝着一个共同的目标努力工作,这一方式被称为合作型学习。合作型学习通过解决观点差异、共担责任和致力于协作性对话,来促进学生能力的发展。在一个关于小学五年级学生数学题求解的合作型学习的研究中发现,如果小组成员之间都彼此考虑对方的意见,他们很难得出解决方案;而当小组中有一个能力突出的领导者时,该小组的求解方案会取得最大进展。在不同文化背景下,学生合作学习的程度是不同的。在西方个体主义文化背景中,儿童更倾向于竞争和独立工作;而在中国这样的重视家庭和工作中相互依赖的集体主义文化背景中,儿童则更重视团队合作。

4. 儿童自言自语的应用

根据维果斯基的理论,教师应重视小学生的自言自语,将它视为学生内化教师所教授的问题解决方式的一个过程。当学生对问题解决方式尚未熟练时,可以鼓励学生将其思考过程说出来,以协助自己来解决问题。

5. 重视角色扮演的作用

维果斯基认为,游戏中的角色扮演扩展了儿童的认知技能,让儿童学习了其文化中的重要活动,并为儿童提供了表现文化意义的机会。儿童受到成人的邀请和鼓励,会更加积极地参与到周围的社会中。

不同于皮亚杰认为蹒跚学步的婴儿就独立地发现了角色扮演,维果斯基认为如同其他的心智功能一样,角色扮演最初是在成人的帮助下学会的,是儿童积极准备和社会经验结合的结果。在各种角色扮演参与者中,最为重要的是母亲的参与,她能让儿童角色扮演持续的时间更长。在儿童1岁时,角色扮演都是由养育者启动的,这是单向的活动;到2岁时,养育者与儿童都对角色扮演有了兴趣,这时才是双向的活动。在最初的角色扮演中,养育者对儿童表现出异常关注和积极反馈,但随着时间的推移,养育者逐渐放松了与儿童一起创造和指导角色扮演的责任。在以大家庭而非核心家庭作为社会基本单位的社会文化中,如推崇家族制的传统儒家社会中,父母并不花费大量的时间来陪儿童一起玩,而是由年龄比其大的兄姐来和他们一起玩。兄姐照顾弟妹和陪同角色扮演的频次要远多于父母等大人,且孩子们的游戏往往会更复杂和更具有创造性,他们给弟妹提供了丰富的、挑战性的刺激。

## 第三节 语言和情绪的发展

慕课视频 3-4:
语言和情绪
的发展

### 一、语言的发展

语言是一种社会现象,是人类通过高度结构化的声音组合,或通过书写符号、手势等构成的一种符号系统,同时又是一种运用这种符号系统来交流思想的行为。语言是儿童心理发展过程中最重要的内容之一,它和思维并列为儿童认知发展的两个核心内容,这不仅因为语言是儿童重要的交际工具,而且还因为它在儿童认知和社会性的发展中也具有很大的作用。

**(一)语言的获得与发展**

1. 语言的获得

语言获得(language acquisition)是指个体在出生后一定时期内对本民族语言,特别是口语听说能力的获得。这是儿童在语言环境中与他人(主要是成人)的交往活动中,对母语及其理解能力的获得、发展和完善的过程,即获得听、说、读、写能力的过程。人类具有天生的语言中枢,主管言语表达的"布洛卡区"(broca's area)和主管言语理解的"威尔尼克区"(Wernicke's area)等。先天遗传因素结合后天语言学习从而获得语言,所有生理正常且环境影响适当的儿童在出生后的 4 年到 5 年中,都能在未经训练的情况下获得听、说母语的能力。语言获得的速度和普遍一致性是其他心理过程和特征所不能比拟的。

虽然各种语言之间存在较大差异,儿童在语言获得上的速度存在着个体差异,但过程却是一致的,在各个阶段中表现出来的特征是相似的,如儿童口语获得的大致年龄和各阶段的特征(见表 3-6)。

表 3-6 儿童口语获得的年龄和各阶段特征

| 口语获得的年龄阶段 | 口语获得各阶段的特征 |
| --- | --- |
| 刚出生后 | 能够分辨语音刺激与其他声音刺激 |
| 9~12 个月 | 说出第一个指示词 |
| 18~24 个月 | 出现双词话语 |
| 3~4 岁 | 出现完全符合语法的完整句子 |
| 7 岁前 | 获得完全符合语法的口头语言 |

资料来源:彭聃龄.普通心理学[M].修订版.北京师范大学出版,2004:498.

除了口语发展外,儿童也在适龄时开始学习书面语言——文字。为了儿童更好地成长,幼儿园教育的主要目标是引导孩子养成良好习惯,而不应拔苗助长,所以需要防止和抑制"小学化"倾向,严禁提前教授汉语拼音、识字、计算、英语等小学课程内容的行为,文字的学习则在儿童进入小学之后才正式开始。

2. 语言的发展

在语言发展过程中,儿童依据"先口语、后文字"的方式进行,有三个阶段。[①]

(1) 前语言阶段(0~1岁),也称语言准备阶段。主要包括语言产生和语言理解两个方面上的准备,从婴儿哭叫等反射性发声、咿呀语的产生,发展到语音知觉、简单的词语理解,1岁左右说出第一个能被理解的词。

(2) 语言发展阶段(1~6、7岁),包括词汇发展和语言表达能力发展两个方面。① 在词汇发展方面,儿童所掌握的词类范围扩大,语言的逻辑性和抽象性较前期也有很大的飞跃,已掌握的词语也开始摆脱场合限制性。② 在语言表达能力发展方面,分为外部有声语言发展(1~3岁,主要发展理解语言能力,掌握和运用多种基本句型,进行交往活动)和连贯语言发展(3~6、7岁,此阶段词汇量急剧增长,基本掌握多种语法结构,语言表达逐渐由连贯语言取代情境语言)两个时期。

(3) 内部语言和书面语言发展阶段(6、7~11、12岁),此阶段处于小学期,小学生在学习活动的促进下,内部语言和书面语言迅速发展并紧密联系、相互促进。此阶段后,儿童的语言发展逐步趋向完善,到中学阶段,其语言发展已接近或基本达到成人的水平。

---

**【知识窗】** 感知声音差异的能力与母语

沃克(J. F. Werker)及其同事利用操作条件反射原理技术,考察了言语知觉能力的先天基础。沃克研究了某些印度语所使用的但英语不用的声音差异,这些差异对学习印度语的成年英语使用者来说是非常困难的。沃克及其同事测量了学习英语和印度语的婴儿以及讲英语和印度语的成人区分印度语音素之间差异的能力,发现8个月内的婴儿,不管是学习英语还是学习印度语的,都能区分它们之间的差别,但对8个月以后的婴儿和成人来说,只有讲印度语的人才能听出印度语音素之间的差异。

这个研究显示,人类天生就具有感知声音差异的能力,这对语言来说极为重要的。但是,出生之后就很快失去了感知其中某些声音差异的能力,而这些差异恰恰在你的母语中并不存在。这从另一个角度证明了对母语之外其他语言的学习越早越好。

(**资料来源**:理查德·格里格,菲利普·津巴多. 心理学与生活[M]. 16版. 王垒,等,译. 人民邮电出版社,2003:302. 有改动。)

---

3. 语言获得与发展的理论观点

对于儿童为什么能在短短数年内掌握结构极为复杂的语言,有各种不同的理论观点。

(1) 强化说

行为主义学家认为语言也是一种行为,他们以刺激和反应的联结、强化等观点进行了解释。苏联心理学家巴甫洛夫认为儿童的语言和其他条件反射一样,是通过联想原则经选择性

---

[①] 林崇德. 心理学大辞典[M]. 上海教育出版社,2003:1505.

强化而获得的。美国心理学家斯金纳也认为,语言行为和其他行为一样,是通过操作性条件反射习得的。斯金纳特别强调强化依随在语言学习中的作用,认为儿童说话是对环境中语言的或非语言的刺激做出语言反应。正确反应得到成人的鼓励和奖赏后就能保持和加强,逐步形成语言习惯;错误反应由于得不到鼓励和奖赏,就会逐渐消退。但是批评者们认为,强化说最大的漏洞在于行为主义所言的强化是一个渐进积累的过程,根本无法解释儿童为何能在短短几年的时间里就能迅速获得听、说母语的能力。

（2）先天决定论

美国心理语言学家乔姆斯基(A. N. Chomsky)在批判强化说的同时,提出了"先天语言能力说",认为人类具有先天的语言能力,亦即先天的、内在的语法规则系统。这种规则系统是在有限的基本语言素材基础上,通过先天语言获得装置(language acquisition device,简称LAD)的复杂加工而得,而不是后天学习的结果。儿童根据这些规则就能产生和理解大量的语句,包括他们从未听到过的语句,这就表现出人类语言获得过程的创造性和独特性。然而,这种观点并没有充分的事实依据,也不能完全解释清楚语言的发展过程和特点。更主要的是,它其实走向了另一个极端:和强化说一样否认儿童在语言获得和发展过程中的主动性和创造性。

（3）相互作用论

现在更多的心理学家是采取一种相互作用论的立场,在吸收皮亚杰思想的基础上,强调认知结构的发展才是语言发展的基础,认知结构的建构和儿童的主动参与才是语言发展的动因。这期间环境和先天的因素当然不能小觑,但起关键作用的还是连接两者的活动。认知与社会之间的相互作用共同促使儿童的语言获得发展。

**（二）语言能力的培养**

1. 以语言运用为中心

以语言运用为中心是儿童提高语言能力的根本途径与方法。儿童语言能力的培养是以语言运用为中心的,要在一定的语境中去应用,不要脱离语境去孤立地记词背句;不要用"语法分析为中心"的方法去教语言和学语言,因为那样做违背了儿童语言学习的规律。

识字贯穿整个小学阶段。在小学阶段,孩子的词汇量增长迅速,比学龄前儿童词汇量的增长速度更快。初入学的儿童一般只有运用口头语言的经验,真正掌握书面言语是在小学时期开始的。小学儿童书面语言的发展主要体现在识字、阅读、写作和语法的掌握上。年级越低,波动性越大,两极差异越显著;年级越高,越稳定,两极差异越小。其中,小学一年级和三年级是识字的关键年龄段,识字量最多与最少的差异特别明显。因此,识字教学应特别留意小学一年级和三年级,严格要求,加强督促,防止分化。

2. 关注双语教学

双语教学(bilingual education)是指在学习母语的同时也用另一种语言进行教学。学习者通常会在浸入式、过渡型、配对型、双向型四种教育方案中选择一种进行学习。其中,在配对双语教育模式中,学生通常在一天的不同时间段中分别以母语和第二语言来学习。研究表明,双语教育,尤其是配对双语教育,是对学生有益的。

语言发展的关键期与敏感期限制了成人学习语言的高度。尽管成人拥有更多的学习策略和语言知识,来帮助他们掌握第二语言,但2009年佩蒂托(L. A. Petitto)一项关于脑和双语的研究表明,的确存在最佳的双语语言和双语阅读的暴露敏感期和掌握敏感期,第一次暴露在双语环境的年龄能够预测儿童在两个语言上能否成为熟练的阅读者以及成为何种程度的熟练阅读者。①

越早学习第二语言的个体,其发音就越接近母语者。这是因为从出生到4个月左右,婴儿能分辨世界上6000多种语言所包含的所有语音单元,但到了14个月左右以后,婴儿便丧失了这种能力,只能分辨他们母语的语音。对于同时学习两种语言的儿童来说,这道"发展中的窗口"似乎开得久一些,因此这些儿童到了14个月后仍能继续分辨不同语言的语音。而青春期以后才学习第二语言,就很难不带口音了。尽管没有早期进行双语学习,但若幼年时听过第二语言,并没有实际的正式学习,也会促进以后的学习,从而有可能避免口语较差的情况。因此,通过暴露来学习双语特别是追求语言的准确发音,其最佳时机是在幼儿早期。

双语学习对儿童认知的发展也有益处。儿童的双语化程度越高,其概念形成、创造力、心理理论、认知灵活性以及对书面词汇作为语言符号的理解等认知能力的发展就越好。双语学习的儿童在元语言意识(理解语言如何运作)上的发展水平更高,他们更容易注意到语法错误。为此,佩蒂托总结道:"早期成为双语者不会给个体带来任何劣势。相反,年幼的双语者会有语言和阅读上的优势。此外,学会阅读两种语言能让来自单一语言家庭的儿童获得音位意识上的优势,而音位意识对阅读的成功有着至关重要的作用。"

3. 提高读写能力

汉字读写能力的提高是小学阶段学习的重点。教师的任务是在新课标标准的指导下帮助学生扩充词汇量,创设学习情境,重点教学。在提升学生读写能力上,有一些可资利用的原则:第一,培养学生的兴趣,动机是读写学习的关键;第二,鼓励学生大量阅读,尤其是阅读自己感兴趣的主题,广泛的积极阅读会极大促进汉字的熟练掌握;第三,围绕新课标展开教学,重点选教使用频率高、使用范围广的汉字;第四,创设使用情境,给学生提供运用机会;第五,推行合作学习的形式,让学生定期一起学习和相互练习新学到的汉字。

## 二、情绪的发展

### (一) 情绪的发展过程

情绪(emotion)是人对客观事物的态度体验以及相应的行为反应。一般认为,情绪是以个体的愿望和需要为中介的一种心理活动。根据其是否获得满足,便引起正向的或负向的情绪。

一些学者将情感(affect)与情绪进行区分,认为情绪指感情过程,具有较大的情景性、激动性和暂时性,而情感指具有稳定的、深刻的社会意义的感情。但也有许多心理学家认为两者没有根本的不同,它们的不同在于情绪是指短期的状态,而情感既包含短期的状态也包含长期的心境倾向,它们在很多时候是可以交换使用的。

情绪可分为基本情绪和复合情绪,基本情绪包括喜、怒、哀、惧四种,它们是先天固有的、不学而能的,具有独立的神经生理机制、内部体验和外部表现,并有不同的适应功能。不同性质、不同程度的基本情绪可组成各种复合情绪。根据情绪体验的性质不同可将情绪分为积极情绪和消极情绪两种;积极情绪是由符合和满足有机体需要的对象所引起的,如愉快、喜悦等;消极情绪是指由妨碍与干扰需要得到满足的东西所引起的,如痛苦、恐惧、愤怒等。

情绪发展随着年龄增长而不断变化,从单一到多样,从简单基本情绪到复杂情绪的逐渐分化。加拿大心理学家布里奇斯(K. M. Bridges)通过对100多名婴儿的观察,提出了情绪分化理论。她认为,初生婴儿只有未分化的一般性激动;3个月后分化成快乐和痛苦两种情绪反

---

① 安妮塔·伍尔福克. 教育心理学[M]. 12版. 伍新春,等,译. 机械工业出版社,2015:138.

应；6个月后分化为愤怒、厌恶和惧怕；12个月后快乐又分化为高兴和喜爱；到18个月，又分化出欢乐和妒忌；2岁左右儿童已基本具有大部分成人的复杂情绪。到学龄初期，儿童情绪的内容更加丰富和稳定，各种高级情感开始迅速发展，如与同伴产生友谊感，通过学习活动发展理智感。到青少年时期，情绪表现的形式逐渐由以外显为主向以内隐为主发展；情绪控制逐渐由以冲动为主向以自制为主发展；引起情绪的动因逐渐由直接、具体为主向以间接、抽象为主发展；情绪体验的内容逐渐由以生理需要为主向以社会性需要为主发展。

小学阶段是儿童情绪发展的重要时期。儿童对情绪表达规则的认知发展关键阶段是小学，并且具有显著的年龄差异和性别差异。[①] 总体而言，小学生的情绪和情感在丰富性、深刻性、可控性和稳定性等方面会获得长足的发展。但与成人相比，小学生的情绪和情感还是不够丰富、深刻和稳定，可控制性也比较差。因此，需要教师根据小学生心理发展的规律采取有效的措施，促使他们的情绪和情感向更高的水平发展。

与小学生相比，中学生的情绪体验更加深刻，其特点主要体现在兴奋性高、波动性大、心境化三个方面。小学生的情绪表现与内在体验基本是一致的，高兴就是高兴的表情，生气就是生气的神态。然而到了中学阶段，个体会有意识地使用外部的情绪表现来掩饰内部的情绪体验，出现表里不一的情绪现象。例如，中学生受到教师的批评后，明明心里很难过，却在众人场合下装得若无其事，而受到教师的表扬后虽然很高兴，却表现出无所谓。这就是情绪文饰现象，这使得中学生的情绪变得复杂化。

**（二）情绪的教育策略**

情绪的发展是有规律的，是逐步形成的，同时其发展过程也是其培养的过程。如果能对学生的情绪进行有目的、有计划的培养，就能加速其发展，使之发展得更好。为了培养积极、健康和丰富的情感，需要我们做好一系列的工作。

1. 重视情绪的教育价值

符合主体的需求和愿望，会引起积极情绪，相反就会引起消极情绪。在教学活动中，让学生处于积极情绪状态，会让他们从认知上关注学习内容并努力理解。同时，消极情绪也会带来益处，如羞愧会激励个体认识和改正当前的缺点。在学习中，焦虑往往被认为会妨碍个体对任务的注意，占据一定的工作记忆容量，妨碍有效的认知加工，这种情况称为阻碍性焦虑（debilitating anxiety）。但焦虑并不总是消极的，它在一定程度上能促进学生的学习动机，没有任何压力的焦虑带来的会是学习上的懈怠。这一点正如耶克斯-多德森定律所证明的那样，较高水平的焦虑有助于完成容易的任务，中等水平的焦虑有助于稍微困难任务的完成，而低水平的焦虑则有助于困难任务的完成。这一情况称为促进性焦虑（facilitating anxiety）。

当新知识与已有知识出现冲突，就会出现心理不适，这被皮亚杰称为失衡状态，而当代心理学家费斯廷格（L. Festinger）则称之为认知失调（cognitive dissonance）。这一不适促使学生做出改变来解决这种心理不适，或通过修正已有知识和信念的同化方式，或通过忽略、质疑新知识来维护旧知识和信念的顺应方式。

2. 善用情绪一致性进行教学

热认知（hot cognition）反映了人们认知过程包括情绪成分，而不局限于纯粹冷静的逻辑加工。可以说，所有的认知活动都必然带着特定的情绪色彩进行。当人们在思考、学习和记忆时，其思维和记忆具有情绪意义。

---

① 侯瑞鹤，俞国良，林崇德. 儿童对情绪表达规则的认知发展[J]. 心理科学进展，2004，12(3): 387-394.

当提取信息时的情绪与信息最初储存时的情绪一致时,人们更容易从长时记忆中提取到这些信息,这种情况被称为"情绪依存效应"(emotional dependence effect)。情绪依存效应关注在明确情绪状态中的记忆效果,如果学习时的情绪是愉快的,那么在回忆时情绪处于愉快状态就会发生记忆增强现象,而不管识记内容的情感背景如何。[①] 情感促进记忆的另一种情形是,当经历特定心境后,个体学习情感色彩类似的材料时,会倾向于以一种相同的情绪来解释这种经验。通过先前的情绪联想,这些材料被纳入已有的情感图式中,这种偏好加工被称作"心境一致记忆"(mood-congruent memory),即积极的情绪有利于积极信息的加工和回忆,消极的情绪有利于消极信息的加工和回忆。一些认知学派的学者曾提出,对事物和事件的情感反应是组成长时记忆的网络联结的必备部分。人们很容易根据情感将其归类,例如什么事情使他们快乐、悲伤、愤怒等。事实上,情感反应也可能是背景知识的一个重要信息来源。例如,阅读一篇美文令人情绪愉悦,而一篇病句连篇的文章则会让人心情郁闷。

人们往往可以牢记富含情感冲击力的信息。在一些情景中,若情感成分非常强烈,它们就很难被忽略且很容易被提取,而且与其他记忆也不容易混淆。例如,在课堂上教师提出某个问题,对学生的回答给予高度表扬,那么该生在很长时间内对这一问题记忆犹新。

3. 提高学生情绪调节的能力

情绪调节(emotion regulation)是个体管理和改变自己或他人情绪的过程,在这个过程中,通过一定的策略和机制,使情绪在生理活动、主观体验、表情行为等方面发生一定的变化。在实际的教育过程中,应抓住机会,教给学生调控情绪和情感的方法,让他们学会正确而有效地表达自己的情绪和情感。情绪调节的方法主要有理智调控、合理宣泄、心理放松等。

## 本章小结

心理发展是个体从受精卵开始,经由出生、成熟、衰老直到死亡的整个生命历程中发生的持续而稳定的内在心理变化过程。对于发展这一主题,争议主要集中在以下三个议题上:天性与习性、连续性与阶段性、关键期与敏感期。

皮亚杰将人的认知发展分为四个阶段:感知运动阶段、前运算阶段、具体运算阶段和形式运算阶段。感知运动阶段为儿童思维的萌芽期,主要指语言产生前的阶段,这一阶段儿童获得的成就主要有客体永存性和目标定向行为。前运算阶段正值儿童入小学之前与入小学之初,在教育上特别重要。这一阶段获得的成就主要有:形成和使用符号、具体形象性、泛灵论思维、不可逆性、不守恒的单维思维、自我中心。具体运算阶段儿童获得的成就主要有:守恒概念的形成、分类、序列、传递推理、去自我中心,但思维具有很大的具体性。形式运算阶段认知发展的重要特征主要有:命题思维、假设—演绎推理、青春期自我中心主义。

维果斯基认为影响认知发展的因素主要有三个:社会文化、文化工具和最近发展区。他提出"最近发展区"思想,认为教学必须考虑儿童已达到的水平并走在儿童发展前面。维果斯基理论在教学活动中的理论概念和教学模式主要有:教学支架、交互式教学、合作型学习、儿童自言自语的应用、重视角色扮演的文化形塑。

语言和思维并列为儿童认知发展的两个核心内容。语言发展有三个阶段:前语言阶段、语言发展阶段、内部语言和书面语言发展阶段。语言获得与发展的理论观点有:强化说、先天决

---

① 杜秀芳. 国外关于情绪和认知关系研究的新进展[J]. 枣庄师专学报,2005,18(4):28-31.

定论、相互作用论。语言能力的培养包括:以语言运用为中心、关注双语教学、提高读写能力。

情绪发展随着年龄增长而不断变化,从单一到多样,从简单基本情绪到复杂情绪的逐渐分化。情绪的教育策略主要有:重视情绪的教育价值、善用情绪一致性进行教学、提高学生情绪调节的能力。

### 知识练习

1. 什么是发展?关于发展的争论议题有哪些?
2. 简述遗传限的概念及其意义。
3. 什么是关键期?举例儿童能力发展的关键期。
4. 简述皮亚杰的认知发展阶段理论。
5. 简述维果斯基的文化历史发展理论。
6. 简述最近发展区及其在教学中的应用。
7. 简述对维果斯基理论的评价及其教学应用。
8. 什么是语言获得?语言获得与发展的阶段有哪些?
9. 简述小学生语言能力的培养。
10. 简述小学生情绪的教育策略。

### 推荐读物

陈琦,刘儒德.当代教育心理学[M].北京师范大学出版社,1997.
陈琦,刘儒德.教育心理学[M]. 2版.高等教育出版社,2011.
冯忠良.教育心理学[M]. 2版.人民教育出版社,2010.
林崇德.发展心理学[M]. 2版.人民教育出版社,2008.
彭聃龄.普通心理学[M]. 5版.北京师范大学出版,2019.
张春兴.现代心理学:现代人研究自身问题的科学[M]. 2版.上海人民出版社,2005.
埃德·拉宾诺威克兹.皮亚杰学说入门:思维·学说·教学[M].杭生,译.人民教育出版社,1985.
理查德·格里格,菲利普·津巴多.心理学与生活[M]. 16版.王垒,等,译.人民邮电出版社,2003.
劳拉·E.贝克.儿童发展[M]. 5版.吴颖,等,译.江苏教育出版社,2002.
居伊·勒弗朗索瓦.孩子们:儿童心理发展[M]. 9版.王金志,等,译.北京大学出版社,2004.
罗伯特·斯莱文.教育心理学:理论与实践[M]. 10版.吕红梅,等,译.人民邮电出版社,2016.
简妮·爱丽丝·奥姆罗德.教育心理学精要:指导有效教学的主要理念[M].3版.雷雳,等,译.中国人民大学出版社,2013.
简妮·爱丽丝·奥姆罗德.学习心理学[M]. 6版.汪玲,等,译.中国人民大学出版社,2015.
安妮塔·伍尔福克.教育心理学[M]. 12版.伍新春,等,译.机械工业出版社,2015.
让·皮亚杰.发生认识论原理[M].王宪钿,等,译.商务印书馆,1981.
列夫·维果斯基.思维与语言[M].李维,译.北京大学出版社,2010.

# 第四章 人格、社会性与品德发展

## 【学习目标】

1. 掌握人格及人格结构理论；
2. 理解弗洛伊德的人格发展阶段理论及埃里克森的心理社会发展观；
3. 了解社会性发展及其影响因素；
4. 掌握品德及其心理结构；
5. 理解皮亚杰的道德认知发展论及柯尔伯格的道德发展论；
6. 掌握品德发展的特点及培养方法。

## 【知识导图】

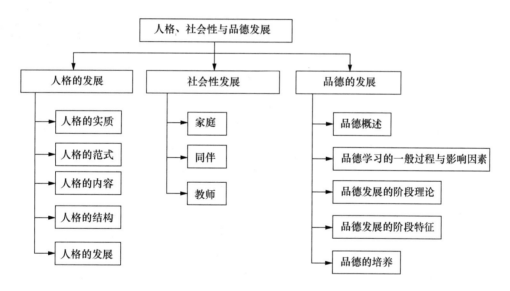

## 【学前反思】

在传说中，古希腊的奥林匹斯山居住着西方的主神宙斯，以及由他统率的众神。山上的德尔菲神殿里有一块石碑，上面镌刻着"人，认识你自己"的箴言。宙斯和众神觉得人类没有真正认识自己，就派了狮身人面的斯芬克斯来到人间。她作为神的使者，带着神对人类的忠告——"人，认识你自己"。经过细心的筹划，她把那句神的箴言化作了一段谜语，来盘问她所遇到的所有人。"什么东西早晨用四条腿走路，中午用两条腿走路，晚上用三条腿走路？"这就是斯芬克斯的谜语。每个路过的人都必须面对她来猜一猜她的谜语；而且，富有挑战和特殊意义的是，凡是猜不中的，都会为此而丧生，被斯芬克斯毫不留情地吃掉。后来，青年俄狄浦斯来到了斯芬克斯面前，并且解答出了斯芬克斯的谜语：那就是人本身！

"人，认识你自己"，此乃心理学的最终目标。对于这个目标，心理学家提出自己的看法，从而形成各种人格理论。青少年是人格发展的关键期,他们的发展特点有哪些?又该如何培养呢?

人格、社会性和品德是密切相关的三个不同概念。它们之间既有联系,又有区别。人格是一个人的整个精神面貌,即具有一定倾向性的比较稳定的心理特征的总和。社会性则是指由人的社会存在所获得的一切特征,符合社会规范的典型行为方式。品德即个人的道德面貌,它是社会道德现象在个体身上的体现。这三个概念虽然相互区别,但又具有较一致的内涵。品德是个性心理的一个特殊表现,它反映个性中具有道德价值的核心成分。社会性所揭示的个体的典型行为方式有:能公正地与人合作,对他人的权利和行为予以适当的关怀;能从远大目标出发对重要的问题进行思考,做出成熟的判断;对自己采取客观态度,不以自我为中心;从集体利益出发评价判断事物等。这些典型的社会性的行为方式,正是一个人的个性特征的集中体现,也是道德规范准则的反映和表现。由此可见,社会性成熟和品德发展与个性完善具有一致性。人的社会化过程,不仅显示了品德发展和个性完善的过程,而且也从中获得了行为方式的各种成分。

## 第一节 人格的发展

慕课视频4-1:
人格的发展

### 一、人格的实质

人格(personality)又称个性,通常是指决定个体的外显行为和内隐行为并使其与他人的行为有稳定区别的综合心理特征。也就是说,人格主要是与他人相区别的个人特征。人格是心理活动因素的核心,对个体的心理发展和教育有着重要的影响。

遗传、环境和个体自身的内在因素交互作用影响着人格的发展。影响人格形成的环境因素进一步可细分为:产前环境、出生过程、家庭环境、学校教育、社会阶层和社会文化。人格测验是了解人格的重要工具,分为自陈式测验和投射式测验两种。自陈式测验有卡特尔16种人格因素测验(Cattell's 16 personality factor,简称16PF)、艾森克人格问卷(Eysenck personality questionnaire,简称EPQ)、明尼苏达多项人格测验(Minnesota multiphasic personality inventory,简称MMPI)、大五人格量表(Neuroticism Extraversion Openness Personality inventory,简称NEO-PI)等,投射式测验有罗夏(H. Rorschach)的墨迹测验、摩根(C. D. Morgan)和默里(H. A. Murray)的主体统觉测验(thematic apperception test,TAT)等。但无论是自陈式测验还是投射式测验都有局限性,使用者应根据自己的目的灵活而谨慎地使用。

### 二、人格的范式

不同的哲学家对于科学发展的关键环节持有不同的观点:早期的实证主义哲学家认为科学发展的关键就是通过实证研究来证实其理论假设;而波普尔(K. Popper)的证伪主义则认为鉴定理论假设的关键是证伪,而非证实,认为任何理论假设都不可能被完全证实,只有那些有可能被证伪的假设才是科学命题。1962年,库恩(T. Kuhn)在其著作《科学革命的结构》中提出"范式"(paradigm)概念。

一般而言,范式是科学家共同体所共同接受的关于本体论、认识论和方法论的总和,是科学所赖以运作的理论基础和实践规范,是学术思维方式、概念体系和评价标准。范式的基本特征为:① 公认性;② 由基本定律、理论、应用以及相关的仪器设备等构成的整体,给科学家提供了研究纲领;③ 提供了可模仿的成功先例。对于科学家共同体来说,它意味着:什么样的现象要研究?什么样的问题探索是有意义的?问题应当如何构建?实验应当如何进行?研究的结果如何被解释?[①]

一种范式有两个组成部分:专业基体和共有范例。① 专业基体(disciplinary matrix)是指支持理论建立的一组基本假定。它们在理论体系中没有进行具体的阐述,是约定俗成的,通常不为人所意识,尤其是它们并不受经验的检验,然而就是这组假定却为庞大的科学体系的理论假设提供了基础。② 共有范例(shared examplars)是指一些较高水平的研究样例。它们提供理论研究课题的具体方法,被那些训练有素的科学工作者看作自己研究方式的示范。每一种心理学范式或流派都有一个或多个共有范例,受该种范例训练的心理学家将自动地运用它们去研究各种心理学现象。[②]

在心理学发展史上,人格心理学是唯一建立在多种不同范式之上的研究领域。研究人格的学者或学术共同体在描述、解释与说明各种人格现象时,采用不同的假设、概念、术语和理论解释,这些共同持有的观点、共同采用的研究方法和探讨问题的习惯,被称为人格范式(personality paradigm)。人格范式主要包括人格理论观点、人格研究程序和人格评鉴程序。[③] 需要注意的是,尽管同一种研究范式中的心理学家在研究对象和研究方法上具有一致或相近的观点,但在具体问题上也会存在分歧。

1. 精神分析范式

精神分析(psychoanalysis)范式由弗洛伊德创立,后期由荣格(C. Jung)、阿德勒(A. Adler)、埃里克森(E. Erikson)、霍妮(K. D. Horney)、弗洛姆(E. Fromm)等发展起来。该范式认为,人格发展的动力是人的性本能和潜意识的能量,强调个体生活的早期经验、由自卑情结而导致的追求优越、心理防御机制等因素在儿童人格形成中的重要影响。这一范式采取临床个案研究方法,通过梦的解析、自由联想、投射式测验等具体的评价、分析技术来获得个体潜意识层面的情感体验信息。由于该范式没有进行实证研究,从其诞生之日起就受到质疑。但是,随着人格研究的不断深入和发展,人们越来越发现,个体无意识的想法(如通过内隐学习获得的信息)其实对个体行为还是有着重要影响的。

2. 特质论范式

特质论范式的代表人物有奥尔伯特(G. Allpor)、卡特尔(R. B. Cattell)、艾森克(H. J. Eysenck)以及后来的"大五""大七"因素模型的研究者。该范式强调个体人格是由特质组成的,特质决定个体的行为,通过对特质的调查,可以预测个体的行为;人格特质是人类共有的,但每一种特质在量上是因人而异的,这就造成了人与人之间在人格上的差异;人格特质表现为跨情境的一致性、普遍性和跨时间的稳定性、持续性。特质论范式的基本任务就是根据人们外部行为表现,列出人格特质表来描述个体,并解释特质形成的原因。

特质论范式在早期主要采用因素分析、多变量分析以及自陈量表等方法来进行研究。近年

---

① Oppenheimer D M, Kelso E. Information Processing as a Paradigm for Decision Making[J]. *Annual Review of Psychology*,2015,66(1):277-294.
② 连榕.发展与教育心理学[M].高等教育出版社,2018:92.
③ 林崇德,杨治良,黄希庭.心理学大辞典[M].上海教育出版社,2003:984.

来,该范式也开始综合使用实验法、自然观察法、结构方程模型等多种方法研究人格特质。但由于技术发展的局限和变量控制的困难,人格特质的生理研究目前还难以有所进展。特质论者已经不再像以前那样热衷于建构大而全的理论,而是注重在具体情境中研究具体的特质问题。

### 3. 行为主义范式

行为主义范式的理论主要有巴甫洛夫的经典条件作用、华生的行为主义、桑代克的效果律、赫尔(C. Hull)的工具条件作用、班杜拉的观察学习理论。行为主义范式强调外部环境的作用而忽视个体内在力量,把人格看成是各种行为的总和,是各种习惯系统的最后产物。它研究的主要问题是行为的习得,强调采用严格的实验法研究有机体行为习惯的形成和变化。

### 4. 人本主义范式

人本主义范式的代表人物主要有马斯洛、罗杰斯、凯利(G. Kelly)、罗洛·梅(R. May)等。人本主义范式重视个体的主观体验,关注个人对世界的认识与看法,强调人的自身价值及其自我实现。这种以人为本的观点,在当时开辟了人格研究的新途径。人本主义者对人类自然本性抱着乐观态度,对人类潜能和人生目的的发展怀有极大的兴趣,并进行了大量的研究工作。

人本主义者主张应该以心理健康者为研究对象。马斯洛曾指出,我们必须研究最好的、最健康的、最成熟的人类榜样。这在某种程度上既矫正了行为主义的机械特质,又使得人格研究摆脱了精神分析悲观绝望的影响。在研究方法上,这一范式主张采用访谈、自我报告、自由联想、投射技术、传记分析等方法。它对人格的解释虽然是主观主义的,但它的哲学思想(即现象学和存在主义)所强调的直接研究和描述意识到的现象,以及认为个人的"自我意识""主观性"的存在是人格研究的基本课题的观点,现在已经成为跨文化心理学研究的理论基础。

相比较而言,四种人格范式的研究目的各有其侧重。精神分析范式关注的是人格发生的动力的探讨,特质论范式重视人格结构的静态画面的研究和描述,行为主义范式强调的是人格形成和发展过程的研究,人本主义范式则试图从人格发展的最高阶段(即自我实现)来探索人性的本质以及人格存在的终极目的与价值。[①]

## 三、人格的内容

人格包括个性心理特征、个性倾向性和自我意识三个方面。

### (一)个性心理特征

个性心理特征(psychological characteristic of personality)是指人的多种心理特点的一种独特的结合,是个体经常、稳定地表现出来的心理特点。个性心理特征比较集中地反映了人的心理面貌的独特性、个别性,主要包括能力、气质、性格。其中,能力标志着人在完成某种活动时的潜在可能性上的特征;气质标志着人在进行心理活动时,在强度、速度、稳定性、灵活性等动态性质方面的独特结合的个体差异性;性格是指个体在生活过程中形成的对现实的稳固的态度以及与之相适应的习惯化的行为方式。

由于性格与气质相互制约、相互影响,在实际生活中人们经常把二者混淆起来。我们常说有的人的性格活泼好动,有的人性子太急或太慢,其实都讲的是气质特点。一般来说,气质更多地受个体高级神经活动类型的制约,主要是先天的;而性格更多地受社会生活条件的制约,主要是后天的。气质是表现在人的情绪和行为活动中的动力特征(即强度、速度等),无好坏之分;而性格是指行为的内容,表现为个体与社会环境的关系,在社会评价上有好坏之分。气质

---

① 张丽华. 人格心理学研究的基本范式和基本取向[J]. 教育科学, 2005, 2: 53-56.

可塑性极小,变化极慢;性格可塑性较大,环境对性格的塑造作用较为明显。性格具有直接的社会意义,不同性格特征的社会价值是不一样的。因而,性格便成为人与人相互区别的主要方面,是人格的核心。

性格的个别差异表现在性格特征差异和性格类型差异两个方面。

1. 性格的特征差异

关于性格的特征差异,心理学家一般是从以下四个方面进行分析的:① 对现实态度的性格特征,包括对社会、集体、他人的态度,对劳动、工作和学习的态度,对自己的态度,个体在这些方面存在着很大的差异。② 性格的理智特征,是指人在感知、记忆、思维、想象等认识过程中所表现出来的习惯化了的行为方式。③ 性格的情绪特征,这是指个体在情绪活动时的强度、稳定性、持续性以及主导心境等方面表现出来的个别差异。④ 性格的意志特征,主要表现在个体对自己行为的控制和调节方面的性格特征,如自觉性、果断性、自制力以及坚韧性等方面的特征。

2. 性格的类型差异

性格类型是指在一类人身上所共有的性格特征的独特结合。依据个人心理活动的倾向性,可以把人的性格分为外倾型与内倾型两类;依据一个人独立或顺从的程度,把人的性格分为独立型和顺从型。

性格差异具有重要的教育价值。性格虽然不决定学习是否发生,但它却会影响学生的学习方式。性格也作为动力因素而影响学习的速度和质量。性格的性别差异又会影响学生对学习内容的选择,而且还会影响学生的社会性学习和个体社会化。因此,为了促进学生的全面发展,学校教育应更重视情感因素的作用,使教育内容的选择和组织更好地适应学生的性格差异。

**(二) 个性倾向性**

个性倾向性(individual inclination)是指具有一定动力性和稳定性的心理特点,它是决定个体对事物的态度和行为的内部动力系统,是个性中最积极、最活跃的因素,是个性结构的最高层次。其作用在于组织、引导和推动心理活动按一定的方向进行,从而使心理活动有目的、有选择地反映客观事物。个性倾向性包括需要、动机、兴趣、理想、价值观、世界观等,表现在人们活动倾向性方面的差异。

个性倾向性基本特征有两个:① 积极性。个性积极性使人以不同的态度和积极性去组织自己的行动。例如,当一个人的需要强烈时,他的行为反应就会相应比较强;而当需要较弱时,行为反应的程度就会相对减弱。② 选择性。个性选择性使人有目的、有选择地对客观世界进行反应。例如,不同的需要会导致人选择不同的事物、不同的方向。

个性倾向性与个性心理特征之间不是彼此孤立的,而是错综复杂地交织在一起,它们相互渗透、相互影响:一方面,个性心理特征受个性倾向性的调节;另一方面,个性心理特征的变化也会在一定程度上影响个性倾向性的变化和发展。因此,个性是一个多种因素有机联系的统一整体。

**(三) 自我意识**

1. 自我意识的含义

自我意识(self consciousness)是个体对自己以及自己与周围事物的关系,尤其是人我关系的意识。一般认为,自我意识包括三种成分:① 自我认识,指个体对自己的心理特点、人格特征、能力及自身社会价值的自我了解与自我评价;② 自我体验,指个体对自己的情感体验,如自尊、自爱、自豪、自卑及自暴自弃等;③ 自我监控,属于对自己的意志控制,如自我检查、自我监督、自我调节、自我追求等。

2. 自我意识的发展

个体自我意识的发展经历了从生理自我到社会自我,再到心理自我的过程。

(1) 生理自我

生理自我是自我意识最原始的形态。儿童1周岁末,开始将自己的动作和动作的对象区分开来,把自己和自己的动作区分开来,并在与成人的交往中,按照自己的姓名、身体特征、行动和活动能力来看待自己,并做出一定的评价。生理自我在3岁左右基本成熟。

(2) 社会自我

儿童在3岁以后,自我意识的发展进入社会自我阶段。他们从轻信成人的评价逐渐过渡到自我独立评价,自我评价的独立性、原则性、批判性正在迅速发展,对道德行为的判断能力,也逐渐达到了前所未有的水平,从对具体行为的评价发展到有一定概括程度的评价。但他们的自我评价通常不涉及个人的内心世界和人格特征,自我的调节控制能力也较差,常出现言行不一的现象。社会自我至少年期基本成熟。

(3) 心理自我

心理自我是在青春期开始发展和形成的。这时,青少年开始形成自觉地按照一定的行动目标和社会准则来评价自己的心理品质和能力。他们的自我评价越来越客观、公正和全面,并具有社会道德性,并在此基础上形成自我理想,追求最有意义和最有价值的目标。青春期是自我意识发展的第二个飞跃期。初中生在日常生活中常常将很多心智用于内省,自我意识高涨,使其人格出现了暂时的不平衡性;而高中生自我意识中的独立意向日趋强烈,在心理上将自我分成了"理想自我"与"现实自我"两部分,强烈关心自己的个性成长,自我评价成熟,有较强的自尊心,并且道德意识得到高度发展。

3. 自我意识对人格发展的影响

自我意识是个体对自己的认识和态度,是人格的重要组成部分,是将人格各部分整合和统一起来的核心力量。同时,一切社会环境因素对人发生影响,都必须通过自我意识的中介,因而自我意识在人格的形成和发展中起着不可缺少的重要作用。

(1) 自我意识的水平制约着个人对自己的人格形成和发展进行调节的能力。儿童的自我意识水平低,其人格发展主要受外部因素的制约。随着自我意识水平的提高,青年的人格发展较多地受到自我意识的调节。

(2) 自我评价的性质决定人格发展的方向。若个体自认为品德高尚,就会在生活中自觉维护真理和正义,拒绝自以为不正义的事情。反之,个体自认为能力差,解决问题时就会优柔寡断,稍遇障碍便停滞不前。

(3) 自我调控能力制约着人格的发展。个体的自我调控可以筛选环境的影响,他们主动接受环境的积极影响,拒绝环境的消极影响。同时,个体的自我调控制约人格发展目标的确定,并影响人格发展目标能否最终实现。

## 四、人格的结构

人格结构理论是人格心理学中研究人格结构的学说,它们将人格划分为不同的层次或部分。人格结构理论认为,人格不是各种各样特性的单纯结合,而是以基本特性为中心体系化的结构。

## (一)"三我"理论

精神分析学派创始人弗洛伊德在地形说(无意识、前意识、意识)的基础上提出"三我"理论。他把人格结构分为三个层次,即本我、自我、超我。① 本我位于人格结构的最底层,是人的原始的无意识本能,它遵循快乐原则,寻求直接满足,而不顾社会现实是否有实现的可能。② 自我位于人格结构的中间层次,是在本我的冲动与实现本我的环境条件之间的冲突中逐渐发展起来的。自我在本我和超我之间起着调节的作用,它遵循现实原则,一方面要尽量满足本我的要求,另一方面又要受制于超我的约束。③ 超我位于人格结构的最高层次,由社会规范、伦理道德、价值观点内化而来。它遵循道德原则,是道德化了的自我,抑制本我的冲动。

人格结构中的三个层次是互相交织形成的一个整体。它们各负其责,分别代表着人格的某一方面:本我反映人的生物本能,按快乐原则行事,是"原始的人";自我寻求在环境允许的条件下让本能冲动能够得到满足,是人格的执行者,按现实原则行事,是"现实的人";超我追求完美,代表了人的社会性,是"道德的人"。当三者处于协调状态时,人格表现出一种健康的状况;当三者发生冲突无法解决的时候,就会出现心理问题。

青春期个体由于自我意识的飞跃发展,在心理上要摆脱对父母的依赖,要以独立的人格出现,但因为发展的不协调,他们的心理能力明显滞后于自我意识,从而呈现难以应付的"危机感"。因此,帮助他们度过人生中的这一特殊转折期,对个体的心理发展会起到重要的作用。

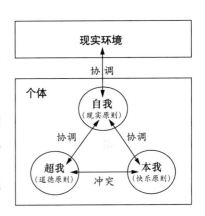

图 4-1 本我、自我与超我之间的互动关系

## (二) PAC 理论

PAC 理论又称为交流分析理论(transactional analysis,简称 TA)、人际关系心理分析,由加拿大心理学家伯恩(E. Berne)于 1964 年在《人间游戏》(*Game People Play*)一书中提出。该理论认为,我们的人格结构存在三种自我状态:父母状态(Parent,简称 P 状态)、成人状态(Adult,简称 A 状态)、儿童状态(Child,简称 C 状态)。① P 状态以权威和优越感为标志,通常表现为命令训斥的严父作风和呵护的慈母作风。其行为表现为凭主观印象办事,独断专行,滥用权威,讲起话来总是"不对,重做!你应该……,你不能……,你必须……"等。② A 状态表现为注重事实根据和善于进行客观理智的分析。这种人能从过去存储的经验中,估计各种可能性,然后做出决策。其行为表现为:待人接物冷静,慎思明断,尊重别人,讲起话来总是"我个人的想法是……"③ C 状态像婴幼儿的冲动,表现为服从和任人摆布。一会儿逗人可爱,一会儿乱发脾气。其行为表现为遇事畏缩,感情用事,喜怒无常,不加考虑,讲起话来总是"我猜想……我不知道……"

儿童状态(C 状态)是以某个早年经验到的方式来应对眼前;父母状态(P 状态)是以曾经经验到的父母的方式应对眼前;成人状态(A 状态)以一种经过思考、较理性的方式应对眼前。这三种状态在每个人身上的比例不同,交互存在。

根据 PAC 分析,人与人相互作用时心理状态的形态是不同的,主要有以下三种:① 互补型。互补型是一种符合正常人际关系的自然状态下的反应,是一种为人们所预期的反应。刺激与反应是平行的,即一方以某种状态发出邀请,另一方做出相同的回应,如父母对父母、儿童对儿童、成人对成人。在这种情况下,对话会无限制地继续下去。最理想的相互作用是"成人刺激—成人反应"。② 交叉型。交叉型是指当一个人发出信息后,没有得到预期的反应。如出现父母—成人,父母—儿童,成人—儿童状态,此时人际交流就会受到影响,信息沟通就会出现中断。③ 隐含型。隐含型通常包括两个以上的自我状态,传达的是一个公开的、社会层次的信息,还有另一个隐藏的、心理层次的信息。这种方式常常容易引起误会和不必要的麻烦。

在伯恩的交流分析理论中,一个重要的观念是每个人在小的时候就决定了以后要怎样活、怎样死,这种一直留存在脑海里的未来生活计划,称为原始剧本。这个剧本是一种受父母影响,在幼年期就形成,以后随着年龄增长而发展的生活计划,不管是受强迫形成,还是自己的意愿,这种心理因素将决定他一生的命运。据此,伯恩提出四种不同的生活态度:①"我不好—你好"型。持这种态度的人依赖他人的施舍,特别需要被爱抚和承认。这种态度通常源于幼时弱小、无助的感觉固着下来,没有随着长大成熟而改变。②"我不好—你也不好"型。这种态度的儿童成人意识停止发育。长大成人后,持这种态度的人常会放弃自我,陷入绝境,最终可能在一种极端退缩的状态下了结一生。③"我好—你不好"型。这是怀疑和独断的态度。长期被父母虐待、侮辱的孩子通常会转向这种态度,而且随着年龄的增长,他开始反抗。持这种态度的人往往因为孤傲、仇视等原因而十分孤立。④"我好—你也好"型。这是一种健康的生活态度,认可自己也认可他人。而前三种态度常常依赖于情感,容易引发心理不适。

在教学活动中,P型和C型教师都不利于学生成功地进入课堂活动,只有A型教师才有可能灵活地驾驭课堂:① P型教师往往凭主观印象办事,独断专行,滥用权威,学生没有主动参与课堂活动的积极性。② A型教师具有客观和理智的特征,善于根据过去的经验,估计各种可能性,然后做出必要的决策。在他们管理的课堂内虽然没有严格限定的框框,却有明确的指南。③ C型教师则常像儿童那样冲动,经常感情用事,在活动中常表现出服从和任人摆布,教育学生无主见,不善于临场决策,遇事畏缩,优柔寡断,教学绩效往往不好。①

总之,在这三种类型中,A型教师被认为是理想的教师人格结构。因此,在优化教学行为时,教师的教学行为方式必须"成人化",如民主领导、鼓励求异等。② 但这种判断在学生教育心理中不能武断地使用,随着学生从幼儿到儿童、青少年、成人的成长,相应地教师在教学过程中的PAC成分也不是固定不变的,而是随着学生智力、情绪、意志等的发展而有所调整。如在学前期和小学阶段,就不适宜严格的A型教学,而要保留慈母般的关爱,让学生感受到教师的温暖和尊重,这样才能更快更好促进学生身心发展。

## 五、人格的发展

人格发展属于个体心理发展的一个方面,具体指个体自出生到老年死亡整个生命全程中,个性特征随着年龄和习得经验的增加而逐步改变的过程。

### (一)弗洛伊德的人格发展阶段理论

弗洛伊德的人格发展理论有两个重要特点:一是强调生物本能即性本能在人格形成和发展中的重要作用;二是强调婴幼儿时期的经历和经验对人格形成和发展的重要作用。

---

① 吴昕,刘野.教师专业化背景下的心理学教程[M].辽宁人民出版社,2006:316-317.
② 陈学宏.走向人本主义教育的学校管理[M].电子科技大学出版社,2013:118.

弗洛伊德认为，人一生的发展都受到性本能冲击的支配。这里的性并不指生殖意义的性，而是泛指一切身体器官的快感。后来，弗洛伊德用力比多（libido）一词指代性欲或性冲动，并将其扩展为一种机体生存、寻求快乐和逃避痛苦的本能欲望，认为它是人的一切心理活动和行为的动力源泉。当力比多积聚到一定程度就会造成机体的紧张，机体就会寻求途径释放能量。弗洛伊德根据力比多投放部位和满足方式的不同，把个体人格的成长过程划分为五个阶段：口唇期、肛门期、性蕾器、潜伏期和两性期。在弗洛伊德看来，个体通过自己或在父母正常看护自己的过程中刺激性感带（erogenous zone）从而得到满足；在不同的发展阶段，性感带有所不同。因为弗洛伊德的人格发展理论总离不开性的观念，所以他的人格发展阶段理论就被称为性心理发展期（psychosexual stage）。

1. 口唇期（oral stage，0～1岁）

这一阶段力比多的满足主要靠口唇部位的吸吮、咀嚼、吞咽等活动获得满足。婴儿的快乐也多得自口唇活动。如果此时期口唇活动受到限制，可能会留下后遗性的不良影响。成人中有所谓的口唇性格（oral character）者，可能就是口唇期发展不顺利所致。在行为上表现为贪吃、酗酒、吸烟、咬指甲等，甚至在性格上悲观、依赖、洁癖者，都被认为是口唇性格的特征。

2. 肛门期（anal stage，1～3岁）

这一阶段力比多的满足主要靠大小便排泄时所产生的刺激快感获得满足。此时期卫生习惯的训练，对幼儿而言是重要的关键。如管制过严，可能会留下后遗性的不良影响。成人中有所谓肛门性格（anal character）者，在行为上表现为冷酷、顽固、刚愎、吝啬等。

3. 性蕾期（phallic stage，3～6岁）

也称性器期，这一阶段力比多的需求主要靠性器官的部位获得满足。此时幼儿喜欢触摸自己的性器官，在性质上已算是"手淫"的开始。幼儿在此时期已能辨识男女性别，并以父母中之异性者为依恋的对象。于是出现了男童以父亲为竞争对手而爱恋母亲的现象，这现象称为恋母情结（Oedipus complex）；同理，女童以母亲为竞争对手而爱恋父亲的现象，则称为恋父情结（Electra complex）。按弗洛伊德的说法，当男童发现女童的性器官与自己的不同时，他可能假想甚至怀疑是被父亲割掉了，因而产生"阉割恐惧"（castration fear）。像此种既爱恋母亲又畏惧父亲的男童心理冲突，随后将会自行化解，从原来的敌对转变为以父亲为楷模，而向他学习看齐，这一现象被称为认同（identification）。类似的心理历程也会在女童身上发生，由于发现自己性器官与男性不同，而怀疑自己原来有的性器官被人割掉了，于是既恋爱父亲，却也对男性心怀嫉妒。弗洛伊德称此现象为"阳具妒羡"（penis envy），并认为女性的此种情结，直到成年结婚生子后才会真正得到化解。

4. 潜伏期（latent stage，7岁至青春期）

7岁以后的儿童，兴趣扩大，由对自己的身体和父母的感情转变到周围的事物。故而从力比多来看，呈现出潜伏状态。这一时期的男女儿童之间，在情感上较前疏远，团体活动中多呈男女分离趋势。

5. 两性期（genital stage，青春期以后）

也称为生殖期。这一阶段男生约在13岁开始，女生约在12岁开始。此时，个体性器官成熟，身心上的两性特征和差异开始显著。自此以后，性的需求转向年龄相似的异性，开始有了两性生活的理想，有了婚姻家庭的意识。至此，性心理的发展已臻于成熟。

性心理发展的每一个阶段都有其特点和特殊问题，阶段之间的先后顺序是固定的，这种固定的发展顺序是由成熟过程决定的。前三个阶段是人格发展的重要阶段,为成人后的人格模式奠定了基础。在这些阶段中,如果满足过多或过少,都可能产生固着现象,发育停滞在某个阶段,延迟甚至倒退,也可能产生病理现象。

**(二) 埃里克森的心理社会发展观**

埃里克森是美国现代精神分析理论家。他虽然接受了弗洛伊德的人格结构说,但并不主张把一切活动和人格发展的动力都归结为"性"的方面。他通过对美洲印第安人部落、第二次世界大战中的士兵以及儿童精神病患者的研究,逐渐加深了对影响个体发展的社会文化因素的认识,逐渐扬弃了弗洛伊德过分强调性本能冲动的局限,转而强调社会文化背景的作用,强调个体与社会文化、外界环境相互作用的影响。基于对文化和个体关系的重要性的认识,埃里克森提出了他的心理社会发展阶段理论。

1. 心理社会发展阶段理论

埃里克森认为,人格的发展是一个逐渐形成的过程,必须经历八个阶段。这八个阶段是以不变的顺序依次出现的,而且具有跨文化的一致性,因为它们是由遗传因素决定的,不过每一个阶段是否能够顺利度过则是由社会环境决定的。社会环境不同,阶段出现的时间可能不一样,因此这种阶段发展理论也可称作"心理社会发展阶段理论"(theory of psychosocial development stage)。

心理社会发展理论认为,在心理发展的每一个阶段都存在一种"危机"(crisis)。这里所说的危机并非是灾难性的事件,而是指发展中的一个重要转折点。积极地解决危机可以增强自我的力量,帮助个体更好地适应环境,从而顺利地度过这一阶段,并且影响下一阶段危机积极解决的可能性;消极解决危机则会削弱自我的力量,阻碍个体适应环境,并降低下一阶段危机积极解决的可能性。积极解决与消极解决之间并非是全或者无的关系,事实上每一次危机的解决都同时包含着积极和消极因素。

(1) 第一阶段:基本的信任感对基本的不信任感(0~1.5岁)

该阶段的发展任务是发展对周围世界,尤其是对社会环境的基本态度,培养信任感。如果父母或照料者给予婴儿适当的、稳定的与不间断的关切、照顾、哺育与抚摸,婴儿就会对父母产生一种信任感,认为这个世界是安全而可信赖的地方。这种对人、对环境的基本信任感是形成健康个性品质的基础,是以后各个时期发展的基础,尤其是青年时期发展起来的同一性的基础。

(2) 第二阶段:自主感对羞耻感与怀疑(2~3岁)

该阶段的发展任务是培养自主性。儿童初步尝试独立处理事情,如果父母允许幼儿去做他们力所能及的事,鼓励幼儿的独立探索愿望,幼儿就会逐渐认识自己的能力,养成自动自主的性格;反之,父母过分溺爱和保护或过分批评指责,就可能使儿童怀疑自己对自我和环境的控制能力,使之产生一种羞耻感。

(3) 第三阶段:主动感对内疚感(4~5岁)

该阶段的发展任务是培养主动性。儿童喜欢尝试探索环境,承担并学习掌握新的任务。此时如果父母或教师对儿童遇到的问题耐心听取,细心回答,对儿童的建议给予适当的鼓励或妥善处理,则儿童不仅发展了主动性,还能培养明辨是非的道德感。反之,如果父母对儿童的问题感到不耐烦或嘲笑儿童的活动,儿童就会对自己的活动产生内疚感。有时,当儿童的主动性与别人的主动性产生冲突时,也有可能引发内疚感。

(4) 第四阶段:勤奋感对自卑感(6~11岁)

该阶段的发展任务是培养勤奋感。此时期,绝大多数儿童已进入学校,第一次接受社会赋予他并期望他完成的社会任务。他们追求任务完成时所获得的成就感及由其成就所带来的师长的认可与赞许。如果儿童在学习、游戏等活动中不断取得成就并受到成人的奖励,儿童将以成功、嘉奖为荣,培养乐观、进取和勤奋的人格;反之,如果由于教学不当或努力不够而多次遭受挫折,或其成就受到漠视,儿童容易形成自卑感。

该阶段影响儿童活动的主要因素已由父母转向同伴、学校和其他社会机构,教师在培养勤奋感方面具有特殊作用。敏感、耐心、富于指导的教师有可能使具有自卑感的学生重新获得勤奋感。埃里克森指出,许多人对工作和学习的态度习惯可以追溯到本阶段的勤奋感。

(5) 第五阶段:自我同一性对角色混乱(12~18岁)

该阶段的发展任务是培养自我同一性。自我同一性指个体组织自己的动机、能力、信仰及活动经验而形成的有关自我的一致性形象。自我同一性的形成要求谨慎选择和决策,尤其体现在职业定向、性别角色等方面。如果青少年不能整合这些方面和各种选择,或者他们根本无法在其中进行选择,就会导致角色混乱。

同一性并不是在青春期才出现的,儿童在学前期已形成了各种同一性,但是进入青春期后,早期形成的同一性已不能应付眼前必须做出的种种选择和决断了。

(6) 第六阶段:亲密感对孤独感(20~25岁)

这是成年早期,是建立家庭生活的阶段,这是获得亲密感,避免孤独感阶段。亲密感,是人与人之间的亲密关系,包括友谊与爱情。亲密的社会意义,是个人能与他人同甘共苦、相互关怀。亲密感在危急情况下往往会发展为一种互相承担义务的感情,它是在共同完成任务的过程中建立起来的。如果一个人不能与他人分享快乐与痛苦,不能与他人进行思想情感的交流,不相互关心与帮助,就会陷入孤独寂寞的苦恼情境之中。

(7) 第七阶段:繁殖感对停滞感(25~65岁)

这是成年中期,是成家立业的阶段。这是获得创造力感,避免"自我专注"阶段。这一阶段有两种发展的可能性。一种可能是向积极方面发展,个人除关怀家庭成员外,还会扩展到关心社会上其他人,关心下一代以至子孙后代的幸福。他们在工作上勇于创造,追求事业的成功,而不仅是满足个人需要。另一种可能性是向消极方面发展,即所谓"自我专注",就是只顾自己以及自己家庭的幸福,而不顾他人的困难和痛苦,即使有创造,其目的也完全是为了自己的利益。

(8) 第八阶段:自我整合对绝望感(65岁以后)

这是成年晚期,即老年期。这是获得完美感,避免失望感阶段。如果前面七个阶段积极的成分多于消极的成分,就会在老年期汇集成完美感,回顾一生觉得这一辈子过得很有价值,生活得很有意义。相反,如果前七个阶段消极成分多于积极成分,就会产生失望感,感到自己的一生失去了许多机会,走错了方向,想要重新开始又感到为时已晚,于是产生了一种绝望的感觉,精神萎靡不振,马马虎虎混日子。

2. 心理社会发展阶段理论的教育含义

埃里克森的理论指明了每个发展阶段的任务,并给出了解决危机、完成任务的具体教育方法,有助于教师理解不同发展阶段的儿童所面临的冲突类型,从而采取相应的措施,因势利导,对症下药。

对学龄初期儿童,应鼓励其想象与创造,对儿童的建议表示赞赏并耐心回答其问题,以发展其主动的人格。教师应给进入学校的儿童创设一种良好的课堂气氛,使儿童理解失败也是学习过程中必然存在的现象,教育学生学会如何理解与帮助他人。

初中与高中阶段是青少年儿童开始发展自我同一性的时期，教师要理解学生需要大量的机会来体验各种职业选择和社会角色，同时提供机会让学生了解社会、了解自我，通过讨论的形式使他们解决自身所面临的问题。在此过程中，教师要始终给学生有关其自身状况的真实的反馈信息，以便学生能正确认识自己，确定合理的、适当的自我同一性。

3. 与弗洛伊德人格理论的比较

在埃里克森所划分的八个发展阶段中，前五个阶段是与弗洛伊德划分的阶段相一致的。不过，不同于弗洛伊德强调本能和早期经验在人格形成中的作用并将人格发展局限于"母亲—儿童—父亲"这个狭隘的三角关系中，艾里克森则将重点放在了个体的社会经验上，将个体发展置于更广阔的社会背景上，重视社会文化对人格发展的影响，认为这是人格发展的必要条件和决定因素。

## 第二节　社会性发展：家庭、同伴和教师

儿童的人格形成和社会性发展是在社会化中实现的。所谓社会化（socialization）是指个体在与社会环境相互作用中获得他所处的社会的各种行为规范、价值观念和知识技能，成为独立的社会成员并逐步适应社会的过程。通过社会化，个体获得在社会中进行正常活动所必需的品质、价值、信念以及社会所赞许的行为方式。

社会化不仅是个体同社会群体相互作用、相互影响的结果，而且是个体自己积极掌握社会经验及社会关系系统的结果。在此过程中，个体不断丰富自己的社会经验并形成自己的人格特征。个体的社会化过程是多方位的，如掌握社会公认的道德要求、价值观念、生活态度以及自我调节等。有些社会化在青少年阶段可完成，即青少年的社会化；有些过程则贯穿于个体的一生，即成年人的继续社会化和再社会化。社会化的心理机制主要有社会角色引导、社会比较机制、社会学习机制、亚社会认同四种方式。

影响儿童青少年社会性发展的最主要的三种因素是：家庭、同伴和教师。随着小学儿童的独立性、批判性的不断增长，小学儿童与父母、教师的关系从依赖开始走向自主，从对成人权威的完全信服到开始表现出怀疑和思考。同时，具有更加平等关系的同伴交往日益在儿童生活中占据重要地位，并对儿童的发展产生重要影响。

### 一、家庭

家庭作为儿童社会化最基本的动因，是儿童社会化的基础。在家庭环境中，家庭结构、家庭关系、父母教养方式最为重要，其次还包括家庭所处的社会阶层、物质生活条件、父母职业和文化水平、家庭人口、社会关系及儿童在家庭中所处的地位等。

#### （一）家庭结构

家庭结构（family structure）是指家庭成员的组合及其之间的相互关系。对未成年的学生来说，一个完整的家庭是满足自己生存和发展需要的最基本的条件。家庭结构对儿童的心理健康有显著影响，生活在健全而完整的家庭结构中，儿童的心理健康问题明显低于生活在不健全、不完整家庭结构中。[①] 家庭结构的类型分为四种：破裂型、缺陷型、松散型和健康型。儿童

---

① 高彩华,王敏.影响农村高中生心理健康的家庭因素[J].中国心理卫生杂志,1999,19(4):235.

在健康的家庭结构中能很好成长,而其他三种结构不全的家庭对儿童有很大的负面影响,导致儿童出现心理问题和行为偏差。① 在一个不完整的家庭中,儿童很难充分享有父爱和母爱,这种基本心理需要的欠缺极易使儿童在心理发展上形成明显的障碍。

### (二)家庭关系

家庭关系的好与坏影响着一个家庭的生活质量。家庭关系主要表现为夫妻关系和亲子关系,这也是当今中国社会最为普遍的家庭关系。这两种关系的好坏,对儿童身心能否健康发展有着极其重要的作用和影响。

#### 1. 夫妻关系

夫妻关系是家庭中最重要的关系,它在很大的程度上决定了家庭的基础特征。研究表明,不和谐的家庭关系是导致心理障碍的危险因素。父母关系不和谐,如经常争吵、打架甚至离婚,往往给儿童的心理发展带来危害,使儿童有残缺感、不安全感,形成敏感、多疑、自卑、抑郁、焦虑、敌意、偏执等消极心理特征,很难与环境建立有意义的联系,从而产生心理障碍。②

#### 2. 亲子关系

亲子关系是儿童最早建立的人际关系,这种关系的好坏不仅直接影响儿童身心发展,而且也会影响到儿童日后的各种人际关系。亲子关系指父母和子女之间的关系,它是家庭中最基本、最重要的关系,是人们形成的第一个人际关系。亲子关系具有不可替代性、持久性、强迫性、不平等性和变化性等特点,对儿童的社会化、认知能力、人格发展、人际关系等具有极其重要的影响。③

### (三)家庭教养方式

家庭教养方式是直接影响儿童社会化的因素,良好的教养方式有助于儿童社会化的完成。家庭教养是指在家庭生活中发生的,以亲子关系为中心,以培养社会需要的人为目的的教育活动。家庭教养的效果,不仅取决于父母的教育动机和教育内容,更取决于父母的教养方式。

父母教养方式(parenting style)是指父母在与子女交往的过程中形成和发展的教养观念、教养行为及其对子女的情感表现的一种组合方式。20世纪60年代,美国心理学家鲍姆林德(D. Baumrind)曾根据控制、成熟的要求、父母与儿童的交往、父母的教养水平四个指标,将父母的教养行为分成权威型、专制型、放纵型三种教养模式。在此基础上,研究者们依据父母要求(demandingness)和回应性(responsiveness)两个维度,将父母教养方式分为权威型(高要求、高回应)、专制型(高要求、低回应)、溺爱型(低要求、高回应)、忽视型(低要求、低回应)四种类型。其中,权威型(authoritative)教养方式能促进儿童社会能力和认知能力的良好发展,具有较高的自信和自控力,乐观积极,其优势在青春期也可以观察到,因此被认为是最佳的教养方式。不少学者认为,权威型教养方式就是民主型教养方式,将其合称为"权威民主型"。但也有学者认为两者有区别,认为民主型更为灵活,既有合理要求又有理性关爱,家庭成员之间互相尊重、平等交流。④

---

① 杨静,闫述军,王新.青少年犯罪的家庭环境因素及其预防[J].中国电子商务,2011,8:342-343.
② 格桑泽仁,张倩,刘杰.家庭关系与青少年心理健康关系研究现状及调控措施[J].现代预防医学.2008,35(7):1314-1315.
③ 王玉萍.西方亲子关系对儿童发展的影响的研究及启示[J].教育探索,2010,3:36-38.
④ 刘文婧,许志星,邹泓.父母教养方式对青少年社会适应的影响:人格类型的调节作用[J].心理发展与教育,2012,6:625-633.

需要注意的是,相对于父亲,母亲的教养方式对子女心理健康的影响更为显著。所以,为了子女的健康,父母尤其是母亲更应注意自己的教养方式。①

**(四)家庭所处的社会阶层**

一个人的家庭和受教育状况在很大程度上取决于个人所处的社会阶层。阶层的区分主要取决于所拥有的物质财富,与之相关联的其他因素是社会声望(职业地位)、受教育程度、机会以及对自己生活的控制程度。研究表明,在"保守—激进"这一人格维度上,不同的社会阶层之间有显著的差别,如商人比较保守,而劳动者则比较激进。经济地位越高,心理防御越强;随着社会阶层的降低,心理防御逐步减弱。国外有研究通过比较不同阶层的男孩在各种作业过程中的表现,发现劳工阶级的男孩倾向于以行动来传达想法并解决冲突,而中产阶级的男孩则倾向于以观念来传达想法并解决冲突。普汶(L. A. Pervin)研究发现,劳工阶级的男孩比较缺乏控制力,随时可能打架,街上的斗殴者更多的是这个阶层的男孩,他们喜欢"就地解决问题"胜过"先让心情平静下来";而中产阶级的男孩比较能抑制攻击行为,除非不得已要自卫,他们更习惯于使用语言攻击和智能上竞争的方式。

不同社会阶层的人格差异是如何形成的?米勒(D. R. Miller)和斯万森(G. E. Swanson)研究发现,不同社会阶层的父母对子女的管教方式不同。劳工阶级的妇女在惩罚孩子时不易克制自己,并更多地进行体罚,而体罚则很可能使孩子形成直接表达攻击的习惯;而中产阶级的妇女较能克制自己,并更多地以心理约束的方式管教孩子,心理约束很可能使孩子形成不直接表达攻击的习惯。西方中产阶级的父母要求孩子从小就接受一些价值观,如整洁、尊重财物、克制性冲动和攻击冲动、责任感、成就动机等。孩子在这样的要求下,必然看重成败得失,时常有罪恶感。而低阶层孩子的欲望很少受到人为的限制,如较多地得到母乳喂养,大小便的训练也较迟,所以较少有中产阶级孩子因管教严格而产生的焦虑和罪恶感。中产阶级的焦虑可能是由于对性和攻击的本能加以压抑的结果,是一种"过度的社会化"。相反,低阶层者可能在某些方面"社会化不足"。②

## 二、同伴

随着活动范围的扩大,同伴关系在个体社会化过程中的作用越来越大。同伴(peer)是指个体与之相处的具有相同认知能力的人。同伴关系(peer relationship)是指年龄相同或相近的个体之间在共同活动中建立的人际交往关系。与同伴的交往使儿童能够进行人际关系和交流的探索,并发展人际敏感性,这奠定了儿童今后社会交往的基础,促进了儿童的社会化和人格的发展。一方面,同伴是儿童学习社会行为的强化物;另一方面,同伴又为儿童的社会化和人格发展提供社会模式或榜样。随着年龄的增长,同伴的影响越来越强,在某种程度上甚至超过父母的影响。

与幼儿相比,小学儿童的同伴交往频率更大,共同参加的社会性活动也进一步增多,社会性交往也更富有组织性。表现出来的主要特点有:① 与同伴交往的时间更多,交往形式更复杂;② 儿童在同伴交往中传递信息的技能增强;③ 儿童更善于利用各种信息来决定自己对他人所采取的行动;④ 更善于协调与其他儿童的活动;⑤ 儿童开始形成同伴团体。

中学阶段是儿童期向成年期过渡的阶段,同伴关系对于中学生的心理发展起着关键作用。

---

① 王运彩.论父母教育方式对青少年心理健康的影响[J].安阳师范学院学报,2005,1:68-70.
② 全国十二所重点师范大学联合编写.心理学基础[M].2版.教育科学出版社,2012:221.

中学生同伴关系的特点主要有：① 逐渐克服团伙交往的方式。小学阶段也被称为"帮团时期"，表现为几个小学生一起玩耍。到了小学高年级帮团趋于解体，进入中学之后由于烦恼突然增多，与人交流需要保密，但是团伙的交往方式不具备这样的功能，因此中学生交友的人数变少了，通常是每个人拥有1~2个最好的朋友。② 朋友关系在中学生的生活中日益重要，与同龄伙伴的交往更加自由和平等。③ 开始对异性交往产生兴趣，伴随着青春期的生理发育，中学生意识到了性别问题，并开始对异性产生兴趣。但是，中学生往往以相反的方式表达，或者在异性面前表现出冷漠的态度，或者轻视、攻击异性。随着年龄的增长，男女学生之间的相处开始融洽了，在有些中学生心里也会有一位自己喜欢的异性朋友。

【知识窗】友谊的发展阶段

根据心理学家戴蒙（W. Damon）的观点，儿童青少年的友谊要经历三个阶段。

第一阶段：基于他人行为的友谊（4~7岁）。在这个时期，小学生通常会把能够和自己分享玩具，一起玩的时间、次数最多的人当作朋友，而不会考虑对方的个人品质。

第二阶段：基于信任的友谊（8~10岁）。在这个时期，小学生友谊的核心是相互信任，在需要时能帮上忙的人会被当成朋友。违背信任友谊可能会破裂，若要重建友谊需要解释和道歉。

第三阶段：基于心理亲密的友谊（11~15岁）。在这个时期，个体强调朋友之间的情感联系，希望从友谊中获得理解和亲密的情感支持，这个时期的友谊具有排外性。

（资料来源：罗伯特·费尔德曼.发展心理学——人的毕生发展[M].4版.苏彦捷，等，译.世界图书出版公司，2007.）

为更好地促进儿童青少年同伴关系的发展，可以从以下方面入手：① 让学生学习有关交往的新原则和新知识，如主动关心他人、同情他人，能够与他人分享自己的玩具和东西；② 帮助学生将这些新原则和新知识转化成可操作的特殊技能；③ 在同伴交往中树立新的目标；④ 促使学生将已获得的行为保持在大脑中；⑤ 要求学生在新情境下运用已获得的新行为；⑥ 创设情境，使学生的交往获得成功，以此增强与同伴交往的信心。

## 三、教师

师生关系（teacher-student relationship）是师生在交往互动中建立的心理关系，是一种对师生双方都有影响的心理联结。小学低年级的儿童对教师充满崇拜和敬畏，对教师要求绝对服从。大约从小学三年级开始，儿童不再无条件地服从、信任教师，开始对教师做出评价，对不同的教师表现出不同的喜好：对喜欢的教师报以积极反应，并重视教师的评价；对不喜欢的教师予以消极反应。同时，学生的各种表现影响着教师对学生的认识与评价，而教师的教学水平、个性特点、期望等因素也以直接或间接的方式影响学生。师生关系对学生的影响主要表现在以下几个方面：

（1）师生关系影响学生的性格特征。教师对学生的管教方式一般分为民主、专制、放任三种方式，它们对学生性格的发展有着不同的影响，见表 4-1。

**表 4-1　教师管教方式和学生的性格特征**

| 管教方式 | 学生的性格特征 |
| --- | --- |
| 民主方式 | 情绪稳定、积极、态度友好、有领导能力 |
| 专制方式 | 情绪紧张，冷漠或带有攻击性，教师在场毕恭毕敬，不在场秩序混乱，缺乏自制性 |
| 放任方式 | 无团体目标、无组织、无纪律、放任 |

（2）师生关系影响学生的学校适应。良好的师生关系有利于学生对学校形成积极的情感态度，有利于学生积极参与班级、学校活动并与同学形成积极的情感关系，同时也有助于学生发展良好的个性品质和较高的社会适应能力；而不良的师生关系则可能使学生产生孤独感、对学校的消极情感，在学校环境中易表现出退缩、与老师同学关系疏远以及攻击性行为等，从而影响其学业行为和成就，进而造成辍学、心理障碍等现象。

（3）师生关系影响学生自我概念的发展。在良好的师生关系下，教师多给学生期望、鼓励和支持，这样学生才能不断获得自信心，体验自我效能感，从而产生积极的自我概念；而在不良的师生关系中，由于师生关系紧张对立、互不信任，学生各种需要不能得到满足，教师不能客观公正地评价学生，因而容易使学生产生自卑心理和消极的自我概念，表现为自信心不强和自我价值感不高。

（4）师生关系影响学生的社会化。在良好的师生关系下，学生易形成大度、开朗、善于交际、具有同情心、乐于助人等积极性格特征；而在不良的师生关系下，学生易形成反社会、冷漠、胆怯、社会适应不良等消极的性格特征。[①]

在师生关系中，教师期望对学生的发展具有极为重要的意义。教师期望是指教师在了解学生现状的基础上，对学生未来可能发展的看法与预期。1968 年，美国心理学家罗森塔尔（R. Rosenthal）和贾可布森（L. Jacobson）发表了他们在奥克学校（Oak School）的实验结果，证明了教师对学生的先前期望会使学生的学习成绩发生相应的变化，这种效应就是罗森塔尔效应。罗森塔尔效应对成绩好的学生来说，是一种积极影响，而对于成绩差的学生来说，更多的是负面的影响。大部分老师都将主要精力放在成绩好的学生上，对他们的期望较高；而对于成绩差的学生，则是置之不理，或者当着全班同学的面说："我对你没啥要求，允许你在上课时睡觉，只要你不影响其他同学就行了"，这对学生的自尊心与自信心无疑是一个很大的伤害。

教师期望除了直接影响学生的成绩外，还影响到学生与教师的关系、班级的气氛和社会性发展，在学生认知与社会性发展等方面都有重要作用。因此，教师要全面了解自己的学生，避免产生晕轮效应（halo effect）。对学生中因成绩差出现的自卑感和逆反心理以及成绩好的学生中产生优越感、自尊心畸形发展的情况，教师应平等地对待。对学生中出现的进取心不强、颓废思想，教师应热情地鼓励学生，让学生对未来充满信心。

---

[①] 王小凤.师生关系对学生心理健康的影响综述[J].现代教育科学,2009,2：47-49.

# 第三节 品德的发展

慕课视频 4-2：
品德的发展

慕课视频 4-3：
柯尔伯格
道德发展理论

## 一、品德概述

### (一) 品德与品德学习

品德是道德品质的简称，是社会道德在个人身上的体现，是个体依据一定的社会道德行为规范行动时表现出来的比较稳定的心理特征和倾向。

在理解品德这一定义时，应把握下面三点。

首先，品德反映了人的社会特性，是将外在于个体的社会规范的要求转化为个体的内在需要的复杂过程。它不是个体的先天禀赋，而是通过后天学习形成的。

其次，品德具有相对的稳定性。若只是此一时、彼一时的偶然表现，则不能称之为品德，只有经常地表现出一贯的规范行为，才标志着品德的形成。

再次，品德是在道德观念的控制下，进行某种活动、参与某件事情或完成某个任务的自觉行为。也就是说，品德是认识与行为的统一。如果没有形成道德观念或道德认识，那么，即使个体的行为符合社会规范，也不能说是有品德的，反之亦然。比如，精神病患者的行为尽管可能不符合社会规范，但也不能说是不道德的。

### (二) 品德的心理结构

品德的心理结构包括道德认识、道德情感和道德行为三个成分。

1. 道德认识

道德认识是对道德规范及其执行意义的认识。道德认识的结果是获得有关的道德观念、形成道德信念。道德认识是个体品德的核心部分。道德观念、道德信念的形成有赖于道德认识。当个体对某一道德准则有了较系统的认识，感到确实是这样时，就形成有关的道德观念。当认识继续深入，达到坚信不疑的程度，并能指导自己的行动时，就形成了道德信念。道德信念对行为具有稳定的调节与支配作用，只有道德观念而无道德信念时，就经常会发生诸如明知故犯之类的错误行为。

2. 道德情感

道德情感是伴随着道德认识而产生的一种内心体验。它既可以表现为个体根据道德观念来评价他人或自己行为时产生的内心体验，也可以表现为在道德观念的支配下采取行动的过程中所产生的内心体验。道德情感渗透在人的道德观念和道德行为中。道德情感的内容主要包括爱国主义情感、集体主义情感、义务感、责任感、事业感、自尊感和羞耻感。其中，义务感、责任感和羞耻感对于儿童和青少年尤为重要。缺乏义务感、责任感和羞耻感，品德的发展也就无从谈起。

从表现形式上看，道德情感主要包括三种：① 直觉的道德情感，即由于对某种具体的道德情境的直接感知而迅速发生的情感体验。由于其产生非常迅速，因而当事人往往不能明显意识到这个过程。② 想象的道德情感，即通过对某种道德形象的想象而发生的情感体验。道德形象之所以能引起人们的情感，是因为它是以社会道德标准的化身而存在的，又具有极大的鲜明性，因而能使人更容易理解道德规范的要求及其社会意义，也更容易使人受到感染和激励。③ 伦理的道德情感，即以清楚地意识到道德概念、原理和原则为中介的情感体验。它具有清晰的意识性和明确的自觉性，具有较大的概括性和较强的理论性，具有稳定性和深刻性。爱国主义情感和集体主义情感就属于伦理的道德情感。

3. 道德行为

道德行为是个体在一定的道德认识指引和道德情感激励下所表现出来的对他人或社会具有道德意义的行为。它是道德观念和道德情感的外在表现,是衡量品德的重要标志。道德行为包括道德行为技能和道德行为习惯,它们与一般的技能和习惯并无区别,只是在用来完成一定的道德任务时,它们具有了道德的性质。

与品德相近的概念是态度。态度是通过学习而形成的、影响个人的行为选择的内部准备状态或反应的倾向性。品德与态度二者实质相同,结构一致,都由认知、情感和行为三个方面构成;两者的区别在于态度涉及的范围更大,品德价值内化程度更高。总之,二者属于同质的问题,一般不对二者作严格区分。

## 二、品德学习的一般过程与影响因素

品德的学习有别于一般的知识、技能与策略的学习。它不仅涉及懂不懂、会不会的问题,还涉及愿不愿意的问题,因此其学习过程更为复杂一些。

### (一) 品德学习的一般过程

一般认为,品德的形成包括依从、认同与内化三个阶段。

1. 依从

包括从众和服从两种。从众是指人们对于某种行为要求的依据或必要性缺乏认识与体验,跟随他人行动的现象。服从是指在权威命令、社会舆论或群体气氛的压力下,放弃自己的意见而采取与大多数人一致的行为。服从可能是出于自愿,也可能是被迫的。被迫的服从也叫顺从,即表面接受他人的意见或观点,在外显行为方面与他人相一致,而在认识与情感上与他人并不一致。

依从阶段的行为具有盲目性、被动性,不稳定,随情境的变化而变化。此时,个体对道德规范行为的必要性尚缺乏充分的认识,也缺乏情感体验,行为主要受控于外在压力(如奖惩),而不是内在的需要,依从则可以得到安全,否则将受到惩罚。可以说,处于依从阶段的品德,其水平较低,但却是一个不可缺少的阶段,是品德建立的开端环节。因为在反复实践的基础上,个体可以学习到各种具体的行为方式,逐渐获得做出某些行为的必要性的认识与体验,从而使品德的学习逐步向深入发展。

2. 认同

认同是在思想、情感、态度和行为上主动接受他人的影响,使自己的态度和行为与他人相接近。认同实质上就是对榜样的模仿,其出发点就是试图与榜样一致。

与依从相比,认同更深入一层,它不受外界压力控制,行为具有一定的自觉性、主动性和稳定性等特点。主体虽然对道德行为规范本身仍缺乏清楚而深刻的认识与体验,但由于对榜样的仰慕,在行为上就试图与榜样一致。认同的愿望越强烈,对榜样的模仿就越主动,在困难面前就越能表现出坚强的意志和毅力。榜样的特点、榜样行为的性质、示范的方式等都影响着认同。

3. 内化

内化指在思想观点上与他人的思想观点一致,将自己所认同的思想和自己原有的观点、信念融为一体,构成一个完整的价值体系。由于在内化过程中解决了各种价值的矛盾和冲突,当个人按自己内化了的价值行动时,会感到愉快和满意;而当出现了与自己的价值标准相反的行动时,会感到内疚和不安。

在内化阶段,个体的行为具有高度的自觉性和主动性,并具有坚定性,表现为"富贵不能淫,贫贱不能移,威武不能屈"。此时,稳定的品德即形成了。

**(二)品德学习的影响因素**

1. 外部条件

(1) 家庭教养方式

研究表明,学生的品德特征与家庭的教养方式有密切关系。若家庭教养方式是民主、信任、容忍的,则有助于儿童的优良品德的形成与发展。若家长对待子女过分严格或放任,则孩子更容易产生不良的、敌对的行为,进而对品德的形成和发展产生不利影响。

(2) 社会风气

社会风气由社会舆论、大众媒介传播的信息、各种榜样的作用等构成。作为社会的成员,学生不可能与社会隔绝,也无力控制、净化社会环境,再加上自身的选择、判断能力有限,因此社会上的良好与不良的风气都有可能影响其道德信念与道德价值观的形成,这也使得德育工作难度更大。

(3) 同伴群体

归属于某一个团体的需要是个体的一种基本需要,因此正式的班集体、非正式的小团体等对学生都具有一定的吸引力。他们试图使自己的言行态度与同伴群体保持一致,以得到同伴群体的接纳和认可。可以说,学生的态度与道德行为在很大程度上受到他们所归属的同伴群体的行为准则和风气影响。

2. 内部条件

(1) 认知失调

人类具有一种维持平衡和一致性的需要,即力求维持自己的观点、信念的一致,以保持心理平衡。当认知不平衡或不协调时,比如新出现的事物与自己原有的经验不一致,或者自己的观点与他人的、社会的观点或风气不一致时,内心就会有不愉快或紧张的感受,个体就试图通过改变自己的观点或信念,以达到新的平衡。可以说,认知失调是态度改变的先决条件。

(2) 态度定势

个体由于过去的经验,对所面临的人或事可能会具有某种肯定或否定、趋向或回避、喜好或厌恶等内心倾向性,这种事先的心理准备或态度定势常常支配着人对事物的预期与评价,进而影响人是否接受有关的信息和接受的量。假如学生对教师有消极态度定势,则教师的教诲与要求可能会成为耳旁风,甚至引发冲突。帮助学生形成对教师、对集体的积极态度定势或心理准备是使学生接受道德教育的前提。

(3) 道德认识水平

品德的形成与改变取决于个体对头脑中已有的道德规范的理解水平及掌握程度,取决于已有的道德判断水平。根据皮亚杰和柯尔伯格的研究,要改变或提高个体的道德水平,必须考虑其接受能力,遵循先他律后自律的循序渐进原则。比如,当学生的道德判断能力处于其发展的第三阶段时,最好向他们讲解第四阶段的道理,不要一味向他们灌输第五或第六阶段的大道理,即使他们可以熟记这些大道理,也不能被他们的认知结构同化,自然也不能作为一种内在的道德信念来指导行为。实施品德教育时,不应只注意品德形式,进行品德说教,而应结合学生的实际生活和切身体验,晓之以理。

此外,个体的智力水平、受教育程度、年龄等因素也对品德的形成与改变有不同程度的影响。

## 三、品德发展的阶段理论

了解学生品德发展的基本特征,是进行道德教育和培养良好态度的依据与出发点。不同的研究者从不同的侧面来揭示个体品德形成、发展的基本规律,提出了各种理论。

### (一)皮亚杰的道德认知发展论

皮亚杰是第一个系统地追踪研究儿童道德认知发展的心理学家。他在1932年出版的《儿童道德判断》一书是心理学研究儿童道德发展的里程碑。皮亚杰认为,道德是由种种规则体系构成的,道德的实质包括两方面的内容,一是对社会规则的理解和认识,二是对人类关系中平等、互惠的关心,这是公道的基础。据此,他通过研究儿童对这两方面的认识,揭示了儿童道德认知发展的阶段及其影响因素。

皮亚杰在研究中采用了他独创的临床研究法(谈话法),在观察和实验过程中向儿童提出一些事先设计好的问题,然后分析儿童的回答尤其是回答中的错误,从中找出规律性的东西。他设计了许多包含道德价值内容的对偶故事,即提供两个情节相似但性质不同的道德行为事件让学生进行对比评价。如,不小心打破一个杯子的孩子和因为偷吃糖果而打破一个杯子的孩子,哪个孩子的过失更大?皮亚杰以认知发展的观点考察和分析了儿童对这些问题的回答,概括出了儿童道德认知发展有四个阶段。

1. 自我中心阶段(2~5岁)

又称前道德阶段。这是一种无道德规则阶段,规则对儿童没有约束力。因为他们尚不能将自己与周围环境区分开,把外部环境看作是自我的延伸,仅按自己的想象去执行规则。他们在游戏中只是个人独立活动,没有合作,也没有规则。

2. 权威阶段(6~8岁)

又称他律道德阶段。儿童的道德判断受外部的价值标准所支配和制约,表现出对外在权威的绝对尊敬和顺从的愿望。他们认为规则是必须遵守的,是不可更改的,只要服从权威就是对的,比如听父母或大人的话就是好孩子。这个阶段的儿童对行为的判断主要根据客观结果,而不考虑主观动机。

3. 可逆性阶段(8~10岁)

又称初步自律道德阶段,这是自律道德阶段的开始。儿童开始依据自己的内在标准进行道德判断,不把规则看成是绝对的一成不变的东西,而是同伴间共同约定的,可以修改的。规则已经具有了一种保证相互行动、相互给予的可逆特征。

4. 公正阶段(10~12岁)

又称自律道德阶段。儿童的道德观念倾向于主持公道、平等,体验到公正、平等应符合每个人的特殊情况。这时的儿童往往更多地从行为的动机而不单纯是行为的后果来判断行为的责任。而且与成人的关系也从权威性过渡到平等性。

表4-2 他律道德阶段和自律道德阶段的特征

| 他律阶段 | 自律阶段 |
| --- | --- |
| 从结果进行道德判断,很少考虑行为动机 | 从行为动机来进行评价 |
| 难以设身处地站在他人立场看问题 | 能够站在他人的立场判断 |
| 道德判断简化:"全对"或"全错" | 认为行为结果可能不止一种,道德判断多样化 |
| 道德准则由权威制定,不可改变 | 认识到没有绝对不变的道德准则,规则是人定的,可以改 |

皮亚杰认为,在从他律到自律的发展过程中,个体的认知能力和社会关系都会发生重大转变。道德教育的目标就是使儿童获得自律道德,使他们认识到道德规范是在相互尊重和合作的基础上确定的。而要达到这一道德教育的目标,就必须注意培养同伴之间的合作,注意成人与儿童的关系不应是权威和服从的关系;在儿童犯错误时,要让他了解为什么这样做不好,以发展儿童的道德认识。

### (二) 柯尔伯格的道德发展论

美国心理学家柯尔伯格(L. Kohlberg)系统发展了皮亚杰的理论和研究方法,在20世纪60年代提出了道德发展阶段论。他开创了道德两难(moral dilemma)问题情境,要求儿童对类似"海因茨难题"(Heinz's Dilemma)的故事作出判断并陈述自己判断的理由。两难问题是指故事中包括一个在道德价值上具有矛盾冲突的情境,儿童对故事中的行为者进行评价,要么选择服从权威或规则,要么依据自己的道德原则采取行动,但同时又与某些社会规则或权威命令相冲突。据此,柯尔伯格来研究道德发展问题。

> **【知识窗】** *海因茨难题*
>
> 在一座欧洲小城里,一位妇女因某种特别的癌症而接近死亡;城里有位药师发明了一种新药,这药有可能救活她,可是,他是个奸商,他要的药费是他制造该药成本的10倍。这位妇女的丈夫海因茨只能借到一半的钱,因此只好请求药师减价,可药师不同意。海因茨为了救妻子的命考虑到了翻墙入室,把药偷出来。他应该这样做吗?为什么应该,为什么不应该?他有职责或者义务去偷这种药吗?如果他不爱妻子,他会为妻子偷药吗?如果这位要死的人是一位陌生人情形会怎样?海因茨会为这位陌生人偷药吗?偷东西是犯法的,这样做也是违反道德的吗?

柯尔伯格采用这样的道德两难故事法,测试了十几个国家的大量的6、7岁至21岁的被试,发现尽管种族、文化、社会规范等各方面都不相同,但道德判断的能力随年龄发展而发展的趋势是一致的。基于被试对这类道德困境的反应,柯尔伯格在道德判断的发展方面提出了三种水平六个阶段理论(见表4-3)。

表4-3 柯尔伯格道德发展的三水平六阶段理论

| 发展水平 | 阶段 | 特征 | 对偷药故事的可能反应 |
| --- | --- | --- | --- |
| 前习俗水平<br>(9岁以下) | 第一阶段:<br>惩罚服从<br>取向阶段 | 衡量是非的标准是由惩罚决定的,认为只要受到惩罚,不管其理由是什么,那一定是错的。对成人或准则采取服从的态度,缺乏是非善恶的观念,判断好坏只注意行为的结果,而不注意行为的动机。 | 赞成:可以偷药,因为先提出请求。<br>反对:偷药将会受到惩罚。 |
| | 第二阶段:<br>相对功利<br>取向阶段 | 是一种朴素的利己主义,判定某一行为的好坏,主要看是否符合自己的要求和利益,具有较强的自我中心性,认为符合自己需要的行为就是正确的。 | 赞成:他妻子需要这种药,他要和他的妻子共同生活。<br>反对:他可能因此而入狱,妻子也许在他出狱前死去。偷药对他没有好处。 |

续表

| 发展水平 | 阶段 | 特征 | 对偷药故事的可能反应 |
|---|---|---|---|
| 习俗水平<br>（10~20岁） | 第三阶段：<br>寻求认可<br>取向阶段 | 认为凡是社会大众认可的，就是对的，反之是错的。顺从传统的要求，谋求他人的赞赏。判断行为的好坏主要依据动机：认为有利他动机的就是好的，有利己动机的就是坏的。此阶段的儿童主要是考虑社会或成人对"好孩子"的期望与要求，并力求达到这一标准。 | 赞成：只不过做了丈夫应该做的事。<br>反对：偷药将给家庭带来麻烦，丧失名誉。 |
| | 第四阶段：<br>遵守法规<br>取向阶段 | 服从权威，遵守公共秩序，接受社会习俗，尊重法律权威，有责任感和义务感。认为只要行为违反了规则，并给他人带来伤害，不论何种动机，都是不道德的。相反，凡是维护权威和社会准则的行为，就是好的、正确的。 | 赞成：如果不这么做，就要为妻子的死负责。<br>反对：要救妻子的命是合情合理的，但偷东西是犯法的。 |
| 后习俗水平<br>（20岁以上） | 第五阶段：<br>社会契约<br>取向阶段 | 认识到法律或习俗的道德规范是一种社会契约，大家可以相互承担义务和享有权利，利用法律可以维持公正。同时也认识到，契约可以根据需要而改变，使之更符合社会大众权益。 | 赞成：法律没有考虑到这种情况。<br>反对：不论情况多么紧急，总不能采用偷的方式。 |
| | 第六阶段：<br>普遍伦理<br>取向阶段 | 根据自己的人生观、价值观去判断是非善恶，超越现实规范的约束。即以良心、正义、公平、尊严、人权等最一般的原则为标准去进行道德判断，行为完全自律。当根据自己所确立的原则活动时，个体就会觉得心情愉快；相反，当行为背离了自己的道德标准时，就会产生内疚感和自我谴责感。 | 赞成：尊重生命、保护生命是最重要的。<br>反对：别人是否也像他妻子那样急需这种药，要考虑所有人的生命的价值。 |

柯尔伯格向我们勾画了个体的道德认知是由低级阶段向高级阶段发展的连续变化的过程。柯尔伯格认为，这些发展顺序是一定的，不可颠倒的，各个阶段的时间长短是不相等的。年龄与道德发展阶段有一定关系，但不完全对应，不同个体道德发展达到的程度不同。研究表明，大多数9岁以下的儿童以及少数青少年处于前习俗道德水平，大部分青年和成人都处于习俗水平。后习俗水平是理想的境界，一般要到20岁以后才能出现，但却只有少数人能达到。有些人的道德发展水平可能只停留在习俗水平，而永远达不到后习俗水平的阶段。

皮亚杰和柯尔伯格从认知发展的角度，揭示了儿童的道德认知发展的基本历程。许多跨文化研究已证实了皮亚杰关于儿童道德认知从效果论到动机论，从客观责任到主观责任，从受外部权威控制到受内部道德原则支配，从他律到自律，从道德实在论到道德主观主义的发展阶段具有一定的普遍意义；而柯尔伯格所描述的阶段比皮亚杰更加具体、细致，反映了一些道德认知的社会内容，因而更具有现实意义。

## 四、品德发展的阶段特征

### 1. 小学生品德发展的特征

小学生品德发展的基本特征有：① 逐步形成和谐的道德认识能力；② 道德言行从比较协调到逐步分化；③ 明显地表现出自觉纪律的形成。总体来看，小学生的品德发展是从依附性向自觉性、从外部监督向自我监督、从服从型向习惯型过渡，发展较为平稳，显示出协调性。在过渡的过程中，存在着转折或质变的时期，即关键年龄。从整体发展来看，关键年龄大致在三年级（9岁左右）。

2. 中学生品德发展的基本特征

中学生品德发展的基本特征有：① 伦理道德发展具有自律性，言行一致；② 品德发展由动荡期向成熟期过渡。总体来看，初中生的伦理道德已开始形成，但具有两极分化的特点。高中生的伦理道德的发展具有成熟性，可以比较自觉地运用一定的道德观念、原则、信念来调节自己的行为。

教育者应以中小学生品德发展的基本特征为德育工作的出发点，在德育的内容、形式、评价标准等方面都应该遵循发展规律，重视发展过程中的关键期，采取合理的教育措施，有的放矢，因材施教。

## 五、品德的培养

1. 确立合理的德育目标

"金字塔倒挂"的层次教育使得德育理想游离于现实生活之外，总是在一个假设的、纯净的情境里用"高、大、全"的架势去塑造人类的灵魂，结果却超越了学生的实际生活，导致学校的品德教育与学生实际脱节。因此，在中小学生品德形成的过程中，学校的德育目标应该与学生的实际相结合，与当前的现实生活相结合，与学科教学相结合，根据学生在不同年龄阶段体现出来的不同的心理特征进行相应的品德教育。① 例如，小学阶段可从身边事一点一滴对小学生进行社会道德规范的教育，而中学正是人主观和价值观形成的时期，应基于此给予中学生理想教育。

2. 构建五维协同的德育模式

出于重视文化和社会环境的考虑，美国心理学家布朗芬布伦纳（U. Bronfenbrenner）提出了生态系统理论（ecological system theory）。在该理论的模式中，布朗芬布伦纳把与个体发展息息相关的环境系统（context）从内到外分为四个（见图4-2）：① 微观系统（microsystem）是个体直接接触的环境，主要包括家人、学校、同龄群体；② 中介系统（mesosystem）由直接环境之间的联系构成，如"家庭与学校之间的相互影响"；③ 外层系统（exosystem）是间接发生影响的外部环境条件，如父母的工作场所；④ 宏观系统（macrosystem）是较大的文化背景，如东方/西方文化、国家经济、政治文化、次文化。这四个系统把发展的个体逐层包裹起来，后者逐个包含前者，形成一个同心圆式的结构。这些外部环境对个体产生不同程度的影响，个体的发展便来自于个体与不同环境之间的互动；而且这些系统之间是互动的，是相互影响和制约的，而且复杂地影响着个体的发展。

为更好地开展德育，学生、学校、家庭、政府和社会应该携起手来，形成五维协同的德育模式，商讨德育的具体内容和培养目标，政府指导学校，学校引导家庭，家庭和社会配合学校，让学生在各个环境中逐渐培养自己的道德行为习惯。

3. 学科教学中渗透德育

任何学科的教学都隐含着德育资源，这种德育资源主要存在于两个方面：一是隐含在教学内容中的道德因素，二是隐含在教学形式中的德育因素。因此，教师在学科教学中渗透德育，应从这两个方面入手：一方面深入研读教材，挖掘蕴含在教材中的德育因素；另一方面在选择教学方法和管理方式时，遵循以人为本的原则，尊重学生，关爱学生，努力创造民主平等的课堂氛围，使德育在潜移默化中实现。②

---

① 李西营，熊建萍. 教育心理学[M]. 北京师范大学出版社，2015：258.
② 刘晓冬. 学科教学中渗透德育的方法与途径[J]. 教育界：高等教育研究，2015，7：36-37.

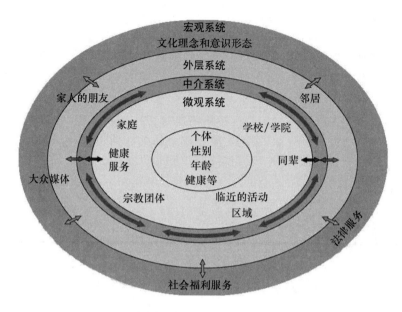

图 4-2　布朗芬布伦纳生态系统理论模型

**4. 综合应用德育培养方法**

教师可以综合应用一些具体的方法来帮助学生形成品德。常用的有说服沟通法、榜样示范法、群体约定法、价值辨析法、给予恰当的奖励与惩罚等。

(1) 说服沟通法

教师经常用言语来说服学生改变态度。在说服的过程中，教师要向学生提供某些证据或信息，以支持或改变学生的态度。对于理解能力有限的低年级学生，教师最好只提供正面论据，以免学生产生困惑，无所适从。对于理解能力较强的高年级学生，教师可以考虑提供正反两方面的论据，使学生产生客观、公正的感觉，从而使他们相信教师所言，改变态度。当学生没有相反的观点时，教师应只呈现正面观点，不宜提出反面观点，以免转移学生的注意，误导学生怀疑正面观点。当学生原本就有反面观点时，教师应该主动呈现两方面观点，以增强学生对错误观点的免疫力。当说服的任务是解决当务之急的问题时，应只提出正面观点，以免延误时间。当说服的任务是培养学生长期稳定的态度时，应提出正反两方面的材料。

教师的说服不仅要以理服人，还要以情动人。一般而言，说服开始时，富于情感色彩的说服内容容易引起兴趣，然后再用充分的材料进行说理论证，比较容易产生稳定的、长期的说服效果。对于低年级的学生来说，情感因素作用更大些。通过说服也可以引发学生产生某些负向的情绪体验，如恐惧、焦虑等，这对于改变作弊、吸烟、酗酒等简单的态度有一定的效果。

教师进行说服时，还应考虑学生原有的态度。若原有的态度与教师所希望达到的态度之间的差距较大，教师不要急于求成，不要提出过高的不切实际的要求，否则将难以改变态度，而且还容易产生对立情绪。教师应该以学生原有的态度为基础，逐步提高要求。

(2) 榜样示范法

班杜拉的社会学习理论以及大量的实践经验都证明，社会学习是通过观察、模仿而完成的，态度与品德作为社会学习的一项内容，也可以通过观察、模仿榜样的行为而习得。

由于榜样在观察学习中的重要作用，因此在给学生呈现榜样时，应考虑到榜样的年龄、性别、兴趣爱好、社会背景等特点,尽量与学生一致,这样可以使学生产生可接近感,避免产生高不可攀或望尘莫及之感。另外,给学生呈现受人尊敬、地位较高、能力较强且具有吸引力的榜样,这样的榜样具有感染力和可信性,使学生产生情感共鸣,榜样本身也容易成为学生向往的、追随的对象,激发学生产生见贤思齐的上进心。通过学习这样的榜样,从而让学生发展自我、完善自我。

榜样行为的示范有多种方式,既可以通过直接的行为表现来示范,也可以通过言语讲解来描述某种行为方式;既可以是身边的真人真事的现身说法的示范,也可以借助于各种传播媒介象征性地示范。教师可以根据实际情况,选择和充分利用恰当的示范方式。一般而言,多种示范方式的结合是较有效的。教师、家长作为学生的榜样,也应注意其示范作用,必须言行一致才能取得良好的教育效果,而且身教重于言教。各种大众传播媒介也应发挥其独特的作用,为学生提供良好的榜样示范,坚决杜绝消极的、不健康的内容。

由于观察学习受到多种因素的影响,因此即使呈现最引人注目的榜样,也不一定使观察者产生相同的行为。为了使学生能够最大程度地做出与榜样的示范行为相匹配的反应,教师需要反复示范榜样行为,并给予指导;当学生表现出符合要求的行为时,应给予鼓励。

(3) 群体约定法

研究发现,经集体成员共同讨论决定的规则、协定,对其成员有一定的约束力,使成员承担执行的责任。一旦某成员出现越轨或违反约定的行为,则会受到其他成员的有形或无形的压力,迫使其改变态度。教师则可以利用集体讨论后做出集体约定的方法,来改变学生的态度。具体可按如下程序操作:

第一,清晰而客观地介绍问题的性质。

第二,唤起班集体对问题的意识,使他们明白只有改变态度才能更令人满意。

第三,清楚而客观地说明要形成的新态度。

第四,引导集体讨论改变态度的具体方法。

第五,使全体学生一致同意把计划付诸实施,每位学生都承担执行计划的任务。

第六,学生在执行计划的过程中改变态度。

第七,引导大家对改变的态度进行评价,使态度进一步概括化和稳定化。

如果态度改变未获成功,则应鼓励学生重新制定方法,直至态度改变。

(4) 价值辨析法

价值观刚开始不能被个体清醒地意识到,必须经过一步步的辨别和分析,才能形成清晰的价值观念并指导自己的道德行动。在价值观辨析的过程中,教师引导学生利用理性思维和情绪体验来检查自己的行为模式,鼓励他们努力去发现自身的价值观,并根据自己的价值选择来行事。有多种策略可以促进辨析,如大组或小组讨论、解决假定的与真实的两难问题、交谈等。针对个体时,教师抓住个别学生表示某种态度、志向、目的、兴趣及活动的时机,做出适当而简短的言语反应,以促使学生对自己的所说所为作进一步的反省与探讨,达到辨析并形成自己的价值观的目的。针对团体时,可通过讨论,让每个人都公开表示自己的意见,了解其他人持某种价值观的理由,以促进学生的道德认知和做出正确的道德抉择。

不论应用什么策略,一种观念要真正成为个人的道德价值观,须经历三个阶段七个子过程。见表4-4。

表 4-4　道德价值观形成的阶段和过程

| 1. 选择阶段 | ① 自由选择。让学生思考"你认为你是从什么时候第一次产生这种想法的?"<br>② 从多种可选范围内选择。让学生思考"在你产生这一想法之前,你经常考虑什么事情?"<br>③ 充分考虑各种选择的后果之后再行选择。让学生思考"每一种可供选择途径的后果将会怎样?" |
|---|---|
| 2. 赞赏阶段 | ④ 喜爱自己的选择并感到满意。让学生考虑"你为这一选择感到高兴吗?"<br>⑤ 愿意公开承认自己的选择。让学生回答"你会把你知道的选择途径告诉你的同学吗?" |
| 3. 行动阶段 | ⑥ 按自己的选择行事。教师可以对学生说"我知道你赞成什么了,现在你能为它做些什么呢? 需要我帮忙吗?"<br>⑦ 作为一种生活方式加以重复。教师问学生"你知道这一途径已经有一段时间了吗?" |

个体只有从头至尾地完成这一过程,才能说他真正具有了某个稳定的价值观念,也才能较持久地指导行动。这整个过程实际上就是一个"赋值过程"。

由于价值辨析的方法基本是诱导性的,而不是灌输性、说教性的,因此教师的作用就在于设计各种活动,运用各种策略来诱发学生暴露、陈述、思考、体验并实现某种价值观。教师自己的观点只能作为一个范例,而不是唯一正确的答案。教师必须诱发学生的态度和价值陈述,接受学生的思想、感情和信念,向学生提问或组织集体讨论,帮助学生思考自己的价值观念,但一切抉择都得由学生自己做出。当然,教师不仅要帮助学生去辨析各种价值观念,而且还要引导学生自觉、自愿地选择符合社会道德原则的价值观念。

(5) 给予恰当的奖励与惩罚

奖励和惩罚作为外部的调控手段,不仅影响着认知、技能或策略的学习,而且对个体品德的形成也起到一定的作用。

奖励有物质的(如奖品),也有精神的(如言语鼓励);有内部的(如自豪、满足感),也有外部的。给予奖励时,应注意:① 要选择、确定可以得到奖励的道德行为。一般来讲,应奖励爱护公物、拾金不昧、尊老爱幼等一些具体的道德行为,而不是奖励一些概括性的行为。② 应选择、给予恰当的奖励物。同一种奖励物,其效用可能因人而异,应考虑个体的实际情况,选用最有效的奖励物。③ 应强调内部奖励。外部的物质奖励只是权宜之计,不可过多使用;应引导学生进行自我强化,让学生亲身体验做出道德行为后的愉快感、自豪感、欣慰感,并让这些转化为产生道德行为的持久的内部动力。

虽然对惩罚的教育效果有不同看法,但从抑制不良行为的角度来看,惩罚还是有必要的,它也是有助于良好的态度与品德形成的。当不良行为出现时,可以用两种惩罚方式:① 给予某种厌恶刺激,如批评、处分、舆论谴责等;② 取消个体喜爱的刺激或剥夺某种特权等,如不许参加某种娱乐性活动。应严格避免体罚或变相体罚,否则将损害学生的自尊,或导致更严重的不良行为,如攻击性行为。惩罚不是最终目的,给予惩罚时,教师应让学生认识到惩罚与错误行为的关系,使学生从心理上能接受,口服心服;同时还要给学生指明改正的方向,或提供正确的、可替代的行为。

除上述所介绍的各种方法外,游戏模拟、角色扮演、小组道德讨论等方法对于品德的形成也都是非常有效的。

 **本章小结**

人格是指决定个体的外显行为和内隐行为并使其与他人的行为有稳定区别的综合心理特

征。影响人格形成的环境因素主要有：产前环境、出生过程、家庭环境、学校教育、社会阶层和社会文化。人格包括个性心理特征、个性倾向性和自我意识三个方面。

精神分析学派创始人弗洛伊德在其地形说的基础上提出"三我"理论。他把人格结构分为三个层次，即本我、自我、超我。PAC理论认为，我们的人格结构存在三种自我状态：成人状态、父母状态、儿童状态。这三种状态在每个人身上的比例不同，交互存在。

人格的发展主要有弗洛伊德的人格发展阶段理论和埃里克森的心理社会发展观。弗洛伊德根据力比多投放部位的不同，将个体人格的成长划分为五个阶段：口唇期、肛门期、性蕾器、潜伏期和两性期。埃里克森认为，人格的发展贯穿于个体的一生，整个发展过程可以划分为八个阶段：基本的信任感对基本的不信任感；自主感对羞耻感与怀疑；主动感对内疚感；勤奋感对自卑感；自我同一性对角色混乱；亲密感对孤独感；繁殖感对停滞感；自我整合对绝望感。

儿童的个性形成和社会性发展是在社会化中实现的。社会化的心理机制主要有社会角色引导、社会比较机制、社会学习机制、亚社会认同四种方式。影响儿童青少年社会性发展的最主要的三种因素是：家庭、同伴和教师。

品德是社会道德在个人身上的体现，是个体依据一定的社会道德行为规范行动时表现出来的比较稳定的心理特征和倾向。品德的形成包括依从、认同与内化三个阶段。品德的学习不仅受到家庭教养方式、社会风气、同伴群体等外部条件的影响，还受到认知失调、态度定势、道德认识水平等内部条件的影响，而个体的智力水平、受教育程度、年龄等因素也对品德的形成与改变有不同程度的影响。

皮亚杰概括出了儿童道德认知发展的四个阶段：自我中心阶段、权威阶段、可逆性阶段、公正阶段。柯尔伯格在道德判断的发展方面提出了三种水平六个阶段理论：前习俗水平(避罚服从取向阶段、相对功利取向阶段)，习俗水平(寻求认可取向阶段、遵守法规取向阶段)，后习俗水平(社会法制取向阶段、普遍伦理取向阶段)。

品德培养的路径主要有：确立合理的德育目标、构建五维协同的德育模式、学科教学中渗透德育、综合应用德育培养方法。德育培养方法主要有：说服沟通法、榜样示范法、群体约定法、价值辨析法、给予恰当的奖励与惩罚等方法。除此之外，游戏模拟、角色扮演、小组道德讨论等方法对良好品德的形成也是非常有效的，教师可以根据实际情况综合运用。

 **知识练习**

1. 什么是人格？人格的构成要素有哪些？
2. 举例分析人格的理论。
3. 简评弗洛伊德的人格发展阶段理论。
4. 简评埃里克森的心理社会发展观。
5. 举例分析小学生的社会化发展及其影响因素。
6. 什么是品德？品德的心理结构有哪些？
7. 简评皮亚杰的道德认知发展论。
8. 简评柯尔伯格的道德发展论。
9. 如何进行品德的培养？

**推荐读物**

常若松.未成年人健康人格自主培养研究[M].教育科学出版社,2014.

陈琦,刘儒德.教育心理学[M].2版.高等教育出版社,2011.

陈学宏.走向人本主义教育的学校管理[M].电子科技大学出版社,2013.

连榕.发展与教育心理学[M].高等教育出版社,2018.

吴昕,刘野.教师专业化背景下的心理学教程[M].辽宁人民出版社,2006.

许燕.人格心理学[M].北京师范大学出版社,2009.

杨丽珠.儿童人格发展与教育的研究[M].吉林人民出版社,2006.

埃里克.H.埃里克森.同一性:青少年与危机[M].孙名之,译.中央编译出版社,2015.

杜安•舒尔茨,西德尼•艾伦•舒尔茨.人格心理学[M].10版.张登浩,等,译.机械工业出版社,2016.

杰瑞•伯格.人格心理学[M].8版.陈会昌,译.中国轻工业出版社,2014.

**推荐观影**

《镜子》——卢钊凯执导的深度探讨家庭情感教育的纪录片,2017年由中央电视台社会与法频道出品。该纪录片讲述三个家庭因孩子辍学而陷入困境,父母们无奈将孩子送入一所特殊学校接受"改造",却意外地让自己接受了一次触及灵魂的启蒙教育。父母对孩子满满的爱有时却造成了满满的伤害,这究竟是为什么?"问题孩子"的背后往往有一个问题家庭教育模式的存在。影片以代际情感问题为切入点,通过客观冷静的记录,呈现三个家庭的社会学样本,以情感教育缺失这一新视角,重新审视当今时代中国家庭面临的亲子关系、亲密关系等情感问题。

# 第三编　学习心理与教育

本编包含5~9章,关注教育心理中的学习心理问题,从学习动机、学习策略、知识学习、学习迁移、问题解决与创造力五个方面具体论述学生的学习心理,以便为实际教学提供必要的学习心理知识。在这一编中,我们首先探讨了学习动机的概述、理论、培养与激发三个方面;其次,探讨了学习策略的概述、常见类型、培养三个方面;第三,探讨了知识的学习的概述、陈述性知识的学习、程序性知识的学习三个方面;第四,探讨了学习迁移的概述、理论、影响因素、教学策略四个方面;最后,介绍了问题解决与创造力的培养。

慕课视频 5-1：
学习动机概述

慕课视频 5-2：
学习动机理论

慕课视频 5-3：
学习动机的
培养和激发

慕课视频 6-1：
学习策略概述

慕课视频 6-2：
认知策略

慕课视频 6-3：
元认知策略

慕课视频 6-4：
资源管理策略

慕课视频 7-1：
知识的表征方式

慕课视频 7-2：
概念的学习

慕课视频 7-3：
技能的学习

慕课视频 8-1：
学习迁移概述

慕课视频 8-2：
早期学习
迁移理论

慕课视频 8-3：
学习迁移的影响
因素与教学策略

慕课视频 9-1：
问题解决与创造力

慕课视频 9-2：
问题解决能力的培养

慕课视频 9-3：
创造力及其培养

# 第五章　学习动机

【学习目标】

1. 掌握学习动机的含义及分类；
2. 了解学习动机相关的理论；
3. 能够利用学习动机相关理论分析学生的学习动机；
4. 理解和掌握激发学生学习动机的方法和策略。

【知识导图】

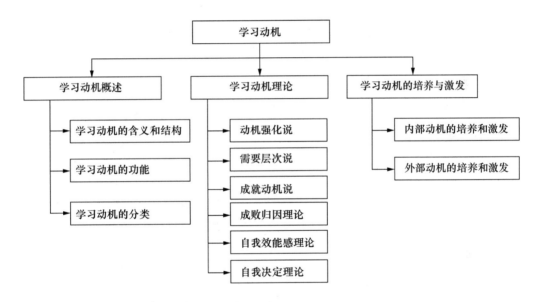

【学前反思】

小米在学习上很努力，每次老师宣布成绩后她都希望自己的成绩比其他同学好。她常常拿自己和其他同学比较，总想超过他们。如果哪次别人比她考得好，她心里就会不舒服。当她比别人考得好时，她就会非常兴奋。小刚的学习成绩也不错，但是他对课程中的内容更感兴趣，希望自己能够真正掌握老师所讲授的知识。课下他会主动找老师问问题，也会自己找一些书籍来阅读。尤其是对于数学，他经常找一些难度大的题去做，在解决问题的过程中体验到一种学习的成就感。

班主任李老师鼓励学生之间相互竞争，要求每个同学都要树立一个竞争对手或学习的榜样，并努力赶超别人。的确，同学之间的竞争对学习成绩的提高有促进作用。这个班的学生你追我赶，尤其是一些学习成绩不错的学生，对成绩就看得十分重要，每次考试后都唯恐输给了别人。李老师也发现一些好学生为了取得高分开始对分数斤斤计较，有时候买了有价值的参考资料藏起来不想让人知道，考试前也总担心自己失败。

上述案例中,小米和小刚的学习动机有什么不同?李老师通过鼓励学生之间竞争来激发学生的学习动机,这样的做法有什么利与弊,应该如何调整?这些问题的答案就在本章的内容里。

# 第一节　学习动机概述

## 一、学习动机的含义和结构

1. 学习动机的含义

心理学家将动机定义为激发、引导和维持行为的内部动力。通俗地说,动机就是行为的"发动机",是推动行为朝向某个目标和方向的动力。学习动机是指直接推动学生进行学习的一种内部动力。学习动机激发学生进行学习活动,并维持已发生的学习活动。促使学生学习并愿意为学习付出努力的因素有很多,如学生的智力、个性、学习任务的难易程度、学生的志向水平以及受到的鼓励等,但是最关键最直接的原因是学习动机。

学习动机有强度和方向上的变化。学习动机的强弱影响学习行为的坚持性和紧张度,进而影响学习活动的效率。例如,两个学生同样都在学习,但他们表现出的积极性却大不一样,付出的努力程度相差也很大,这是因为支配他们学习行为的动机强度不一样。学习动机在方向上的变化又决定了学习行为的对象和目标。两个学生即使有同样强度的学习动机,但目标方向上却有不同,有的是想要超越别人,就像上面的案例中提到的小米同学一样,而有的则像小刚同学一样,是对学习任务本身感兴趣。

2. 学习动机的结构

学习动机是由学习需要和学习诱因两个成分构成的。学习需要是个体在学习活动中感到某种欠缺而力求获得满足的心理状态,它包括学习的兴趣、爱好和学习的信念等。学习需要对学习动机起着内在推动力的作用,所以需要也被称为内驱力。当某种需要变得强烈并把活动指向某一目标时,需要就变成了动机。

诱因是指能够激发有机体的定向行为,并能满足某种需要的外部条件或刺激物。名誉、地位、奖品、家长和老师的赞誉都可以成为引发学习动机的外部条件,对学习动机起着拉力的作用。

学习需要和诱因,一个推力,一个拉力,二者的共同作用决定了学习动机的强度或力量。学习需要是内在的、比较隐蔽的成分,是支配个体行动的内部原因。诱因是与需要相联系的外部刺激物。没有学习需要,个体的行为就缺乏相应的推动力,缺少内部积极性。但若只有需要,没有相应的外在诱因的吸引和拉动,行为的积极性也会降低。

因此,学生的学习动机取决于学习需要与诱因的相互作用。教师应该既要了解学生的学习需要,通过满足学习需要激发学生的学习动机,同时还要注重外在的奖励和强化对学生学习积极性的影响。

学习动机作为学生学习行为的内部动力或原因,本身无法直接观察,只能根据学习动机引起的行为表现去推论。正因为如此,学习动机一直是教育心理学领域充满魅力和挑战的研究课题。

## 二、学习动机的功能

1. 激活学习行为

学习动机是个体学习积极性的一个主要方面,它具有激活或启动学习行为的作用,能推动个体产生学习行为。当学生的认知需要处在缺乏状态时,就会产生内驱力,唤醒和激发一定的情绪状态(如焦虑、激动),产生想要满足好奇心和求知欲的愿望和动机,这时候就会产生相应的学习行为。例如,在教分数的基本性质时,教师创设了一个下面的故事情境。

山上的猴子最喜欢吃猴王做的饼了。有一天,猴王要将三块大小一样的饼分给小猴们吃。猴王先把第一块饼平均切成四块,分给第一只小猴其中的一块。第二只小猴见了说:太少了,我要两块。猴王就把第二块饼平均切成八块,分给它其中的两块。第三只小猴更贪,抢着说:我要四块,我要四块。于是猴王又把第三块饼平均切成十六块,分给它其中的四块。同学们,你们知道哪只小猴分得的饼最多吗?

这样的问题情境,激发了学生的好奇心和探索欲,激活了学生的思维,使学生兴致盎然地进行思考,自然就产生了相应的学习行为。

2. 指向学习目标

任何学习动机都是有指向、有目的的,这是因为学习需要和学习诱因都有具体明确的对象。有的学生努力学习是为了满足求知欲和好奇心,有的学生是为了赶超比他成绩好的同学,有的学生是为了获得老师和家长的赞许,而有的学生的学习目标可能指向更远的未来。比如,希望将来能够把所学知识服务于人民,报效祖国。不同的学生同样的学习行为可能有不同的目标,同一个学生的学习行为也可能有多种目标支配。但如果目标指向太多,受到多种诱因的指引,就可能使学生学习行为变得混乱,无法集中精力提高学习效率,这时就需要学生做出选择,舍弃某些目标,只保留重要而稳定的目标。

3. 强化学习行为

学习动机水平越高,学习的积极性也就越高。学习动机高的学生不仅态度认真,还有较强的意志力用以克服学习上遇到的暂时困难。因此,也就能坚持长时间的学习活动,并能够坚持把学习任务完成,获得较高的成就。反之,如果学习动机较弱,学生的学习行为的积极性就低,效率因此受到影响,不容易坚持学习活动,遇到困难很容易退缩或放弃。

4. 维持和调节学习活动

学习行为一旦被某种学习动机激发和启动,学习动机就像指南针一样指引着学生的学习行为。有了目标和方向的学习行为,就会保持一定的时间。如果动机强烈,目标长远,学习行为能保持相当长的时间。但是如果学习没有了目标和方向,学习行为将很难维持。苏联心理学家马卡连柯(A. S. Makarenko)对学龄前的儿童进行了一项研究:他让一组5~6岁的学龄前儿童在一段时间内保持某种站立姿势,但并不告诉儿童站立的原因或目的。另一组同样年龄的儿童,让他们在这种站立的游戏中扮演自己感兴趣的角色,从而加强他们对这一活动的兴趣和动机。结果发现,两组儿童在站立时间上相差3~4倍,被加强了活动动机的那组儿童能够较长时间地保持站立姿势。在实际教学情境中,教师们也经常发现,凡是较长时间维持注意力在学习活动上的学生,他们的学习动机就比较强,学习目标也非常明确。

另外,学习动机不仅引发和维持学习行为,还能不断监督和调节正在进行的学习行为。学生的学习行为经常会受到自身和外部各种因素的影响,如外界要求的变化、学习信念和理想的动摇、诱因价值的改变、学习兴趣的转移等,这些因素会不同程度地影响学生已经出现的学习行为,同时还会影响学生对学习任务的投入程度及其付出努力的程度等。这时候就需要通过调整学习动机来改变学习行为。如果学习动机强度合适,学习目标明确,就能够使学习行为受到的影响减少,排除一些干扰因素,朝着既定目的前进,直到学习目标实现。

## 三、学习动机的分类

1. 外部动机和内部动机

根据学习动机产生的诱因来源,可以将学习动机分为内部学习动机和外部学习动机。

由于好奇心、求知欲的驱使而产生的学习动机就是内部动机,它来自学习者自身内部的一些因素,无需外力的作用,是学生比较自觉学习的一种内部动力。一些科学家所从事的科学研究往往都来自于内部动机,对所从事的工作和探索的领域充满兴趣和好奇是他们几十年如一日地进行科学研究的不竭动力。学生读自己喜欢的书,沉迷于做自己喜欢的数学题等都是内部动机支配的行为。

外部学习动机是由外部诱因引起的,指向学习活动结果的一种动机。它往往和外部的奖励相联系,容易受到外部条件的制约。如果诱因有足够的吸引力,外部动机就变强;如果诱因失去价值,或者结果已经达到,学习动机就被削弱甚至消失,学习行为将受到很大影响。过度依赖外在诱因和条件的外部学习动机不容易产生稳定的学习行为,因为外在的条件在不断发生变化。但是,有时候外部动机也是一种不可缺少的、必要的学习动机。因为,学生的学习行为可以由多种动机支配,特别是当学生对所学知识还没有产生兴趣的时候,外部动机是维持学习行为的重要条件。由外部动机逐渐发展成内部动机也是学生学习过程中经常出现的情况。国学大师季羡林先生在上小学时,连续六年获得第一名,当时的校长亲自为他颁奖,并写了一副对联赠给季羡林,季羡林大受鼓舞。后来他回忆说:"我从此才有意识地努力学习。要追究动机,那并不堂皇,无非是想保持自己的面子,绝不能从甲等第一名落到第二名,如此而已。"可见,来自外部的激励和强化所产生的外部动机也能产生强大动力。

2. 一般动机与具体动机

根据学习动机起作用的范围不同,学习动机分为一般动机和具体动机。

一般动机是在许多学习活动中都表现出来的,较稳定、较持久地努力掌握知识经验的动机。一般动机主要产生于学习者自身,与其价值观念和性格特征密切相连,因而也称为性格动机,具有高度的稳定性。

具体动机是在某一具体学习活动中表现出来的动机。在这种动机驱使下,学生往往只对某一门或某几门学科或内容感兴趣,对其他学习内容不关心。这类动机主要受外界情境因素的影响,因而也称为情境动机,其作用是暂时的、不稳定的。

3. 高尚的、正确的动机和低级的、错误的动机

根据学习动机的社会意义,可以把学习动机分为高尚的或正确的学习动机和低级的或错误的学习动机。例如,周恩来少年时为中华之崛起而读书,马克思为寻求人类的自由与解放坚持在伦敦博物馆读书等,都是高尚的、正确的学习动机。为了个人的名誉,为了当黑客去学习计算机科学等,是低级的、错误的学习动机。年龄较小的学生学习的动机可能仅仅是为了获得好的分数,得到老师和家长的表扬,因为他们可能并不理解什么是低级或高尚,教师也不能苛求小学生就能产生高尚的学习动机。但是,在教育过程中,家长和教师都要重视培养学生为集体和国家服务的意识,使其认识到学习不仅仅是获得个人名誉或地位的手段,促使他们逐渐发展出高尚的学习动机。

4. 近景的直接性动机和远景的间接性动机

按学习动机起作用时间的长短来分,把学习动机分为近景的直接性动机和远景的间接性动机。

近景的直接性动机是由活动的直接结果所引起的对某种活动的动机,这种动机大多不够稳定,易随环境的变化而变化。例如,为了修好坏了的计算机,努力学习有关知识。这种动机主要是由好奇和认知的需要引起的,往往比较具体,动机强烈,但一旦问题解决了,学习行为可能就会停止。

远景的间接性动机是指由于了解活动的社会意义、活动结果和社会价值而引起对某种活动的动机。例如,很多中小学生是为了考一个分数,争得一个荣誉,或者是为了获得老师和家长的表扬和奖励才努力学习,这是和社会观念、父母及教师的期望在学生头脑中引发的长远目标相联系的,往往具有一定的社会意义和理想色彩,与个人的社会抱负、人生志向和理想相关。如"为了实现社会主义祖国四个现代化而努力学习""为了将来能出人头地而努力学习""为了将来能找到一个好工作""为了将来能当科学家"等,这些动机都是指向未来的目标,这种动机一旦形成,不容易受到偶然因素的影响,能在较长时间内指引学生的学习,具有较高的稳定性和持久性。

5. 主导性的学习动机和辅助性的学习动机

根据动机起作用的大小不同,可以把学习动机分为主导性的学习动机和辅助性的学习动机。例如,有的学生努力学习,主要原因是为了得到父母的表扬,次要原因是为了学习知识。想得到父母表扬而产生的动机是主导性的学习动机,想获得知识而产生的动机就是辅助性的。

6. 认知内驱力、自我提高内驱力和附属内驱力

美国教育心理学家奥苏贝尔认为,在学校情境中,任何一个学生的学习动机都可以从三种内驱力来分析,这三种内驱力即认知内驱力、附属内驱力和自我提高内驱力。

(1)认知内驱力是一种想要满足认知需要,了解和理解学习任务本身的一种愿望或动力。这种内驱力多半是由好奇心而产生的,学生的学习主要是为了获得知识,知识的获得又可以作为直接奖励和强化行为的条件,因此这是一种内部动机。教育心理学家越来越重视内部动机的作用,强调让学生对学习任务本身产生兴趣,从而引发稳定而持久的学习行为。

(2)自我提高内驱力是学生想要提高社会地位,赢得他人尊重,在同伴群体中处于优势的一种愿望或动机,这显然是一种外部动机。自我提高内驱力既可以使学生力求在学习期间取得好的成绩和名次,同时还能促使他们为未来的学术生涯和职业生涯谋求一定的地位。一般来说,随着年级的升高,这种内驱力就会变得越重要。

(3)附属内驱力是学生为了保持长者们(如家长、教师等)的赞许或认可而表现出来的把工作做好的一种愿望或需要,这同样也是一种外部动机。附属内驱力的产生往往需要具备三个条件:第一,学生与长者在感情上具有依附性。这样学生才会比较重视来自长者的态度和看法。第二,学生能从长者的赞许或认可(如被长者视为可爱的、聪明的、有发展前途的,而且受到长者种种优待等)中获得派生地位。所谓派生地位,不是由他本身的成就水平决定的,而是从他所效仿的某个人或某些人不断给予的赞许或认可中引申出来的。第三,享受派生地位乐趣的人,会有意识地使自己的行为符合长者的期望,巩固自己的派生地位。有不少学生在某一个阶段的学习动力就来自于长者的不断鼓励和夸奖,他们为了保持在老师和家长心目中已经建立起来的好形象,而不断努力学习。

奥苏贝尔提到的这三种动机,在现实中尤其是学校领域中比较常见,是学生学习行为的主要动因。认知内驱力、自我提高内驱力和附属内驱力在动机结构中的比重并非一成不变,会随着年龄、性别、个性特征、社会地位和文化背景的不同而变化。从年龄角度来说,在儿童早期,附属内驱力最为突出,他们努力学习,主要是为了获得家长和老师的赞许和认可。当然,儿童

早期也有很强的好奇心和求知欲,在某些学习领域,认知内驱力也是主导动机。到了儿童后期和少年期,附属内驱力的强度有所减弱,来自同伴、集体的赞许和认可逐渐替代了对长者的依附。在这期间,赢得同伴的尊重就成为一个强有力的动机因素。到了青年初期,即高中阶段及以后,认知内驱力和自我提高内驱力成为学生学习的主要动机,学生学习的目的在于满足自己的认知需要,并从中获得相应的地位和威望。

值得注意的是,若过分强调学生的考试成绩和学校的升学率更多地培养和激发的是学生的附属内驱力和自我提高内驱力,单纯为满足求知的需要而进行学习的学生很少,所以导致大部分学生没有稳定而持久的学习动力,只把学习看成是达成某种目的的手段和途径。一旦学习的外部环境和条件发生变化,学习行为就容易受到影响。

### 四、学习动机对学习效果的影响

学习动机对学习效果的影响可以从两个方面来分析:一是从总体上来说,学习动机水平对整个学习活动的影响;二是具体的学习活动中学习动机对学习效果的影响。

总体而言,在一般情况下,学习动机和学习效果的关系是一致的。学习动机越强,个体对学习活动的积极性就越高,学习效果就越好。但是,学习动机和学习效果的关系并不是线性的、直接的关系,而是通过一些中介机制间接地有联系。学习动机的间接作用具体表现在:学习动机可以唤醒学习者的情绪状态,加强学习者的准备状态,使学习者集中注意力,提高努力程度和专注力。这些因素将直接影响学生的学习行为,进而影响学习效果。学习行为并不单纯只受学习动机的影响,它还受到学习者的智力水平、知识经验、教师指导、学习策略、学习习惯和个性特点等主客观因素的制约,因此学习动机和学习效果之间的关系并不是完全成正比的。只有把学习动机、学习行为、学习效果三者放在一起加以考察,才能看出学习动机和学习效果之间既一致又不一致的关系,如表5-1所示。

表 5-1 学习动机和学习效果的关系

|  | 正向一致 | 负向一致 | 正向不一致 | 负向不一致 |
| --- | --- | --- | --- | --- |
| 学习动机 | ＋ | － | － | ＋ |
| 学习行为 | ＋ | － | ＋ | － |
| 学校效果 | ＋ | － | ＋ | － |

注:"＋"表示积极,"－"表示消极。

从表5-1中可以看出,在四种学习动机与学习效果的关系类型中,有两种类型的学习动机与学习效果的关系是一致的,另两种类型的学习动机与学习效果的关系则不一致。一致的情况是:学习动机强,学习积极性高,学习行为也好,则学习效果就好(正向一致)。相反,学习动机弱,学习积极性不高,学习行为也不好,则学习效果就差(负向一致)。不一致的情况是:学习动机不强,学习积极性不高,但如果学习行为好,其学习效果也可能好(正向不一致)。相反,学习动机强,学习积极性高,学习行为不好,学习效果差(负向不一致)。

据此,我们可以得出这样的结论:学习动机是影响学习行为和学习效果的一个重要因素,但却不是决定学习活动的唯一条件。在学习中,激发学习动机固然是重要的,但应当把改善各种主客观条件,以提高学习行为水平作为重点来抓。只有抓住这个关键,才能保持正向一致或正向不一致,消除负向一致或负向不一致。

对一项具体的学习活动而言,学习动机和学习效果的关系并不是那么简单。根据耶克斯-

多德森定律(Yerkeb-Dodson law),学习动机和学习效果之间是一种曲线(呈现倒"U"型)关系,动机水平太高或太低学习效果都不好,只有当学习动机处在中等水平的时候,学习效率才最高。动机水平的强弱在个体行为层面可以表现为情绪唤醒状态和焦虑程度。唤醒度太低不利于激发人的积极性和主动性,唤醒度太高又会让个体过于紧张和焦虑,消耗和瓦解个体的能量和意志,也不利于问题的解决。但是这种最佳水平并不是一成不变的,它随着任务性质的不同而不同,如图5-1所示。

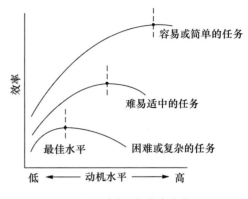

图 5-1 耶克斯-多德森定律

在比较容易的任务上,工作效率随动机的提高而上升;随着任务难度的增加,动机的最佳水平有逐渐下降的趋势。耶克斯-多德森定律找出了不同的任务难度上的最佳动机水平,这对我们的教育实践具有较大的启发意义,教师可以根据作业的难度水平来帮助学生唤醒最佳的动机水平。学生中流传"大考大玩,小考小玩,不考不玩"的说法也是有一定道理的。但是,这一定律并没有考虑到学生能力水平的差异,面对同样困难的任务,对能力水平低的学习者来说,其最佳动机水平是在中等偏低处,但对高能力水平的学习者而言,其最佳动机水平可能在中等偏高处。

## 第二节 学习动机理论

慕课视频 5-2:
学习动机理论

多年来,心理学家对动机的研究有了相当大的进展。他们试图从不同角度解释和阐明人类行为的原因:联结学派注重外部环境对人类行为的影响和塑造;人本主义则从人类的需要出发,研究行为背后的驱动力;当代动机理论家则从认知角度,探索诸如成就动机、归因、自我效能感等因素对动机行为的影响。这些观点之间有某种程度的重合,同时也存在着较大差异。总之,学习了解这些理论,能帮助我们全面了解影响学生学习动机和学习行为的心理因素,并从这些因素出发来更好地激发和培养学生的学习动机,从而提高学生的学习效率。

### 一、动机强化说

联结学派的基本观点是个体的行为最初是由内部或外部刺激引发的。例如,饥肠辘辘时或看到令人垂涎欲滴的美食图片时,个体会根据过去的经验或已形成的习惯采取一定的行为(比如,去厨房找点吃的或者去饭馆填饱肚子),找食物的行为在饥饿刺激消失后才会停止。这种刺激和行为反应之间的联结(刺激是饥饿感,行为反应是找食物吃)主要是受到了某种条件的强化而得以巩固或加强。相反,如果行为反应受到了惩罚,刺激和反应的联结就会被削弱。比如,老师提问问题时(刺激),一个小学生主动举手发言(反应),但是由于答错被老师批评了几句,这个小学生就可能在课堂再也不主动举手发言了。

联结学派用强化观点来解释人的行为,同时也用强化的观点来解释动机的产生。事实上,学习行为和学习动机无须分开。强化或惩罚既会影响行为的倾向,同时也影响动机的强弱。

如果学生因学习而受到强化(取得好成绩或受到老师的表扬),这样的结果会引发他们较强的学习动机;如果学生的学习没有得到强化(分数差或没有受到表扬),学习动机就会降低;如果学生的学习受到了惩罚(遭到同学嘲笑或家长批评),则会产生逃避学习的动机。

动机强化说把行为的原因归结为外部刺激和外部强化的作用,解释的是外部动机产生的机制。正如前面对于学习动机的分类,动机不仅是由外部诱因引发,还受到个体内部的各种内驱力的推动,这属于内部动机。斯金纳等人过于强调外部条件对人的行为的影响,忽略了人的主观能动性和个体差异性。

实践表明,强化论对某些简单的操作反应,如驯化动物、知识学习、儿童行为习惯的养成、智力低下者的行为训练,以及在特定的条件下的行为矫正中,可以看到观点的合理之处。但当应用到常态的成年人行为干预中,或者当人们思维中对成败因素的主观判断、预期期望、意识、本能欲望等占上风时,动机强化说往往无法解释这些行为。

## 二、需要层次说

人本主义心理学家马斯洛在20世纪40年代提出了自己的动机理论。他认为,任何行为的发生都是由人的各种各样的需要驱动和引发的。学生的学习行为并不是被动地依赖外在环境刺激的强化,学生自身就有一种自动自发的成长潜能。研究人的需要就可以解释人的行为的动因来源。通过对大量人物传记的研究以及对不同人物的观察,马斯洛提出了需要层次理论。他认为人有五种基本需要,分别是生理的需要、安全的需要、归属和爱的需要、尊重的需要和自我实现的需要。这些需要从低级到高级依次排列成一个金字塔式的形状。

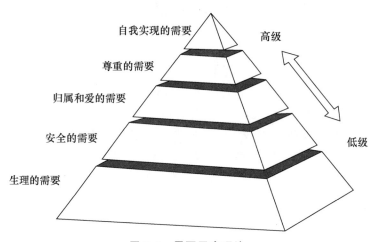

图 5-2 需要层次理论

较低级的需要至少达到部分满足之后才能出现对较高级需要的追求。生理的需要,指维持有机体生存及延续种族的需要,如对水、食物、休息、性等的需要,它驱动人的觅食、睡眠和配偶等行为。中国有句古话说"仓廪实而知礼节",说的也就是在生理需要得到满足后人才会追求更高级的需要。安全的需要是一种生存需要,人们要有一个规范、有秩序的生活环境和生活方式。生理的需要和安全的需要虽然并不直接推动学习行为的产生,却是保证学生进行有效学习的前提条件。这两种需求若得不到满足,不仅学习活动无法进行,而且会导致学生出现身心疾病。归属和爱的需要是学生进行人际交往的动力,在学生成长过程中,师生交往、同伴友谊既是学习的条件,也是学习的内容。教师和家长要尽可能地给学生以爱,要创造一个良好、友善的学习环境,让学生感到被接纳和认同,有归属感。尊重的需要包括自尊和尊重他人。自尊的需要驱动学生寻求被认可、胜任、独立、自强等行为。尊重他人会驱动学生产生接受和理解他人的行为。自我实现的需要被马斯洛定义为"成为某人能够成为的人的一种需要"。自我实现的需要推动人发挥自己的潜能,为实现人生理想和高级精神追求而努力。培养自我实现的人是学校教育的主要目标。

马斯洛把前三种需要称为"缺失需要",而后一种需要称为"生长需要"。马斯洛的理论对教育的重要意义就在于他对缺失需要和生长需要的解释。显然,饥肠辘辘或身处险境的学生很难把精力放在学习上。因此我们应该认识到,如果学生的基本需要得不到满足,其学习就会受到影响。近年来,我国政府在贫困地区学校实施了"营养餐"或"免费午餐"项目,目的就是满足学生的基本生理需要,以保证学生能正常学习。在基本需要得到满足后,对于大多数学生来讲,最重要的缺失性需要是归属和爱的需要以及尊重的需要。没有感受到被人关爱,或者因为成绩差而变得非常不自信,这样的学生不可能有强烈的动机去追求较高水平的成长目标,不能自主地去探索和理解新知识,也不能像自我实现的个体那样对新观念具有创造性和开放性。

## 三、成就动机说

20世纪30年代默里(H. A. Murry)最早开展成就动机的有关研究。他把成就动机定义为努力克服障碍,施展才能,力求又快又好地解决某一难题的愿望。

20世纪50年代,阿特金森(J. W. Atkinson)对成就动机的结构、影响成就动机的各种变量进行了研究,在实验的基础上提出了成就动机的"期望—价值"理论模型。阿特金森认为,个人的成就动机可以分为两部分,即力求成功的意向和避免失败的意向。也就是说,成就动机涉及个体对成功的期望和对失败的担心之间的情绪冲突。追求成功的动机是成就需要、行为成功的主观期望概率以及取得成就的诱因值三者乘积的函数。同样,避免失败的倾向是避免失败的动机、失败的可能性以及失败的消极诱因值三者乘积的函数,用公式可表示为:

$$T = M \times P \times I$$

其中 T 代表某种行为倾向的强度;M 代表成就需要或成就动机水平,阿特金森认为它是人在早期生活中所获得的潜在的、稳定的、普遍的人格特质;P 代表期望,是人对成功或失败的主观估计的概率,I 代表诱因价值,是人在成功和失败时所体验的满足感。一般来说,任务越难,成功的概率就越小。所以,P 与 I 的关系可以表现为:$I = 1 - P$

阿特金森认为,人的成就动机由两种成分组成,即追求成功的动机($M_s$)和回避失败的动机($M_f$)。追求成功的动机使人产生追求成就任务、追求成功的行为倾向($T_s$);回避失败的动机使人产生回避成就任务、畏惧失败的行为倾向($T_f$)。由此,阿特金森分别列举了如下两个公式:

$$T_s = M_s \times P_s \times I_s$$
$$T_f = M_f \times P_f \times I_f$$

阿特金森认为,一个人追求成功的动机和回避失败的动机同时存在,要预测和理解成就行为,必须把这两种相反的动机同时考虑在内。一个人对成就任务最终是趋向还是回避,要取决于 $T_s$ 与 $T_f$ 的强度。把 $T_s$ 与 $T_f$ 加在一起,就可以说明趋向或回避特定成就任务的纯倾向或总倾向。

当 $M_s > M_f$ 时,总的行为倾向为正值,在这种人的成就动机中,追求成功的成分多于回避失败的成分,"追求成功"是其稳定人格特质的一部分。"追求成功者"愿意选择成功机会为 50% 的任务,而对成功可能性很高或很低的任务都不感兴趣。

当 $M_s < M_f$ 时，总的行为倾向为负值，在这种人的成就动机中，回避失败的成分多于追求成功的成分，"回避失败"是其稳定的人格特质的一部分。"回避失败者"倾向于选择非常容易或者非常困难的任务，因为选择容易的任务可免遭失败，而选择困难的任务，即使失败，也可找到借口，从而减少挫败感。与"追求成功者"相反，他们对失败机会的任务多采取回避的态度。

阿特金森等人在所做的实验中证明了上述结论。实验是以 5 岁儿童为被试，让孩子走进一间屋子，手里拿着绳圈，让他用绳圈去套房间中间的一个木桩。孩子们可以自由选择自己站立的位置，并且让他们预测他们能够套中多少绳圈。结果发现，追求成功的孩子选择了距离木桩适中的位置，然而避免失败的孩子却选择了要么距离木桩非常近，要么距离木桩非常远的地方。这一实验结果说明，追求成功的孩子选择了具有一定挑战性的任务，但同时也保证了具有成功可能性。因此，他选择了与木桩距离适中的位置。这个发现在不同年龄、不同任务中取得了一致的结果。避免失败的孩子关注的不是任务本身的成败，而是为了尽量避免由于失败给自己造成的挫折感体验，所以，选择了要么离木桩很近，可以轻易成功，要么距离很远，几乎没有成功的可能性，这是任何人都达不到的，因此也不会带来挫败感。

成就动机理论在教育中有广泛的应用。那么，如何激发和提高学生的学习动机？首先，应该了解学生的成就动机的高低，根据其成就动机的高低来安排不同难度的任务。其次，还需要不断引导低成就动机者把注意力引向完成任务本身，而不是过于关注事情的结果所造成的自我评价和社会评价，进而提高他们的成就动机。

## 四、成败归因理论

归因，即对行为结果的原因进行理解和解释，是个体根据有关信息、线索对行为结果的原因进行推测与判断的过程。归因是人类的一种普遍需要，每个人都有一套从其本身经验归纳出来的，关于其行为原因与其行为结果之间联系的看法和观念。归因理论具有鲜明的认知理论派的特点，从个体对自己行为结果的理解和解释上来研究动机行为。

美国心理学家维纳（B. Weiner）对行为结果的归因进行了系统探讨，尤其是对学习者成败时的自我解释进行了系统说明。这也是该理论最具有教育意义之处，因为成败是学习中的常事。维纳认为，学生在对自己的学习成败进行归因时，通常归因于四个因素：能力、努力程度、任务难度和运气。学生的归因过程主要是从三个维度进行的：一是导致成败结果原因的控制源维度，即原因是来自内部还是外部；二是原因的稳定性，即原因是稳定的还是不稳定的；三是原因的可控制性，即原因是否能够被个体调节和控制。因此，这四种归因因素又可以分别属于不同维度的不同方向，具体关系如表 5-2 所示。

表 5-2 成败归因中的三个维度和四种因素

| 控制点 | | 稳定性程度 | |
|---|---|---|---|
| | | 稳定的 | 不稳定的 |
| 内部的 | 成功<br>失败 | 能力<br>"我很聪明"<br>"我很笨" | 努力<br>"我下了功夫"<br>"我实际上没下功夫" |
| 外部的 | 成功<br>失败 | 任务的难度<br>"这很容易"<br>"这太难了" | 运气<br>"我运气好"<br>"我运气不好" |

归因不是一个独立的过程。归因研究的价值在于归因是上一次行为和下一次行为之间的重要环节。具体地说,对上一次行为原因的解释将对下一次行为产生重要的影响。例如,如果一个学生将失败的原因归结为自己太笨,那么他就会自暴自弃,因为聪明和笨是自己无法在短时间内改变的,因此是不可控的;相反,如果他将失败归结为自己不够努力,他就会为了获得下一次的好成绩而付出努力,刻苦学习。从这个角度而言,归因是影响学习动机的重要因素。

学生对学习成败的结果进行归因,首先会影响到学生的情绪体验,并会对接下来的行为产生不同的预期,进而影响接下来学习动机的强弱。稳定性维度与个体对未来成败的期望有关。如果个体将成败归因于稳定因素(能力或任务难度),则会预期下一次的成败;如果归因于不稳定因素(努力程度或运气),则会根据这一因素是否可控,而期望是否能够改变下一次的结果。

控制源维度主要会影响到个体的情绪体验。如果将成功归因于能力强,或者是努力程度高,则会产生自豪感和欣慰感;如果归因于外部,则会产生侥幸心理。如果将失败归因于能力差或没有付出努力,则会产生自卑感或羞愧感,如果归因于任务太难或运气差,则会生气或愤怒。可控制性维度既与情绪体验有关,又与对未来的成败预期有关。如果将成功归因于可控因素(努力程度),则感到满意,并期待通过自己的控制而获得下一次成功;如果归因于不可控因素,则感到庆幸,但无法预期下一次的成功,因而不能产生学习的动力。如果将失败归因于不可控因素,则产生内疚,下一次是否成功取决于自己下一阶段的行动;如果归因于不可控因素,则感到绝望,自甘下一次的失败。

维纳的成败归因理论在教育上具有重要意义。教师可根据学生的自我归因预测其学习动机。学生自我归因未必正确,但却是重要的。因为归因促使学生从了解自己到认识别人的过程中,建立起明确的自我概念,促进自身人格的成熟和完善。如果学生有不正确的归因,则更表明他们需要教师的辅导与帮助。长期消极的归因不利于学生的个性成长,这就需要教师对学生进行正确的归因训练,帮助学生重塑自信、获得力量。维纳发现,在师生交互作用的教学过程中,学生对自己成败的归因,并非完全以其考试分数的高低为基础,而是受到教师对其成绩反馈的影响。因此,积极有效的反馈可以帮助学生进行正确的自我归因。

## 五、自我效能感理论

社会学习理论的创始人班杜拉提出了自我效能感理论,用以解释人类行为启动的原因。自我效能感(self-efficacy)是指人们对自己能否成功地进行某一行为的主观判断。班杜拉认为传统的联结学派只强调强化对个体行为的影响是失之偏颇的。个体不仅会受到外在环境的强化影响,更重要的是个体还会从对自我效能的评估来确定是否进行某一活动。例如,几乎所有的学生都知道如果上课认真听讲(行为R)就有可能获得好成绩(强化S),还有随之而来的老师和家长的表扬与奖励(强化S),这也是家长和老师经常用来作为鼓励学生好好学习的诱因。但是,并不是每个学生都表现出被期待的行为,这可能是由多种原因造成的。其中一个重要因素可能就是学生对自己的学习能力估计偏低,他认为自己即使认真听讲也不会带来好的结果,因为自己并不擅长学习这门课,老师讲的内容听不懂。像这种对自己某种行为实施能力的推测和判断,就是班杜拉特别强调的效能期待,也就是自我效能感。只有当人们确信自己有能力进行某一项任务时,才愿意从事这一活动。

自我效能感作为个体内在的一种重要认知活动和情绪感受,对个体的行为起着重要的作用。班杜拉等人研究总结出自我效能感四个方面的作用:① 决定人们对活动的选择,以及对活动的坚持性。自我效能感高者倾向于选择富有挑战性的任务,在困难面前能坚持自己的行为；而自我效能感低者则会选择较容易的任务，或者逃避选择。② 影响在困难面前的态度。自我效能感高的人敢于面对困难，坚信只要不断努力，困难是会克服的；而自我效能感低的人在困难面前缩手缩脚，不敢尝试。③ 影响新行为的获得和习得行为的表现。自我效能感高的人能够高效地获得新行为，并自如地表现所习得的行为；而自我效能感低的人则相反。④ 影响活动时的情绪。自我效能感高的人做活动时信心十足，情绪饱满；而自我效能感低的人则充满着恐惧和焦虑。

班杜拉通过大量研究来探索个体自我效能感形成的原因，结果发现有四种因素通过个体对它们的认知和解释不同，而影响到个体的自我效能感。

1. 个体自身行为的成败经验

这一信息源对自我效能感的影响最大。一般来说，成功经验会提高效能期望，反复的失败会降低效能感。当然，成功经验对效能期望的影响还要取决于个体对成败的归因方式。如果个体把失败归因于外部的不可控的因素就不一定会降低效能感。自我效能感随着个人成就的提高而提高。一个人的成功经验越多，其知觉到的自我效能感越强。这意味着自我效能感是可以训练的。如果能让儿童获得成功，他就可能形成较高的自我效能感。

2. 替代经验

当人们观察他人的行为时，替代经验（观察学习、示范、模仿）会影响自我效能感。当看见一个与自己类似的人在一项任务上成功或失败，自我效能感也能够随着提高或降低。观察到那些与自己的能力相似的人的成功操作，能够提高观察者的自我效能感；而看到与自己能力相似的人的失败会降低观察者的自我效能感。替代经验的影响取决于这样的一些因素，如观察者对自己和榜样之间类似性的知觉、榜样的数量和种类、榜样的力量、观察者和榜样面对问题的类似性。替代经验一般比直接经验对自我效能感的影响要小。

3. 口头说服

口头说服是比成败经验和替代经验的强度要弱一些的自我效能感信息来源。口头说服作为自我效能感的一个来源，它的力量受一些因素的影响，如说服者的技能、可信度的吸引力。实验研究表明，口头说服是改变自我效能感的中等有效方法。学生常常从教师和父母那里接受说服信息，如"你能做"，积极的反馈能够提高自我效能感，但如果以后的努力证明是无效的，它的作用则只是暂时的。口头说服可能让一个人尝试活动，但是必须带来实际的成功，才能真正提高自我效能感。

4. 情绪状态

情绪的唤起状态能够影响个体的自我效能感。疲劳、压力及焦虑常常被认为是缺乏能力的象征。而自信和热忱则被认为是有能力的情绪象征。高自我效能感的学生在完成学业任务时表现出较低程度的压力、焦虑和抑郁；而低自我效能感的学生则表现出沮丧、焦虑和无助感。

以上四种信息的来源并不直接影响个体的自我效能感，而主要通过对这些因素的认知评价，进而影响到了个体的自我效能感。在评价自我效能感时，个体会权衡各种因素，如能力、知觉、任务难度、花费的努力、接受的外界帮助数量、成功和失败的数量、与榜样的相似性以及说服者的可信性，并把它们结合起来，形成了对自己是否能胜任某事的自我效能感。

自我效能感理论试图把需要、认知和情感结合起来研究人的动机行为，这是比其他理论突出的优势所在。可惜的是，班杜拉并没有把它整合成一个比较完整、系统的理论框架。

## 六、自我决定理论

自我决定理论是由美国心理学家德西(E. L. Deci)和瑞安(R. M. Ryan)共同提出的,强调自我在动机过程中的能动作用。他们把自我决定看作是人的选择能力,这种选择的能力是人们行为的决定因素。在德西等人看来,自我决定不仅是个体的一种能力,还是个体的一种需要。人们拥有一种基本的内在的自我决定的倾向性,这种倾向性引导人们从事感兴趣的有益于能力发展的行为,以便能够灵活适应社会环境。

德西等人指出,动机实际上是一个从外部控制(extrinsically controlled)到自我决定(self-determined)的连续体。连续体的一个极端是完全外控的行为(如为了逃避惩罚而采取的行为),另一个极端则是受到内部激励的行为(如能够带来快乐的活动)。处于连续体中间部分的行为,最初需要通过外部诱因激发而来,在该行为过程中个体逐渐体验到自我决定和自我调节的快乐,从而产生了自我满足感。因此,学习动机激发的重点在于外部动机的不断内化。

## 第三节 学习动机的培养与激发

在教学过程中,学生是学习的主体,教师对学生的学习起主导作用。为了提高学生的学习质量,在教学活动中,教师首先要做的就是培养和激发学生的学习动机,让学生乐学、愿学。学习动机的培养与激发既有联系又有区别。学习动机的培养是指学生把社会、学校和家庭向他们提出的客观要求变为自己内在的学习需要,是指学生从没有学习需要或很少有学习需要到产生学习需要的过程。学习动机的激发,是把已经形成的潜在的学习需要充分调动起来,也就是把学习的积极性调动起来。学习动机的培养是一个从无到有的过程,而学习动机的激发是一个从静态到动态的过程。培养是激发的前提,而在激发学习动机时又进一步培养和加强了已有的学习动机。某些措施往往既起着培养动机的作用,也起着激发学习动机的作用。

培养和激发学生的学习动机,要注重因材施教。正如有句谚语说"你可以牵马到河边,但你不能强迫它饮水"。因此要以学生为主体,考虑到学生不同的年龄特点和个性特点。一般来说,我们既要培养和激发学生的内部动机,让他们对知识本身产生兴趣和爱好,从而产生持久的学习动力;同时,又要利用外部诱因强化学生的外部动机。年龄较小的儿童,通常以外部动机为主,因为容易受到老师和家长评价的影响。随着年龄的增长,学生的内部动机开始占主导地位。这时,一味地奖励和惩罚反而起不到好的效果,需要帮助学生认识到学习知识的意义和价值,确定明确的学习目的。

培养和激发学生的学习动机有多种措施和方法,我们主要从内部动机和外部动机两个方面分别介绍培养和激发学习动机的具体途径和方法。

## 一、内部动机的培养和激发

### (一) 创设问题情境,激发学生的好奇心和求知欲

好奇心是个体遇到新奇事物或处在新的外界条件下所产生的注意、操作、提问的心理倾

向。好奇心是个体学习的内在动机之一,是个体寻求知识的动力,是创造性人才的重要特征。美国心理学家怀特(R. W. White)指出,人有一种探索和认识外界环境的内在需要,这种需要会引起个体的好奇心和探索行为,并表现为求知欲。好奇心和求知欲是构成内部动机的最核心成分。许多著名科学家都是具有好奇心的人。牛顿对一个苹果产生好奇,于是发现了万有引力。瓦特对烧水壶上冒出的蒸汽十分好奇,最后改良了蒸汽机。伽利略也是因好奇吊灯摇晃而发现了单摆现象。

古人云:"学起于思,思源于疑。"有了疑问,才会引发思考,激活思维,才会有真正的收获。创设问题情境能够有效地激发学生的好奇心和求知欲,从而达到激发学生内部动机的目的。创设问题情境,是指教师在教学中提供给学生的学习材料、条件和实践能使学生产生疑问,进而渴望进行探究、发现以满足认知需要。

问题情境之于知识,犹如汤之于盐。知识需要融入问题情境之中,才能显示出活力和美感,让学生在课堂上兴奋、轻松、自信地学习接受它,从而大大提高课堂效率。一个好的问题情境可以起到"一石激起千层浪"的效果。布鲁纳认为:"学习者在一定的问题情境中,经历对学习材料的亲身体验和发展过程,那才是学习者最有价值的东西。"从某种意义上讲,问题情境可理解为一种具有特殊意义的教学环境,它能激发学生的学习兴趣,唤起学生对知识的渴望和追求,让学生在学习中体验着一种积极的情感,使他们主动地投入到学习中去,从而高效地完成学习任务。有一位经验丰富的数学教师,她在讲圆周率之前,常常先让学生自己动手去量大小圆周的直径和周长,然后再分别用周长除以直径,这样就让学生自己发现所有圆周长和直径的比都是相同的,学生的兴趣油然而生。

**(二)训练学生对学习成败进行正确归因,避免形成习得性无助**

每个学生都会试图寻找学习成败的原因解释,即归因。根据前面所述的归因理论,学生的归因方式不同,对接下来将要进行的学习行为和积极性有很大影响。如果学生总是将失败归因于自己能力不行,这种把失败归因为内部的、稳定的因素的归因方式,将使个体对学习结果感到无能为力。因为,他会觉得即使自己再怎么努力,也不能改变能力低下的事实,失败的现实也不会改变。这种自我挫败式的想法和感受被心理学家马丁·塞利格曼(M. Seligman)称为"习得性无助感"。习得性无助感让学生自设樊篱,把失败的原因归结为自身不可改变的因素。这种不恰当的归因方式易损害学生的自尊,使其放弃继续尝试的勇气和信心。久而久之,学生会变得无助、冷漠、听之任之,破罐子破摔。

由此可见,消除学生的习得性无助感,改变其消极的归因方式,是提高学习动机的一条有效途径。"积极归因训练"模式就是一套有效改变学生消极归因的方法。[①] 首先,要强调努力的因素。成功与失败都是与努力直接联系在一起的,如果学生在学习中有失败的话,他会把原因归于自己不努力的结果,如果更努力的话,就不会失败,就会有更好的结果。如果这样理解失败,则不会打击学生学习的积极性,破坏其内部学习动机。其次,要关注现实因素,因为每个人所处的现实情况都是不同的。例如,在学习的过程中,个体的智力基础、自己所掌握的学习方法、所处的班级的学习情况和学习气氛、教师的整体素质等对学习效果都有影响。此外,父母及家庭环境对个体也产生重要影响。除了努力以外,现实的、具体的因素,对不同的学生产生的影响可能是不一样的。让学生学会分析有哪些因素对其学习动机产生影响,影响程度有多大,尽量找到克服的办法,以提高学生克服困难的勇气,增强自信心。"积极归因训练"模式

---

① 隋光远.中学生学业成就动机归因训练效果的追踪研究[J].心理科学,2005,28(1):52-55.

强调把"现实归因"和"努力归因"结合起来进行,在做"努力归因"时结合"现实归因",做"现实归因"时又强调了努力因素,主观和客观统一辩证结合,在教育实践中也被证明是行之有效的好方法。

> 【知识窗】 习得性无助
>
> "习得性无助"是美国心理学家塞利格曼1967年在研究动物时提出的。他用狗做了一项经典实验。起初他把狗关在笼子里,只要蜂音器一响,就给其以难受的电击,狗被关在笼子里逃避不了电击。多次实验后,蜂音器一响,在给电击前,先把笼门打开,此时狗不但不逃而是不等电击出现就先倒在地上开始呻吟和颤抖,本来可以主动地逃避却绝望地等待痛苦的来临,这就是习得性无助。
>
> 细心观察,我们会发现:正如实验中那条绝望的狗一样,如果一个人总是在一项工作上失败,他就会在这项工作上放弃努力,甚至还会因此对自身产生怀疑,觉得自己"这也不行,那也不行",无可救药。而事实上,此时此刻的他并不是"真的不行",而是陷入了"习得性无助"的心理状态中。

### (三)帮助学生形成恰当的自我效能感

在个体拥有了相应的知识技能后,自我效能感就成为个体行为的决定性因素。许多学生尤其是学业不良的学生,由于对自己的学习能力持怀疑态度,表现出很低的自我效能感,在学习中放弃尝试和应有的努力,进而影响学习成绩。教师可以通过以下四个方面帮助学生形成恰当的自我效能感。

1. 设置难易合适的任务,让学生获得成功体验

影响自我效能感的一个重要因素是个体过去的成败经验,想要提高学生的自我效能感,必须提供难易程度中等的任务,激发其要克服困难同时又不怕失败的成就欲望,这样成功的概率就会增大,每一次成功的经验又能促进学生自我效能感的提高。如果任务过于困难,经过努力后还达不到,会降低自我效能感;而任务过于容易,既不利于能力的发展,也无法激起学生挑战困难的成就欲望,无助于自我效能感的提高。因此,符合"最近发展区"的要求,让学生"跳一跳才能摘到桃子"才是合适的任务和目标。

2. 树立良好榜样,利用替代经验,提高自我效能感

观察学习对于自我效能感的形成也有重要的影响。一个学生看到与自己水平差不多的同学解决了一道难题,会认为自己经过努力也可完成同样的任务,从而增强自我效能感。

在教学过程中,有意识地树立好的榜样,是促进观察学习的另一种手段。好的榜样不一定指一个人,也可能指一件事。教师要善于发现榜样,敏感地抓住,及时地指出,将学生的注意力吸引到榜样身上,让他们从榜样身上看到自己的潜能,增强自我效能感。例如,在初中代数中学习一元二次方程的解法时,教师依照课本讲授了因式分解法、配方法、公式法。学习完这几个方法之后,有个学生提出了这样一个问题:对任何一个一元二次方程,用上述三种不同方法来解,一定会得到相同的答案吗?一元二次方程也许还有我们未学过的解法,这些解法是否也一定得到两个根呢?这些问题提得很好,教师应及时敏感地抓住这一点,表扬这个学生的独立思考精神和敢于、善于发现问题、提出问题的精神,并指出这个问题涉及方程理论中的重大概

念和重大原理,然后请全班同学反思一下:就我们每个人已有的知识来说,能提出这个问题吗?我们为什么没发现这个问题呢?

教师可以同时提供多个不同的榜样,使学生至少认同其中的一个并相信这么多同伴都能学会,自己也能学会。当学生取得进步时,教师要及时地给予肯定(表扬或奖励)。这时教师的肯定便成为进步的一个标志,学生会觉得"我行""我并不比别人差,别人能做到的,我也同样能做到",从中获得自己进步的信息,增强自我效能感。自我效能感的增强,又会激发学生的上进心和求知欲。

3. 设置合适的目标定向,提高成就动机

心理学家德韦克(C. Dweck)发现,一些学生的成就动机指向学习目标,也叫做任务目标或掌握目标,而有的学生则是指向表现目标。[①] 具有学习目标的学生把学习看作是获得技能、形成能力的活动,他们喜欢选择较难的课程,愿意迎接挑战并承担一定的风险。具有表现目标的学生则希望通过学习活动获得他人对自己能力的积极评价,维持积极的自我形象,从而避免消极的自我形象。

在大多数情况下,具有掌握目标是理想状态。具有学习目标的学生往往会参与有助于他们学习的活动。他们有很好的专注力,并采用精细加工的学习策略促进对知识的理解和长时记忆的形成,善于吸取教训,不断改进学习行为和方式。[①]

此外,具有学习目标的学生对学习、努力以及失败有着健康的心态,他们认识到学习是一个需要付出努力和坚持不懈的过程,即使面临暂时的挫折也不会退缩。因此,这些学生更有可能坚持完成任务,也能从课堂经历中受益更多。相反,以表现目标为主的学生更关注能否取得好的分数,因而会选择简单的课程,尽管挑战性任务有助于他们掌握新技能,但他们会远离这类任务,以避免挑战带来的风险。此外,这些学生往往采取比较简单的学习方法,如死记硬背,缺乏对知识的深入思考。

表 5-3 是具有两种目标的学生之间存在的具体差异,可以帮助教师和家长更深入地了解两类学生在具体学习行为上存在的差异,从而为学生提供更有针对性和有效的帮助。

**表 5-3 具有学习目标的学生和表现目标的学生之间的典型差异**

| 具有学习目标的学生 | 具有表现目标的学生 |
| --- | --- |
| 更可能主动地参与课堂活动,学习课堂内容受内部驱动 | 更可能受到外部驱动(如由对外部强化和惩罚的预期所驱动);更可能通过作弊来获得好的成绩 |
| 相信通过练习和努力,能力会随着时间的推移而发展;坚持面对困难 | 相信能力是稳定的特征(人或者有天资或者没有);认为有能力的人应该不必努力;当面对困难时很快就放弃 |
| 表现出更多的自主学习和行为 | 表现出较少的自主性 |
| 使用复杂的认知过程的学习策略(精细加工、理解监控、迁移) | 使用只促进机械学习的学习策略(重复、模仿、逐字记忆);拖延作业 |
| 选择能使学习机会最大化的任务;寻求挑战 | 选择能使表现能力最大化的任务;回避使他们看起来能力不足的任务和行为(寻求帮助) |

---

[①] Elliot E S, Dweck C S. Goals: an approach to motivation and achievement. [J]. *Journal of Personality & Social Psychology*, 1988, 54(1): 5-12.

续表

| 具有学习目标的学生 | 具有表现目标的学生 |
|---|---|
| 当面对与当前信念矛盾但有说服力的证据时,更可能经历概念转变 | 不太可能经历概念转变,在一定程度上是因为他们不太可能注意到新信息和现有信念之间的差异 |
| 对容易的任务会感到无聊或失望 | 对成功完成容易的任务感到骄傲和放松 |
| 寻求能够准确描述他们的能力或是帮助他们提高的反馈 | 寻求奉承他们的反馈 |
| 当与同伴合作能促进学习时,愿意与他人合作 | 主要是在与同伴合作能够使他们看起来有能力或是能提高社会地位时,才会与同伴合作 |
| 根据取得的进展来评价自己的成绩 | 根据与他人比较的情况来评价自己的成绩 |
| 认为失败是需要他们付出更多努力的标志 | 认为失败是低能力的标志,并且会预示未来的失败 |
| 将失误看成学习过程中正常有用的部分;在失误中提高成绩 | 将失误看成失败和能力不足的标志;通过自我设障使失误和失败表面上合理化 |
| 只要他们努力并且有进步,他们就会对成绩满意 | 只有成功时他们才会对成绩满意;当他们失败时,常常会感到惭愧和沮丧 |
| 将教师看成帮助他们学习的资源和指导者 | 将教师看成裁判、给予奖励和惩罚的人 |
| 在测验和做课堂作业时,保持相对安静 | 对测验和其他评估经常很焦虑 |
| 更可能热衷于学校活动,并且积极参与 | 更可能疏离于学校环境 |

根据两种学习定向对学生学习行为和学习结果的不同影响,教师应帮助学生树立学习目标,淡化和避免表现目标定向。教师应努力使学生认识到学业活动的目标是学习而不是分数。对学生应多强调学习内容本身的价值和实际意义,少强调名次、分数或其他奖励。例如,教师可以说"今天,我们将学习热带雨林气候",而最好不要说"今天我们要学习热带雨林气候这节内容。大家都要注意听讲,这样在明天的考试中,你们才能取得好成绩。"教师尤其要注意避免使用高竞争性的评分方式与诱因奖励。如果学生认为成功只有一种标志,而且只有少数人能够达到标准,那么,自认为能力低的学生就会自动放弃而不去努力。研究发现,任务类型对学生的目标指向有很大的作用。具有挑战性的、有意义的、与实际生活相联系的任务更容易产生学习目标。所以,在安排学习任务时,要考虑到所给予的任务要有一定难度和价值,有趣而生动,从而激发起学生对任务本身的兴趣和热情,因为忽略结果的学习动机具有卷入性和稳定性,也更容易持久地起作用。

4. 培养学习兴趣

学习兴趣是一个人倾向于认识、研究获得某种知识的心理特征,是可以推动人们求知的一种内在力量。学生对某一学科有兴趣,就会持续地专心致志地钻研它,从而提高学习效果。德国教育家赫尔巴特把发展广泛的兴趣视为教育的主要目标之一,并认为主要是兴趣引起对物体正确的、全面的认识,它导向有意义学习,促进知识的长期保持,并为进一步的学习提供动机。杜威(J. Dewey)也是兴趣问题最有影响的理论家之一,1913年出版了专著《教育中的兴趣和努力》,提出以兴趣为基础的学习的结果与仅仅以努力为基础的学习的结果有质的不同。

对学生的兴趣进行培养,也是激发学习动机的重要途径。教师可以采用下列方法培养学生的学习兴趣：

（1）帮助学生明确学习知识的社会意义。学生一旦理解了知识的社会价值，就会对学习活动产生兴趣。

（2）不断改进教学方法。采用有趣的、变换的方式呈现教学内容有助于激发学生的学习兴趣。例如，可以运用幻灯片、电视、电影、多媒体课件等教学手段呈现教材，还可以通过模拟教材内容的游戏、角色扮演等方式进行教学。

（3）组织学生参加课内外实践活动和学科兴趣小组，运用所学知识解决实际问题，从中体验到成功的愉快和学好知识的乐趣。

（4）教师要以自身对所教学科的兴趣和热情给学生以良好的示范。教师应通过言语和行动向学生传递良好的信息，让学生知道教师喜欢所教学科、喜欢学习和钻研并在此过程中获得乐趣和满足，使学生受到影响，产生对该学科的学习兴趣。

（5）不断扩大学生的知识面。学生在某一领域的知识不断积累，这是对某一具体知识领域产生稳定而浓厚兴趣的基本条件。学生在某一学科上拥有的知识越丰富，基础越扎实，学习起来就越轻松，兴趣会逐渐稳定。相反，学生如果在某一学科上知识基础薄弱，那么随着学习内容的加深，学习起来就会越来越索然无味。

（6）利用原有兴趣、动机的迁移。动机迁移是指在学生缺乏学习动力、没有明确的学习目的情况下，把学生对其他活动的兴趣和动机转移到学习上来，从而使学生产生对学习的需要。为此，教师对班级中不愿学习的学生应仔细观察，发现他们的兴趣点，如对体育活动、文娱表演、绘画等的兴趣，然后巧妙地组织有关的活动，将这些兴趣与学习联系起来，转化为学习需要和学习兴趣。

## 二、外部动机的培养和激发

1. 有效运用表扬和批评

从实际出发，对学生的学习给予正确的表扬和批评，是激发其学习动机的重要手段之一。正确及时的评价、适当的表扬与鼓励是肯定学生学习态度、学业成绩的一种强化方式，它可以激发学生的上进心、自尊心、集体主义精神等。

对中小学生的评价，一般说来，多表扬和鼓励可以更好地激起学生积极的学习动机。赫洛克（E. B. Hunlock）的实验有力地说明了这一点。实验中受试者为106名四五年级学生，要他们练习难度相等的加法五天，每天15分钟。被试被分为能力相当的四个组，在四种不同的诱因情况下进行加法练习。控制组单独练习，不予任何评论。其他三组为实验组，甲组为受表扬组，主试者宣布儿童的名字，予以表扬和鼓励。乙组为受训斥组，主试者宣布儿童的名字，并严加训斥。丙组为受忽视组，主试者完全不注意该组儿童，只让他们静听其他两实验组受表扬和受训斥。最后，探察不同诱因所起的作用。四组平均成绩如图5-3所示。

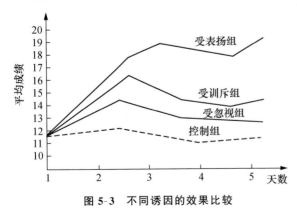

图 5-3　不同诱因的效果比较

表扬除了能满足学生渴望得到老师肯定的内心需要之外，还可以使学生变得更有自信，更愿意朝着被表扬的方向去发展。在教学中运用表扬要遵循以下三个原则。

第一,表扬要有针对性和目的性,不能空洞无物地进行表扬。要针对学生的学习态度;或针对其作业书写、思维方式等。只有恰当而准确的表扬才能使学生明确自己的长处和优点,激起学生的进取心和荣誉感,使大家产生一种羡慕和向往的心理。相反,那些信口开河、随心所欲的表扬,有时不但起不到鼓励的作用,反而会使教师的威信下降。

第二,表扬应该准确、讲究分寸。表扬基调定得过低,就不能激励先进、发挥典型示范的作用;如果言过其实,又会贬低表扬的价值,致使吹捧、华而不实等不良风气产生。表扬次数的多少,也应慎重考虑,可以说廉价的表扬不能起到积极的作用。有一位班主任,看到班上的学习委员多方面表现不错,且成绩经常名列前茅,为了鼓励其不断进步,号召全体同学向他学习,便每天都要表扬他。由于表扬次数过于频繁,有时又言过其实,使其他同学渐渐与他疏远了,那位同学也因此而背上了包袱,不久便逃学了。后来班主任去家访,问其原因,那位学生说:"老师您经常表扬我,我感到害怕,怕出了差错辜负了您的期望。"可见,表扬不宜过多,要适度。

第三,表扬要及时。当一件先进事例发生时,教师应做出积极的反应,及时给予肯定和表扬,特别是对后进生的表扬更要及时。譬如某学生连续几次迟到,今天早到了要及时表扬;又如,某学生上课从未主动发言回答过问题,今天这样做了,教师应及时表扬鼓励。苏联教育家苏霍姆林斯基(B. A. Cyxomjnhcknn)说过:"要让每一个学生都抬起头来走路。"教师要善于发现每一位学生身上的发光点,了解他们每一点细微的进步,及时而适度的表扬往往是促进后进生转变、前进的催化剂。

在我们的学校教育中,学生是成长的主体,不可避免地会犯这样或那样的错误。教师一味迁就和容忍是不可取的,会让学生丧失正确的是非观,因此批评也是激发学生学习动机不可缺少的手段之一。但是,在实际教育过程中,批评更多产生的是负面效果,这是因为教师没有掌握合适的批评方法。教师批评学生时应做到掌握事实,做到实事求是,有的放矢,让学生能够真正意识到需要改正的问题。批评要对事不对人,描述事实而不涉及学生的人格或智商等稳定的特质,避免言行随意,挫伤学生的自尊。

2. 合理运用外部奖赏,确定诱因的价值

外部奖赏是指物质上的奖励。对学生的学习行为和学习结果给予奖励能有效地促进其学习。但外部奖励运用不当,会引起意想不到的负面效果,可能会破坏学生的内部动机。1971年,美国心理学家德西进行了一项有趣的实验。他让大学生在实验室里解答一组有趣味的智力题,不动脑筋则难以回答。德西把被试学生随机分成实验组和控制组,同时在不同的教室进行。实验组的学生每做完一道题便可得到1美元的报酬;而控制组的学生做完后无任何奖赏,隔一段时间后所有学生休息一会儿,被试学生可以在原地自由活动。观察发现,控制组的学生继续解题的人数明显多于实验组,时间越长,这种差异就越显著。由此,德西得出结论:当一个人正对活动充满兴趣时,给他提供外部的物质奖励,反而会减少这项活动的吸引力。这就是著名的"德西效应"。另外一些心理学家的研究也得出了同样的结果。例如,有研究表明,幼儿本来对绘画活动很感兴趣,但是当向幼儿允诺如果他们画画就可以得到奖赏时,这些幼儿对绘画活动的兴趣却降低了,具体表现为在自由活动时间内,从事绘画活动的时间减少。

因此,只有当内部动机缺乏时,物质奖励才能起到很好的激励作用。教师要根据学生的具体情况进行奖励,把奖励看成某种隐含成功的信息,其本身并无价值,只是用它来吸引学生的注意力,促使学生由外部动机向内部动机转换,对信息任务本身产生兴趣。

3. 适当开展学习竞赛

竞赛是按照人们的自尊需要、获得成就的需要而激发人们奋发努力、力求上进的一种

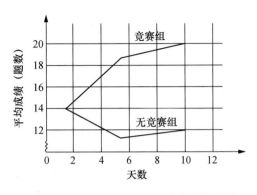

图 5-4 加法练习竞赛成绩比较

手段。研究表明,学校中开展适当的竞赛对提高学生学习的积极性具有促进的作用。查普曼(C. Chapman)和费德(R. B. Feder)对五年级两个等组的学生进行为期10天的加法练习,每天练习10分钟。竞赛组学生的成绩每天都公布在墙上,进步者和优胜者都贴上红星。无竞赛组只做练习,无任何诱因。研究结果显示竞赛组的成绩优于无竞赛组,两组的成绩比较如图5-4所示。得到这种结果是由于学生在竞赛过程中,获得成就和声誉的动机表现得更为强烈,学习兴趣和克服困难的毅力增强,使学习积极性得到充分的发挥。

当然,过于频繁的竞赛,不仅会失去激励作用,而且会制造紧张气氛,使学生产生怯场的心理状态,从而加重学生负担,有损学生身心健康。对学习成绩差的学生来说,竞赛频繁,考试过多,常会因失败而丧失信心和兴趣。因此,采用竞赛必须慎重、适量,注意方式。尽可能安排团队之间的竞赛,尽量减少个人之间的竞赛。竞赛分组要按能力分组,小组内由不同能力的学生组成,小组与小组之间能力水平要相当。这样学生在竞赛过程中因为合作学习会得到锻炼和提升,小组之间也不会因为能力悬殊太大造成不公平竞争。竞赛还可以按项目分组,使不同特长的学生有施展才华的机会。同时,还要鼓励学生自己和自己竞赛,从自身进步中不断强化学习动机。

4. 利用学习结果的反馈作用

美国心理学家罗斯(C. C. Ross)和亨利(L. K. Henry)曾做过"反馈效应"实验。他们把一个班的学生分为三组,每天都接受测验。第一组每天都有学习结果的反馈;第二组每周一次学习结果的反馈;第三组没有学习结果的反馈。进行8周后,改变做法,除第二组仍每周一次反馈外,第一组与第三组的做法互换。这样又进行8周后,实验结果是:前8周第一组的测验分数很高,第三组很低,第二组居中;后8周,第一组与第三组的测验分数刚好相反。实验结果表明:及时反馈在学习上的效果是极其明显的。

根据反馈效应实验的结论,教师应充分利用学习结果的反馈作用来激励学生的学习动机,同时教师应该做到如下三点。

(1) 反馈要及时

及时反馈学习结果,包括作业的正误、成绩的好坏和应用所学的知识的成效,这些对学生的学习会产生相当大的激励作用。教师应尽可能及时地批改当天的作业,并进行及时的讲评,学生对刚做过的题还记忆犹新,并渴望很快了解学习结果,学习积极性高,进步也快。反馈的时间越短,效果越好。相反,学生不知道自己的学习结果,就缺乏学习的激励,进步就越小。

(2) 反馈要具体

提供完全正确的答案比只是单纯告诉学生对或错效果要好。让学生知道他的答案为什么是错误的,比只是简单地让他知道正确的答案效果好。要学生做一道题,就要实实在在弄懂一道题或一类题。对学生的学习结果,仅仅给出等级或分数远不及给予恰当的短语评定的效果好。给予恰当的短语评价有助于鼓舞学生的信心,具有更大的激励作用。例如:"我很高兴看到你的文章中没有出现语法方面的错误,同时你还巧妙运用了刚刚学过的几个新词汇,你在表达观点时用了相关的事实加以佐证,这是一个不错的写作思路,是篇好文章。"这样的评语就能给予学生丰富而具体的信息,对学生有一定的指导意义。

(3) 反馈要经常进行

教师要经常给学生反馈,这样才能让学生保持持久的动力。课堂上经常提问能够让学生获得对所学内容理解程度的信息反馈。经常性地使用一些简短测验对学生的学习情况进行检测,要比较长时间才举行一次的大型考试效果好得多。如果想通过一次表扬或鼓励性的反馈就让学生保持连续几个月的学习是不现实的,必须经常性地给予反馈,才能使学生不断努力和改善学习成绩。

 **本章小结**

学习动机是指,激发学习活动,并将学习活动引向一定学习目标的内在动力或原因。学习动机由学习需要和学习诱因两个成分构成。学习动机对学习活动有启动、指向、维持和调节的作用。学习动机可以分为:内部动机和外部动机;高尚动机和低级动机;远景性动机和近景性动机;认知内驱力、自我提高内驱力和附属内驱力。

学习动机和学习效果的关系并不是直接的线性关系。在一定范围内,学习效率随着学习动机的增强而提高,学习动机强度中等时学习效率最高,之后学习效率会随着强度的增强而下降。这就是耶克斯-多德森定律。

联结学派斯金纳认为,个体行为动机的激发与先前这种行为是否受到奖励和强化有很大关系。如果是过去受到强化的行为重复出现的可能性较高。马斯洛认为,任何人的行为动机都是建立在以满足不同需要为目的的基础上。马斯洛认为,人有五种基本需要,由低到高依次为生理的需要、安全的需要、归属和爱的需要、尊重的需要和自我实现的需要,低级需要获得满足之后才会产生高一级的需要。自我实现的需要是人类最高级的精神需要。阿特金森把成就动机分为两部分:追求成功的倾向和避免失败的倾向。这两种倾向在每个人身上表现程度不一样,决定了一个人成就动机的高低。成就动机的高低是影响学生学习动机的重要因素。维纳认为,学生在进行成败归因时,往往会从三个维度进行归因,即因素来源、稳定性和可控性三个维度。同时,通常把成败的原因归结为努力程度、能力高低、运气的好坏以及任务的难易程度四个方面。班杜拉提出自我效能感的概念,是指人们对自己能否成功地进行某一行为的主观判断,这将会影响到个体是否采取行动以及在行动中的情绪体验和积极性。

学习动机的培养和激发可以从两个方面着手,以培养和激发内部动机为主,使学生产生较为稳定而持久的学习动力,以外部奖励、竞赛、反馈等手段对外部动机进行培养也是教学中不可缺少的途径。

 **知识练习**

1. 学习动机的分类有哪些?
2. 学习动机和学习效果之间的关系是什么?
3. 对于学习动机的研究,有哪些理论观点?
4. 如何培养学生的内部学习动机?
5. 如何激发学生的外部学习动机?

## 推荐读物

陈琦,刘儒德.当代教育心理学[M].3版.北京师范大学出版社,2019.
莫雷.教育心理学[M].教育科学出版社,2016.
阿尔弗雷德·阿德勒.儿童教育心理学[M].杜秀敏,译.机械工业出版社,2019.
安妮塔·伍尔福克.教育心理学[M].12版.伍新春,等,译.机械工业出版社,2015.
罗伯特·斯莱文.教育心理学[M].10版.人民邮电出版社.姚梅林,等,译.2016.
爱德华·L.德西,理查德·弗拉斯特.内在动机:自主掌控人生的力量[M].王正林,译.机械工业出版社,2020.

# 第六章 学习策略

## 【学习目标】

1. 掌握学习策略的含义；
2. 了解学习策略的基本类型及其含义、区别；
3. 了解学习策略的训练原则及影响因素，能有效运用各种学习策略到自己的学习中。

## 【知识导图】

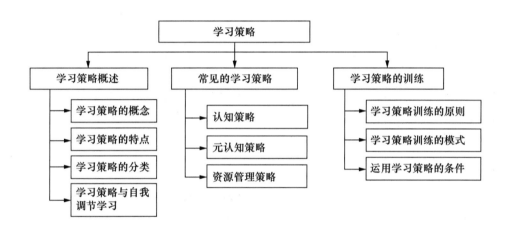

## 【学前反思】

联合国教科文组织在《学会生存》一书中指出："未来的文盲不再是不识字的人，而是没有学会怎样学习的人。"我们期望学生学习，却很少教给他们解决问题的思维策略。好的学习策略可以教给学生，并且能够促进学生学习。我们有时要求学生记忆大量材料，却很少教他们记忆术。近年来，关于学习策略及其培养的研究成为教育心理学的重要领域之一，有关元认知、陈述性知识的认知策略、思维与解决问题的策略都成为研究的热点问题。

## 第一节 学习策略概述

慕课视频6-1：
学习策略概述

### 一、学习策略的概念

对于学习策略（learning strategies）的概念，研究者从不同的角度提出了不同的看法，至今没有一个统一的观点，一般来说大致可以分为以下三种。

（1）学习策略是学习的程序、方法及规则，即学习策略就是学习方法。如里格尼（J. W. Rigney）认为，学习策略是学生用于获取、保存与提取知识和作业的各种操作的程序。达菲

(G. G. Duffy)认为,学习策略是内隐的规则系统。

(2)学习策略是学习的信息加工过程。如丹赛罗(D. F. Dansereau)认为,学习是能够促进知识的获得和贮存以及信息利用的一系列过程。尼斯贝特(J. Nisbet)等认为,学习策略是选择、整合、应用学习技巧的一套操作过程。该观点主张在学习活动中有两个相互联系的过程:信息加工过程和控制信息加工的过程,其中对信息加工的控制和调节才是学习策略。如在考试时,有的学生拿到试卷后,就从第一题开始按照顺序往下做,碰到不会的题冥思苦想,耗费时间,临到交卷时才发现后面容易的题;有的学生则懂得调整和分配时间,先做容易的题,最后做难题。这个对时间的调整和分配过程就是对信息加工的调节和监控,是使用学习策略的体现。①

(3)学习策略是学习方法和学习监控的结合。如斯滕伯格(R. J. Sternberg)认为,学习中的策略是由执行的技能和非执行的技能整合而成,其中前者指学习的调控技能,后者指一般的学法技能。要达到高质量的学习活动,这两种技能都是必不可少的。该观点主张,学习方法直接作用于信息加工过程,用于编码、保持、提取和运用信息;学习监控则作用于个体,用以维持、调节和控制学习者的内部状态,使学习方法能够有效地发挥加工信息的作用。

综合上述观点,学习策略是指,学习者为了提高学习的效果和效率,有目的、有意识地制订的有关学习过程的复杂方案。学习策略是一种特殊的程序性知识——知道如何去做的知识。在理解学习策略这一定义时,应根据以下四点:① 学习策略是学习者为了完成学习目标而积极主动使用的;② 学习策略是有效学习所需的;③ 学习策略是有关学习过程的;④ 学习策略是学习者制订的学习计划,由规则和技能构成。

## 二、学习策略的特点

根据对学习策略的界定,可以看出学习策略具有以下四个特点。

1. 主动性与操作性的统一

学生的学习活动有主动和被动之分。被动学习是死记硬背的、呆板的、机械的学习,根本谈不上什么学习策略。主动学习正好相反,是非常注重学习策略的,强调学习者对学习过程的操作和控制,强调学习者学习过程中积极主动的倾向。学习策略的实质就是学习者主体意识的明确和主动性的发挥。操作性体现在学生认知过程的各阶段,实质在于进行各种认知加工。

2. 外显性与内隐性的统一

在学生的学习活动中,常常需要进行某些外部的学习操作,并对此做出适当的监控,表现出外显性的特点。同时,学习策略对学习的调控和元认知的意识是在学习者头脑中借助内部语言进行的内部意向活动,它支配和调节着外部操作,因而它又具有内隐性的特点。

3. 变通性与通用性的统一

学习策略在一定程度上不受学习材料和学习情境的制约,可以随时根据学习的需要,进行自我调整以适应不同的学习情境,具有变通性。由于学习任务、学习者原有的经验和个人特征的差异,每个人、每次学习采用的学习策略都可能不同。对于同一种类型的学习,不同人也存在着基本相同的计划,这些基本相同的计划就是一些常见的学习策略,如 SQ3R(Survey, Question, Read, Recite, Review)阅读法、记忆术等。从知识分类的角度看,学习策略是一种程

---

① 张大均.教育心理学[M].人民教育出版社,2004:247-248.

序性知识，由一套规则系统或技能构成，因此又具有通用性。

4. 生成性和指向性的统一

生成性指大多数学习策略是在学习活动中由学习者从盲目到有目的的过程中逐步发现、体验而生成的，是一种渐进的、累积的、由量变到质变的过程，具有很大的个体差异。指向性指任何学习策略都指向于一定问题的解决，它决定了学习者在一定目的的引导下去寻求达到目的的途径、方法和手段，也决定了学习策略运用中的有效性和经济性。有效性指能否达到目的，经济性指能否以最小的代价达到目的。①

## 三、学习策略的分类

学习策略的类型有很多，许多学者对学习策略的成分提出了自己的看法。

### （一）丹赛罗的分类

丹赛罗认为，学习策略包括基本策略和辅助性策略两类相互作用的策略，它们是学习方法和学习调控的有机统一体。基本策略是直接操作学习材料的各种学习策略，包括获得和存储信息的策略、提取和利用这些信息的策略。辅助性策略直接作用于学习者，用来维持适当的学习心理状态，以保证基本策略得以有效操作，包括学习计划和学习时间安排、专心管理以及监控与诊断学习效果。

### （二）迈基奇的分类

迈基奇（W.J. McKeachie）等人根据学习策略所涵盖的内容把学习策略分为认知策略、元认知策略与资源管理策略。认知策略包括复述策略、精细加工策略、组织策略；元认知策略包括计划策略、监控策略和调节策略；资源管理策略包括时间管理、学习环境管理、努力管理及学业求助管理等，是辅助学生管理可用的环境和资源的策略，对学生的动机具有重要的作用（图6-1）。

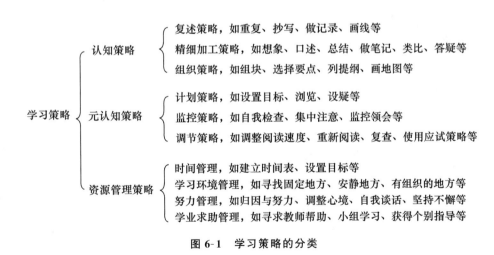

图6-1 学习策略的分类

认知策略是学习策略的核心，是提高学习效率必不可少的具体性策略。元认知策略是调节、控制认知活动的重要因素，对顺利完成学习起着重要作用。资源管理策略是帮助学习者管

---

① 岑国桢.教育心理学[M].中国人民大学出版社，2006：192-193.

理、利用环境和资源的策略。成功地使用这些策略可以帮助学习者适应环境、调控环境以满足自己的需要。

## 四、学习策略与自我调节学习

学习策略的使用前提是学生必须重视学习和理解，他们必须给自己设定可以达到的使用有效策略的目标。因此，在强调学生学习策略的同时，还要鼓励学生进行自我调节学习（self-regulated learning，简称 SRL）。

自我调节学习是指学习者主动激励自己并且积极使用适当的学习策略的学习。它不仅可以被看作一种动态的学习过程（或活动），也可以被视为一种相对稳定的学习能力。自我调节学习让我们很容易了解学习的技巧、拓宽自己的认知、激发自己的动机、管控自己的行为以及学习环境。自我调节学习是一个非常科学的学习策略，是一种主动的、建构性的学习过程，在这个过程中，学生首先为自己确定学习目标，然后监控、调节、控制自己的认知、动机和行为。齐默尔曼（B. J. Zimmerman）提出了自我调节学习的三阶段循环模式（图 6-2），突出强调非认知因素在自我调节学习中的重要性。[①]

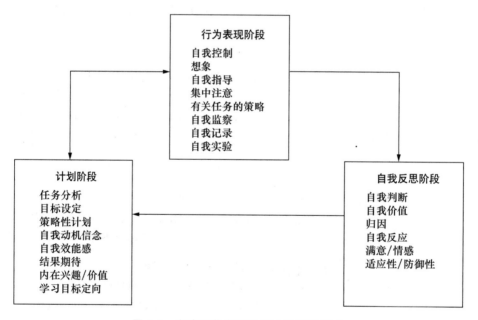

图 6-2　自我调节学习的三阶段循环模式

自我调节的学习者是积极主动的，他们进行自我计划、自我观察、自我判断、自我反应。自我调节的学习者和被动的学习者相比，在选择学习内容中的重要信息时，拥有更有效的策略，并且能够以更有效的方式组织材料。

---

① Zimmerman B J. Becoming a self-regulated learner: An overview[J]. *Theory Into Practice*. 2002, 41(2):64-70.

## 第二节 常见的学习策略

慕课视频6-2：认知策略　　慕课视频6-3：元认知策略　　慕课视频6-4：资源管理策略

迈基奇对学习策略的分类被广泛使用，我们将据此分类介绍如何有效使用学习策略，包括认知策略、元认知策略和资源管理策略。

### 一、认知策略

认知策略是学习者在认知加工过程中所采用的策略，即有效保存和提取信息的方法和技术。

认知策略与学习策略既紧密联系，又有很大区别。学习策略是比认知策略更广的概念，它针对学习活动的整个过程，而认知策略是学习策略的基础，它仅涉及信息加工过程。尽管学习活动离不开对客观事物的认识，但认知只是学习活动的一个部分或方面，学习的过程除了信息加工外，还表现出许多与信息加工有关的学习者自身生理的、情绪的、社会性的影响因素，学习策略也包括对这些因素的处理和控制的方式。因此，把认知策略等同于学习策略无疑缩小了学习策略的外延。从另一方面来看，学习过程中的主要活动是对信息进行加工和处理。因此，学习活动中的认知策略实质上又是学习策略的主要构成部分。认知策略在学习策略中起着核心作用。

认知策略可以分为复述策略、精加工策略、组织策略。这三种策略针对不同的学习任务，具有重要的意义。

#### （一）复述策略

复述策略（rehearsal strategies）是指在工作记忆中为了保持信息，运用内部语言在大脑中重现学习材料或刺激，以便将注意力维持在学习材料之上的策略。画线、反复抄写是阅读过程中常用的一种复述策略。在某些简单的任务中，如查找一个电话号码，人们会用到复述策略。为了在长时记忆中建立信息，人们也需要复述策略。

1. 利用记忆规律

工作记忆的容量有限，要想尽可能多地复述内容，需要了解并合理利用一些基本的记忆规律。

（1）干扰。干扰（interference）会阻碍个体在头脑中复述刚才所学的信息。彼得森等人（L. R. Peterson & M. J. Peterson）经过实验发现，在识记无意义的字符串后，进行倒减计算的实验组被试的遗忘率要大大高于未进行倒减计算的控制组，倒减计算剥夺了被试在头脑中复述这些无意义的字符串的机会，从而无法在短时记忆中保存它们。因此，在进行进一步学习之前，我们一定要考虑短时记忆的有限容量，要在头脑中进行复述，避免干扰。

（2）抑制和促进。前后所学的信息之间的消极影响称之为抑制（inhibition）。后面所学的信息干扰了先前所学信息在记忆中的保存叫做倒摄抑制（retroactive inhibition）；先前所学的信息干扰了后面信息的学习叫做前摄抑制（proactive inhibition）。前后所学信息之间的积极影响称为促进（facilitation）。学习某件事常常有助于以后学习类似的事，这种现象叫做前摄促进（proactive facilitation）。后面所学的信息有助于先前信息的学习，这种现象叫做倒摄促进（retroactive facilitation），如学习数学上的乘除法有助于对过去所学加减法的记忆。在所有遗忘的原因中,倒摄抑制可能是最重要的。这一现象就能解释为什么我们很难记住频繁重复的景象,如上周三晚餐的情形。在安排复述时,学习者要尽量考虑抑制和促进的作用。

(3) 首因效应和近因效应。首因效应和近因效应,是指最开始复习的材料和最后复习的材料容易记得牢。这就要求对中间学习的内容要特别加以注意,或者将难以记忆的内容放在开始或者结尾的时候进行复述。

当我们学完一系列词汇后马上加以测验,我们记开始和结尾的几个词一般要比记中间的词效果好得多。人们倾向于记住开始的事情,其原因可能是我们对首先呈现的项目倾注了更多的注意和心理努力,造成了首因效应(primacy effect)。在长时记忆中建立新信息时,进行心理复述是很重要的。通常,在首先呈现的项目上会花比较多的心理努力。

另外,由于在最末的项目和测验之间几乎不存在其他信息的干扰,造成了近因效应(recency effect)。根据首因效应和近因效应可知,开始阶段和最后阶段所学的信息比其他信息更容易被记住。为了利用这一点,教师要精心组织课文,把最重要的新概念放在课文的开头,在最后对它们进行总结。有些教师一上课就检查家庭作业、点名等,这并不科学。最好还是上课一开始就着手介绍基本的概念。在课程结束之前,教师要进行总结,有助于学生理解和记忆。同样,学习者要把最重要的任务置于学习时间的首尾,不要把首尾时间花在整理材料、削铅笔之类的事上。

2. 合理复习

(1) 及时复习。对于遗忘的进程,心理学家们很早就表现出了极大的兴趣,并做了大量的研究。艾宾浩斯(H. Ebbinghaus)通过实验,发现遗忘的进程是不均衡的,有先快后慢的特点,提出了遗忘曲线(图6-3)。学习以后在最初很短的时间里就会发生大量的遗忘。如果过了很长时间,等到考试前才复习,就几乎等于重新学习了。根据这一规律,复习最好要及时进行。复习的黄金2分钟是指学习后10分钟就进行复习,只用2分钟复习就能取得良好效果。

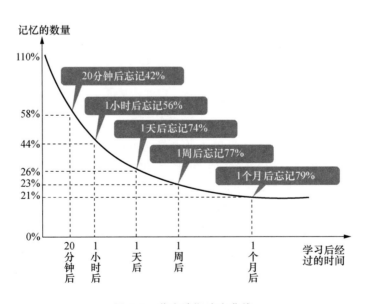

图6-3 艾宾浩斯遗忘曲线

(2) 集中复习和分散复习。集中复习(mass practice)就是集中一段时间一下子重复学习许多次;分散复习(distributed practice)就是每隔一段时间重复学习一次或几次。在考试的前一夜突击复习,或许能帮助你通过考试,但这些信息并未整合到你的长时记忆中去。而分散复习能极大地增强所有信息和技能的长期保持。这一规律已得到了许多实验的证明。

学生学习之后要复习多次才能将所学内容长期牢固地储存在头脑里。一般认为,开始复习的时候时间间隔要短,以后可以长些。例如,可以将时间安排为:10分钟、1天、1周、1个月、2个月、半年对同一个材料各复习一次。

(3) 部分学习和整体学习。对于某种知识技能进行整体学习(whole learning)可以减少其他事情对学习的干扰,如教孩子学自行车或者提高口语技能等学习就比较适合这种形式。但是对于许多人来说,不间断学习较长的内容是比较困难的。相反,将较长的一段内容分成几个小段来学习则相对容易得多,这就是所谓的部分学习(part learning)。教师教乘法口诀表时总是先教乘数2的一列,然后教乘数3的一列,就是尊重了学生部分学习的记忆原则。值得注意的是,这种策略有助于减少倒摄抑制,因为在学习后面的内容之前,已经学通了前面的部分。

(4) 尝试背诵。所谓尝试背诵的学习,就是指学生在学习一篇材料时一边阅读,一边自问自答或自己背诵。这样做的好处就是,根据自己回答或背诵的情况,检查自己的错误和薄弱环节,从而重新分配努力。因此,学习印象深刻,记忆牢固。而反复的阅读则是平均用力,学习效率难以提高。

(5) 过度学习。过度学习(over learning)是指在"记得"和"学会"的基础上,再增加一些学习的时间,以便对学习材料的掌握达到更高的程度。研究发现,过度学习的次数越多,保持的成绩越好,保持的时间也越长。当然,过度学习在教学实践中的应用也不是无限的。在有些情况下,过量的过度学习会降低学习的效果。一般来说,过度学习的次数保持在50%~100%最好。超过的次数少,达不到效果;超过的次数多,费时费力,效果也不会因此而提高。所以,过度学习要适当。过度学习最适用于那些必须准确回忆却没什么意义的操练性信息,如乘法口诀表、汉字书写和英语单词的拼写。

3. 自动化

并非每一件事都要求学生有意识地注意,例如我们的大脑就没有特意注意我们的心跳和呼吸。刚开始学写字时,我们不得不有意识地注意怎样一笔一画写出字来,但是随着我们的经验越来越丰富,在写字的动作上所花的注意力就相当少了。随着学得越来越好,完成任务所需要的注意力就越来越少,这样一个过程就称之为自动化(automatic)。需要高度思维的任务,如果已被学得非常透彻,同样也不需要很多注意就能进行。自动化是非常重要的,可以把一些诸如写字、计算等基本的知识技能,变成我们的第二天性,以便腾出工作记忆去完成更复杂的任务。布卢姆在研究了自动化在优秀画家、数学家、运动员等精英人物的活动中的作用之后,把自动化称之为"天才的手脚"。自动化主要是通过操练和练习而获得的。

4. 亲自参与

在学习完成各种任务时,让学生亲自参与(enactment)这些任务,要比让学生只是看说明书或者老师完成这一任务学得多。例如,让学生分组进行实验,要比只让他们看老师做学到的东西要多。

此外,多方面灵活运用所学的内容,也是一种有效的复习方法。这包含两种含义:一种指运用多种感官的学习,如用眼睛看、用耳朵听、再加口语练习与书写的动作等。多种感官协同记忆,可以在大脑中留下多方面的回忆线索,从而提高记忆效果;另一种是指复习情境的变化,如将所学的书本知识进行总结、写成报告、用实验证明、向别人讲解、在生活中使用等,使学习更有成效。

5. 情境相似性和情绪生理状态相似性

俗话说"触景生情""睹物思人"。在一定的情境中,人能联想起在这一情境中所发生过的事。故地重游时,能回想出许多之前来游玩的情形,这说明情境的相似有助于回忆。情绪状态相似性和情境相似性一样,也大大影响记忆。情绪兴奋时,能回想出许多愉快的事;心境不佳时,能回想出许多不愉快的事。鲍尔(G. H. Bower)做了一个实验来证明这一点。[①] 他让被试学习两个项目单:一个项目单是在由催眠引起的愉快情绪下学习的,即让被试者回忆自己生活中的一个愉快事件,然后学习;另一个项目单是在由催眠引起的不愉快情绪下学习的,即让被试者回忆自己生活中的一个伤心事件,然后学习。后来的回忆测验仍然是在由催眠引起的愉快或不愉快情绪下进行。结果发现,进行测验时与学习时情绪状态相同的情况下,记忆成绩较好。

此外,有一种与此有关的现象叫做依存于状态的学习。人们发现,如果能够恢复到与自己学习某种知识时同样的情绪或生理状态,就易于回忆起这种知识。例如常常听到这样的说法:喝醉了的人在清醒后不记得自己喝醉时把酒瓶藏在何处,而当他喝醉时则记不得自己清醒时把钱藏在了什么地方。

6. 心理倾向、态度和兴趣

心理倾向、态度和兴趣也是影响记忆的一个重要因素。感兴趣的事或持积极态度的事,我们记得牢一些;不感兴趣的事或持消极态度的事,我们记得就差一些。

在教学时,一方面,教材的意义必须适合学生的态度和兴趣;另一方面,学生的态度和兴趣并不是先天固定的,教师可以设法引导,使学生形成建设性的态度和兴趣,更容易记住和保留所学的知识。我们要设法改变自己的态度和兴趣,以适应对知识的学习和记忆。正如孔子所说的:"知之者不如好之者,好之者不如乐之者。"

(二)精细加工策略

精细加工策略是通过把所学的新信息和已有的知识联系起来以增加新信息意义的策略。精加工策略的要旨在于建立信息之间的联系,联系越多,提取的线索就越多。精加工越深入、细致,回忆就越容易。

1. 记忆术

记忆术是指一种通过给识记材料安排一定的联系以帮助记忆并提高记忆效果的方法。记忆术是一种有用的精细加工技术,对于那些必须记住的学科基础知识,如外语单词、化学符号、植物名称等非常有用。常用的记忆术主要有以下四种。

(1)形象联想法。这种方法是通过人为联想,使无意义的、难记的材料和头脑中鲜明奇特的形象(视觉表象)相结合,从而提高记忆效果。例如,要记住"飞机、大树、信封、耳环"等20个不相干的、没有内在意义联系的词语时,可以进行这样的联想:"天空飞着一架银色的飞机;飞机突然撞到一棵顶天立地的大树上;这棵大树很奇特,它的叶子形状像信封;信封似的叶子上挂着一个个闪闪发光的耳环。"想象的形象越鲜明具体越好,形象越夸张奇特越好,形象之间的逻辑联系越紧密越好。

---

[①] 陈琦,刘儒德. 当代教育心理学[M]. 3版. 北京师范大学出版社,2019:309.

（2）位置记忆法。位置记忆法是通过联系自己熟悉的某些地点顺序来记忆一些名称或者客体顺序的方法。使用位置记忆法，就是学习者在头脑中创建一幅熟悉的场景，在这个场景中确定一条明确的路线，在这条路线上确定一些特定的点，然后将所要记的项目全都视觉化，并按顺序和这条路线上的各个点联系起来。回忆时，按这条路线上的各个点提取所记的项目。例如，要记住"牛奶、面包、啤酒、香蕉"，可以想象从宿舍到商店的路上，经过花店、邮局、水房、操场，将识记项目和位置建立关联，花店用牛奶浇花，邮局里面都是面包，水房中的水龙头流着热腾腾的啤酒，操场上到处都是香蕉。

（3）缩简和编歌诀。缩简就是将识记材料的每条内容简化成一个关键性的字，然后变成自己所熟悉的事物，从而将材料与过去经验联系起来。例如，《辛丑条约》的内容为：要清政府赔款；要清政府保证禁止人民反抗；允许外国在中国驻兵；划分租界，建领事馆。可用"钱禁兵馆"（谐音"前进宾馆"来帮助记忆）。有时，可以将材料缩简成歌诀。歌诀韵律和谐，抑扬顿挫，非常有助于记忆。例如，《二十四节气歌》："春雨惊春清谷天，夏满芒夏暑相连，秋处露秋寒霜降，冬雪雪冬小大寒。"在缩简材料编成歌诀时，要多动脑，自己创造的东西印象更深刻。歌诀力求精练准确，富有韵律。

（4）谐音联想法。学习一种新材料时运用视觉表象，假借意义进行人为联想，对记忆很有帮助，这种方法被称为谐音联想法。在记忆历史年代和常数时，这种方法行之有效。例如，记忆圆周率 3.14159265358979323 84626……可以编成顺口溜："山巅一寺一壶酒，尔乐苦煞吾，把酒吃，酒杀尔，杀不死，乐尔乐。"

2. 做笔记

做笔记是阅读和听讲时常用的一种精细加工策略。教师促进学生做笔记和复习笔记的方法有：① 讲得慢一点；② 重复复杂的主题材料；③ 呈现做笔记的线索；④ 在黑板上写出重要的信息；⑤ 给学生提供一套完整的笔记，让他们观看；⑥ 给学生提供结构式的辅助手段，如提纲或表格等。记笔记时，可以使用多种颜色的笔，突出重点，在笔记本的右边留出3~6厘米的空白，除了笔记正文外随时记下老师讲的关键词、例子、证据以及自己的疑问和想法。在复习时，要积极思考笔记中的观点，并与其他信息进行联系。

3. 提问

在阅读时，教学生提一些"谁""什么""哪儿"和"如何"的问题，他们能领会得更好。有人给学生一张清单帮助他们构思创作，这张清单教学生向自己问一些问题："我写给谁看的？""要解释什么？""有什么步骤"等，训练学生在活动中和自己对话，或彼此之间相互问老师要问的问题。结果表明，学生能在解数学题、拼写、创作和许多其他课题中成功地学会自我谈话。

4. 生成策略

学习者在学习材料后，能够用自己的语言表达出来时，学习效果要比单纯的记忆好得多。生成策略就强调学习者对学习材料进行提炼和组织。

（1）画线、摘要、做注释。画线是指在学习过程中将比较重要的信息勾画出来，便于理解记忆。区分重要与次要信息是画线的关键。首先，理解新材料，对不熟悉的地方要想办法理解，如查阅不懂的字词等；其次，在理解的过程中对比较重要的信息进行勾画，为了更多地提供思考材料的机会，还可以在画线、摘要旁边做注释。在画线、注释的过程中可以使用一些常用的简写符号，以提高效率。

单纯的画线对学习没有太大的促进作用。主要问题在于很多学生无法确定什么材料是最重要的，在很多地方都画线。当要求学生画出一段中最重要的一句话时，他们确实能记住更多的内容,这或许是因为在确定哪句话最重要时,学生进行了较高水平的心理加工。因此,画线与摘要需要同时进行。

(2) 给出标题、写提要。给出标题、写提要与摘要不同,是用自己的语言对材料的中心思想进行简短陈述。它们的目的都在于促进对新信息的精加工和整合,是对材料的中心思想重新进行心理加工。写提要时要尽可能用自己的话对学习材料进行组织。

5. 利用背景知识

精细加工强调在新学信息和已有知识之间建立联系,背景知识的多少在学习中是非常重要的。对于某一事物,我们到底能学会多少,最重要的一个决定因素就是我们对这一方面的事物已经知道多少。教师一定要把新的学习和学生已有的背景知识联系起来,并联系实际生活,不仅帮助他们理解这些信息的意义,而且要帮助他们感觉到这些信息有用。

(三) 组织策略

组织策略是指整合所学的新知识之间、新旧知识之间的内在联系,形成新的知识结构的策略。组织是学习和记忆新信息的重要手段,方法是将学习材料分成一些小的单元,并把这些小的单元置于适当的类别之中,从而使每项信息和其他信息联系在一起。列提纲、画地图、利用表格、概括和归纳等都是有用的组织策略,能帮助学生更好地理解材料。

1. 列提纲

列提纲时,先对材料进行系统地分析、归纳和总结;然后,用简要的语词,按材料中的逻辑关系,写下主要和次要观点。所列出的提纲要具有概括性和条理性,其效果取决于学习者是如何使用它的。一个有效的方法是让学生每读完一段后用一句话做概括;另外一种方法是让学生准备一个提要来帮助别人学习材料,其部分原因是这种活动使得学习者不得不认真考虑什么重要、什么不重要。

2. 做图解

(1) 系统结构图。学完一科知识,对学习材料进行归类整理,将主要信息归成不同水平或不同部分,然后形成一个系统结构图。复杂的信息一旦被整理成一个金字塔式的层次结构,就更容易理解和记忆了。在金字塔结构里,比较具体的概念要放在较抽象的概念之下。

(2) 流程图。流程图可用来表现步骤、事件和阶段的顺序,一般从左向右展开,用箭头连接各步。

(3) 模式图或模型示意图。模式图就是利用图解的方式来说明在某个过程中各要素之间是如何相互联系的。模型示意图是用简图表示事物的位置(静态关系),以及各部分的操作过程(动态关系)。

(4) 概念关系图。关系图是用来图解各种观点是如何相互联系的,也就是先指出中心思想然后图解它们之间的关系。做关系图可以用来替代做笔记和列提纲。其中重要的形式是概念关系图,它能图解各种观点是如何相互联系的。建构概念关系图的过程是一个把自己头脑中的知识外显的过程,需要遵循一定的步骤:选择核心概念;选择相关概念,放在不同的层次上;添加概念之间的连线,标明文字说明;反思。

3. 做表格

对于复杂的信息,采用表格的形式,可以对信息起到组织的作用,有利于形成信息的视觉化,促进对信息的理解和记忆。

(1) 一览表。首先对材料进行全面的综合分析,然后抽取主要信息,并从某一角度出发,将这些信息全部陈列出来,力求反映材料的整体面貌。例如,学习中国历史时,以时间为轴,将朝代、主要历史人物、历史事件全部展现出来,制成一幅中国历史发展一览图。

(2) 双向表。双向表是从纵横两个维度罗列材料中的主要信息。系统结构图和流程图都可以衍变成双向表。

## 二、元认知策略

### (一) 元认知的结构

元认知是弗拉维尔(J. H. Flavell)最早提出来的。他认为,元认知就是对认知的认知,即个体对自己认知过程的知识和调节这些过程的能力,是对思维和学习活动的认知和控制[①]。元认知包括元认知知识、元认知体验和元认知监控三个组成部分,元认知监控是其中的关键。

1. 元认知知识

元认知知识是有关认知的知识,即人们对于是什么因素影响着人的认知活动的过程与结果,这些因素是如何起作用的,它们之间又是怎样相互作用的等问题的认识。元认知知识包括以下三方面内容:① 有关认知个体的知识,是指我们具有的关于自己和他人作为认知加工者的一切知识;② 有关认知材料、认知任务方面的知识,是指任务包含的信息和任务目的的不同特点对认知活动的影响方面的知识;③ 有关认知策略方面的知识,主要包括进行认知活动和完成认知任务有哪些策略,各种策略适用的条件与范围及其优缺点,对于不同的任务、不同的情境如何选用有效的策略等。

2. 元认知体验

元认知体验是指,伴随认知活动产生的认知体验和情感体验,既包括"知"的体验,也包括"不知"的体验,在内容上可简单也可复杂,既可以在认知活动前,也可以在认知活动后,还可以在认知活动中产生。

3. 元认知监控

元认知监控是指个体在认知活动过程中,能不断评价认知过程,获得认知活动质量的信息,找出认知偏差,及时调整计划,选用恰当的策略,从而保证任务的完成。换言之,个体将自己正在进行的认知活动作为意识对象,不断对其进行积极、自觉的监视、控制和调节。一般按照认知活动的阶段,将元认知监控分为四个阶段:① 制订计划;② 执行控制,即在认知活动过程中,及时评价、反馈认知活动中的有关信息,发现认知活动中存在的不足,并据此及时修正、调整认知策略;③ 检验结果;④ 采取补救措施。

元认知知识、元认知体验与元认知监控三个方面是相互依赖、相互制约的。首先,元认知知识与元认知体验是相辅相成的。元认知知识指导着元认知体验,而持续、稳定的元认知体验可能成为元认知知识,或者补充、删除、修改原有的元认知知识。其次,元认知监控制约着元认知知识的获得与水平。元认知体验也总是与认知活动相伴随的,离不开人们对认知活动的监控过程。因此,三者是有机结合的。

### (二) 元认知策略

元认知策略是指学习者对自己整个学习过程的有效检查、监视及控制的策略。例如,你读一本书,遇到一段读不懂,你可能会放慢速度再读一遍,或者查阅相关资料帮助理解,这都是元

---

① Flavell J H. Metacognitive aspects of problem solving. In Resnick L B. (ed.). *The nature of intelligence*[M]. Hillsdale, NJ: Erlbaum, 1976: 231-236.

认知策略。元认知策略大致可以分为以下三种:

1. 计划策略

计划策略是指根据认知活动的特定目标,在一项认知活动之前计划各种活动,预计结果、选择策略,想出各种解决问题的方法,并预估其有效性。计划过程包括设置学习目标、浏览阅读材料、设置思考题以及分析如何完成学习任务等。成功的学习者会预测完成作业需要多长时间,在做作业前将各种相关知识融会贯通,在考试前复习笔记,在必要时组成学习小组等。通过这些设定的计划,学习者对自己的学习过程进行监控,经常对学习过程与原先的计划设想进行比较,及时发现问题,进行调整。

2. 监控策略

监控策略是指在认知过程中,根据认知目标及时检测认知过程,寻找两者之间的差异,并对学习过程及时进行调整,以期顺利实现有效学习的策略,包括领会监控、策略监控、注意监控。① 领会监控是指学习者在阅读过程中将自己的阅读领会过程作为监控对象,不断进行调整,监控自己是否真正领会了学习材料。② 策略监控是指学习者对自己应用策略的情况进行监控,保证策略在学习过程中有效运用。自我提问法是策略监控最常用的方法。③ 注意监控是指学习者在学习过程中对自己的注意力或行为进行自我管理与自我调节,如注意自己此刻正在做什么,如何抑制分心等。

3. 调节策略

调节策略是指核查认知活动的结果并采取相应的补救措施,核查认知策略的效果,并及时修正、调整认知策略。调节策略与监控策略有关。例如,当学习者意识到他不理解课程的某一部分时,他就会退回去阅读有困难的段落,放慢阅读的速度,复习不理解的课程材料,测验时,先做简单的题目再做难的题目。调节策略能帮助学生矫正他们的学习行为,弥补理解上的不足。

**(三)元认知策略与认知策略的区别与联系**

在学习活动中,认知策略是提高学习效率必不可少的具体策略性知识,但不同的材料、不同的情景需选择不同的策略性知识,这一过程的实现正是元认知策略的体现。作为一个学习者来说,如果只拥有众多的策略性知识,而缺乏元认知策略来帮助自己决定在哪种情况下使用某种策略,或改变策略,那么他不会成为成功的学习者。反之,如果没有可供使用的策略性知识,那么元认知策略的运用则缺乏相应的对象。因此,认知策略与元认知策略相互联系,相互作用,相辅相成,甚至相得益彰,但二者又是有区别的。

元认知策略与认知策略的区别主要表现在以下三个方面:① 认知策略是元认知策略应用的基础,元认知策略则对认知策略的选择、转换、执行具有统帅与导向作用;② 元认知策略的发展落后于认知策略的发展,但元认知策略对认知策略运用的调节与控制,对认知策略的发展又具有不可忽视的作用;③ 认知策略的功能在于减少尝试与错误的任意性,缩短学习时间,提高学习效率,它直接作用于学习活动。而元认知对学习活动所发生的作用,并不是直接产生的,而是通过对整个学习活动,包括对策略性知识的调控而发生作用的。

由于元认知总是与认知策略共同导致学习活动的改进,特别是元认知知识中包括了认知策略知识,更导致了一些研究者把元认知与认知策略混为一谈。实际上,元认知中的认知策略知识,主要是指关于认知策略特点的知识,以及对认知策略的选择与调控的知识。

## 三、资源管理策略

资源管理策略是辅助学生管理可用环境和资源的策略,包括:时间管理策略、学习环境管理策略、努力管理策略、学业求助策略。

### （一）时间管理策略

时间管理策略就是通过一定的方法合理安排时间,有效利用学习资源的策略。

1. 统筹安排学习时间

每个人都应当根据自己的总体目标,对时间做出系统安排,并通过阶段性的时间表来落实。对每一天的活动,都要列出一张活动优先表。在制订学习计划时,要注意将学习计划落实在学习成果上。在执行学习计划时,要避免拖延,可以对一天的事情排序。排序的依据一般为事情的重要程度和紧急程度,依据这两个维度可以把事情分为四种类型,然后按照不同类型合理分配时间(图6-4)。

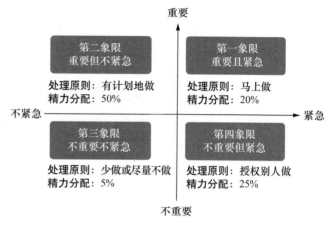

图 6-4 时间管理象限图

2. 高效利用最佳时间

在不同的时间里,人的体力、情绪和智力状态不同,学习效果也不同。因此,要选择合适的时间安排不同的学习活动:① 要根据自己的生物钟安排学习活动;② 要根据一周内学习效率的变化安排学习活动;③ 要根据一天内学习效率的变化来安排学习活动;④ 要根据自己的工作曲线安排学习活动。随着学习的进行,人的精神状态和注意力会发生变化。一般来说,存在三种变化模式:先高后低;中间高两头低;先低后高。每个人要根据自己的模式,安排学习内容,确保状态最佳时学习最重要的内容。

3. 灵活利用零碎时间

零碎时间大多是学习的低效时间,如课余、饭前饭后、等人候车时。可以利用零碎时间处理学习上的杂事,读短文或看报刊,拓宽自己的知识面;或者背诵诗词和外文单词。此外,可以进行讨论和通讯,与他人进行交流,在轻松的气氛里与人交流,有助于激发创造性思维。

### （二）学习环境管理策略

学习环境管理包括物理和心理两种环境管理。物理学习环境管理主要包括:第一,要注意调节自然条件,如流通的空气、适宜的温度、明亮的光线以及和谐的色彩等;第二,要设计好学习的空间,如空间范围、室内布置、用具摆放等。良好的心理学习环境应该是开放的,能够为教师的活动提供支持,并让身处其中的每一个人感到尊重。

### （三）努力管理策略

努力管理策略是指掌握一些方法来排除学习干扰,使自己的精力有效地集中在学习任务上。为了使学生维持自己的意志努力,需要不断地鼓励学生进行自我激励,包括:激发内在动机;树立为了掌握而学习的信念;选择有挑战性的任务;调节成败的标准;正确认识成败的原因;自我奖励等。

### （四）学业求助策略

学业求助策略是指当学生在学习上遇到困难时,向他人请求帮助的行为,这是一种重要的社会支持管理策略。要善于利用学习工具,如参考资料、工具书、图书馆、广播电视以及电脑与网络等。善于利用老师的帮助以及通过同学间的合作与讨论来加深对内容的理解。

学业求助的过程可以划分为五个阶段:① 意识到求助的需要。个体意识到任务的复杂和困难,发现仅靠自己的能力难以实现目标。② 决定求助。个体对求助行为进行利弊分析,决定是否求助。③ 识别和选择潜在的帮助者。④ 取得帮助。取得帮助的策略有两类:一类是非言语性的,如求助的目光、困惑的表情等;另一类是言语的,即直接开口求助。⑤ 评价反应。求助者对求助结果进行评价,包括求助策略是否有效、他人对求助的反应等。

## 第三节 学习策略的训练

### 一、学习策略训练的原则

让学生学会学习的重要方法之一就是对学生进行有效的学习策略训练。优秀的教师不仅会结合教学内容教给学生具体的学习策略,而且还会指导学生积极、适时地选用有效的学习策略,并通过教学训练形成适合学生个体的学习策略。

在学习策略的训练指导中,教师应遵循以下六个基本原则。

1. 主体性原则

主体性原则是指在学习策略训练中应该发挥和促进学生的主体作用。任何学习策略的使用都依赖于学生主动性和能动性的充分发挥,如果学生在学习过程中处于被动状态,甚至连学习目标、过程、方法都要由他人来设计、监控和评价,那么也就无所谓学会学习了。因此,在学习策略训练中,要提高学生的主体参与性,不仅要向学生阐明策略学习的目的和原理,更要给他们充分运用学习策略的机会,并指导其分析和反思策略使用的过程与效果,以帮助其进行有效的监控。

2. 内化性原则

内化性原则是指在对学习策略的学习过程中,学生能够不断实践各种学习策略,逐步将其内化成自己的学习能力,从而能够在新的情境中加以灵活应用。内化过程需要学生将所学的新策略与头脑中已有的相关策略知识整合在一起,形成新的认识和能力。

3. 特定性原则

特定性原则是指学习策略一定要与学习目标及学生的特点相适应。同样的策略,不同的学生使用起来效果是不一样的。教师要针对学生的年龄、已有的知识水平以及学习动机的类型,帮助学生选择适合自己的学习策略。同时,还要考虑学习策略的层次,必须给学生大量的各种各样的策略,不仅有一般的策略,还要有非常具体的策略。

4. 生成性原则

生成性原则是指在学习过程中,要利用学习策略对学习材料重新进行加工,产生新的东西,这就要求学习者进行深度的心理加工。也就是说,学习者应该利用学习策略对学习材料进行生成性加工,而不是简单地利用别人已有的知识和经验。要想使一种学习策略有效,进行这种内化的心理加工是必不可少的。生成性程度高的策略有:写内容提要、将笔记列成提纲、图解要点之间的关系等。

5. 有效监控原则

有效监控原则是指学生应该把注意力集中在学习结果和学习过程的关系上,监控自己使用每种学习策略所产生的学习结果,以便确定所选策略是否有效。经过这样的监控实践,学生就能够灵活把握何时、何地以及如何使用某种策略,甚至在这些策略运作时能将它描述出来。

6. 个人效能感原则

个人效能感原则是指学生在执行某一任务时对自己胜任能力的判断及自信程度,它是影响学习策略选择的一个重要的动机因素。那些能有效使用策略的学生相信,只要自己使用某一策略,就会对自己的成绩产生影响。另外,学习策略的作用取决于学生对它的运用,如果学生知道何时以及如何使用策略,却不愿意使用这些策略的话,那么他们的学习能力也不会得到提高。这就要求教师给学生创造机会,让学生在完成任务时体会到较高的个人效能感。在学习策略训练中也应该包括动机训练,让学生相信策略的运用能够提高完成任务的效率。

## 二、学习策略训练的模式

如何把学习策略教给学生,促使学生掌握有效的学习方法和技巧,已成为学习策略研究和实践的重要方向。目前,关于学习策略的教学主要有以下五种模式。

1. 指导教学模式

指导教学模式与传统的讲授法十分类似,由激发、讲演、练习、反馈和迁移等环节构成。在教学中,教师先向学生解释所选定学习策略的具体步骤和条件,在具体应用中不断给以提示,让学生口头叙述和解释所操作的每一个步骤,报告自己应用学习策略时的思维。通过不断重复这种内部定向思维,可加强学生对学习策略的感知、理解与保持。同时,教师在教学中依据每种策略来选择许多恰当的事例来说明其应用的多种可能性,使学生形成对策略的概括化认识。提供的事例应从学生的认识水平出发,由简到繁,使学生从单一策略的应用发展到多种策略的综合应用,从而形成一种综合应用能力。

2. 程序化训练模式

所谓程序化训练就是将活动的基本技能,如解题技能、阅读技能、记忆技能等,分解成若干有条理的小步骤,在其适宜的范围内作为固定程序,要求活动主体按此进行活动,并经过反复练习使之达到自动化程度。程序化训练的基本步骤是:① 将某一活动技能,按有关原理,分解成可执行、易操作的小步骤,而且使用简练的词语来标志每个步骤的含义;② 通过活动实例示范各个步骤,并要求学生按步骤活动;③ 要求学生记忆各步骤,并坚持练习,直至使其达到自动化程度。

3. 完形训练模式

完形训练就是在直接讲解策略之后,提供不同程度的完整性材料促使学生练习策略的某一个成分或步骤,然后逐步降低完整性程度,直至完全由学生自己完成所有成分或步骤。例如,在教学生列提纲时,教师可先提供一个列得比较好的提纲,然后解释这些提纲是如何统领材料的,下一步就给学生提供一个不完整的提纲。分步训练的具体步骤是:① 提供一个几乎完整的提纲,需要学生听课或阅读时填写一些支持性的细节;② 提供一个只有主题的提纲,要求学生填写所有的支持性细节;③ 提供一个只有支持性细节的提纲,要求学生填写主要的观点。如果学生加以适当的练习,就能写出很好的提纲来。完形训练的好处在于,能够使学生注意到每一个成分或步骤,而且每一步训练所需的心理努力都是学生能够胜任的。更为重要的是,每一步训练都可以让学生对策略应用有一个整体印象。

4. 交互式教学模式

交互式教学是由教师和一小组学生(大约 6 人)一起进行的,旨在教成绩差的学生学会阅读,并学会总结、提问、析疑、预测四种策略。在这里,教师先树立一些榜样性行为,这些行为是他想要学生自己能做的,然后改变自己的角色,在学生不会使用策略时给以必要的帮助,起一个促进者和组织者的作用。研究发现,交互式教学能有效提高成绩差的学生的成绩。该教学模式详见第三章第二节中的"维果斯基的文化历史发展理论"。

5. 合作学习模式

许多学生可能已经发现,当自己和同学讨论所读到的和所听到的材料时,获益匪浅。在这种学习模式中,两个学生一组,一节一节地轮流向对方总结材料,当一个学生主讲时,另一个学生听着,纠正错误和遗漏。然后,两个学生互换角色,直到学完所学材料为止。关于这种学习方法的一系列研究证明,以这种方式学习的学生比独自总结或简单阅读材料的学生,学习效果更好。

在实际教学中,教师不管采用什么方法进行学习策略的教学,都要结合学科知识。研究认为,学习策略知识不是孤立的,不能脱离专门知识。专门领域的基础知识是有效利用策略的前提条件,脱离知识内容的单纯训练容易导致形式化倾向,难以保证学生提高学习策略水平。教师要善于不断优化自己的教学步骤,为学生提供可以效仿的活动程序。同时,要根据学生原有的学习方式来启发学生的思路,让其有意识地内化有效的学习策略。

## 三、运用学习策略的条件

有关学习策略的研究有一个共同的发现,即产生缺陷(production deficiency)。产生缺陷是指学生习得了学习策略,但是在他们能够或应该使用时却没有应用。要确保学生真正使用他们所知道的学习策略,必须满足以下四个基本条件。

1. 学习任务必须恰当。在教学中,尽量减少单纯使用记忆方法的任务。如果任务是理解而不是记忆,就需要使用其他的策略。

2. 关注学习和理解,具有使用有效策略的目标。学习某一门课程时,修改或者重写笔记,到最后能将理解的内容浓缩到一两页纸上。达到这个程度,学生们就可以记住所学知识的大部分内容。

3. 相信使用学习策略所需要的努力和投入是合理的,是有可能得到回报的。同时,也相信自己有能力使用学习策略,即具有个人效能感。

4. 具有所学领域的相关知识或经验。没有什么学习策略能帮助学生完成超出他们当前知识水平的任务。

【知识窗】 有效应用学习策略

1. 确保你有足够的陈述性知识(事实、概念、观点)来理解新信息。① 学习时知道关键词汇的定义;② 学习新材料前,试图复习需要的事实和概念。

2. 找出教师会用什么类型的测验(论述、简答),并在脑中研究相应的材料。① 对于细节问题的测验,练习写出可能问题的答案;② 对于多项选择测验,使用记忆术来记忆关键术语的定义。

3. 确保你知道要学习的材料是如何组织的。① 预习标题、前言、主题句和课文的摘要;② 对表明关系的词和短语保持敏感,如"首先""其次""因为"等。

4. 了解你自己的认知技能,并有意地使用它们。① 使用类比把新材料与你所关心的并能很好理解的事情联系起来。② 如果一个学习策略不起作用,就尝试另一个。这样做的目的是练习使用这些策略,而不是仅仅使用某个特定的策略。

5. 用正确的方法学习正确的信息。① 确保你准确地了解了测验所涵盖的主题和材料。② 把你的时间花在测验或作业要求的、重要的、有难度的和不熟悉的材料上。③ 做一张表,列出你认为难度大的课文部分,在那几页上多花点时间。④ 通过使用记忆术、形成表象、创建样例、回答问题、用自己的话做笔记以及对课文进行精细加工等方法来彻底加工重要的信息。不要试图记忆作者的话,而要用你自己的话。

6. 监控你自己的理解。① 使用提问来检查你的理解。② 当阅读速度慢下来了,确定段落中的信息是否很重要。如果重要,就标注出来,以便你可以重读或获得他人帮助进行理解。如果不重要,就跳过去。③ 和朋友一起学习并相互测验,以检查你的理解是否正确。

## 本章小结

学习策略是指,在学习过程中,学习者为了达到提高学习效率的目的而采用的规则、方法、技巧及其调控方法的总和。

学习策略的特点包括主动性与操作性的统一、外显性与内隐性的统一、变通性与通用性的统一、生成性和指向性的统一。迈基奇等人根据学习策略所涵盖的内容,把学习策略分为认知策略、元认知策略与资源管理策略。

认知策略是学习者在认知加工过程中所采用的策略,即有效保存和提取信息的方法和技术,包括复述策略、精细加工策略和组织策略。元认知是对认知的认知,即个体对自己认知过程的知识和调节这些过程的能力,包括元认知知识、元认知体验和元认知监控三种成分。资源管理策略是辅助学生管理可用环境和资源的策略,包括时间管理策略、学习环境策略、努力管理策略、学业求助策略。

## 知识练习

1. 什么是学习策略?
2. 如何有效使用认知策略?
3. 如何有效使用元认知策略?
4. 如何有效使用资源管理策略?
5. 案例分析:儿童刚上小学时,用数手指的办法学习一位数的加减。请你从学习策略的角度解释儿童为什么用这种学习方式。
6. 案例分析:小青今年上高二,她学习刻苦但不得法,因而成绩不理想。假如你是她的老师,你应如何帮助她?

## 推荐读物

安妮塔·伍尔福克.教育心理学[M].12版.伍新春,等,译.机械工业出版社,2015.

陈琦,刘儒德.当代教育心理学[M].3版.北京师范大学出版社,2019.

陈琦,刘儒德.教育心理学[M].2版.高等教育出版社,2011.

冯忠良.教育心理学[M].2版.人民教育出版社,2010.

胡志金.信息时代的终身学习策略[M].中央广播电视大学出版社,2015.

刘电芝,田良臣.高效率学习策略指南[M].科学出版社,2018.

罗伯特·斯莱文.教育心理学:理论与实践[M].10版.吕红梅,等,译.人民邮电出版社,2016.

简妮·爱丽丝·奥姆罗德.教育心理学精要:指导有效教学的主要理念[M].3版.雷雳,等,译.中国人民大学出版社,2013.

简妮·爱丽丝·奥姆罗德.学习心理学[M].6版.汪玲,等,译.中国人民大学出版社,2015.

史耀芳.二十世纪国内外学习策略研究概述[J].心理科学,2001,24(5):586-590.

# 第七章 知识的学习

## 【学习目标】

1. 了解知识的含义及分类；
2. 掌握知识在头脑中的表征方式；
3. 了解概念学习的内涵、成分、类型、获得与运用，熟知概念的教学方法；
4. 熟知促进陈述性知识学习的教学策略；
5. 掌握动作技能的分类及形成阶段；
6. 掌握心智技能的分类及形成阶段；
7. 熟知促进程序性知识学习的教学策略。

## 【知识导图】

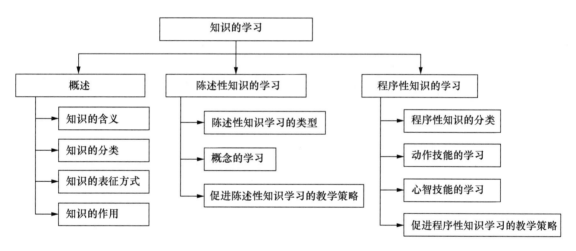

## 【学前反思】

有一天,几个初中生聚在了一起,开始讨论各自在学习上的优势。

一个同学说,我擅长语文的学习,对词语的理解能力很强。

另一个同学说,我擅长概念的学习,能够很快把握事物的本质特征。

第三个同学说,我擅长数学的学习,学习过的知识在头脑中能形成体系,推理能力也很强。

第四个同学说,我擅长历史的学习,对历史事件很感兴趣。

第五个同学说,我擅长化学的学习,做化学实验让我着迷。

第六个同学说,我擅长绘画,见过的事物总能形象地保存在头脑中,并能准确地画出来。

第七个同学说,我擅长体育,老师教的动作,我能马上模仿出来,并做到位。

……

几个同学聊的不亦乐乎,那么,他们擅长的地方分别属于哪一种知识的学习呢？这种知识是如何在头脑中表示和组织的呢？本章将带领大家一一解答。

# 第一节 知识学习概述

慕课视频 7-1：
知识的表征方式

## 一、知识的含义

知识的本质是人对事物属性与联系的能动反映,通过人与客观事物的相互作用而形成。人在与外界相互作用的现实活动中,获得来自客体的各种数据和信息,用一定的方式对这些数据和信息进行加工和组织,形成对事物的理解,从而形成知识。但是知识一经形成,便不同于数据和信息,而是形成智慧的基础,能促进问题的解决,帮助个体达到目标。

## 二、知识的分类

人们对知识的不同理解体现在对知识的分类上,研究者从不同的角度进行了不同的划分(表7-1)。人类的知识本身复杂多样,了解知识的分类,有利于我们理解和区分不同知识的特点。

表 7-1 知识的划分

| 划分依据 | 划分类型 | 解释 |
| --- | --- | --- |
| 反映深度 | 感性知识 | 感性知识是对事物的外表特征和外部联系的反映,分感知和表象两种水平 |
|  | 理性知识 | 理性知识是对事物的本质特征与内在联系的反映,包括概念和命题两种形式 |
| 知识与言语的关系 | 显性知识 | 显性知识是指用书面文字、图表和数学表述的知识,是用言语等人为方式表述来实现的,如通过书本传播的知识 |
|  | 隐性知识 | 隐性知识是指尚未被言语或其他形式表述的知识,是"尚未言明的"或者"难以言传的"知识,如我们可以从千万人中认出一个人的脸,但是却说不出来是如何认出来的 |
| 知识的状态和表现方式 | 陈述性知识 | 陈述性知识反映事物的状态、内容及事物变化发展的原因,说明事物是什么、为什么和怎么样,一般可以用口头或书面语言进行清楚明白的陈述 |
|  | 程序性知识 | 程序性知识反映活动的具体过程和操作步骤,说明做什么和怎么做,它是一种实践性知识,主要用于实际操作 |

信息加工心理学家大多同意把人类习得的知识分为陈述性知识(declarative knowledge)和程序性知识(procedural knowledge)。这一分类也是对知识最重要的划分方法。

陈述性知识是关于"是什么"的知识,是对事实、定义、规则和原理等的描述,主要说明事物是什么、为什么、怎么样,是个人可以有意识地回忆出来的关于事物及其关系的知识。例如,"三角形是由同一平面内不在同一直线上的三条线段'首尾'顺次连接所组成的封闭图形""在匀速直线运动中,路程与时间成正比,用公式 $s=vt$ 计算""烧水时,当水冒蒸汽的时候,就说明它烧开了"。陈述性知识具有静态的性质,容易被人意识到,并且可以明确地用词汇或者其他符号系统地表述出来,相当于我们传统意义上所说的知识。

程序性知识则是关于"如何做"的知识,是关于完成某项任务的行为或操作步骤的知识,如怎样进行推理、决策或者解决某类问题等,是个体具有的用于具体情境的算法或一套行为步骤。例如,"根据三角形的定义会判断一个图形是否是三角形""利用平均速度和运动时间计算距离"。程序性知识相当于传统意义上所说的技能,可以分为动作技能和心智技能。动作技能如写字、跑步等,心智技能如阅读技能、运算技能等,这些都属于程序性知识。程序性知识在实际活动中体现,通过活动才能判断个体是否具有程序性知识。程序性知识是与一定的问题相联系的,在一定的问题情境面前,它会被激活,而后被执行。这一过程几乎是自动进行的,不需要太多的意识。

陈述性知识和程序性知识在实际的学习和问题解决活动中是相互联系的。陈述性知识是学习程序性知识的基础。在实际活动中,陈述性知识常常可以为执行某个实际操作程序提供必要的信息。例如,如何判断一个图形是否为三角形呢?这离不开对三角形定义的掌握。如何烧水呢?除了了解烧水的过程之外,还离不开对"水是否烧开"的陈述性知识的掌握。程序性知识的掌握也会促进陈述性知识的学习。如掌握了记笔记、阅读等程序性知识,会促进学生对陈述性知识的掌握。因此,陈述性知识和程序性知识是知识学习过程中不可分割的两个方面。在人类的绝大多数的活动中,这两类知识是共同参与、互为条件的。

陈述性知识和程序性知识又是有区别的:① 从测量学的观点看,陈述性知识可以通过陈述或告诉的方式测量,而程序性知识只能通过观察学习者的行为间接进行测量。② 从激活和提取的速度上看,陈述性知识激活和提取速度比较慢,程序性知识激活和提取的速度比较快。③ 从学习和遗忘的速度来看,陈述性知识只要求印刻在头脑中,所以学习的速度快,并且如果没有采取深加工策略,遗忘也快;而程序性知识要求学习者按一定规则和步骤进行反复操作,因而学习的速度慢,但由于操作过程调动了多种感官参与并伴随着一定的深加工,所以遗忘的速度也慢。此外,二者在头脑中的表征方式也不同。

## 三、知识的表征方式

知识表征(knowledge representation)是指知识在头脑中的表示形式和组织结构。不同类型的知识在头脑中以不同方式表征。例如,陈述性知识以概念、命题及命题网络、表象或图式表征;而程序性知识主要以产生式、产生式系统来表征,有时也可以用图式表征。

1. 概念

概念代表事物的基本属性和基本特征,是一种最基本的表征形式。例如,鸟又称作鸟儿,温血卵生,用肺呼吸,几乎全身有羽毛,后肢能行走,前肢变为翅,大多数会飞。

概念的特征又分为知觉特征(如鸟有羽毛)、功能特征(如鸟能飞行)等。不同的概念在头脑中是相互联系的,同时具有一定的层次关系。因此,它们就构成了概念层次网络组织,如图7-1所示。

柯林斯(A. M. Collins)和奎利恩(M. R. Quillian)的语义层次网络模型认为,概念在头脑中的联系是相互的,具有一定的层次关系。在层次网络中,概念的特征是分级表征的。每一级概念的水平,只储存该级概念都有的特征,而同一级概念所具有的共同特征则储存在上一级概念水平上。如"金丝雀"与其他"鸟"所具有的共同特征(如"有翅膀""能飞行""有羽毛")储存在"鸟"这一上位概念中,而"金丝雀"这一层只储存了"金丝雀"与其他鸟不同的特征(如"会唱歌""黄颜色")。通过连线,每一个下位概念可以获得它所属的上位概念的特征。由于上位概念的特征只出现一次,无须在其他所有的下位概念中再储存,因此这种分级表征的方式大大地节省了储存空间,符合"认知经济"原则,学习效率可以大大提高。

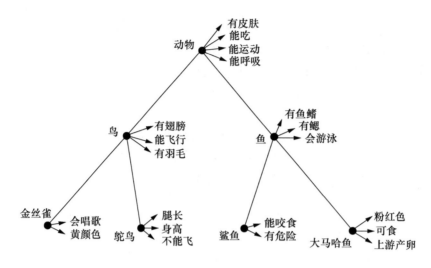

图 7-1　信息层次网络组织

**2. 命题和命题网络**

命题(proposition)是意义或观念的最小单元,用于表述一个事实或描述一个状态,通常由一个关系和一个或一个以上的论题组成,关系限制论题。例如在"电脑坏了"这一命题中,"电脑"是命题谈及的话题,即论题,而"坏了"则是这一命题中的关系。这一关系将我们对事物认识的焦点聚集在了"电脑坏了"这一情况上,而不关注有关电脑的其他情况。一个命题只能有一个关系,但其中所包含的论题却可以不止一个。例如,在"小明喝茶"这一命题中,命题的关系仅有一个,即"喝",但涉及的论题有两个,即"小明"和"茶"。"喝"则对这两个论题作了限制,它说明在"小明"和"茶"之间发生的情况是"喝"而不是其他。综上,论题是指命题中的主体、客体、目标、工具、接受者,一般由句子的主语和宾语担当,多为名词或代词;关系是指一个命题中各个论题之间的联系或对论题的限定,多为动词、形容词、副词或介词。

命题用句子来表达,但是命题不等于句子,一个句子可以包含一个或多个命题。如"小明正在喝红茶"这一句子包含了两个基本命题:"小明正在喝茶""茶是红茶"。句子代表着交流观念的方式,而命题代表着观念本身,个体是使用命题(句子的意思)而不是句子(确切的词语)将观念储存在头脑中的。

多个命题往往通过相同的论题联结成命题与命题网络。复杂的句子或由多个句子围绕一定的意义组成的段落,均可以视为命题网络。如"张老师从资料室借了几本心理学杂志",这里的复合句可以分解为多个简单的句子或命题,如"张老师借书""地点是资料室""借的是杂志""杂志是心理学方面的""借了不止一本"。这些简单的命题通过其共同的成分彼此相连形成较为复杂的命题网络,进而用来表达较为复杂的知识信息。

两个或多个命题常常因为有某个共同的成分而相互联系在一起,从而构成了命题网络(propositional network),或称为语义网络。命题按层次网络结构储存,相互有联系的信息会组成网络。在图 7-1 中,动物之间的分类知识就呈现出网络层级结构。不同的动物知识的概括水平不同,在不同概括水平上储存了可以用来区分其他水平的物体的属性。一般来说,较为抽象、概括的知识处于高层,而较为具体的内容处于低层。如"有鳃"是所有鱼的属性,储存在比"动物"低一级的水平上,可以将鱼和非鱼的动物(如狗、鸟)等区分开。同时,这种层次网络模型还包含着一定的推理机制。例如,可以通过对网络的搜索,判断"鲨鱼是动物""鲨鱼是鸟"等命题的真伪。

总之,命题和命题网络是陈述性知识表征的主要形式。一个命题表述一个关系,而命题和命题之间则通过共同元素相互联系,进而形成一个又一个的命题网络。命题的网络组织形式可以帮助我们了解各种命题之间的关系,减少直接孤立储存大量命题信息的记忆负担。

3. 表象

表象(image)是人们头脑中形成的与现实世界的情境相类似的心理图像。加涅(E. D. Gagné)认为,表象是对事物的物理特征做出连续保留的一种知识形式,是人们保存情景信息与形象信息的一种重要方式,是命题表征无法完成的。当我们形成表象时,总是试图回忆起或者重新建构信息的自然属性和空间结构。例如,判断"西瓜比苹果大"时,我们可能不假思索地说"对",那是因为在我们做判断的时候,头脑中出现了西瓜和苹果的形象,并在头脑中将这两个表象进行了比较,就好像看到了这两个水果一样。

陈述性知识在表征事物的时候,不仅可以采用语言,还可以采用表象。心理学家认为,在我们的长时记忆中存在着大量的以表象形式表征的形象性的陈述性知识。佩维奥(A. Pavio)提出了双重编码说,认为在信息的储存、加工和提取中,语言和非语言的信息加工过程是同样重要的。佩维奥认为,人的长时记忆系统可分为表象系统和言语系统,其中表象系统利用表象编码来储存关于具体的客体和事件的信息,表象编码是记忆中的事物的形象,而言语系统以语义编码来储存言语信息,语义编码也就是命题编码。① 如图7-2所示,在表达"书在桌子上"这一观念时,我们可以有两种表征形式:图中 A 是表象表征;而图中 B 则是命题表征。表象表征对书、桌子以及它们的相对大小的三维空间关系提供了明确的信息;而命题表征,虽然也表示了"书"和"桌子"的空间关系,但并不提供有关"书"和"桌子"相对大小方面的信息。由此可见,命题是一种断续的、抽象的表征,而表象是一种连续的、模拟的表征。表象特别适合在工作记忆中对空间信息和视觉信息进行某种经济的表征。

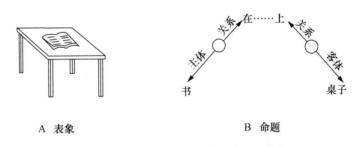

图 7-2 对"书在桌子上"的两种心理表征

4. 图式

图式(schema)是指有组织的知识结构,"是对范畴的规律性做出编码的一种形式,这些规律性既可以是知觉性的,也可以是命题性的"。因此,图式组合了概念、命题和表象,是关于某个主题的知识单元,包括了与这个主题有关的一套相互联系的基本概念,构成了感知、理解外界信息的框架结构。如,关于"学校"的图式,就包含了教师、学生、教室、图书馆、操场等信息。

---

① 约翰·安德森.认知心理学及其启示[M].7版.秦裕林,等,译.人民邮电出版社,2012:138.

这里既包含对学校的抽象认识——学校是指教育者有计划、有组织地对受教育者进行系统的教育活动的组织机构;又包含对学校的知觉认识——学校的构成及建筑设计等。

加涅认为,图式一般具有三个基本特征:

(1) 图式含有变量。例如,在"教室"的图式中,虽然一般都会含有黑板、讲台、课桌等要素,但这些要素是可以改变的。黑板有大有小,讲台有高有低,课桌可以固定也可以移动。

(2) 图式具有层次。不同抽象水平的图式可以互相嵌套,比如"黑板"图式可以嵌套在"教室"图式中,而"教室"图式又可以嵌套在"学校"图式中。

(3) 图式能促进推论。例如,在"操场"图式中,通过其被嵌套在"学校"图式中,可以推论其能进行教学活动的特性。

图式具有多种不同的分类:物体图式、事件图式、动作图式、文本图式等。其中,物体图式指有关物体的形状、特性、结构等信息的图式,如学校的图式、教室的图式。事件图式又称为脚本(script),即各事件发生的过程及其各过程间的关系的图式。3岁的儿童就已经有了对他们熟悉事件的脚本。如一个幼儿园儿童关于"午饭"的脚本(见图7-3)是:首先你在户外玩一会儿,当老师叫你的名字走进来,拿到你的饭盆坐下,开始吃饭,把剩饭倒掉,准备午休。动作图式指有关动作产生的顺序、力量、幅度、方式等程序性信息图式,如跑步的图式、跳绳的图式。文本图式又称故事结构图式,是指文章的结构或组织形式,包含"时间、人物、事件、起因、经过、结果"六要素,它可以帮助学生理解和记忆故事。当学生理解故事时,就会选择合适的图式,进而决定哪些细节更重要,哪些信息需记忆。图式可以指导个体的活动,促进个体的理解。

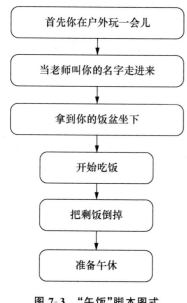

图7-3 "午饭"脚本图式

5. 产生式

产生式是表征程序性知识的最小单位。产生式(production rule)这个术语来自于计算机科学,是指头脑中储存的一系列以"如果/那么(if/then)"的形式表示的规则。产生式包含了"如果某种条件满足,那么就执行某种动作"的知识,表明了所要进行的活动以及发生这种活动的条件。它具有自动激活的特点,即一旦存在、满足了特定的条件,相应的行动就会发生,并且不太需要明确的意识。

产生式是条件与动作的联结,即在某一条件下会产生某一动作的规则。也就是所谓的条件—行动的规则(简称C—A规则),即我们在做决策的时候,首先需要确定当时的情境或条件,然后采取相应的行动。C—A规则与行为主义的S—R(刺激—反应)公式有相似之处,但也有原则上的区别。[①] 二者的相似之处是每当"刺激"出现或"条件"满足时,便产生"反应"或"行动";不同之处是C不是外部刺激,而是信息——保持在短时记忆中的信息,而A不仅指外显的反应,还包括内在的心理活动或运算。例如,表7-2中的两个产生式就体现了这样的特点(第一个产生式中的活动是实施强化,第二个产生式中的活动是鉴别三角形)。

---

[①] 皮连生.教育心理学[M].4版.上海教育出版社,2011:105.

表 7-2　实施强化和鉴别三角形的产生式①

| 产生式 1:实施强化 | |
|---|---|
| 如果 | 目标是要增加儿童的注意行为,且儿童注意时间比以前稍微延长 |
| 那么 | 对儿童进行表扬 |
| 产生式 2:鉴别三角形 | |
| 如果 | 已知一个图形是两维的,且该图形有三条边,且三条边是封闭的 |
| 那么 | 识别该图形为"三角形",并说"三角形" |

6. 产生式系统

多个产生式的联结就构成了产生式系统。产生式系统是由众多的产生式组合而成的。当一个产生式的结果可以作为另一个产生式的条件,进而引发其他的行动时,众多的产生式就联系在了一起,构成了复杂的产生式系统。产生式系统是程序性知识表征的主要方式。程序性知识在获得之初是以命题网络的形式表征,在变式练习的条件下,就转化为产生式及产生式系统的表征方式。一旦条件满足,行为会自动激活。这就解释了熟练技能自动执行的心理机制。

程序性知识的基本单元间能够建立起联系,是因为一个产生式的活动将给出另一个产生式所需满足的条件。因此,当一个产生式的活动为另一个产生式的运行创造了所需要的条件时,则控制流从一个产生式流入另一个产生式,形成产生式系统(见表 7-3)。

表 7-3　分数加法前三步的产生式系统

| | | | |
|---|---|---|---|
| p1 | 如果 | 我的目标是要将分数相加<br>且现在有两个分数 | $\frac{1}{2}+\frac{1}{3}$ |
| | 则 | 建立一个子目标即求出它们的最小公分母 | $2\times3=6$ |
| p2 | 如果 | 我的目标是要将分数相加<br>且现在有两个分数<br>且两个分数的最小公分母已知 | |
| | 则 | 用最小公分母除以第一个分数的分母 | $6\div2=3$ |
| p3 | 如果 | 我的目标是要将分数相加<br>且现在有两个分数<br>且两个分数的最小公分母已知<br>且已得结果 1 | |
| | 则 | 以结果 1 乘第一个分数的分子和分母 | $\frac{1\times3}{2\times3}=\frac{3}{6}$ |

综上,知识是通过个体与信息甚至是整个情境相互作用而获得的,个体一旦获得知识,就会在头脑中用某种形式和方式来代表其意义,把它储存起来。陈述性知识表征的方式是概念、命题、命题网络、表象和图式;而程序性知识表征的方式是产生式、产生式系统、图式。

---

① 邵瑞珍.教育心理学[M].修订本.上海教育出版社,1997:89.

## 四、知识的作用

1. 陈述性知识的作用

首先,陈述性知识是个体生活中不可缺少的组成部分。日常生活中我们经常接触的事物和人际交流中的名词都是陈述性知识,缺少这些知识我们就不能进行正常的认知和交流。其次,对于学生学习而言,陈述性知识是学生学习的主要内容。比如,语文中的词语,数学中的定理,历史中的事件等均属于陈述性知识。再次,陈述性知识的学习是其他类型知识学习的基础,如程序性知识的学习。最后,陈述性知识也是我们进行良好思维的工具。正如培根所说:"读史使人明智,读诗使人聪慧,演算使人精密,哲理使人深刻,道德使人有修养,逻辑修辞使人善辩。"所以,学校教学绝不可以忽视陈述性知识的学习。

2. 程序性知识的作用

首先,程序性知识的掌握是进行学习活动、提高学习效率的必要条件。学生对阅读、书写、运算等基本程序性知识的掌握是他们顺利完成学习任务所必备的基本条件。其次,程序性知识是获得经验、解决问题、变革现实的前提条件。通过一系列的程序性知识,人们可以获得经验,实现经验从感性到理性的转化。合法则的程序性知识能够保证问题的顺利解决,同时达到变革现实的目的。最后,程序性知识是能力的构成要素之一,是能力形成与发展的重要基础。心理学研究表明,能力的形成与发展,与个体经验的积累、程序性知识的获得是分不开的。能力是对活动起稳定的调节作用的一种心理特性,这种稳定的调节作用是通过程序性知识的概括化、系统化实现的。

# 第二节 陈述性知识的学习

慕课视频 7-2:
概念的学习

## 一、陈述性知识学习的类型

### (一)表征学习、概念学习和命题学习

根据知识本身的存在形式和复杂程度,陈述性知识的学习分为表征学习、概念学习和命题学习。[①]

1. 表征学习

表征学习又称符号学习(representational learning),是指学习单个符号或一组符号的意义。符号学习的主要内容是词汇学习。个体开始时不知道某个词代表什么,它的意义如何,他必须学会这些符号代表什么东西。表征学习的心理机制是符号和它们所代表的事物或观念在学习者认知结构中建立相应的等值关系。例如,"狗"这个声音符号,对初生儿来说是完全没有意义的,在家长或其他人多次指着狗(实物)说狗,以及儿童多次与狗打交道的过程中,他们逐渐学会用"狗"(语言)代表他们实际看到的狗。那么"狗"这个声音符号对于儿童来说就获得了意义,即"狗"这个声音符号引起的认知内容与实际的狗引起的认知内容是大体一致的,同为狗的表象。

由于在任何语言中,词汇所代表的事物和观念是约定俗成的,所以个体在获得陈述性知识时,首先要掌握符号所代表的意义。当然,符号不限于语言符号(词),也包括非语言符号(如实

---

① 莫雷.教育心理学[M].教育科学出版社,2007:100-101.

物、图像、图表、图形等)。因此,对各种数学图表、花草树木、各种机床的认识等也属于表征学习。其次,表征学习还包括事实性知识的学习,如历史事件、历史人物的学习,地形地貌、地理位置的学习等。

2. 概念学习

概念学习(concept learning)是指掌握概念的一般意义,其实质是掌握一类事物共同的本质属性和关键特征。例如,学习"平行四边形"这一概念,就要掌握平行四边形的关键特征,即在同一个二维平面,两组对边平行,闭合图形。而平行四边形这一概念与图形的大小、形状、颜色等特征是无关的。掌握了概念的关键特征,就掌握了概念的一般意义,这就是概念学习的过程。同类事物的关键特征既可以由学习者从大量同类事物的不同例证中独立发现,也可以用下定义的方式直接向学习者呈现。前者是概念形成(concept formation)的过程,后者是概念同化的过程(concept assimilation)。

3. 命题学习

命题学习(proposition learning)是指获得由几个概念构成的命题的复合意义,实际上是学习若干概念之间的关系。命题在概念基础上形成,既可以陈述简单的事实,也可以陈述一般规则、原理、定律、公式等,因此它被看成是陈述性知识掌握的高级形式。如学习"圆的直径是它半径的两倍"这一命题时,需要先获得"圆、直径、半径"的概念,然后才能更好地理解这一命题的意义。它旨在反映事物之间的联系和关系,是一种更加复杂的学习。

(二) 下位学习、上位学习和并列结合学习

根据新知识与原有认知结构的关系,陈述性知识的学习可以分为下位学习、上位学习和并列结合学习三种。[①]

1. 下位学习

下位学习(subordinate learning)又称类属学习,是当学习者原有知识的包容和概括水平高于新学习的知识时所进行的学习。其前提假设是,人的认知结构在观念的抽象、概括和包容程度上是按层次组织的。这样,当学生原有的观念在概括和抽象的水平上高于新学习的观念时,新学习的观念归属于旧知识而得到理解,新旧知识所构成的从属关系就是下位学习。例如,原有概念"水果"和新概念"火龙果"之间就是下位关系;原有知识"空气中的水蒸气遇冷凝结成水"和新知识"冬天从寒冷的室外进入温暖的室内,眼镜片会变得模糊"之间也是下位关系。

在下位学习或类属学习中,需要区分两种不同的类属学习过程。

第一,派生类属(derivative subsumption)学习过程。当新的学习材料作为原先获得的概念或命题的特例,或作为原先获得的概念或命题的证据或例证而加以理解时,便产生了派生类属学习。在上述两种情形中,所要学习的新材料可以直接从认知结构中原有的具有更高包容性和概括性的概念或命题中推衍出来,或者蕴含在其中。也就是说,新知识只是旧知识的派生物。在这样的条件下,派生材料的意义可以很快被获得,学习比较省力。例如,若学生在学习正方形、长方形、等腰三角形时已形成轴对称图形概念。那么,在学习圆时,"圆也是轴对称图形"这一命题被纳入或类属于原有的轴对称图形概念,新的命题很快就获得意义,学生立即能发现圆具有轴对称图形的一切特征。这种类属作用的结果,不仅使新的命题获得意义,而且使

---

[①] 皮连生,庞维国,王小明.教育心理学[M].4版.上海教育出版社,2011:91.

原有的概念或命题得到充实或证实。

第二，相关类属（correlative subsumption）学习过程。新的材料类属于原有的具有较高概括性的概念或命题中，原有的观念得到扩展、精确化、限制或修饰，新的概念或命题获得意义，在这种条件下便产生相关类属学习。这种学习比较复杂，必须仔细比较上位概念和下位概念，经过复杂的概括活动才能牢固掌握。例如，过去已经知道"挂国旗是爱国行动"，现在学习新命题——"保护能源是爱国行动"时，新命题类属于原先的"爱国行动"中，结果新命题获得意义，原有的"爱国行动"被扩展或深化。在这类学习中，新学习的材料与一些具有较高包容性和概括性的类属者（如"爱国行动"）结合，发生相互作用，但前者的意义并未完全蕴含在后者之中，也不能被后者所代表。

区分以上两种类属学习的关键在于原有的概念或命题是否发生了本质属性的改变。在派生类属学习中，新知识纳入原有的旧知识中，原有的概念或命题只是得到证实或说明，本质未变。如"圆"属于轴对称图形，轴对称图形的本质特征没有发生改变。在相关类属学习中，新知识类属于原有的概念或命题中，原有的概念或命题便得到扩张、深化、精确化或修改。如"保护能源""五讲四美""爱护环境"等类属于"爱国行动"，原有"爱国行动"的概念会不断地得到扩展和深化。

2. 上位学习

上位学习（superordinate learning）又称总括学习，是当学习者原有知识的包容和概括水平低于新学习的知识时，所进行的学习。上位学习遵循从具体到一般的归纳概括过程。一般是在若干个比较具体的例子基础上习得一个较为概括的概念、原理，例如，在小学数学中教"面积"的概念时，教师让学生比较"台面、桌面、地面、墙面、操场"等的大小，最后概括出"面积就是平面图形或物体表面的大小"这一概念，这就是上位学习的过程。上位学习的特点就是：和学习者原有知识相比，新知识更为概括、更为一般。学习者通过这种学习，使自己的知识更为系统、完整、概括，从而易于把握事物的本质属性和共同规律。

3. 并列结合学习

并列结合学习（combinatorial learning）又叫类比学习，是当学习者的原有知识与新学习的知识之间既不存在上位关系，又不存在下位关系，而是两者在横向上存在某种吻合或对应关系时，所进行的学习。例如，学生学习"电压越大，电流越强"这一新知识时，可以类比头脑中已有的知识经验"水压越大，水流越强"。新旧知识之间不存在下位关系，也不存在上位关系，而是并列的关系。其中电压与水压、电流与水流相对应，电压与电流的关系与水压和水流的关系相对应。通过对应，新旧知识建立了联系。对于质量与能量、遗传与变异、需求与价格等概念之间关系的学习均属于并列结合学习。

## 二、概念的学习

在表征学习、概念学习、命题学习中，概念学习是表征学习的升华，是命题学习的基础。因此，我们将详细介绍概念的学习。

### （一）概念的内涵

概念就是具有共同特征（关键属性）的物体、符号或事件的标记系统，它是对类别的心理表征。[①] 例如"学生"这一概念，代表了"受教育的人"，所以与"教师（讲授课程的人）"是不同的。

---

① 莫雷.教育心理学[M].教育科学出版社,2007：82.

不同概念的内涵和外延各有差异。内涵指概念所包含的共同属性的多少,外延指概念所包含的成员的多少。有些概念内涵小、外延大,即概念成员仅拥有少量的共同属性,但包括大量成员;有些概念内涵大、外延小,即概念成员拥有大量的共同属性,但仅包括少量成员。如动物和鸟这两个概念相比,"动物"这一概念的内涵小、外延大;"鸟"这一概念的内涵大、外延小。

概念是有层次的,如"金丝雀"是一种"鸟","鸟"又是"动物"的一种。因此,可以说金丝雀是鸟这一概念的一个例子,鸟是动物这一概念的一个例子。

有些概念的含义会随着年龄的增长而不断变化。如对"公正""生命""命运"的看法。皮亚杰曾具体研究过不同年龄儿童的"生命"的概念,他发现儿童"生命"概念的形成有一个渐进的发展过程。6岁以前的儿童认为任何东西都是有生命的;6岁到8岁的儿童认为能动的东西才是有生命的;8岁到10岁的儿童则认为自己能动的东西才是有生命的;到了11岁以后儿童才真正理解了生命的含义,意识到生命的内涵是指在宇宙发展变化过程中自然出现的存在一定的自我生长、繁衍、感觉、意识、意志、进化、互动等丰富可能的一类现象。

### (二) 概念的结构

概念的结构主要包括概念名称、概念定义、概念属性、概念例证。[①]

1. 概念名称

概念名称指人们用某个符号或词汇来代表某些具有共同属性的事物,即用词语来命名。例如,"狗"这个词代表了各种各样的狗,它是这一类别范畴的概念名称。一个词可以作为不同的概念名称,如"网"既可以指实际的网,如渔网等,也可以指虚拟网络。而不同的词也可以代表同一概念,如"船"和"舟"都可以指同一种事物。

2. 概念定义

概念定义是指用语词加以科学规定的、对同类事物共同的本质特性的概括。在概念定义的描述中,要明确界定该概念的范畴与特征。当然,并不是所有概念都有明确的定义,特别是在心理学中,许多概念难以下定义,如"友谊""命运"等,对于这些概念的界定只能借助于具体的情境。

3. 概念属性

概念属性是以关键特征为标准的,是概念的一切正例所具有的共同本质属性,即通常所指的概念的内涵,也称定义性特征。正是由于这些属性,人们才能区分各种不同的概念。一些概念可能还有别的属性,但如果是非本质的属性,那就与概念的界定无关。如鸟就包含"有翅膀、能飞行、有羽毛"的本质属性,而"会唱歌、腿长"就不是鸟的本质属性。

4. 概念例证

概念例证是用来说明概念的事例,指概念所包括的一些具体例子。属于这一概念的例子是正例,也称肯定例证(positive instances);不属于这一概念的例子是反例,也称否定例证(negative instances)。凡符合某个概念的定义特征的例子,无论其他特征如何,都属于该概念的实例。例如,喜鹊、燕子、乌鸦都属于鸟,而蝙蝠则不属于鸟。

### (三) 概念的类型

1. 日常概念和科学概念

维果斯基根据概念定义的严格程度把概念划分为日常概念和科学概念。日常概念也称

---

① 丁家永.现代教育心理学[M].广东高等教育出版社,2004:66.

"前科学概念",是指没有经过专门的教学,在日常生活中通过辨别学习、积累经验而掌握的概念,比如,苹果是水果,白菜不是水果。日常概念的定义不一定准确,如"蜜蜂是鸟""树不是活的""月亮是活的"。科学概念是指在教学过程中通过揭示概念内涵而形成的概念。概念的定义有确定的内涵和范畴。比如,"三角形是由同一平面内不在同一直线上的三条线段'首尾'顺次连接所组成的封闭图形"。

2. 初级概念和二级概念

奥苏贝尔根据概念的抽象程度将概念分为初级概念和二级概念。初级概念也称一级概念,是指经过直接的具体经验而获得的对同类事物的定义性特征,如三角形的定义。二级概念是指用掌握定义的形式获得的概念,如等腰三角形的定义。在发展上,二级概念的抽象水平高于一级概念。

3. 具体概念和定义概念

加涅根据概念的抽象水平将概念分为具体概念和定义概念。能够通过直接观察而获得的概念叫具体概念,如"桌子、椅子、月亮、家庭"等。不能通过直接观察、只能通过概念的定义而获得的概念叫定义概念,如物理学中"比重"的概念,心理学中"道德、勇敢、自卑"的概念。

4. 易下定义概念和难下定义概念

赫尔斯(S. H. Hulse)根据概念定义性特征的明显程度将概念分为易下定义概念与难下定义概念。易下定义概念是指定义性特征明显,易用某种规则揭示出来的概念,如"四边形"。难下定义概念是指定义性特征不明显,不易用某种规则揭示出来的概念,如"诚恳""美丽"等。

5. 连言概念、选言概念和关系概念

根据概念间的属性关系可将概念分为:连言概念、选言概念和关系概念。连言概念指概念中同时具有某些属性且属性之间具有相加性质的概念,如"毛笔、黄狗"等都属于连言概念,在这种概念中,其所具有的属性缺一不可,必须同时具备。选言概念是指概念中属性的组合,可以二者选一,或二者兼备。如我们说一个人是"好人",既可以指一个善良的人,也可以指一个正直的人,当然同时具有善良、正直品格的人也是好人。关系概念指概念的各种属性可以揭示出某种特殊关系,如许多表示方位、高低、相对大小的概念都被称为关系概念。

(四)概念的获得与运用

概念是人脑对客观事物的本质特征的认识。概念学习指掌握概念的一般意义,即掌握同类事物的共同的关键特征和本质属性。概念的学习过程包括概念的获得和概念的运用两个环节。

1. 概念的获得

概念的获得,实质上就是要理解和掌握一类事物共同的关键属性。也就是说,使符号代表一类事物而不是特殊事物。儿童获得概念的两种基本形式是概念的形成和概念的同化。

(1)概念的形成

概念是怎样形成的?不同的心理学家通过自己的研究得出了不同的结论。

霍尔(C. L. Hall)首创了人工概念的经典研究,并提出了联想理论,试图根据强化反应的原理来解释概念形成(concept formation),认为同类事物的关键特征可以由学习者从大量的同类事物的不同例证中独立发现。他使用的材料是:汉字偏旁做概念,无意义音节来命名。实施程序是配对学习,将汉字与某一无意义音节配对呈现,用12个汉字组成一个单元代表一个概念,共 12 个单元。每次呈现一个刺激,直到被试自动将偏旁与无意义音节联系起来为止,说明被试抓住了这些汉字的共同特征。在实施过程中,如果学生能够正确地识别出某个概念的一个例子,就给予强化,告诉他是对的;如果学生对刺激识别错了,则告诉他错了。通过一系列尝试,正确的反应与适当的刺激就联结起来了,因而,学生的概念也就形成了。

布鲁纳等人提出了假设—检验理论,其基本观点是:在概念形成过程中,学生并不是被动地、消极地等待各种刺激的出现以形成联想,而是积极地、主动地去探究这一概念,通过一系列的假设—检验来发现这一概念。他所使用的材料是"四种性质的图片":图形(圆形、方块、十字);图数(图形数目为1、2、3个);颜色(绿、黑、红);边线(1、2、3条)——不同属性结合成多种概念,如"红色圆形"。实验者事先规定某个性质的某一属性(如红色)或几个性质的属性(如红色圆形)为某个人工概念的特有属性。然后,凡是具有所规定的全部有关属性的卡片则为概念实例或肯定实例,否则为否定实例。实验实施程序是:将图片呈现给被试,但事先不告诉这个人工概念是什么,只是告诉被试通过实验过程来发现这个概念。被试则要从摊在他面前的所有卡片中,根据他自己的想法来选取属于这个概念的其他肯定实例,一次选一个;每次选取之后,主试都要给予反馈,指出他选得对或错。实验如此进行下去,直到被试发现这一概念,即能正确地选择全部肯定实例并能说出这个概念是什么。至此,人工概念形成。研究发现,被试在形成概念的过程中,会采取各种策略,如同时性扫描、继时性扫描、保守性聚焦、博弈性聚焦,以此来加快发现人工概念的过程。莱维恩(M. Levine)进一步发展了这一理论。他的实验是:成对给出两个刺激,一个为肯定实例,一个为否定实例,告诉被试只有一个属性可以将两者区分开来,被试会通过总体聚焦策略形成概念。

认知心理学家罗施(E. H. Rosch)根据学生日常生活中使用概念的特点,提出了范例理论(example theory)。比如,"桌子"不是用颜色、形状、大小特征的人为的组合就可以描述出来的。事实上,这些概念是很难界说的。但是,每个自然概念都有一些比较范例的例证,比其他范例更能代表该概念,人们可以用具体的范例来代表概念。最典型的范例称作原型。这些理论对实际的概念教学都具有一定的指导意义。利用原型和范例可以识别概念(见图 7-4),但是原型也不是进行概念识别的唯一方法,如果没有合适的原型来表征概念,上下文的情境能起到提示作用(见图 7-5)。在图 7-4 中,尽管这三个物体都不常见,但是物体(a)比较接近钳子的原型,可以得以识别。而物体(b)和(c)就不能一下子被学生识别。这时候,呈现图 7-5 的图画,学生就会豁然开朗,将它们识别为脱核器和脱粒器。

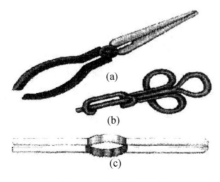

图 7-4　原型的应用

图 7-5　情境对原型应用的补充

对于学生来说,概念形成是概念获得的典型方式。尤其是学前儿童,由于已有的知识都比较具体而贫乏,理解能力有限,因此往往是通过概念形成的方式来获得概念的。例如,成人在使用"爷爷"这一术语时,一般指爸爸的爸爸,也泛指任何比爸爸长一辈的老人。幼儿在形成"爷爷"这一概念时,需要通过大量的例子,从经验中获得概念的肯定例证,然后归纳出一类事物的共同属性,从而获得初级概念。

概念形成（concept formation）是指学习者从概念的具体例子中概括出概念的关键特征,从而获得概念的方式。概念形成的条件有：内部条件,即学生必须能够辨别概念的正反例;外部条件,即成人必须对儿童所提出的概念的本质特征的假设做出肯定或否定的反应,也就是儿童必须能够从外界获得反馈信息。概念形成不仅适用于具体概念的学习,也适用于定义性概念的学习。概念形成在个体早期学习过程中有一定的作用,但由于个人的知识经验范围有一定的局限性,往往导致对概念的理解不精确,甚至发生曲解;由于概念形成的时间比较长,获得概念的数量受到相当大的限制。

（2）概念的同化

学生获得概念的另一个重要方式是概念的同化。所谓概念的同化（concept assimilation）,就是利用学习者认知结构中原有的概念,以定义的方式直接给学习者提示概念的关键特征,从而使学习者获得概念的方式。如奥苏贝尔将概念的同化分为上位学习、下位学习和并列结合学习（具体方式见"陈述性知识学习的类型"）。因此,在学校教学中,学生概念的学习都是以已有的知识经验为基础来进行的。在这一过程中,认知结构中的原有概念可以为一个新概念的吸收提供一个固定点。当学习者在原有概念和新概念之间建立起一种实质性的、非人为的联系以后,学习者就会获得新概念的具体意义。

在概念同化学习方式中,学生首先要接受新概念,并与自己认知结构中原有的知识联系起来,把新概念纳入原有概念中;其次,学生必须精确分化新概念和原有的相关概念;最后,他们还需把新概念和原有的相关概念融会贯通为一个整体结构,以便于记忆和运用。因此,在概念同化过程中,学生必须积极地进行认知活动,而不是被动地接受知识。

2. 概念的运用

概念一旦获得,就能在认知活动中发挥作用,从而对认知活动产生重大影响,这就是概念的运用。已经获得的概念,可以在知觉水平和思维水平上运用。

（1）在知觉水平上运用

在知觉水平上运用是指运用已经获得的概念,帮助识别具体的同类事物并将其归入这一类型。另外,已获得的概念在新的地方出现时,学生不必经过一系列的认知过程,就可以直接从知觉上觉察它们的意义。

在人的认知结构中,已经获得同类事物的概念以后,再遇到这类事物的特例时,就能立即把它看作这类事物中的具体例子,把它归入一定的知觉类型。比如,把特殊的房子看作一般房子中的一例,这样就从知觉上理解了房子。在教学中,以一个范例说明一个原有概念,就是概念在知觉上的分类。

（2）在思维水平上运用

在思维水平上运用是指运用概念对事物进行判断、推理或将概念进行重新改组,以满足解决问题的需要。

在接受学习中,将新的概念归属于原有的层次较高的概念,或者识别某一类已知事物的一个不大明显的成员,都属于概念在思维水平上的运用。在发现学习中,也常常需要运用原有概念。例如,在解决比较复杂的问题时,原有概念必须重新组织,以满足解决当前问题的需要。这也是概念在思维水平上的运用。

（五）概念的教学

为了帮助学生有效地掌握概念,教师在教学时应注意以下几点:

1. 以准确的语言明确揭示概念的本质特征

好的概念定义取决于两方面因素:一是新概念所属的上位概念;二是新概念的定义特征。界定准确的概念不仅能促进学生形成正确的概念关系和概念体系,还有利于区别概念的有关和无关特征。比如,果实的定义是"植物所结的实"。

2. 突出有关特征,控制好无关特征的数量和强度

在概念教学中采用突出有关特征、控制无关特征的方法有利于促进教学。果实一般包括果皮和种子两部分。其中,果皮又可分为外果皮、中果皮和内果皮。种子起传播与繁殖的作用。"果实能够孕育下一代"就是果实的有关特征,而"果实是能吃的,果实是绿色的"则是果实的无关特征。

教师在教学开始时,必须注意强调有关特征,弱化无关特征,以使学生顺利把握概念的实质。然后,逐渐增加无关特征,指导学生对无关特征和有关特征进行辨别和区分,使其获得的概念更加准确。

3. 提供概念范例,适当运用例证和比较

范例是学生获取概念的重要条件和基础。范例从外部提供反馈信息,有助于学生掌握概念的主要特征。范例提供的方式多种多样,通常情况下可以向学生展示实物、模型、图像或做实验演示等。

变式是概念的正例在无关特征或非本质属性方面的变化。比如,能吃不是果实的本质属性,因此在介绍果实这一概念时,既要举一些能吃的果实（如西瓜、苹果）,又要举一些不能吃的果实（如棉籽）,让学生明白它们都是果实。研究表明,在知识教学中提供充分、全面的变式,有利于学生从事物的不同方面来理解概念的本质属性。而提供正例和反例则有助于学生把握概念的关键特征,弄清概念的有关特征和无关特征,进而有利于概念的学习。

具体教学时,可以采用"规则—例子—规则"和"例子—规则—例子"两种形式。"规则—例子—规则"这一教学方式是先给学生介绍概念的定义,接着呈现几个正例,然后分析这些例子是如何代表这一定义的。这种方法效率较高,但比较适合高年级或者有了一定的基础概念的学生。"例子—规则—例子"这一教学方式是先从例子开始,再引导学生根据概念的特征,不断

修正推导出适合的概念,最后再呈现相关的例子,对概念加以巩固。这种方法能帮助学生建构对特殊概念的理解,同时发展学生的实际思维技能,例如检验假设的能力。

4. 形成概念网络

概念教学的目标是让学生正确地掌握所学概念是什么,以及把新学概念和长时记忆中原有概念联系起来,形成一个相互联系的概念网络。利用学生已有概念组成一个"概念地图",来表示概念与概念之间的关系,这样概念就被赋予了更多含义,有利于学生通过已知的概念来掌握新概念。概念网络可以由教师事先画好呈现给学生,也可以由教师用语言引导学生自己形成相应的想象。但最好是让学生掌握概念网络的构成方法,形成能自主支配的独立知识体系。图 7-6 就是一个典型的关于"平面几何图形"概念网络形成的例子。

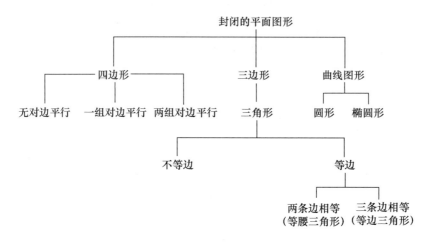

图 7-6　有关"平面几何图形"的概念网络

5. 在实践中运用概念

概念一旦被理解就要运用于实践中,这样学生就会感到更加亲切,掌握概念的积极性就会提高。运用概念于实践,实际上是概念具体化的过程,而概念的每一次具体化都可能使学生遇到一些新的情境,发现自己在概念学习时存在的错误和不足。这都有利于概念的进一步丰富和深化,对概念的理解就更完全、更深刻。

## 三、促进陈述性知识学习的教学策略

在陈述性知识的教学过程中,需要注意以下教学策略的运用。

1. 注意策略

注意策略是指教师采用一定的方法,使学生将注意力集中于与学习有关的信息或重要信息上,使其对学习材料保持高度的觉醒或警觉状态的教学策略。这一策略的使用,除了有助于吸引学生的注意力之外,还有助于促进学生对重要信息的选择性知觉。教师可采用的方法有:① 使知识直观化。知识直观化可以采用实物直观、模像直观、言语直观、电化(视听)教学等方式来实现,知识的直观化有助于吸引学生的注意。② 精心设计板书。好的板书可以突出新授知识的组织结构,有利于弥补学生从听觉渠道获得信息的缺陷,如短时记忆容量的限制;还可以使学生一目了然地把握整节课的内容。③ 灵活应用变化的或情绪性的刺激特征来唤起和维持学生的无意注意,通过其他有趣实验或问题激发学生的兴趣,从而引发有意注意。④ 告知教学目标,以激起学生对学习任务的预期,让学生知道将要学习什么内容,在心理上进入准备状态。

2. 认知结构优化策略

根据威特罗克(M. C. Wittrock)的生成学习模式,新的陈述性知识是否获得意义,有赖于学生已有的认知结构能否为新知识的获得提供认知框架。奥苏贝尔也曾指出,影响学习的最重要因素就是学生已经知道了什么,可见认知结构在学生知识习得过程中的重要性。教师在教授新知识前,必须帮助学生优化认知结构,利用现代化教学手段设置有趣的教学情境,增加学生的知识储备,从而激发学习者利用已有的知识来获得新知识。

3. 知识巩固策略

新学习的知识如果不及时复习的话,很快就会遗忘。因此,教师要及时了解学生的理解程度,对学生进行指导,提供反馈信息,帮助学生理清新旧知识之间的内在联系,进而在头脑中建构知识体系。而在此过程中,教师需要指导学生对所学知识进行归纳整理,教会学生利用复述策略、精加工策略、组织策略来巩固所学的知识。

4. 有效提取策略

在日常生活或新的学习中,当学生面临各种任务时,要学会利用不同线索提取相关信息。在此过程中,教师要辅导学生不断丰富和完善自身的认知结构,主动根据知识的特点将零散的、繁杂的知识科学地类化,并纳入认知结构中的适当位置,便于检索和有效地提取。教师通过测量和评价学生认知结构的特征,如认知结构是否形成、认知结构中是否有适当的观念可以利用、新习得的知识与原有知识系统的可辨别程度等,可以有效了解学生是否能从组织良好的认知结构中迅速提取准确的信息。

5. 动机激发策略

陈述性知识的学习首先是学习者从外界选择性地知觉新信息,然后进行主动建构并生成意义。学习者学习动机的激发直接影响其对原有知识激活的程度及新意义主动建构的水平。

首先,充分利用学习目标的激励作用。弗鲁姆(V. H. Vroom)提出过著名的期望理论(expectancy theory),这个理论可以公式表示为:激励力量=效价×期望。其中,效价是指个体所认为的目标价值的大小,期望是指个体认为目标实现的可能性有多大。在教学过程中,教师在提示教学目标时首先要说明学习新知识的价值,运用各种手段去激发学生的学习动机,使他们真正认识到陈述性知识的学习同学习目标之间的关系,并将它内化为自身认知的需要,产生远景性的、积极的学习动机。

其次,要及时修整学生的动机归因。教师要努力使学生相信在陈述性知识建构意义及其与记忆的关系方面下工夫,就能有效、充分地理解学习的知识,以促成学生自愿生成意义的习惯。

最后,教师还应给学生提供成功产生动机的机会,以适当的方式给学生呈现新信息。新信息要能引起学生的注意并且难度要适当,既要源于学生的知识背景,又要高于学生的知识背景,这样有利于激活原有知识,使学生及时获得积极的信息反馈,从而引导学生体验成功学习的自我效能感。

## 第三节 程序性知识的学习

慕课视频 7-3：
技能的学习

### 一、程序性知识的分类

1. 特殊领域的程序性知识和一般领域的程序性知识

从特殊与一般维度，可将程序性知识分为特殊领域的程序性知识和一般领域的程序性知识。

特殊领域的程序性知识是由只能用于特定领域的产生式系统构成的知识，如数学中的"四则混合运算规则"、语言学中的各种"语法规则"等。

一般领域的程序性知识是指可以跨越不同学习领域的一般方法、步骤的知识，如"知己知彼，百战不殆""温故知新"等。

2. 自动化的程序性知识和受意识控制的程序性知识

从自动与受控的维度，可将程序性知识分为自动化的程序性知识和受意识控制的程序性知识。

自动化的程序性知识是指那些经过充分练习能自动进行的产生式系统构成的知识。例如，当学生的加法练习已经很熟练的时候，你让他计算"3+2=？"，他会不经思考、脱口而出，说明其加法运算规则的掌握达到了自动化的程度。

受意识控制的程序性知识就是指未能达到熟练化的、不能自动激活的产生式系统构成的知识。例如，学习开车，新学员在学习的时候，每一个操作都需要有意识地思考，然后才能操作，这时他关于开车知识的运用还需要受到意识的控制。

3. 动作技能和心智技能

从机体或者器官是否发生位置移动的维度，可将程序性知识分为动作技能和心智技能。

动作技能又叫操作技能，是通过学习而形成的合法则的操作活动方式。该类程序性知识的实现需要个体使自己的机体或器官在时空中发生位置移动。比如，体育锻炼方面的跑步、打球、游泳，学习方面的写字、绘画等。

心智技能也称智慧技能，是通过学习而形成的合法则的心智活动方式。该类程序性知识的实现不需要个体在时空中发生位置移动就能完成。比如，加减乘除的运算、阅读技能的运用等。

除了身体位置移动的不同之外，动作技能和心智技能的不同还表现在以下三个方面：① 从动作对象的特点来看，动作技能的对象是物质性客体或肌肉，具有客观性；心智技能的对象是客观事物在人脑中的主观映象、是客观事物的主观表征、是知识和信息，具有观念性。② 从动作执行的特点来看，动作技能的执行是以外显的形式（在头脑外部）通过肢体运动来实现的，具有外显性；心智技能是对观念性对象进行的加工改造，是借助构造上与机能上不同于外部言语的内部言语进行的，具有内潜性。③ 从动作结构的特点来看，动作技能的每个动作必须切实执行，不能合并、省略，在结构上具有展开性；心智动作是借助内部言语这一工具进行的，可以合并、省略及简化，具有简缩性。

### 二、动作技能的学习

动作技能是能力的构成要素之一，动作技能的获得对个人的学习、工作和生活，以及解决问题的能力等都有很大的帮助。

### (一) 动作技能的类型

根据不同的分类标准,动作技能可以分为不同的类型。

**1. 粗大动作技能和精细动作技能**

根据动作的精确性,可以把动作技能分成粗大动作技能(gross motor skill)和精细动作技能(fine motor skill)两种。

粗大动作技能是指在较大空间范围内进行并要求做大幅度动作的技能,如跑步、游泳、打球等。其特点是需要整个躯体和大块肌肉群的运动才能完成。成功完成这种活动对动作精确性的要求相对较低,但是动作的流畅、协调则是必需的。

精细动作技能是指在狭小空间范围内进行并要求动作协调、精致、幅度小地展开的技能,如打字、刺绣和弹琴等。其特点是仅仅靠身体或四肢小肌肉群的运动来完成活动,通常涉及手眼的协调,对动作的精确性有较高要求。

粗大和精细只是一个连续体的两个极端,它们的区分是相对的。比如骑自行车这样的运动,既涉及大块肌肉的运动,同时又对动作的精确性有要求,但是更多地靠近粗大动作技能一端。因此,属于粗大动作技能。这种划分动作技能的方法在特殊教育、适应性体育教育、治疗和儿童期动作技能的发展研究中得到了广泛的应用。

**2. 连续性动作技能和非连续性动作技能**

根据动作技能是否连贯,可以将动作技能分为连续性动作技能(continuous motor skill)和非连续性动作技能(discrete motor skill)。

连续性动作技能指以连续、不间断的方式完成一系列动作,如说话、唱歌、开车等。其特点是需要完成的动作序列较长,动作之间没有明显可以直接感觉出来的开端和终点,也可以任意定义开始点和结束点,难以计数,一般持续时间较长,在完成活动任务的过程中需要根据复杂的内外刺激连续、不间断地调节和校正。

非连续性动作技能指对特定的外部刺激做出的特定的运动,如射箭、倒水、打鸡蛋等。其特点是只包含较短的序列,动作与动作间可以清楚地感到开始点和结束点,可以精确计数,动作延续时间短,一般由突然爆发的动作组成。

**3. 封闭性动作技能和开放性动作技能**

根据环境的稳定性,可以将动作技能分为封闭性动作技能(closed motor skill)和开放性动作技能(open motor skill)。

封闭性动作技能发生在固定的、环境不变的条件下,完全依赖肌肉的内部反馈信息来进行指导,如打保龄球、跳水、投掷铁饼等。在这些动作技能中,客观对象或环境都等着练习者施加某种作用。这种技能的特点是不需要外部环境因素作为参照,而且具有相当固定的动作模式。该种技能与预测性高的稳定环境因素有关。

开放性动作技能发生在时间或空间不断变化的条件下,练习者必须根据外部刺激的变化而相应调节自己的动作,如驾车、踢球、击剑等。其特点是必须参照外部环境刺激来调节动作。该种技能与不稳定、预测性低的环境因素有关,要求人们具有处理外界信息变化的能力和对事件发生的预见能力。

### (二) 动作技能的形成阶段

动作技能的形成是指通过练习逐渐掌握某种外部动作方式并使之系统化的过程。在众多关于动作技能形成阶段的观点中,有代表性的是中国教育心理学家冯忠良提出的四阶段模型。该模型认为动作技能的学习可以分为定向阶段、模仿阶段、整合阶段和熟练阶段四个阶段。

1. 定向阶段

定向阶段指了解操作活动的结构与要求,在头脑中建立起操作活动的定向映象的过程,也可以称之为认知阶段。这一阶段的主要结果是获得相关的陈述性知识和程序性知识。定向阶段是动作技能形成过程中的一个重要环节,是操作活动的自我调控机制。准确而清晰的定向映象可以有效地调节和控制实际的操作活动,去做这样或那样的动作,注意或利用有关的信息。有了这种定向映象,学习者在以后实际操作时就可以受到该映象的调节,知道做什么、怎么做。缺乏定向映象或受到错误的定向映象调控的操作活动经常是盲目尝试,效率低下,难以形成合乎要求的操作活动方式。为此,不应忽视操作的定向环节在动作技能形成过程中的作用。

定向映象的形成包括两方面:一是有关操作活动本身的各种信息,涉及操作活动的结构要素及其关系或顺序与操作活动方式(如操作的轨迹、方向、幅度、力量、速度、频率和动作衔接等);二是有关操作技能学习的各种有关或无关的内外刺激信息,如可被利用的反馈信息、容易引起分心的刺激等。学习者了解这些信息后,就可以在头脑中建立起相应的心理表征,即起到定向作用的心理映象。

在学习过程中,以上信息的活动主要是通过一系列的心理活动完成的。通过对教师示范动作的直接感知形成动作表象,该表象主要反映肌肉动作的外部直观形象,以视觉形象为主;通过教师的进一步讲解,学生在头脑中正确区分动作的内部特性,如动作的用力特征,动作的空间、时间特征,动作间的协调和动作结构等,建立有关动作的基本概念,掌握动作要领。

2. 模仿阶段

模仿阶段指实际再现出特定的动作或行为模式的阶段。模仿的实质是个体将其在操作定向阶段头脑中形成的定向映象以外显的实际动作表现出来,也就是将头脑中的各种认识与实际的肌肉动作联系起来。模仿是在定向的基础上进行的。模仿需要以认知为基础,但是仅在头脑中了解这种活动结构及其执行方式是不够的,如果没有实际的操作,那始终是纸上谈兵。通过模仿,学习者把认知转变为行动,将头脑中各种认识与实际的肌肉动作联系起来。

模仿一方面可以检验已经形成的动作定向映象,使之完善、巩固、充实,有助于定向映象在技能形成过程中发挥更有效的作用;另一方面可以加强个体的动觉感受。动觉是一种反映身体各部分运动和姿势的内部感觉,它在动作技能形成中调节、控制动作的进行,是非常重要的一种控制机制。通过模仿,个体可以获得初步的动觉体验,有利于准确的动觉体验的产生。

在这一阶段,学习者动作的稳定性、准确性、灵活性较差;各个动作要素之间的协调性较差,且各个动作要素相互干扰;个体动作主要靠视觉控制,动觉控制水平较低;完成某一操作任务的效能也较低。

3. 整合阶段

整合阶段指把模仿阶段习得的动作固定下来,并使各动作成分相互结合,成为定型的、一体化的动作的阶段。在整合阶段,个体对于动作的有效控制逐步地增强。因此,整合阶段是动作技能形成过程中的关键环节,是从模仿到熟练的一个过渡阶段,也为形成熟练的动作打下基础。

学习者通过融合前一阶段习得的动作,使各个动作成分变得协调,动作结构逐步趋于合理,动作的初步概括化得以实现,个体对动作的有效控制也逐步增强。在这一阶段,学习者的动作可以表现出一定的稳定性、精确性和灵活性,动作的各个成分趋于分化,整体动作趋于协调和连贯。动作成分间的相互干扰减少,视觉控制不再起主导作用,逐渐让位于动觉控制,动作效能有所提高,疲劳感和紧张感降低。心理能量的不必要消耗减少,但并没有完全消除,由于动作的衔接和转化不熟练、不灵活,所以表现出完成一个动作时快时慢、不稳定的特点。

4. 熟练阶段

熟练阶段指形成的动作方式对各种变化的条件具有高度的适应性,动作的执行达到高度完善化和自动化的阶段。因此,熟练阶段也可以称为自动化阶段。自动化并非无意识,而是指执行过程不需要意识的高度控制,个体可以将注意分配于其他活动。操作熟练的内在机制是在大脑皮质中建立了动力定型,即大脑皮质的概括的、巩固的暂时神经联系。熟练阶段是动作技能形成的高级阶段,是由操作活动方式的概括化、系统化而实现的。

熟练阶段是技能形成的一个重要阶段,也是操作技能转化为能力的关键环节。在这一阶段,学习者的动作对各种变化的条件表现出高度的灵活性、稳定性和准确性,各个动作之间的干扰消失,衔接连贯、流畅,高度协调,多余动作消失,不再需要专门控制和有意识的活动,视觉注意范围扩大,能准确地觉察到外界环境的变化并调整动作方式,心理消耗和体力消耗降至最低,紧张感、疲劳感减少,动作具有轻快感,个体还可以有效地同时从事两种或多种活动。

## 三、心智技能的学习

心智技能是一种调节和控制心智活动的经验,是通过学习而形成的合法则的心智活动方式。心智技能是在不断的学习过程中,在主客体相互作用的基础上,主体通过动作经验的内化而形成的。

### (一) 心智技能的类型

对心智技能进行分类研究,有助于深入了解其结构与规律,也可以为有效地进行心智技能培训提供依据。心智技能的划分可以从不同的维度进行。

1. 一般智慧技能和特殊智慧技能

按其内容和概括化程度,智慧技能可分为:一般智慧技能和特殊智慧技能两类。

一般智慧技能适合于所有的领域,如学生在日常生活中学习和掌握的观察、记忆、比较、分析、抽象、概括和解决问题的知识。

特殊智慧技能适用于专门领域,如学生在中文学习中利用偏旁结构记忆生字的方法。

2. 辨别、具体概念、定义概念、规则、高级规则

按照智慧技能的复杂程度,可将其分为辨别、具体概念、定义概念、规则、高级规则五个层次(见表7-4)。

表7-4 智慧技能的五个层次

| 分类 | 含义 | 举例 |
| --- | --- | --- |
| 辨别 | 能区分刺激物的特征,发现事物之间的差异 | 如区分大和小、人与入等 |
| 具体概念 | 能列举事物的名称 | 如能识别各类轿车的共同属性,并赋予其类别术语 |
| 定义概念 | 能理解以命题或公式表达的事物的本质属性 | 如能理解哺乳动物的本质特征 |
| 规则 | 能按规则进行操作,做出正确的反应 | 如造句、解化学方程式 |
| 高级规则 | 能用简单规则解决较复杂的问题 | 如运用 $V=IR$ 的公式来对串联、并联电路的 $V$、$I$ 或 $R$ 求解 |

另外,认知心理学家根据自动与受控维度,将智慧技能区分为受意识控制的智慧技能和自动化的智慧技能。前者如学生对作文的审题、立意、选材、确定中心等一系列步骤,受学生的意识控制。后者如人们在说话时,一般只注意说话的内容,对词之间的读音和搭配往往是自动进行的,不需要意识注意。

上述对智慧技能的划分,只是指出了每一维度的两极的情况。介于这两极之间,还有许多非典型的中间类型。尽管不同的心理学家对智慧技能的解释不尽相同,但他们的看法中蕴藏着内在的一致性:第一,他们都认为智慧技能不是由单一因素构成的,而是由复杂因素构成的;第二,智慧技能也是一种操作方法,其发展存在着从低级到高级、从简单到复杂的过程。

**(二) 心智技能的形成阶段**

心智活动虽然具有观念性、内潜性和简缩性,不同于外部的实践活动,但它又来源于实践活动,是实践活动的反映。心智活动是通过实践活动的"内化"而实现的。苏联心理学家加里培林于1959年提出了著名的心智技能形成五阶段理论:一是活动定向阶段,二是物质活动或物质化活动阶段,三是出声的外部言语活动阶段,四是无声的外部言语活动阶段,五是内部言语活动阶段。

冯忠良等人通过长期的教学实践将这一理论的某些阶段合并、某些名称简化,提出了心智技能形成的三阶段论。

1. 原型定向

原型(prototype)是心智活动的原样,即外化了的实践模式、物质化了的心智活动方式或操作活动程序。原型定向就是了解心智活动的实践模式,了解外化或物质化了的心智活动方式或操作活动程序,了解原型的活动结构(如动作构成要素、动作执行次序和动作的执行要求),从而使主体知道该做哪些动作和怎样去完成这些动作,明确活动的方向。由于心智活动的定向需要借助其原型进行,所以称这一阶段为原型定向阶段。

原型定向阶段的主要任务在于建立起进行活动的初步的自我调节机制,为进行实际操作提供内部控制条件。原型定向阶段是主体掌握操作性知识(即程序性知识)的阶段。学习者了解了心智活动的全貌,就能知道该做哪些动作,怎样完成,明确动作的方向。

在原型定向阶段,教师首先确定所学心智技能的实践模式(操作活动程序),其次要借助于外化的原型(如解应用题的步骤流程图),使这种实践模式的动作结构在学生头脑中得到清晰的反映,使学习者在头脑中建立起有关这种活动方式的定向映象,从而调节自己的活动。这就要求教师的示范要正确,讲解要确切,动作指令要明确;用复述动作要领的方法来检查原型定向的学习成效;进而通过原型定向阶段的教学,使学生建立起关于活动的初步的自我调节机制,从而为进行实际操作提供内部控制条件。

2. 原型操作

原型操作是指,学习者依据心智技能的实践模式,以外显的操作方式执行在头脑中应该建立的活动程序和计划。活动的执行是在物质与物质化水平上进行的。在物质的活动形式中,动作的客体是实际事物;在物质化的活动形式中,动作的客体是实际事物的替代物,但两者都是对原型的操作。如小学生在计算"3+2=?"时,开始会扳着手指头数,就是物质的活动形式;后来会在头脑中想象出苹果来计算,就是物质化的活动形式。

原型操作阶段是心智技能形成过程中的又一重要阶段。在这一阶段,动作的对象是具有一定物质形式的客体,动作本身是通过一定的机体运动来实现的,对象在动作的作用下所发生的变化也是以外显的形式来实现的。在这一阶段里,所有的动作要以展开的方式呈现,不能遗漏,要包括动作的实施和检查。只有这样,才能保证在头脑中建立完备的动作映象,同时也获得正确的动觉经验,确保活动方式的稳定性。

为了使心智技能在操作水平上能顺利形成,教师需要使心智活动的所有动作以展开的方式呈现。主体要依据心智活动的原型,把构成这一活动的所有动作系列按照一定的顺序做出来,不能遗漏或缺失。教师要注意变更活动的对象,使心智活动在直觉水平上得以概括,从而形成关于活动的表象。教师要注意活动的掌握程度,并适时向下一阶段转化。为了使活动方式顺利内化,动作的执行应注意与言语相结合,一边进行实际操作,一边用言语来标志和组织动作的执行。因为,心智技能作为一种心智活动方式,是借助于内部言语进行的,而内部言语必须以外部言语为基础。在原型操作阶段,外部言语作为心智动作的标志及执行工具,在内化过程中具有十分重要的作用。总之,通过原型操作,学生不仅有了程序性知识,而且通过实际操作获得了完备的动觉映象,为原型内化奠定了基础。

3. 原型内化

原型内化是指心智活动的实践模式向头脑内部转化,由物质的、外显的、展开的形式变成观念的、内潜的、简缩的形式的过程。这时动作离开原型中的物质性客体及外显的形式转向头脑内部,借助言语来作用于观念性对象,从而对事物的主观表征进行加工改造,并使其发生变化,最后达到活动方式的定型化、简缩化和自动化。

原型内化阶段包括了"出声的外部言语动作阶段""不出声的外部言语动作阶段"和"内部言语动作阶段"三个阶段。原型内化过程首先要从外部的语言开始,而后转向内部言语。操作活动在言语水平上完全展开,然后再依据活动掌握程度逐渐缩减,省略一些步骤,合并相关的动作,最后达到自动化。

在这一阶段,教师要注意变化动作的对象,使活动方式得以进一步概括,以便广泛适用于同类课题,进而以利于心智技能掌握的灵活性。例如,教分数的乘除法时,要注意变化练习的形式,分子分母都可以是整数、分数或者小数;还要变换题型,注重应用。在进行由出声到不出声、由展开到压缩的转化过程中,也要注意活动的掌握程度,不能过早转化,也不宜过迟,而应适时。

## 四、促进程序性知识学习的教学策略

无论是动作技能还是心智技能,程序性知识的学习都是分为不同的阶段的,有效的教学培训措施可以加速程序性知识形成的过程并促进其保持和迁移。但是,有各种因素影响着程序性知识的学习过程,教学时应充分考虑这些因素,并采取相应的措施进行教学。

### (一)选择和设计学习课题的教学策略

加涅认为,程序性知识的学习存在层次关系,高一级的程序性知识的学习是建立在低一级程序性知识学习的基础之上的。因此,教师在教学时,需要据此选择和设计学习的课题来促进学生程序性知识的理解。教师需要确定程序性知识学习的终极目标,然后将其分为各级子目标。对于特定的子目标,将任务分解为一系列的从属任务或子任务,然后将子任务分层次排列,低水平的任务放在高水平的任务前面。学生必须先完成低水平的任务,然后才能完成高水平的任务,最终实现这一子目标。这样按照从低级目标到高级目标的顺序,实现一个一个的子目标,进而实现程序性知识学习的终极目标。

### (二)示范和讲解策略

对于任何程序性知识的学习,学生都应该先理解有关的概念和规则,理解学习任务,明确

"做什么"和"怎么做",形成目标意向和目标期望。因此,教师在程序性知识教学过程中以示范和讲解的方式对学生加以指导是不可缺少的一部分内容。

准确的示范能够促进动作技能和心智技能的学习。不管是动作技能的形成还是心智技能的形成,都离不开定向阶段,正确的示范有助于学习者在头脑中形成正确的定向映象,进而在实际操作中有效调节操作过程。在技能学习的其他阶段也应根据需要来提供必要的示范,以进一步充实、矫正学习者的定向映象。在示范的同时,加上简洁、概括、形象化言语的讲解与指导,有助于学习者了解技能的结构与具体要求,加深学习者对技能所包含的基本原理的认识。

讲解与示范如何结合,要视具体情况而定。如果强调操作的结构及活动方式,则应以示范为主,讲解为辅,讲解时提示观察要点;如果强调操作的法则与原理,则应以讲解为主,示范为辅,以示范印证讲解。但无论何种形式的示范、讲解,最关键的是要保证所提供、传递的信息是准确的、充分的。

(三)练习策略

大量的实验都证明,练习是形成各种程序性知识的关键环节。通过应用不同形式的练习,可以使个体缩短技能完成的时间,改善技能的精确度,使技能的各个环节更加协调。但是练习策略也会受到不同因素的影响,具体有如下几种。

1. 练习曲线

在练习过程中,技能的进步情况可以用练习曲线来表示。所谓练习曲线(practice curve)是指在连续多次的练习过程中所发生的动作效率变化的图解。通常,练习曲线有三种表示方法(见图7-7)。

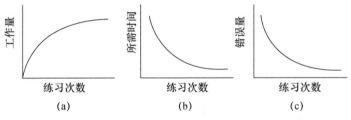

图7-7 练习曲线的不同表示方法

图中(a)表示练习次数与单位时间完成的工作量的关系,随着练习次数的增加,每次完成的工作量逐渐上升;图中(b)表示练习的次数与完成动作所需时间的关系,随着练习次数的增加,所需的时间越来越少;图中(c)表示练习次数与错误量的关系,练习中的错误将随着练习次数的增加而减少。

对于动作技能来说,在练习中还存在着高原现象和起伏现象。高原现象(plateau phenomenon)指在学习或技能的形成过程中,出现的暂时停顿或者下降的现象。在成长曲线上表现为保持一定水平而不上升,或者有所下降。但在突破"高原现象"之后,又可以看到曲线继续上升(见图7-8)。因此,高原现象并不是学生身心发展的极限,只是黎明前的黑暗,走过这一阶段,水平将会突飞猛进。

练习成绩的起伏现象是指,在动作技能的练习曲线中,可以看到练习成绩时而提高,时而下降,时而停顿的现象。练习起伏是正常现象。到技能发展的最后阶段,练习成绩会相对稳定。

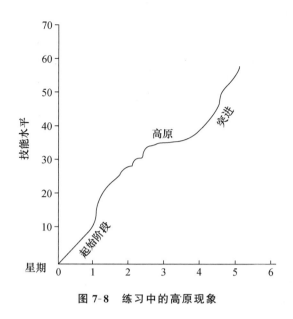

图 7-8 练习中的高原现象

2. 练习方式

采取何种练习方式也直接影响程序性知识的学习。根据时间分配的不同,练习可分为集中练习与分散练习两种方式。① 集中练习是指学生在学习一种技能时,在一段较长的时间内对某种技能进行反复的练习;② 分散练习是指学生把练习技能的时间分散开来练习,安排在几个时间段内或几天内来进行,每次练习的时间较短。研究表明,分散练习的效果优于集中练习。

对动作技能来说,除了进行身体练习,还可以进行心理练习。心理练习(mental practice)是指在头脑中反复思考动作技能进行练习的过程。心理练习可加深学习者对技能的理解,促进大脑皮层建立与加强神经—肌肉联系,与身体练习相结合,能提高学习者技能训练的效果。决定其有效性的关键是学习者对练习的熟悉,没有进行过身体练习,就不可能进行心理练习;任务的性质也影响心理练习的效果,如果任务中认知因素起的作用较小,反应主要依靠肌肉线索,则心理练习效果甚微;心理练习时间不宜过长,否则容易产生厌倦情绪,使作业水平下降。心理练习的优点是不受时间、地点、器械的限制,身体几乎不会产生疲劳。

(四) 反馈策略

在程序性知识的学习过程中,让学生及时地了解自己练习的结果,有利于提高练习的效率。除此之外,还要一针见血地指出问题所在,给学习者提供技能使用的具体情境,进而通过真实情境的练习帮助学习者学会技能本身、为什么要使用这个技能以及何时使用这一技能。如果某一特定的步骤、成分或者整个过程出现了问题,就要对其进行分解,单独练习,直到这个单元比较自动化,再把它整合到整个系列中,这样可以降低工作记忆的负荷。因此,在技能形成的不同阶段,教师要给学习者提供不同类型的反馈。

以动作技能的反馈为例,给予何种形式的反馈,要视具体情形而定。在学习的初始阶段,外部反馈的作用较大,因为个体尚未建立准确的动觉感受,不能从运动分析器获取必要的内部反馈信息。在学习的中期和后期,个体已具有了必要的动觉体验,这时强调内部反馈的作用,可以提高个体对各种肌肉动作的自我调节、控制的能力。尽管对每种反馈方式的有效性的研究所得结果不尽一致,但根据具体的操作应用多种反馈方式是必要的。

### (五)动机激发策略

任何学习任务的完成均依赖于主体的学习积极性与主动性。在程序性知识的形成过程中,教师采用适当措施,激发学生学习的主动性,调动其学习的积极性,可以帮助学生克服长期练习过程中产生的困难,进而达到好的教学效果,最终促进对程序性知识的掌握。

## 本章小结

知识的本质是人对事物属性与联系的能动反映,是通过人与客观事物的相互作用而形成的。从信息加工的角度,知识分为陈述性知识和程序性知识。陈述性知识以概念、命题及命题网络、表象或图式表征;而程序性知识主要以产生式、产生式系统来表征,有时也可以用图式表征。根据知识本身的存在形式和复杂程度,陈述性知识的学习分为表征学习、概念学习和命题学习;根据新知识与原有认知结构的关系,陈述性知识的学习可以分为下位学习、上位学习和并列结合学习。

概念的结构主要包括概念名称、概念定义、概念属性、概念例证。儿童获得概念的两种基本形式是概念的形成和概念的同化。教师教授概念时,需注意:以准确的语言明确揭示概念的本质特征;突出有关特征,控制好无关特征的数量和强度;提供概念范例,适当运用例证和比较;形成概念网络;在实践中运用概念。

促进陈述性知识学习的教学策略有:注意策略、认知结构优化策略、知识巩固策略、有效提取策略、动机激发策略。

动作技能又叫操作技能,是通过学习而形成的合法则的操作活动方式。动作技能的学习可以分为定向阶段、模仿阶段、整合阶段和熟练阶段四个阶段。心智技能也称智慧技能,是通过学习而形成的合法则的心智活动方式。心智技能形成可以分为原型定向、原型操作、原型内化三个阶段。

促进程序性知识学习的教学策略有:选择和设计学习课题的教学策略,示范和讲解策略,练习策略,反馈策略,动机激发策略。

## 知识练习

1. 知识的表征方式有哪些?
2. 陈述性知识的学习类型有哪些?
3. 概念的结构包括什么?
4. 如何帮助学生有效掌握概念?
5. 在教学中,如何促进陈述性知识的学习?
6. 动作技能和心智技能有何不同?
7. 动作技能的形成包括哪些阶段?
8. 心智技能的形成包括哪些阶段?
9. 在教学中,如何促进程序性知识的学习?

## 推荐读物

陈琦,刘儒德.教育心理学[M].3版.北京师范大学出版社,2019.

赫秋菊.动作技能学习导论[M].东北大学出版社,2016.

安妮塔·伍尔福克.教育心理学[M].12版.伍新春,等,译.机械工业出版社,2015.

戴维·保罗·奥苏贝尔.意义学习新论——获得与保持知识的认知观[M].毛伟,译.浙江教育出版社,2018.

罗伯特·索尔所,奥拓·麦克林,金伯利·麦克林.认知心理学[M].8版.邵志芳,等,译.上海人民出版社,2019.

罗伯特·特威格尔.微精通:轻松到不可能放弃的技能学习手册[M].欣玫,译.江西人民出版社,2018.

乔希·考夫曼.关键20小时,快速学会任何技能![M].任忆,译.机械工业出版社,2015.

斯特兰·奥尔松.深层学习:心智如何超越经验[M].赵庆柏,等,译.机械工业出版社,2017.

约瑟夫·D.诺瓦克.学习、创造与使用知识:概念图促进企业和学校的学习变革[M].赵国庆,等,译.人民邮电出版社,2016.

# 第八章 学习迁移

【学习目标】

1. 理解并陈述学习迁移的定义,举例说明迁移的类别;
2. 了解各种学习迁移理论的基本观点和研究事实,分析这些迁移观点的教育意义;
3. 熟知影响学习迁移的主要因素,分析这些因素产生作用的内在机制;
4. 运用迁移的基本理论,对教学情境中如何促进学习的迁移提出科学的建议。

【知识导图】

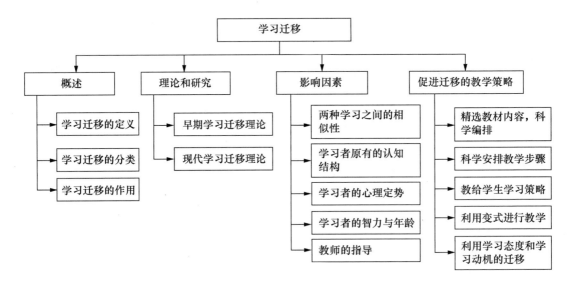

【学前反思】

  有一天,孔子对他的学生说:"举一隅,不以三隅反,则不复也。"意思是说,教给他一个东西,他却不能由此而推知其他三个方面的东西,那就不再教他了。后来,大家就把孔子说的这段话变成了成语"举一反三"。意思是说,学一样东西,可以灵活地思考,运用到其他相类似的东西上。

  学校教育无法在短时间内使学生获得需要的所有知识和技能,教育的目的也并不是简单地进行知识和技能的传授,更重要的是让学生获得"举一反三""触类旁通"的能力,把学习到的知识和技能灵活地应用到新的问题情境中去。反过来,新的实践经验的获得又会深化和修正原有的知识和技能。

  认知心理学家认为,所有的有意义学习都包含着迁移。学习结果的顺利迁移能够给学习者带来事半功倍的学习效果,也能够使教学更充分地发挥作用。加强对学生能力的培养已成为现代教育教学改革的主流,培养学生能力的目的就在于教会学生如何学习、如何运用知识,而能力培养的关键就在于使学生掌握迁移的本领,促进积极迁移的大量产生,进而提高学生的综合素质。

# 第一节 学习迁移概述

## 一、学习迁移的定义

慕课视频 8-1：
学习迁移概述

学习是一个逐步积累和不断提高的过程,任何成功的学习都是建立在原有知识经验基础之上的。学习迁移(learning transfer)也称训练迁移,是指一种学习对另一种学习的影响。这种影响可以是积极的,如学会了打篮球,学扎飞镖就比较快;也可以是消极的,如学习汉语拼音,会妨碍英语字母的学习。可以是前面学习对后面学习的影响,也可以是后面学习对前面学习的影响。

只要有学习的发生,就会有迁移,迁移现象是普遍存在的。它不仅存在于正规的学习之中,也存在于日常生活及工作之中。在人们的日常生活或工作中常常会发现,会驾驶卡车的人在学习驾驶小汽车时比较容易;数学学习好的学生,学习物理知识就容易一些,诸如此类现象都是我们所说的迁移。学习迁移不仅存在于知识的学习中,还存在于技能的学习、行为规范和态度的形成过程中,可以说迁移现象随时随地发生在人类的学习行为中。例如,英语好的人学起法语来就比较容易,这是知识的迁移;会骑自行车的人学开摩托车要容易一些,会拉二胡的人,再学习三弦、小提琴,也比较容易,这是技能的迁移;在学校形成了助人为乐的态度,到了公共场合也会表现出良好的道德品质,这是态度与行为习惯的迁移。

在现实生活中,迁移现象大多是自发产生的。然而,学校领域里的知识和技能的迁移并不总是能够自发产生。因此,我们有必要对迁移现象进行深入研究,把握其规律,从而有效促进积极迁移的发生,减少消极迁移的出现。

## 二、学习迁移的分类

随着对迁移现象研究的深入,人们从不同角度对迁移进行了类别上的划分,这有利于我们更加清晰、深刻地认识什么是迁移。常见的划分角度和种类,主要有以下八种。

1. 根据迁移发生的学习类型或领域,分为知识迁移、技能迁移、态度和行为习惯的迁移

迁移首先发生在知识的学习中。例如,学生利用所学的加减法以及四则运算的知识去学习代数或解决实际生活中的运算问题。学习了数学的基础知识,有助于理解物理和化学中的一些数量关系和方程式,这些现象都属于知识的迁移。

在各种动作技能和心智技能的形成中,也往往会发生迁移现象。例如,会一种弦乐器的琴手很容易掌握另一种弦乐器;宇航员掌握了在模拟太空条件下的生存技能,就能够在真正的太空中适应生存。这些主要是动作技能学习领域的迁移。学习了阅读技能,就会促进语文课文的记忆和理解;学会了打腹稿,在写作和演讲时就会得心应手,这是心智技能的迁移。

父母要求孩子作业书写整洁而有条理,能够培养孩子对学习以及做事都严格要求自己的态度和习惯,这种习惯可能伴随其一生。学生在学校受到"尊敬师长"的价值观教育,回到家也自然表现出尊敬长辈、礼貌待人的态度和行为方式。

2. 根据迁移的性质和结果,分为正迁移和负迁移

正迁移也叫"助长性迁移",是指一种学习会改善另一种学习,对另一种学习起到积极的促进作用。例如,加法学习有助于乘法学习,懂得英语的人很容易掌握法语等。正迁移表现为学

习者因为具有某种经验,而产生积极的心理准备状态,从而使新的学习所需要的时间减少,效率提高。

负迁移也叫"抑制性迁移",是指某一种学习可能会对其他学习产生消极的影响,在新的学习中产生僵化的思维定势,使学习缺乏灵活性和变通性,不利于学习的进行。例如,学生在掌握了汉语拼音以后,对英语字母发音的学习会产生一定的负面影响;学习英语语法时也总是受学过的汉语语法的影响等。在这种情况下,以往的学习经验阻碍了新问题的解决。

一般来说,负迁移是暂时性的,经过有目的的练习可以消除。教学的重要任务之一就是促使各种学习之间发生正迁移,避免或消除负迁移。两种学习也可能不发生影响,这种状态可称为零迁移。

3. 根据迁移发生的方向,分为顺向迁移和逆向迁移

顺向迁移是指先前的学习对后继学习的影响。当学习者面临新的学习情境和问题情境时,学习者如果利用原有的知识或技能获得了新知识或解决了新问题,这就是顺向迁移。

逆向迁移是后来的学习对先前学习的影响。后来习得的经验使前面学习所形成的知识经验发生一定的变化,并且得到修正和重组。例如,小学生在掌握了乘除法运算以后,会对加减法的应用更为熟练;学生在学会汉语拼音以后,也会对之前掌握的简单汉字的发音产生影响。

不论是顺向还是逆向迁移,都有正向和负向之分。例如,在学习中国历史过程中形成的正确或错误的态度和方法,可能促进或干扰后来学习世界历史的过程;而后来学习世界历史的过程,也可能强化或削弱原先在学习中国历史过程中形成的态度和方法。

4. 根据学习的内容,可分为特殊迁移和一般迁移

美国心理学家布鲁纳从学习内容的角度把迁移分为特殊迁移和一般迁移。

特殊迁移是指具体知识或动作技能的迁移,是发生在两种具体学习之间的迁移。如学习了"石"字,会对学习"磊"字产生影响;掌握了某些中文词语的构成规则,如工作+人=工人,拜访+人=来访者,会促进对英语单词 worker、visitor 的理解。这是因为习惯和联想的延伸导致了特殊迁移的发生。

一般迁移是原理、态度和学习方法的迁移,这种迁移发生的范围较大,不仅仅局限在两个具体的学习经验之间,还会发生较大范围的迁移。俗话说,"一朝被蛇咬,十年怕井绳"就是一般迁移,这时的迁移是态度和情感体验的迁移。布鲁纳非常强调一般迁移,他认为一般迁移从本质上讲,一开始是学习一个普遍的概念,而不是学习技能,然后这个普遍的概念可以用作认识先前观念的一些特殊后续问题的基础。这一类型的迁移是教育过程的核心——用基本的和普遍的观念来不断扩大和加深知识范围。

5. 根据迁移内容的抽象和概括水平,分为水平迁移和垂直迁移

水平迁移也称横向迁移,是指处于同一概括水平的经验之间的相互影响。它是已经学习过的概念、规则或解决问题的方法在新情境中的运用。在这种迁移中,由于这些学习内容之间的关系是并列的,都处于同一抽象和概括层次,所以都属于水平迁移。例如,通过学习加减法后获得的运算技能会促进除法运算的学习;幼儿学会称呼邻居家的男性为"伯伯"后,他可能会对所遇到的任何陌生男性均称呼为"伯伯";学生在阅读杂志时能看懂在课堂上学习过的词汇。

垂直迁移也称纵向迁移,是指处于不同概括水平的经验之间的相互影响,即具有较高概括水平的上位经验与具有较低概括水平的下位经验之间的相互影响。例如,学习者掌握了"水果"这一上位概念,要学习"火龙果"这一下位概念,如果告诉学习者"火龙果"是一种"水果",就很容易掌握"火龙果"这一概念,这种迁移就是垂直迁移。

6. 根据迁移的路径,分为低路迁移和高路迁移

低路迁移指经过充分练习的技能发生的自动迁移,几乎是不需要或很少需要意识、思维的参与。例如,学会开小轿车的人,可以很轻松地驾驭其他任何一辆小轿车。高路迁移即有意识地把先前习得的抽象知识应用于新的情境。例如,学习者在学习教育心理学原理时,想到这些原理将来在教育和教学实践中如何应用,阅读一篇文章时想到同一类文章的共同之处。因为抽象概括化的知识需要意识的主动参与才能提取和利用,有时需要深入地思考才能找出新旧学习之间的联系。

7. 根据迁移过程中的内在心理机制,分为同化性迁移、顺应性迁移和重组性迁移

同化性迁移是指不改变原有的认知结构,直接将原有的认知经验应用到本质特征相同的一类事物中。原有认知结构在迁移过程中不发生实质性的改变,只是得到某种充实。这时,原有的认知结构是一个处在上位的概念或规则,新的学习经验只是上位概念或规则的一个例子,可以直接被原有认知结构同化和吸收。原有认知结构可能在数量和容量上发生了变化,但是本质没有发生变化。例如,原有认知结构中的概念"鱼",由带鱼、草鱼、黄鱼等概念组成,现在要学习鳗鱼,把它纳入"鱼"的原有结构中,既扩充了鱼的概念,又获得了鳗鱼这一新概念的意义。平时所讲的"举一反三""闻一知十"等都属于同化性迁移。

顺应性迁移是指将原有认知经验应用于新情境时,需要调整原有的认知经验或对新旧经验加以概括,形成一种能包容更高一级的认知结构,以适应外界的变化。比如,我们在日常生活中形成了报纸、书刊、广播、电视等概念,当这些原有概念不能解释"计算机网络",就要在我们原有的经验系统中建立一个概括性更高的科学概念"媒体"来标志这一事物。又如,学过了"胡萝卜""芹菜"和"油菜"等概念后,再学习"茭白"这个概念时,前概念不能解释新概念,这时我们需要先学习"胡萝卜、芹菜、油菜都是蔬菜,茭白也是蔬菜",即建立起一个概括性更高的科学概念"蔬菜"来标志这一事物。可见,新科学概念的建立过程也是一种顺应的过程。

重组性迁移指重新组合原有认知系统中某些构成要素或成分,调整各成分之间的关系或建立新的联系,从而应用于新情境。在重组过程中,基本经验成分不变,但各成分间的结合关系发生了变化,即进行了调整或重新组合。例如,对网络、游戏等概念进行重新组合,就会形成网络游戏的新概念;把蜂鸣器和水壶组合在一起,形成蜂鸣器报警水壶;对一些原有舞蹈或体操的动作进行调整或重新组合后,编排出新的舞蹈或体操动作,这是技能方面的重新组合。通过重组性迁移,不仅扩大了基本经验的适用范围,还包含有创造性的成分。

8. 根据迁移的范围,分为自迁移、近迁移和远迁移

自迁移通常表现为与原有经验在相同情境中重复。近迁移是学习者把所学的经验迁移到与原来的学习情境比较相近的情境中。远迁移则是指学习者能够将所学的经验迁移到与原来学习情境极不相似的其他情境中去。

## 三、学习迁移的作用

从理论方面来说,研究学习迁移有助于揭示学习迁移的规律。如前所述,学习迁移是学习中一种普遍现象,可以说凡有学习的地方就有迁移,因为孤立的、彼此互不影响的学习是不存在的。教育的目的是让学生学会把知识和技能应用到新的学习和未来的生活、工作中。由此说来,迁移在学生个人成长和学校教育教学中发挥着重要的作用。具体来讲,其作用主要有两个方面。

1. 迁移在个体的心理发展及其社会适应中,具有非常重要的作用

未来的文盲将不再仅仅是不识字的人,也是那些不会学习的人。显然,学会学习或进行有效的学习是适应未来社会的必要条件。要真正学会学习,最主要的条件就是能够主动而有效地迁移。学习的最终目的不是将知识经验储存于头脑中,而是应用于各种不同的实际情境中,以解决现实中的各种问题。只有通过广泛的迁移,原有的经验才能得以改造,才能概括化、系统化,从而可以广泛、有效地调节个体的活动,解决实际的问题。稳定的心理调节机制的建立也就是能力与品德的心理结构的建立,迁移是习得的知识、技能与社会规范向能力与品德转化的关键。

美国心理学家比格(M. L. Bigge)认为,学习迁移是教育最后必须寄托的柱石。[①] 他认为,学生在学校的学习效率,在很大程度上取决于他们在学习中迁移的数量和程度。如果学生在学校中的学习无助于在以后生活中有效地应对各种情况,那么这种教学就是在浪费学生的宝贵时间。人们的学习具有一定的累积效果,因为过去的学习是现在学习的基础。所以,学校教育要重视培养学生正确的态度、良好的习惯,发展他们的智力,这不仅有利于学生当前的学习,也会使他们终身受益。

2. 迁移规律对于学习者、教育工作者以及有关的培训人员具有重要的指导作用

应用有效的迁移原则,学习者可以在有限的时间内学得更快、更好,并在适当的情境中主动、准确地应用原有的经验,防止原有经验的惰性化。教育工作者以及有关的培训人员在进行教学和培训系统的设计时,在教材的选择与编排、教学方法的确定、教学活动的安排、教学成效的考核等方面利用迁移规律,有助于加快教学和培训的进程。

## 第二节 学习迁移的理论和研究

慕课视频 8-2:
早期学习
迁移理论

早在 2500 多年前孔子就谈到了学习中常见的迁移现象,"举一隅,不以三隅反,则不复也""温故而知新,可以为师矣",这两句话都体现了迁移在学习中的重要作用。迁移现象虽然一直以来受到人们的关注,但从理论上进行详细阐释和系统研究则始于 18 世纪中叶。随着心理学和教育心理学学科的建立和兴起,不同理论流派的学者分别提出了各自的理论观点。

### 一、早期学习迁移理论

1. 官能训练说

官能训练说也称"形式训练说",其心理学基础是官能心理学,代表人物主要为德国的沃尔夫(C. Wolff)。官能心理学认为,人的心智是由若干官能组成的,比如注意、知觉、记忆、想象、推理、意志等,不同的官能都是一个个独立的实体,各种官能就像人的肌肉一样,可以通过训练得到增强。

从官能训练说的观点来看,各个官能构成了心理活动的实体,它们相互配合就形成了各种各样的心理活动。如果各种官能之间受到的训练不同,就会造成它们之间力量或能量的差异。要想增强某种心理功能,就需要通过训练相应的官能来实现,如反复背诵记忆就可以训练记忆官能。

---

① 莫里斯·L. 比格. 学习的基本理论与教学实践[M]. 张敷荣,等,译. 人民教育出版社,1991:312.

官能训练说认为,训练和改进心的各种官能是教学的重要目标,教育的任务就是要改善学生的各种官能,而改善以后的官能就能够自动地迁移到其他的学习中去,一种官能的改进也能增强其他的官能。如学习拉丁语、希腊语等古典语言和数学具有训练记忆、推理和判断的心理官能,就应该在学校教育中受到重视。一旦心的官能通过学科学习得到训练,就可以迁移到其他学习中,使学生终身受用。学习的项目越困难,官能得到的训练就越多,一种作业越深奥,其学习就越有效。

官能训练说应用到学校教育中的结果是,教育者不必重视教材内容的选择,关键看这种学习是否能够训练某种官能。这种观点在欧洲和美洲盛行了200多年。1890年,詹姆斯(W. James)对官能训练说提出挑战。他对记忆这种心理现象进行实验研究,首先让被试花若干时间记忆长诗《森林女神》的前半部分,记录能够背诵所需的时间。接着又让被试记忆相同长度的后半部分,又记录能够背诵的时间。结果发现,大多数人对后半部分所学时间并不减少,有个别人确实表现出记忆的改善,但这种改善却不在于官能的提高而在于记忆方法的改善。多位心理学家先后采取了多种实验研究对官能训练说进行检验,都未能找到支持该学说的证据。官能训练说这种从唯心主义出发,缺乏事实根据的猜想受到越来越多人的质疑,直到被后来的迁移理论代替。

2. 共同要素说

共同要素说是20世纪初由美国心理学家桑代克和伍德沃思(R. S. Woodworth)首先提出来的。他们以一系列实验为基础,提出迁移主要依赖于两种学习活动中的共同要素的观点,来反对一直占主导地位的官能训练说。桑代克从刺激和反应的联结主义观点出发,认为迁移的实质是新旧课题共同因素"在学习者脑神经中的联结",即只有当两种学习内容上有共同的元素时迁移才会发生。反之,如果没有共同的元素存在,无论所涉及的官能如何相同,也是不能发生迁移的。

桑代克和伍德沃思在1901年所做的"形状知觉"实验是证明共同要素说的经典实验。实验中选取了一批大学生为被试,训练他们判断各种形状、大小图形的面积。先是让被试对127个矩形、三角形、圆和不规则图形的面积进行估计,以此来预测他们判断面积的能力。然后训练每一个被试对90个10～100平方厘米的平行四边形进行面积估计。最后被试接受两种测验:一是要求被试判断13个与训练图形相似的长方形的面积;二是要求被试判断27个三角形、圆形和不规则图形的面积,这27个图形是预测中使用过的。实验的结果表明,通过平行四边形训练,被试对矩形面积的判断成绩提高了,但他们对三角形、圆和不规则图形的判断成绩与预测时相比,并没有提高。桑代克后来又做了长度和重量估计的实验,同样发现,在知觉、注意、记忆方面的训练,训练结果并不能迁移到不相似的活动中去。显然,桑代克的实验结果与官能训练说的迁移观点不符。

桑代克的迁移观点在当时教育界起到了积极作用。学校也开始改变以往只重形式训练的教学状况,开始考虑学习内容的实用性和学生的实际生活相结合,开始重视应用学科的教学。桑代克的理论揭示了迁移现象中的一些事实,对迁移理论研究做出了重大贡献。但桑代克只是强调了客观情境对迁移发生的影响,并没有考虑到学习者本身具有的特点也会影响到迁移的发生,把迁移的研究范围缩小化、简单化,这是他们理论的局限之处。①

---

① 莫雷.论学习迁移研究[J].华南师范大学学报(社会科学版),1997,6:50-58+75.

3. 经验类化说

经验类化说又称为概括化理论,是由美国心理学家贾德(C. H. Judd)提出的。贾德并不否认桑代克所说的两个学习活动之间的共同要素对迁移的影响,但他认为这只是迁移是否发生的必要条件而非充分条件。贾德认为,迁移能否发生主要取决于学习者能否概括出两种活动之间的共同原理,学习者的概括水平越高,迁移发生的可能性就越大。

贾德于1908年所做的"水下打靶"实验,被誉为概括化理论的经典实验,该实验有力地佐证了经验类化说。实验选取小学五六年级学生为被试,把他们分为能力相当的两个小组,让他们练习用标枪投掷水下的靶子。甲组在练习前先学习了光在水中折射的原理,而乙组不学习,直接开始练习。最初靶子的位置是在水下30厘米处,甲乙两组的射中率基本相同。当两组练习的成绩达到基本相同时,情境发生改变,靶子置于水下10厘米处。这时,学习过光在水中折射原理的甲组学生,不论是速度还是准确度都大大优于乙组学生。贾德认为,这是因为学习过光折射原理的学生,对不同深度的目标可以做出更适当的调整,将折射原理概括化,并运用到特殊情境中。

根据迁移的经验类化理论,对原理理解概括得越好,在新情境中的学习迁移越好。因此在教学中,不仅要教给学生具体的知识,更重要的是教给学生更高层面的原理和规则。学习过程中重视学生对学科基本概念和原理的理解和概括,使之为后继的学习迁移做充分且必要的准备。

贾德的概括化理论突破了桑代克共同要素说的局限,首次将共同要素的范围上升到更为抽象的原理层面,同时把学习者自身对学习情境中共同原理、法则所做的概括作为迁移的基本条件,从而拓宽了迁移研究的领域。

4. 关系转换说

关系转换说是由格式塔心理学家提出的一种迁移理论。和他们的学习理论一样,格式塔心理学强调行为和经验的整体性,认为每一行为和经验都自成一种特殊的模式。所以,学到的经验能否迁移到新获得的经验中,关键不在于情境中有多少共同要素,也不在于是否掌握了原理,而在于能否理解情境之间的关系。迁移是由于学习者理解或顿悟了情境之间关系的结果。

德裔美国心理学家苛勒在1929年用"小鸡啄米实验"证明了关系转换的学习迁移理论。他让小鸡在深、浅不同的两种灰色纸下面寻找食物。经过40~60次条件反射学习,小鸡学会了只能从深灰色纸下获得食物奖赏。然后,变换实验情境,保留原来的深灰色纸,用黑色纸取代浅灰色纸。如果小鸡仍然到深灰色纸下面寻找食物,那就证明迁移是由于相同要素的作用;如果小鸡是到两张纸中颜色更深的那张(即黑色纸)下面寻找食物,那就证明迁移是对关系做出的反应。实验表明,小鸡对新刺激(黑色纸)的反应为70%,对原来的阳性刺激(深灰色纸)的反应是30%。而对3岁幼儿做的类似的糖果实验中,100%的三岁幼儿都只对黑色纸的刺激做出反应。

苛勒的实验首先证明了迁移并不取决于两种情境中是否存在共同要素,也不取决于对原理的简单掌握。该实验证明了迁移的产生取决于两个基本条件:一是两种学习之间存在一定的关系;二是学习者对关系的顿悟和理解。

关系转换理论和概括化理论、共同要素说从不同的角度对迁移的发生进行了解释,看似互不相容,实际上是角度和高度不同导致的差异。关系的转换实际上是对情境进行了高度概括后的结果,而原理的概括只是概括的内容和水平。"两个图片中颜色较深的一个"既可以视为一种关系,也可以视为两种情境的一个共同要素。从这个角度来看,共同要素说和关系转换说并不冲突。

5. 迁移逆向曲面模型

1949年，奥斯古德(C. E. Osgood)在总结了大量迁移实验材料的基础上提出了迁移的三维模型(图8-1)，又称迁移逆向曲面模型。这一模型表明了迁移与两个学习情境的刺激或学习材料的相似程度和反应的相似程度的关系。

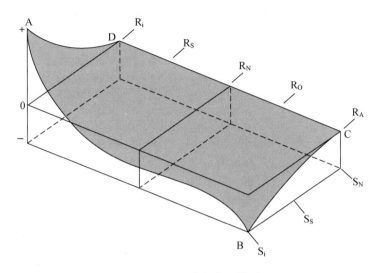

图8-1 迁移逆向曲面模型

(注：$R_I$表示相同反应，$R_S$表示相似反应，$R_N$表示无关反应，$R_O$表示相反反应，$R_A$表示对抗反应，$S_I$表示相同刺激，$S_S$表示相似刺激，$S_N$表示无关刺激，+表示正迁移，0表示零迁移，−表示负迁移)

图中S代表刺激系列，箭头表示相似性的变化，即刺激从完全相同到无关。R代表反应系列，箭头表示从反应完全相同到无关以至相反和对抗的变化。从+到−表示迁移由正到零再到负。图中A点表明先后两个学习活动刺激相同，反应也相同，于是产生了最大的正迁移；B点表示刺激相同，反应为对抗时，产生最大的负迁移；C点为无关刺激与对抗反应产生的零迁移；AB曲线表明了先后两个学习活动刺激相同，反应由相似到不同以至对抗时，迁移由正到负到最大的负迁移等。奥斯古德的理论解释了一些迁移中的问题，但是由于他的实验数据来自机械学习—对偶联想学习，仅在说明较为简单的学习迁移现象时比较有说服力，但是用以说明高级学习特别是意义学习中的迁移现象时则会遇到很大的困难。

## 二、现代学习迁移理论

进入20世纪六七十年代以来，随着对学习问题研究的深入和学习理论研究的进展，和学习有着密切关系的迁移研究也取得了很大进步，形成了一些有价值的理论。

1. 认知结构迁移理论

认知结构迁移理论是奥苏贝尔在他的同化理论基础上提出的关于学习迁移的理论，并把迁移与认知结构及其特征联系了起来。所谓认知结构，就是指学生现有知识的数量、清晰度和组织方式，是由学生能回想出的事实、概念、命题、理论等构成的。简言之，即学生头脑中的知识结构。从广义上看，它是某一学习者观念的全部内容和组织；从狭义上看，它是学习者在某一特殊知识领域内观念的全部内容和组织。

奥苏贝尔指出，任何有意义的新的学习都是在原有学习的基础上进行的，有意义的学习中一定有迁移,并认为迁移是有意义学习的心理机制,是主体(学生)把客体(知识)纳入已有的图式(认知准备)之中,引起原有图式变化的过程。众所周知,与先前学习没有任何联系的学习是一种机械的、毫无意义的学习,这好像是让小学生去理解微积分计算一样。奥苏贝尔认为,学生能否习得新信息,主要取决于他们认知结构中已有的有关概念。意义学习是通过新信息与学生认知结构中已有的有关概念的相互作用发生的。由于这种相互作用的结果,导致了新旧知识意义的迁移。奥苏贝尔的认知结构迁移理论可以用图 8-2 表示。

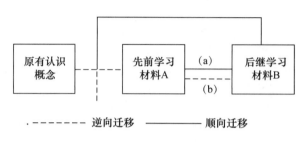

图 8-2 奥苏贝尔认知结构迁移理论示意图

学校学习中的迁移内涵是比较广泛的。当已形成的认知结构影响新的认知功能时,就存在着迁移。一般的课堂学习中,并不存在孤立的学习材料 A 和学习材料 B 的学习,先前学习 A 是后继学习 B 的基础和前提(顺向迁移 a);同时,后继学习 B 也不是孤立的,而是在同 A 的联系中学习的(逆向迁移 b)。根据遗忘规律,如果要使知识习得后能保持下去,就要有一个连续迁移的过程,使新知识逐渐分化,从而使其意义越来越精确。也就是说,只有连续不断地把新知识作为后继的意义学习的固定点,才能使新习得的知识保持下去。

布鲁纳认为,学习是类别及其编码系统的形成。人是通过将新的信息归入某一类别,然后根据这一类别以及相关的类别做出推理,以此超越所给的信息。这些相关类别的层次结构安排就构成了编码系统。在编码系统中,较高级的类别比较抽象,较低级的类别比较具体。编码系统的这种非具体性对迁移具有重要的作用。正迁移就是把适当的编码系统正确地应用于新的事例,负迁移则是把习得的编码系统错误地应用于新事例。

认知结构迁移理论已被许多教育教学工作者证实是比较成功的学习心理学理论。认知心理学告诉我们,学科的基本原理和结构是通向"训练迁移"的大道。换句话说,教学要实现迁移,必须训练学生准确牢固地掌握学科的基本原理,塑造良好的认知结构,这是实现积极迁移的基础和保证。合理的认知结构对知识的迁移功能主要体现在迅速吸收新知识和有效运用知识等方面。

2. 产生式迁移理论

加拿大认知心理学家、信息加工心理学家安德森(J. R. Anderson)最先提出了产生式迁移理论。首先,安德森区分了不同的知识类型,把知识分为陈述性知识和程序性知识。奥苏贝尔等人的认知结构迁移理论能够很好地解释陈述性知识的迁移过程,但不能解释基本技能的迁移是如何发生的。安德森认为,技能迁移的发生取决于先前学习时所产生的产生式和新问题情境中所需要的产生式规则是否有重叠,重叠越多,迁移越容易发生。

所谓产生式就是有关条件和行动的规则(Condition and Action,简称 C-A 规则)。C 代表行动产生的条件(Condition),它不是外部刺激,而是学习者工作记忆中的认知内容;A 代表行动(Action),它不仅是外部的反应,也包括学习者头脑内部的心理运算。产生式规则是认知的基本成分,一个产生式规则包括一种条件表征(if)和一种动作表征(then)。学习者在最初学习任务中所形成的表征（表征 1）是产生式规则的集合，同样在新的情境中也形成产生式规则集合的表征（表征 2）。如果两个表征包含相同的、交叉的或者重叠的产生式，则可以发生迁移。产生式是决定迁移发生与否的一种共同要素。安德森设计了大量实验来验证他的迁移理论，并且得出结论，前后两项技能发生迁移的数量与产生式重叠的数量成正比。

现代认知心理学家辛格利（M. K. Singley）等人在安德森的思维适应性控制理论（adaptive control of thought theory，简称 ACT）基础之上进一步发展了产生式迁移理论，并且深化和扩展了桑代克的共同要素说。虽然目前该理论的研究仍停留在计算机模拟阶段，但该理论仍然留下了有价值的启示。在实际教学中，根据"两项学习任务共有的产生式数量决定迁移水平"的原理，注重通用的基本概念原理和规则的教学，为后继的学习做迁移准备。

3. 情境性迁移理论

以格林诺（J. G. Greeno）等为代表，提出了迁移的情境性理论（situated theory）。[①] 格林诺认为，迁移的根本机制是"支撑"与活动的相互作用。"支撑"这一术语是指情境中与活动要达到的目的有关的事物的特性。特定的情境是由特定的时空关系所界定的，而这些时空关系就构成了特定情境的具体特征。情境中的各种特征能否影响迁移，这取决于个体的活动目的。与活动目的有关的情境特征，则成为重要的特征，成为迁移的"支撑"，与活动目的无关的情境特征则被忽视。

该理论认为，迁移问题主要是说明在一种情境中学习参与某种活动将如何影响在不同情境中参与另一种活动的能力。学习是个体与环境中的事件相互作用的过程，是对情境中所具有的特征的一种适应。通过相互作用而形成的是动作图式。该图式是活动的组织原则，而不是符号性的认知表征。迁移就在于如何以不变的活动结构或动作图式来适应不同的情境。这种活动结构的建立既取决于最初的学习情境，也取决于后来的迁移情境。

情境性理论在西方迁移理论界产生了不小的影响，是当代比较有代表性的迁移理论。该理论从一种新的视角来审视认知和迁移，反对只把迁移看成是高级思维的稳定的结果。相反，该理论认为迁移具有社会文化的、情境的动态特性。

这些观点对揭示迁移产生的内在机制，提高学习者的迁移能力都颇有价值。只有在特定的情境中学习或迁移才有意义，不存在没有情境的学习或迁移。学习者在学习活动中只有主动参与、主动建构，迁移才能有效发生。

## 第三节 学习迁移的影响因素

迁移是学习过程中普遍存在的一种现象，但并不是无条件发生的，所有能够影响学习的因素都会直接或间接地影响迁移现象的产生。从前面的多个迁移理论研究中可以看出，无论是学习中的客观因素，还是与学习者自身有关的主观因素，都对迁移的产生起着一定的作用。下面就从有关迁移的理论和研究中得出的对迁移影响较为明显的五个方面进行介绍。

---

[①] 姚梅林.情境理论的迁移观及其教育意义[J].心理学探新，2003，23（4）：13-16.

## 一、两种学习之间的相似性

1. 学习材料之间的相似性

根据桑代克对迁移的研究,迁移产生的重要条件是两种学习之间有共同要素,两种学习材料之间相似程度越高,迁移就越容易发生。在猫钻迷笼的实验中,如果猫是在同一个迷笼中进行训练,通过尝试错误的方式学会了钻迷笼,那么这种习得的能力能否应用到新的情境中去呢?也就是说,把猫放到另一个迷笼里,它是否还能顺利地跑出来获得食物,这是由新迷笼和旧迷笼之间的相似度决定的。新旧迷笼的共同成分越多,猫就越容易把已习得的能力(行为反应)迁移到新的情境中(刺激)。在这里,桑代克强调的是学习材料之间的相似性。

奥斯古德通过"配对联想"学习实验总结了两种学习之间的相似性对迁移的影响。他认为,一种学习中的"刺激—反应"与另一种学习中的"刺激—反应"相似程度决定了迁移是否产生。如果刺激相似,反应相似,就会产生积极的正迁移;如果刺激相同,反应相反或对抗,就会发生负迁移。例如,儿童学习使用铅笔,然后学习使用钢笔,前一种学习的刺激是铅笔,反应是写字;后一种学习的刺激是钢笔,反应也是写字。这是刺激相似,反应也相似,所以产生正迁移。如果先学习驾驶摩托车,然后学习驾驶马车,这时两种学习之间的刺激不同,反应行为也相差很远,两种学习之间就没有任何影响,产生的是零迁移。如果刺激相同,但是反应不同,会产生负迁移。例如,在中国学会了驾驶小轿车,到了日本,由于交通规则是靠左行驶,两种学习虽然刺激相同,但是反应相反,产生的是阻碍作用。在机械学习和技能性学习中,的确如奥斯古德的研究结果,两种学习的"刺激—反应"间的相似度影响了迁移的产生。

在有意义的学习中,学习材料不仅有表面内容和外在形式,还包括材料本身的逻辑意义和内在的结构特性。表面内容和外在形式被称为表面特性,材料的逻辑意义、原理或原则可以称为材料的本质特性。两种特性在迁移中所起的作用是不同的。如果本质特性相似,表面特性也相似,积极的正迁移最容易发生。而表面特性相似,内在原理和原则不同,会产生负迁移。

公式 $\log(a^2-b^2)=\log(a+b)+\log(a-b)$ 中,log、运算符号(减号)、平方项是本质特性,而字母则是表面特性。学习者在把习得的经验迁移到新问题中时,会受到材料表面相似性和本质特性相似性的影响。如果看到 $\log(c^2-d^2)$,这和前面的公式在表面特性和本质特性上都非常相似,就很容易写出正确答案。但当看到 $\log(a^2+b^2)$ 时,表面特性相似,但本质特性不相似,会产生负迁移,做出错误的解答。如果只有本质特性相似,表面特性不相似,就很难激活相关的过去经验信息,导致正迁移难以发生。例如,$\log(a^2+b^2+2ab-y^2)$,和前面习得的公式相比,虽然本质特性相同,但表面特性相差较大,所以不容易把前面习得的经验迁移到该问题上。

2. 学习过程和学习目标的相似性

上述学习材料的相似可以视为是客观相似性,学习过程和学习目标的相似也是影响迁移的重要因素,这可以视为主观相似性。由于学习目标制约着学习过程,因此,学习目标的相似性也决定了学习过程是否相似,从而最终影响迁移是否发生。

韦斯伯格(R. Weisberger)等人通过一个实验,验证了两种学习之间如果没有相似的学习目标和过程,将不会出现迁移现象。实验首先让被试进行配对联想学习,在所有的配对学习中,有一组配对是"盒子—蜡烛"。随后让被试尝试解决邓克尔蜡烛问题(Dunker's candle problem)。蜡烛问题情境是:一盒火柴、一根蜡烛、一些图钉,任务要求是让被试在尽可能短的时间内把蜡烛垂直地安放在木板墙上。解决这个问题的办法是用图钉把火柴盒固定在墙上,火柴盒变成了一个小小的烛台,蜡烛就可以轻而易举地放在上面(实验详见第九章第二节中的"思维定势与功能固着")。

在前面进行的配对联想学习中,出现的"盒子—蜡烛"配对实际上可以为解决这个问题提供关键线索。但遗憾的是,实验中很少有被试能把前面获得的信息用于解决后面的情境问题。研究者认为,之所以出现迁移上的困难,主要原因是两种学习过程和学习目标相去甚远。前一种学习是简单的记忆和联想,并没有进行过如何将盒子和蜡烛两个元素以何种方式结合起来的思维加工过程;后一种学习要解决的是一个复杂的情境问题,由于加工目标和过程都不一样,被试很难从配对联想学习中获得启发。

另外,两种学习之间的情绪状态和态度是否相似或一致也会影响到学习的迁移。如果两种学习是在同样的情绪状态下进行,则更容易相互影响;如果情绪状态不一致,则不容易产生影响,这被称为状态依赖性效应。状态依赖性效应起作用的前提是两种学习材料之间具有某种关联,如果前一种学习是在愉快状态下进行的,后一种学习也需要在愉快的状态下进行,才有利于迁移的发生。如果心境状态不一致,就会阻碍迁移的发生。这时,情绪状态或态度是作为学习中的认知环境对迁移起作用的。

## 二、学习者原有的认知结构

奥苏贝尔认为,一切新的有意义的学习都是在原有知识经验的基础上进行的。也就是说,学习者原有的认知结构将影响新的学习结果和效果。从这个意义上来说,学习者原有的认知结构是决定迁移发生的最关键的因素。奥苏贝尔曾在《教育心理学》一书中的扉页写道:"如果我不得不把全部教育心理学还原为一条原理的话,我将会说,影响学习的最重要因素是学生已经知道了什么,根据学生原有的知识状况进行教学。原有的学习对新的学习的影响,就是已有的认知结构对新的学习的影响,这也就是心理学上所说的迁移。"

在有意义的学习与迁移中,两种学习任务在刺激与反应方面的相似程度并不能决定迁移是否发生。迁移产生的条件取决于学习者在相关的知识领域内认知结构的可利用性、概括水平和组织特性等因素。学习者原有认知结构对学习迁移的影响具体表现在以下三个方面。

1. 学习者原有认知结构的可利用性

学习者在进行新学习之前,是否具有相应的知识经验用于解决新问题,会影响迁移的发生。知识经验越丰富,越有可能对新学习有帮助,产生正迁移;知识经验贫乏,缺少用于同化新知识的经验,迁移就无从发生。

专家和新手在解决某一领域的情境问题时,专家往往更快、更有效地解决问题,而新手完成任务的效率比较低。其主要原因是专家的知识经验比较丰富,拥有解决这一领域问题的知识背景或认知结构,具有较强的迁移能力。但经验的丰富对迁移并不都是起积极作用。学习者具备解决某一问题的丰富经验和认知结构,但在头脑中处于一种惰性状态,对问题的解决不一定能通过积极思考,也不主动地利用这些知识经验,这无助于正向迁移的发生。

2. 学习者原有认知结构的概括化水平

一般来说,概括化水平较高的概念和原理,在认知结构中处于上位的知识,更容易同化和接纳新的知识,与新知识产生意义连接。已经习得的这些经验也会自然迁移到新的学习任务中,对新的学习产生积极的影响。如果认知结构中储存的经验是一些具体的、肤浅的、没有经过提炼的经验,发生迁移的可能性就小,即使产生迁移,迁移的范围也非常局限。

研究发现,在较为复杂的认知学习中,概括化和相同要素对学习迁移影响依然存在,但概括化是影响学习迁移的更主要因素。在学习材料的相同要素中,对迁移起主要作用的实质是内在原理上的相似性,而表述形式上的相似性不起主要作用。在较为复杂的认知学习中,概括化因素和内在原理相似性因素之间的交互作用对学习迁移影响极大。[①]

布鲁纳非常强调教授给学生学科的基本原理和概念,因为这些是概括化水平较高的知识,构成了该学科的基本结构。学生掌握和领会了这些基本的原理和概念,就会摆脱具体经验的限制,形成相对灵活的、能够理解其他相似事件和情境的认知模式,这种认知模式是迁移发生的基础。同时,这种相对灵活的认知模式还能进一步激发学生的智慧。

认知结构的概括水平高并不意味着要脱离具体事例和情境,如果一味地强调学生需要掌握高度概括、抽象的知识,把所有知识经验进行减缩,而忽略知识的情境性和具体性。这样的认知结构是脱离实际的、虚无缥缈的,也势必会影响到学生在实际学习生活中的应用。因为,任何学习都是情境化的、具体化的,需要和过去同样生活化的经验产生连接,才能发生迁移。认知心理学家通过对专家和新手的研究对比发现,专家不仅拥有高度概括化的知识,同时还有围绕原理、原则而存在的具体的、丰富的经验。而新手则在知识经验的丰富性和概括性方面都欠缺,所以解决问题的效率较低。因此,认知结构的概括化和知识经验的丰富性并不矛盾。学生既需要对所获得的知识进行概括和总结,形成良好的认知结构,同时又要积极投入到具体的学习生活情境中,获取丰富的知识经验和情感体验,这样才能发生最大效率的迁移。

3. 学习者原有认知结构的清晰性、稳定性

认知心理学研究证明,原有的知识经验是否能够被及时提取出来用于解决新的问题,与原有认知结构是否组织良好有关系。所谓组织良好的认知结构是指,原有的观念系统要清晰、可辨别,而且其意义要保持一定的稳定性。如果新的学习任务不能与认知结构中原有观念清楚地分辨,新的意义很可能会被原有意义所代表,学习者就会表现为对新习得的信息的遗忘,不利于知识经验的积累,从而也不利于迁移的发生。如果原有观念不稳定而且模糊不清,则会导致新旧信息之间产生混淆,认知结构的组织混乱,将不能为新的学习提供适当的关系和有力的固定点。

通过对专家和新手的对比研究发现,专家对于信息的组织是非常合理的,并且主要根据信息的内在深层结构进行组织,而新手主要根据信息的表面特征加以组织。所以,新手的迁移主要发生在表面特性相似的两种学习间,而相对于本质特性的相似性,新手没有能力觉察和发现,很难产生迁移,而是否能够觉察两种学习间本质特性的相似又是决定正迁移能否发生的关键因素。

上述内容主要阐明了学习者原有认知结构中各种变量对学习迁移的影响。学习迁移的发生是一个非常复杂的过程,作为学习的主体,学习者自身的认知过程、认知结构对学习迁移的影响,实际上会受到来自学习者自身其他主观因素的调控和制约。如果学习者仅仅有发生迁移所需的知识经验和良好的认知结构,但缺少相应的认知技能,不知道如何将已有知识运用到新情境中,也无法发生迁移。如果学生不知道什么时候、该用什么样的知识经验,这是缺乏元认知策略的表现。元认知是对认知的认知、监控和调节,缺乏元认知的能力,就不能跳出自己看自己,不能了解自身的认知结构,认知结构将处于比较被动和惰性状态。另外,学生是否具有强烈的迁移意识也是影响迁移的重要因素。

---

① 任洁.影响学习迁移的几个因素的实验研究[J].应用心理学,1996,1:52-58.

## 三、学习者的心理定势

心理定势(mental set)也叫心向,是指由于先前在某一活动上的重复操作而形成的一种心理惯性或准备状态,这种准备状态会对后来同类的学习活动造成影响,即把已形成的知识或技能迁移到新的情境中去。心理定势对迁移的影响往往是潜移默化的,通常是学习者意识不到的,也是学习迁移中常见的现象。

心理定势对学习迁移有积极的作用。在面对熟悉的问题时,学习者能够快速地做出准确反应,节省了精力和时间。日常生活中遇到的很多事情都是常规的、熟悉的事情,所以,有了这种心理准备状态,人们会更加得心应手解决这类问题。

心理定势对学习迁移有时起着消极的作用。特别是面对已经变化了的问题情境,需要创新、灵活、简洁的方法才能解决的问题,这时往往需要打破心理定势。卢钦斯(A. S. Luchins)的"量水"实验,证明了定势的消极作用。在这项研究中,要求被试用不同容积的三个杯子量一定量的水。实验组和控制组完成的任务序列不同,如表8-1所示。

**表8-1 卢钦斯"量水"实验**

| 序列 | 杯子的容量(mL) | | | 要求量出的水量(mL) |
| --- | --- | --- | --- | --- |
| | A | B | C | |
| 1 | 21 | 127 | 3 | 100 |
| 2 | 14 | 163 | 25 | 99 |
| 3 | 18 | 43 | 10 | 5 |
| 4 | 9 | 42 | 6 | 21 |
| 5 | 20 | 59 | 4 | 31 |
| 6 | 23 | 49 | 3 | 20 |
| 7 | 15 | 39 | 3 | 18 |
| 8 | 28 | 76 | 3 | 25 |

实验中要求实验组做完8个序列的题,控制组只做6、7、8三个序列的题。实验组在做完1~5题之后,形成了一种定势,即每次量水都是用量杯B减量杯A再减2个量杯C的方法,这个定势影响着第6、7题的解答。第6、7题实际上有更简便的方法而被试没有发现,在解答第8题时则遇到了很大困难。控制组的被试因为没有形成解答1~5题的定势,故迅速采用简便方法解答了第6、7、8题。实验证明,定势在解答不同类型的课题时,可能产生消极影响。因为人的认知策略和解题方法都有一个适用范围,超出一定适用范围,任何一种策略和方法都将是无效的。

定势对迁移的影响是积极的还是消极的,可能受多种因素的影响。但学习者要意识到定势的双重作用的事实,遇到问题,具体分析,灵活对待。有时需要利用定势的积极作用,快速有效地解决常规问题;有时又要警惕定势的消极作用,跳出定势设置的障碍,创造性地解决问题。

> **【知识窗】** 定势效应
>
> 阿西莫夫(I. Asimov)是世界著名的科普作家。他在《智力究竟是什么》这篇文章中曾经讲过一个关于自己的故事。
>
> 阿西莫夫从小就很聪明,年轻时多次参加"智商测试",得分总在160分左右,属于"天赋极高者"之列,他一直为此而洋洋得意。
>
> 有一次,他遇到一位汽车修理工,是他的老熟人。修理工对阿西莫夫说:"嗨,博士!我来考考你的智力,出一道思考题,看你能不能回答正确。"阿西莫夫点头同意。修理工便开始说思考题:"有一位既聋又哑的人,想买几根钉子,来到五金商店,对售货员做了这样一个手势:左手两个指头立在柜台上,右手握成拳头做出敲击状的样子。售货员见状,先给他拿来一把锤子;聋哑人摇摇头,指了指立着的那两根指头。于是售货员就明白了,聋哑人想买的是钉子。聋哑人买好钉子,刚走出商店,接着进来一位盲人。这位盲人想买一把剪刀,请问:盲人将会怎样做?"阿西莫夫心想,这还不简单吗?便顺口答道:"盲人肯定会这样。"阿西莫夫伸出食指和中指,做出剪刀的形状。汽车修理工一听,开心地笑起来:"哈哈,你这笨蛋,答错了吧。盲人想买剪刀,只需要开口说'我买剪刀'就行了,他干吗要做手势呀?"智商160分的阿西莫夫这时不得不承认自己确实是个"笨蛋"。而那位汽车修理工人却得理不饶人,用教训的口吻说:"在考你之前,我就料定你要答错,因为,你所受的教育太多了,不可能很聪明。"
>
> 其实修理工所说的受教育多与不可能聪明之间的关系,并不是因为学的知识多了人反而变笨了,而是因为人的知识经验多,会在头脑中形成较多的思维定势。这种思维定势会束缚人的思维,使思维按照固有的路径展开。

## 四、学习者的智力与年龄

智力包括注意力、观察力、记忆力、思维力和想象力。智力水平的高低会影响学生对知识的获取和理解,以及在实际中有效地运用,从而影响学习迁移。智力水平不仅影响迁移的数量,还会影响迁移的质量。智力水平高的学生,获取知识经验的数量相对较多,能够积累更丰富的认知结构。当遇到新问题、新情境时,有更多可支配的认知资源迁移到新的任务中。智力水平高的学生还有更灵活的认知策略,迁移意识比较积极,对新旧环境的识别和判断能力比较突出,能迅速意识到如何利用已有经验应对当前情境,或者如何摆脱已有经验的禁锢,灵活地、创造地解决问题。

学习者的年龄也是影响学习迁移的一个稳定而客观的因素。不同年龄的学生,认知水平和元认知水平都有差别。低龄儿童的认知水平较低,思维发展处于具体形象阶段,受具体经验的限制,抽象概括能力较低。因此,对一般原理和抽象概念的理解水平较低,迁移就很难发生。低龄儿童的学习迁移大多表现在两种学习的表面特性非常相似的情况下。如果两种学习表面特性相似,本质特性不相似,还会产生负迁移。随着年龄的增长,儿童的认知水平提高,小学四年级逐渐发展为以抽象逻辑思维为主,逐渐摆脱具体情境的限制,对事物的抽象概括能力提高,认知结构的水平也随之提高,认知经验也越来越丰富,这些是实现迁移的重要条件。另外,儿童的元认知水平也有所发展,掌握了一定的学习方法,对学习行为和自身经验的认知、监控、管理和调节能力提升,有了更积极的迁移意识。

### 五、教师的指导

我们不能想当然地认为学生可以把在学校学习的知识自动地迁移到新的生活情境中,即使这个新情境可能在教师看来与原来的情境非常相似。学生的学习离不开教师的指导,教师对学生进行学习上的指导,可以有效地促进迁移。教师的指导包括对学生学习目的、学习方法、学习态度、学习兴趣等多个方面的引导和帮助,使学生对自己的学习过程增加掌控感,提高学生对知识经验的概括水平,强化学生的迁移意识,教给学生有效的迁移方法。指导学生学习,就是帮助学生学会如何学习。学生学习能力的提高,是提高迁移有效性的重要条件。

武德罗(H. Woodrow)做的一项实验验证了教师对学生学习方法的指导会对学生的迁移产生重大影响。[①] 他以大学生为被试,先对被试进行了前测,目的是要把被试分成三个水平相当的小组,随后对三组安排了不同条件的训练。具体安排如表8-2所示。

表 8-2　训练方法对迁移影响的实验研究

| 被试 | 前测 | 训练方法 | 后测 |
| --- | --- | --- | --- |
| 控制组 | 记忆测验 | 不做任何记忆练习 | 记忆测验 |
| 实验组一 | 记忆测验 | 单纯练习(不做指导) | 记忆测验 |
| 实验组二 | 记忆测验 | 指导练习 | 记忆测验 |

在正式实验中,控制组不做任何记忆练习,实验组一为单纯练习组,实验组二为指导练习组。实验组一和实验组二采用相同的记忆材料(诗歌和无意义音节)进行记忆练习,两组练习的时间都是3小时。实验组一在练习时教师不给予任何方法上的指导;实验组二用一半时间做方法上的指导,让被试相信自己的记忆力,注意把握事实和观点,进行积极的背诵,将材料分组,利用材料的韵律感,另一半时间才用于记忆练习。最后的后测结果是,实验组一与控制组成绩大致相等,实验组二比其他两组成绩都好。也就是说,有教师指导的练习组产生了大量的迁移,而且迁移的效果受指导的方式影响。

离开教师的指导,学生往往会变得漫无目标,对学习行为缺少管理和强化,降低了学习的有效性,也相应降低了学习正迁移的可能性。学生不是生来就会学习的,如果没有教师的指导,学生很难获得比较稳定、有效的学习策略,认知和元认知能力的发展都会受到影响,这也是阻碍积极迁移发生的原因。

## 第四节　促进迁移的教学策略

教师为迁移而教,学生为迁移而学,是当今教育界普遍认同的观念,也是真正实现教育目标的真谛。教育的目标是让学生掌握更多的知识和技能,提高解决实际问题的能力,并形成良好的道德品质。学习迁移是实现这一目标的重要途径。教师想要提高教学效果,必须依据迁

---

[①] Woodrow H. The effect of type of training upon transference[J]. Journal of educational psychology, 1927, 18(3): 159-172.

移规律,了解和把握影响迁移的各种因素,实现有效教学。

## 一、精选教材内容,科学编排

教师想要在有限的时间里教给学生所有的知识和技能是不可能的,也是没有必要的。所以,在"教什么"的问题上必须做出取舍,进行合理安排。把那些具有广泛迁移价值的原理和概念编排到教材中,才能让学生以有限的知识应对无限的问题和挑战,提高他们应对现实困难的能力。所谓广泛迁移价值是指该学科领域一般的、具有普遍意义的、有代表性的知识,这类知识具有普遍的适用性,更容易被运用到新的情境中。精选教材时应注意以下三个问题。

1. 要把学科中最基本的内容和具有广泛迁移价值的科学成果放在首位,突出学科的基本结构和框架。学生掌握了这些基本概念和原理后,更容易迁移到新的学习中。可以通过发现学习去理解更具体的知识和情境,既节约了课堂教学的时间,又提高了学生的自学能力。

2. 不断更新教材内容,注意知识的时代性、实效性。教师要始终保持与时俱进的态度,及时更新和改进已经过时或变化了的概念和原理,特别是对那些在时代背景下狭隘的认识和价值观,要勇于抛弃和改变。

3. 选择与应用情境相似的学习内容和学习情境。如果只教给学生一些抽象的概念和原理,脱离实际进行教学,学生即使掌握了大量的知识,这些知识也会像无源之水、无本之木一样,失去活力,在大脑中变得呆板、懒惰,无法被迁移到新的学习中。因此,教师只有把抽象的概念和原理与具体的实践事例相结合,才能促进迁移的发生。同时,还要让学生通过各种实践活动,在真实的生活情境中理解这些概念和原理。

通过精选教材内容,把那些具有广泛迁移价值的知识保留下来,是保障有效迁移的第一步。接下来,教师的重要任务是如何把这些内容有效地呈现给学生,让学生吸收和同化,形成合理的认知结构。这就涉及教材如何编排的问题。同样的学习内容,在教材中出现的位置不一样,呈现的方式不一样,会导致不同的迁移效果。如果编排得科学合理,学生能够顺利掌握,也能顺利实现迁移。否则,迁移的效果就小,有时还会产生负迁移。从迁移的角度来看,教材编排科学合理,需要达到结构化、一体化和网络化。

结构化是指教材内容的各构成要素要具有科学的、合理的逻辑联系,能体现事物的各种内在关系,如高低、上下、并列、交叉,或者简单容易、形象抽象等。结构化的教材内容,有利于学生形成良好组织的认知结构,外在的有序化可以转化为内在的有序化,这是大脑建构知识的重要特点。有序的认知结构和良好的组织也是促进学习迁移的重要因素。

一体化是指教材的各构成要素能整合为具有内在联系的有机整体,便于学生对该学科基本结构和框架的整体认识。要防止教材中出现知识的支离破碎和相互割裂的现象,同时还要防止由于知识的模糊不清产生的相互干扰,避免由于机械重复而形成的冗杂累赘。

网络化是一体化的进一步发展,是衡量教材编排是否合理、科学的更高标准。结构化较强的学科,教材各要素之间的相互联系更加紧密,基本原理和概念的作用将更加突出,也更有利于学生产生有效的学习迁移。

教材编排的结构化、一体化和网络化,有利于学生建立合理的认知结构,促进学生对教材内容的深层次加工和理解,使学生能够融会贯通。

## 二、科学安排教学步骤

如何把编排合理的教材内容教给学生,在教学过程中发挥迁移的最大作用,这就涉及教师合理安排教学步骤的问题。科学合理的教学安排既要考虑宏观方面,又要考虑微观方面。

在宏观上,教师要做出整体安排,包括教学计划和教学进度,确定先学什么、后学什么。例如,小学四则运算的内容,要先教给学生整数的四则运算,后教授小数和分数的四则运算。顺序不可颠倒,否则不符合学生认知发展的规律,将给学生造成理解上的障碍。

在微观方面的安排,是指教师对每一节课的合理安排。教师要先把那些具有最大迁移价值的基本知识点教给学生,把那些概括性高、派生性强的主干内容作为教学重点,以使学生在学习中顺利地进行迁移。同时,还要结合学生的智力特点和个体差异,把握教学的进度,尽最大可能做到因材施教。

另外,学生学习的熟练程度也是需要考虑的一个问题。在巩固和熟练先前学习内容的基础上,再转入下一步学习。学生只有掌握扎实的基础知识和技能才能对后来的学习产生积极的影响。如果学生还未对前面的学习达到熟练和巩固的程度,就转入下一步学习,不但不利于迁移,有时可能还会出现知识之间的相互干扰,发生抑制和遗忘,产生阻碍性迁移。

### 三、教给学生学习策略

"授人以鱼不如授人以渔",教给学生学习策略,是实现"为迁移而教"这一教育目标的最直接和有效的途径。教给学生一些策略性知识,是为了提高学生的学习能力,让他们学会如何学习。掌握了学习策略的学生,最终能够形成自觉、自动、灵活的学习与控制,在学习中有效地进行迁移。教师如何对学生进行策略性知识的教学与训练,可以从以下三个方面入手。

1. 教学过程中必须重视策略性知识的教学

在多数教师看来,学习方法和技巧不应该成为课堂教学的内容,而是由学生自己摸索、相互交流获得的。这种认识导致很多教师只重视教材内容的传授,而忽略了策略性知识的教学。因此,应该把策略性知识的教学放到教学计划和教学目标里,并设计相应的检测与评价手段,检查学生能否用所学的知识解决新问题;能否总结出自己在学习中学会的有效的学习方法;能否将获得的新信息与已有的旧信息有机联系起来;能否对自己的学习效果有相对准确的估计;能否及时监控和调节自己的学习行为,包括做题速度、准确性以及注意力的集中程度等。这些都是学生掌握了策略性知识才能清楚明了的问题,而这些知识的掌握正是实现迁移的重要因素。

2. 教师要善于把内隐的思维活动外显化

教师把自身在解决问题时的认知、调节和控制的过程展示出来,使学生获得对策略性知识的感性认识。比如,数学老师要将自己是如何审题、联想、论证、运算、得出结果的整个思维过程用语言或其他形象的方式展示给学生,甚至把其中可能出现的错误倾向也展现出来,使学生体验、对比自己的思维过程,及时纠正和改进自己的思维方式和解题技巧,形成合理的思维方式。

3. 应考虑到学生的年龄特征、个体差异,做到因材施教

不同年龄的人使用策略性知识的效果是不同的,不同的学习目的和不同的学生类型需要不同的策略性知识,即通常所说的具体问题具体分析。例如,研究者发现,同样一个策略性知识,年长的和年幼的、成绩好的和成绩差的学生,用起来效果就不一样。阅读时写提要对于成年人来说可能是一种有效的学习策略,但对儿童则可能很困难。对处于形象思维发展水平的小学生来说,策略性知识的教学应尽量以形象、生动的方式进行。对于中学生,则用抽象的理论讲解并配以适当的直观手段进行。

策略性知识本身也有层次差别,学生在其成长过程中会接触到大量的策略性知识,不仅有一般的策略性知识,还有非常具体的策略性知识。每一个人策略性知识的构成也不尽相同,这

必然会导致学习效果的差异。因此,策略性知识的教学要考虑到年龄差异,要因人而异。

## 四、利用变式进行教学

基本概念和原理是有广泛迁移价值的知识,这被大量的心理学研究所证明。因此,教师要注意在教学中促进学生对基本概念的理解和掌握。概念教学也成为教学中的重要任务。如何让学生从大量纷繁复杂的现象中把握事物的本质特征和内在规律成为教学中值得探讨的问题。

变式就是在教学中应经常变换所用具体材料的样式。通过变换同类事物的不同样式,达到突出该事物稳定的本质特征的目的。变式对学生领会概念及事物的因果联系等都具有极其重要的意义,它可以使学生更好地区分事物的各种因素,并确定哪些是主要的、本质的,哪些是次要的、非本质的。利用变式是防止扩大和缩小概念外延的有效方法,对防止学生颠倒因果关系、发展学生的归纳能力都有重大意义。

例如,在讲"直角三角形"这一概念时,要运用变式的方法进行教学。提供给学生的"直角三角形"的图形不能只是一种,而是要变化直角的位置和朝向,突出直角三角形的本质是一个角等于90°的三角形,和直角的位置、边长都没有关系。可以通过呈现以下几种方式的直角三角形,来加深学生对"直角三角形"概念的理解(如图8-3)。

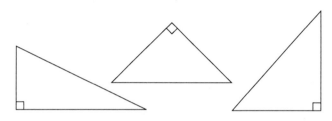

图8-3 不同呈现方式的直角三角形

变式教学的方法虽然有助于对概念的理解和掌握,但也不能过多使用。变式的目的在于使学生在领会科学概念时,摆脱感性经验和片面性的消极影响,因此选取那些典型的、容易和本质特征混淆的变式是必要的,但过多使用只会增加教师和学生的负担,降低教学效率。如果处理不当,还会造成学生认知上的混乱。有些变式需要在课堂教学中进行呈现,有些变式也可在练习或作业中出现,通过学生的课下学习加以巩固和应用。此外,教师在运用变式时,要对学生提出明确的要求,引导学生观察、思考,才能使变式达到预期的教学效果。

## 五、利用学习态度和学习动机的迁移

很多时候学生不能做到"举一反三",学习效率较低,并不是智力因素导致的,而取决于他是否有主动自发的学习意愿和态度。学生厌学现象在如今的学校里越来越常见,这对老师、家长和学校来说都是一个挑战。调整学生对待学习的态度和兴趣,是解决这一问题的关键。教师可以通过创设有趣的教学情境、丰富多彩的课外实践活动增加学校和学习对学生的吸引力。还可以通过良好的榜样示范作用,促使学生对个人学习生活进行反思,进而转变对学习和人生的消极态度。

教师还可以利用学生的学习动机迁移,逐渐改变学生的学习行为。每一个学生都有感兴趣的内容,可能刚开始这个兴趣与学习无关,但教师可以抓住这个兴趣点,通过激发兴趣、强化动机,进而把动机目标逐渐转移到学习上来。比如,一个学生可能沉迷于网络游戏,不想学习,教师可以通过网络游戏中一些具体的内容,发现学生在该方面存在的知识欠缺。让学生知道唯有通过学习一些新的知识,才能解决网络游戏中解决不了的难题,这样动机就实现了迁移。

 **本章小结**

　　学习迁移是指一种学习对另一种学习的影响。根据不同的分类标准,迁移可以分为:知识迁移、技能迁移、态度和行为习惯的迁移;正迁移和负迁移;顺向迁移和逆向迁移;一般迁移和特殊迁移;水平迁移和垂直迁移;低路迁移和高路迁移;同化性迁移、顺应性迁移及重组性迁移。对学习迁移的研究在理论和实践方面有重要意义。迁移在学生发展中起着重要作用,教育者掌握迁移规律能够提高教育的效率。

　　早期的迁移理论有官能训练说、共同要素说、经验类化说、关系转换说和迁移逆向曲线模型。现代的迁移理论有认知结构迁移理论、产生式迁移理论和情境性迁移理论。影响迁移的因素有很多。两种学习之间的相似性、学习者原有的认知结构、学习者的心理定势、学习者的智力与年龄以及教师的指导等,都会对迁移的发生产生影响。

　　促进迁移的教学策略可以从教学内容本身以及学习者的改变两方面入手。从材料内容入手促进迁移的方法有:精选教材内容,科学编排;科学安排教学步骤;教给学生学习策略;利用变式进行教学;利用学习态度和学习动机的迁移。

 **知识练习**

1. 学习迁移有哪些分类?
2. 学习迁移的理论有哪些?
3. 哪些因素会影响学习迁移?
4. 如何促进学习迁移的发生?
5. 如何利用学生学习动机的迁移进行学习心理的辅导?

 **推荐读物**

　　陈琦,刘儒德.教育心理学[M].3版.北京师范大学出版社,2019.

　　罗伯特·斯莱文.教育心理学:理论与实践[M].10版.吕红梅,等,译.人民邮电出版社,2016.

　　简妮·爱丽丝·奥姆罗德.教育心理学精要:指导有效教学的主要理念[M].3版.雷雳,等,译.中国人民大学出版社,2013.

　　安妮塔·伍尔福克.教育心理学[M].12版.伍新春,等,译.机械工业出版社,2015.

# 第九章　问题解决与创造力

【学习目标】

1. 掌握问题与问题解决的含义，了解问题解决的过程；
2. 掌握影响问题解决的因素，了解问题解决能力的培养方法；
3. 了解创造力的基本特征，掌握培养学生创造力的方法。

【知识导图】

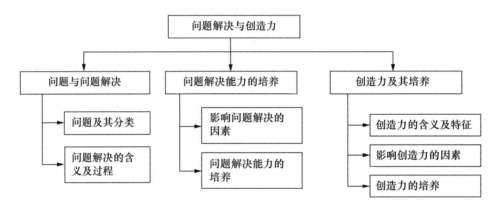

【学前反思】

晓晓是一位小学四年级的学生，他在做作业时遇到了这样一道题：

**小梅数她家的鸡与兔，数头有 16 个，数脚有 44 只，问，小梅家的鸡与兔各有多少只？**

晓晓想了很长时间都不知道该怎么办，就去问上高中的姐姐。姐姐一看，这题挺简单的，设鸡 $x$ 只，兔 $y$ 只，建立方程组 $x+y=16, 2x+4y=44$，解方程即可得到 $x=10, y=6$，即鸡有 10 只，兔有 6 只。可是晓晓说没有学过什么方程，不知道 $x$、$y$ 是啥，听不懂姐姐的解题方法，所以问姐姐能不能直接用加减乘除的方法告诉她该怎么做这道题。姐姐想了半天，发现如果不用设未知数、建方程组的方式，她也不知道该怎么做了。所以姐姐非常疑惑一个问题：这样的题，对于小学四年级的学生来说，是不是太难了？小学四年级的学生该如何解决这个问题呢？

## 第一节　问题与问题解决

慕课视频9-1：
问题解决与创造力

在日常生活中，我们常常会遇到各种各样的问题，如暑期如何安排、如何提高学习效率、和朋友有了矛盾该怎么处理等。如何分析和解决这些问题影响着我们的生活、学习、人际交往等各方面。因此，了解问题及问题解决的相关知识，对每个人都具有重要的意义。

## 一、问题及其分类

### (一) 问题的界定

无论简单或复杂、抽象或具体、持续的时间长或短,任何问题都包含三种基本成分:① 给定的条件(givens),即有关问题的初始状态的一系列描述;② 目标(goals),即有关问题的结果或目标状态的描述;③ 障碍(obstacles),即从初始状态到目标状态之间的种种需要解决的限制因素或障碍。因此,问题可以定义为:在初始状态和目标状态之间有某些障碍需要加以克服的情境。当个体想要做某件事情,并且知道该如何去做,从初始状态到目标状态非常流畅,没有任何障碍,那么这个情境就不是问题;当个体想要做某件事情,但不能马上知道完成这件事情所应采取的一系列行动,也就是说,从初始状态到目标状态的过程遇到了障碍,这种情境就是问题。

### (二) 问题的分类

人们在生活中的问题是相当复杂多样的,研究者对问题进行了不同方式的区分。

1. 结构良好的问题和结构不良的问题

按照问题结构和组织程度的完整性,可以将问题分为结构良好的问题(well-structured problem)和结构不良的问题(ill-structured problem)。结构良好的问题指那些具有明确的初始状态和目标状态,从初始状态到目标状态的一系列操作过程或方法都很清晰的问题。学生在学习过程中遇到的很多问题都是结构良好的问题。如:一个等腰直角三角形的直角边是10cm,它的面积是多少?在回答这一问题时,根据三角形面积计算公式和等腰直角三角形的性质即可计算得出。

结构不良的问题是指没有明确界定的初始状态、目标状态或解决方法的问题。也就是说,已知条件与想要达成的目标都没有明确界定,不易找到既定的解决问题的方法,而不是指问题本身有什么错误或者表述不恰当等。如:如何成为一名好老师?首先,"好老师"这一目标状态的界定,没有完全确切的标准;其次,问题的初始状态比如学生的基本情况如何也没有详细的说明,不同的人可以通过不同的途径成为他/她心目中的"好老师"。因此,这一问题属于结构不良的问题。一般来说,结构不良的问题有以下几个特点:① 问题往往和具体情境相联系;② 问题的描述比较含糊;③ 给定的信息不完全;④ 目标不确定;⑤ 不知道哪些概念、规则和原理对问题解决有用。[1]

理论上来说,在学习中,解决结构不良的问题的价值要远远大于解决结构良好的问题的价值。解决结构良好问题实际上是一个通过大量的练习和反馈而熟练掌握知识和技能的活动过程,它是成功解决结构不良问题的基础。

2. 常规问题和非常规问题

根据问题解决者是否具有成功解决类似问题的经验或办法,可以将问题分为常规问题和非常规问题。常规问题是指,问题解决者已经解决过或与解决过的问题非常类似的问题,可以运用已有的方法或程序加以解决的问题。对于此类问题,问题解决者虽不能立刻获得答案,但是他知道用什么办法来找到答案,因此解决这类问题只需要再现思维即可。非常规问题是指,问题解决者没有可直接利用的解决办法,必须通过自己创造、生成新的解决方法的问题。对于

---

[1] 袁维新,吴庆麟.问题解决:涵义、过程与教学模式[J].心理科学,2010,33(1):151-154.

此类问题,问题解决者没有掌握这类问题的解决程序,需要以原有的认知结构为基础,进行思考探索,通过形成更高级的认知结构来解决问题。这体现了问题解决的创造性和探索性。学校中的考试、练习题中出现的多是常规问题,而日常生活实践中遇到的问题多是非常规问题。

在数学测试中,有这么一道题:这里有山羊 26 只,绵羊 10 只,请问牧羊人的年龄有多大?结果表明,许多学生回答"36 岁",虽然问题中给的相关信息并没有办法计算牧羊人的年龄,但是学生认为数学中的每一道题都是有答案的,所以会想方设法地给出一个合理答案。通过题干已知数据进行加减乘除运算,获得牧羊人的年龄:26－10＝16(岁),这个年龄有点小,所以应该是 26＋10＝36(岁)。如果在解决问题时,面对非常规问题,使用常规问题的思维模式,可能无法获得正确的解决方法和结果。

3. 一般领域问题与专业领域问题

根据问题解决所需要的相关知识,问题分为一般领域问题和专业领域问题。一般领域问题是指解决问题时所需要的特定领域的专业知识相对较少的问题,习惯上又称为知识贫乏的问题。专业领域的问题则包含了大量的特定学科领域的专业知识,习惯上又称为知识丰富领域的问题。这两类问题的划分不是绝对的,两者可以相互转化。

## 二、问题解决的含义及过程

### (一) 问题解决的含义

问题解决(problem solving)是由一定情境引起,按照一定的目标,应用各种认知活动、技能等,经过一系列的思维操作,使问题得以解决的过程。当常规或自动化的反应不适用于当前的情境时,问题解决者需要超越对过去所学规则的简单应用,对所学的概念、命题和规则进行一定的组合,寻找解决问题的方法,达到问题解决的目的。加涅在对学习的分类中,将问题解决看作学习者组合已有规则生成新的高级规则的过程。

### (二) 问题解决的基本特征

1. 目标指向性

问题解决活动具有明确的目的性,就是要通过一系列认知活动把问题的初始状态转变为目标状态。

2. 认知操作性

认知操作是问题解决最基本的成分,问题解决是在一定的认知成分的基础上展开的,如果没有认知成分的参与,只是单纯的一系列有目的性的操作序列,比如穿衣、刷牙、打领带,就不能称之为问题解决。

3. 操作序列性

问题解决是一个复杂的、动态的过程,必须通过一系列的心理操作才能达到目标状态。这些心理操作具有序列性和系统性,不同的操作序列形成的解决问题的方法和途径都各不相同。

4. 情境性

问题解决受问题情境的潜在规定而具有临时性和偶然性。问题解决中的情境因素决定了问题的性质、结构、初始状态、中间状态和目标状态,起着潜在决定问题解决方式的作用。

5. 个体性

不同的问题解决者在知识和技能上存在个体差异,因此在解决问题时就可能出现较大的差异。某一情境或事件是否成为问题,与个体的认知与选择有关,如对于知识经验匮乏的人来说是问题的情境,对知识经验丰富的人来说未必是问题;对于无视问题或不求结果的人来说不存在问题的情境,可能对勤于思考、追求成功的人来说就是问题。

需要注意的是,问题解决是由处理问题时所涉及的种种心理活动和行为而构成的,既涉及思维或认知的成分,也涉及情感或动机的成分,还涉及行为或行动的成分。如老师让学生写一篇作文"最难忘的一件事",学生从引题、叙述事件(时间、地点、事件、人物等)、对自己的影响(为什么最难忘)、扣题结尾等考虑作文的整体框架,这是认知和思维成分;在写作过程中对于自己的构思和语句表达不够自信,担心写出来的内容不合适,这就是情感或动机成分;学生坐下来把自己的构思写下来,这是行为或行动成分。因此,情感成分或行为成分对于问题解决也有重要的作用。但是,过去心理学对问题解决的研究更多强调其认知方面,而对情感成分和行为成分研究较少。因此,如何把情感成分和行为成分结合起来形成完整的问题解决的理论模型,还有待于进一步研究和探索。

(三) 问题解决的模式

自教育心理学诞生至今,许多研究者从不同的角度对问题解决进行研究,提出了各自的理论。总括起来,主要包括以下几种理论模式:

1. 试误说

试误说(trial and error theory)是由美国心理学家桑代克提出来的。该学说认为,问题解决需要经历一系列的盲目操作,不断尝试错误,最终找到一个正确的解决方法,即形成刺激情境与恰当反应之间的联结,通过不断重复巩固这种联结,直到能立即解决问题(详见第二章第二节"桑代克的联结主义学习理论")。

2. 顿悟说

以苛勒为代表的格式塔学派提出了顿悟说(insight theory),认为人遇到问题时,会重组问题情境的当前结构,以弥补问题的缺口,达到新的完形,从而联想起一种可行的解决方案。这一过程的突出特点是顿悟,即对问题情境的突然领悟(详见第二章第三节苛勒的完形—顿悟说)。

试误说看到了问题解决过程中一系列建立刺激与反应联结的、尝试错误的阶段,重视问题解决的一系列操作,但是,它认为问题解决的尝试错误过程是盲目的,忽略了认知因素在问题解决中的重要作用。顿悟说注意到了重组情境的认知成分,这实际上就是后来人们所强调的对问题的理解和表征。可是,顿悟说把这种认知成分看成是先验的,并且还片面强调顿悟的作用,取消了对问题解决过程的研究。如果剔除试误说中盲目性和顿悟说中先验性的一面,试误和顿悟是问题解决的两个既相互对立又相互联系的方面。人面对一个新问题时,总是要用自己已有的经验(非先验的)在理解问题时转换问题,重组问题的当前结构,以期联想起一种可行的解决方案。如果实在不成功,人就会有计划有目的地(非盲目地)尝试一种又一种解决方案。有时,表面上的一个顿悟,实际上是经过了好多次的试误之后才出现的。试误和顿悟的这种对立统一在后来的一些模式中有所反映。

3. 信息加工论模式

信息加工论者把问题解决看作是信息加工系统(即大脑或计算机)对信息的加工,把最初的信息转换成目标状态的信息的过程。随着计算机技术的迅猛发展,许多心理学工作者采用计算机模拟人类问题解决的过程来探讨人脑内部的信息加工机制,其中最著名的当属纽厄尔(A. Newell)和西蒙(H. A. Simon)等人设计的"通用问题解决程序"。这一程序揭示出问题解决的过程也就是通过一系列的操作达到目标的过程。因此,问题解决是"一系列趋向目标的认知操作"。

### (四) 问题解决的过程

一般而言,问题解决的过程大致可以分为四个阶段:发现问题阶段、分析问题阶段、提出假设阶段、验证假设阶段。

1. 发现问题阶段

发现问题阶段就是认识到问题的存在,并产生解决问题的需要和动机的阶段。在日常生活中我们会遇到不同的事件,处在不同的情境之中,能否意识到问题的存在,是分析和研究问题的前提。爱因斯坦曾说:"提出一个问题往往比解决一个问题更重要,因为解决问题也许仅是一个数学上或实验室上的技能而已。而提出新的问题、新的可能性,从新的角度去看旧的问题,都需要有创造性的想象力,而且标志着科学的真正进步。"可见,发现问题不仅需要用心、细心,还需要大胆,敢于提出问题。

苹果落地是个特别司空见惯的现象,但是牛顿能够从中发现问题,并通过研究提出了著名的"万有引力定律",就是因为他有着善于思考和发现问题的探索精神。而能否发现问题,特别是具有重大社会价值的问题,取决于多种因素,如个体是否勤于观察、善于思考,是否有极高的探究精神以及广泛的兴趣,是否有丰富的知识经验等。

2. 分析问题阶段

发现问题之后就要分析问题。分析问题是对所面临的问题中的要求和条件等进行分析,找出条件之间的联系,把握问题的核心与关键,确定解决问题的方向。分析问题是问题解决的关键阶段,需要透过现象看本质,才能抓住解决问题的关键。

【知识窗】 高斯的故事

德国著名数学家高斯(C. F. Gauss)幼年时聪明过人。有一天,老师出了一道数学题让同学们计算:1+2+3+……+98+99+100=? 所有的同学都在认真计算的时候,高斯却很快算出答案等于5050。因为他通过细心的观察分析,发现了数字之间的规律:1+100=2+99=3+98……=49+52=50+51=101,而从1~100的所有数字刚好可以组成50个101,因此,这道题就变成了(1+100)×(100÷2)=5050。

如果不能分析到1~100相加的这个规律,那么在计算时我们往往会采用逐步累加的方式1+2=3,3+3=6,6+4=10的计算方式,不但计算繁杂,而且特别容易出错。因此,分析问题、找到规律,是解决问题的关键。

影响个体分析问题的因素主要包括两个方面:① 个体对感性材料的掌握程度。只有全面系统地掌握了具体事实的感性材料,才能够通过思维过程,分析出问题材料之间的本质联系和主要矛盾,对感性材料的分析,可以借助画图表、路线图等直观的方式;② 已有的知识经验。知识经验越丰富,在分析问题的过程中越容易对问题进行归类、看到问题的本质,越能够灵活运用已有的知识经验来解决当前的问题。

3. 提出假设阶段

提出假设阶段,就是在分析问题的基础上,提出解决问题的方案策略和途径,即找出解决问题的关键点。解决的方案不会立刻就找出来,常常是先以假设的方式出现,经过检验逐步形成,因此这一阶段持续的时间可能较长。能否有效地提出假设取决于个体已有的知识经验、智力水平、创造想象力、直观的感性形象、尝试性的实际操作、言语表达和创造性的构想等。

4. 验证假设阶段

验证假设阶段是通过实际活动或思维操作验证所提出的假设是否能够真正解决问题,从而达到最终目标。验证假设的方法有两种:

直接验证:即通过实验和实践活动直接验证。例如电脑坏了,通过查找原因提出解决方案,进行实际维修,这就是直接检验。电脑修好了说明假设有效,问题得以解决;如果电脑没有修好,说明假设错误,还需要重新分析并提出新的假设。

间接检验:即凭借已有的知识经验,在头脑中通过一定的逻辑推理对假设进行检验。有些复杂的假设,如作战、建筑、医疗等方案不能立即通过实践直接检验,因此常常采用间接检验。需要强调的是,实践是检验真理的唯一标准,任何假设正确与否,最终都要接受实践的验证。

在解决简单问题时,这几个阶段是压缩的,并不明显,可能在分析问题的同时就提出了解决问题的假设。但在解决复杂问题时这个过程就比较明显,并且可能需要多次循环,直到找到解决问题的方法。

**(五)问题解决的策略**

采用什么样的策略解决问题,是影响问题解决效率的一个很重要的因素。好的策略,有利于问题的解决,如9+3+2+7+8+1=? 人们可以按照顺序进行加法运算,但用这种方法解决问题的效率较低,且易出现错误。如果采用凑10的办法,就能迅速准确地解决问题了。

纽威尔和西蒙认为,在问题解决的过程中,有以下几种通用的解决问题的策略。

1. 算法式策略

算法式策略就是在问题空间中随机搜索所有可能的解决问题的方法,直至选择一种有效的方法解决问题。简而言之,算法策略就是把解决问题的方法一一进行尝试最终找到解决问题的答案。例如,一个密码箱有三个按钮,每一按钮有0~9十个数字,现要采用算法策略找出密码打开箱子,就要逐个尝试三个数字的随机组合直到找到密码为止。

采用算法策略的优点是它能够保证问题的解决,但是采用这种策略在解决某些问题时需要大量的尝试,因此费时费力。当问题很复杂时,人们很难依靠这种策略来解决问题。另外,有些问题也许没有现成的算法或尚未发现其算法,对于这类问题,算法式策略是无效的。

2. 启发式策略

启发式策略是人们根据一定的经验,在问题空间内进行较少的搜索,以达到问题解决的一种方法。启发式策略不能完全保证成功地解决问题,但用这种方法解决问题时较省时省力。下面介绍几种常见的启发式策略:

(1) 手段—目的分析法

手段—目的分析法就是将需要达到的问题的目标状态分成若干子目标,通过实现一系列的子目标最终达到总目标。它的基本步骤是:① 比较初始状态和目标状态,提出第一个子目标;② 找出完成第一个子目标的方法或操作;③ 实现子目标;④ 提出新的子目标。如此循环往复,直至问题的解决。

河内塔问题就是一个典型的案例。

在一块板上有三根柱子,在柱1上放着三个圆盘,自上而下的顺序是 A、B、C,其中 A 最小,C 最大。要求按规则将三个圆盘移到柱3上,但不能改变自上而下的顺序。请问最少需要几步? 移动过程中可以利用柱子2,详见图9-1。

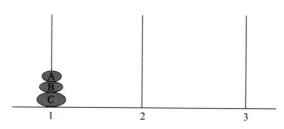

移动规则：(1)每次只能移动一个圆盘；(2)大盘子不能放在小盘子上面。

**图 9-1　河内塔问题**

解决这个问题，目前最重要的差异是 C 盘不在柱 3 上，要消除这一差异，选择的操作是把 C 盘移到柱 3 上，但根据条件，当 C 盘上没有其他圆盘时才能移动 C 盘，现在 C 盘上有 B 盘和 A 盘，因此建立的第二个子目标是先移动 B 盘，由于移动 B 的条件不成熟，因此另一个子目标是先移动 A 盘。现在移动 A 盘的条件成熟，因此，把 A 盘移到柱 3 上，B 盘移动到柱 2 上，再将 A 盘移动到柱 2 上，此时，即可将 C 盘移动到柱 3 上。这时当前状态与目标状态的差别是 B 盘不在柱 3 上，要消除这一差异，需建立另一个子目标，即先将 A 盘移动到柱 1 上，完成这一操作之后，再将 B 盘移动到柱 3 上，最后把 A 盘移动到柱 3 上，至此达到了问题所要求的目标状态。

在日常生活中，手段—目的分析法是人们比较常用的一种解题策略，它对解决复杂的问题有重要的应用价值。

（2）爬山法

爬山法是类似于手段—目的分析法的一种解题策略。它是采用一定的方法逐步降低初始状态和目标状态的距离，以达到问题解决的一种方法。这就好像登山者为了登上山峰，需要从山脚一步一步登上山峰一样。但是在登上山峰之前，并不能完全确定所选择的登山的路是正确的，所以有时候需要重新退回，采取迂回策略。

**表 9-1　爬山法和手段—目的分析法的不同**

| 手段—目的分析法 | 爬山法 |
| --- | --- |
| 区分子目标 | 不区分子目标 |
| 不涉及尝试错误 | 涉及尝试错误，即尝试一种可能的解决方案，根据尝试结果，随时可能放弃该方案 |
| 有时需要人为地、刻意地、有意识地暂时扩大初始状态和目标状态的距离 | 虽然主观上只想尽力靠近目标，绝不想扩大二者的距离，但由于前路未知，难免误入歧途（比喻用错方法），不得不采取迂回策略 |

（3）逆向搜索法

逆向搜索法就是从问题的目标状态开始搜索直至找到通往初始状态的通路或方法。例如，人们要去城市的某个地方，往往是在地图上先找到目的地，然后查找一条从目的地退回到出发点的路线。

逆向搜索法更适合于解决那些从初始状态到目标状态只有少数通路的问题，一些几何问题、推断题等比较适合采用这一策略。如初中化学中有一道推断题：A、B、C、D 分别为氧化铁、盐酸、氢氧化钙、碳酸钙中的一种，它们之间的反应或转化关系如图 9-2（部分物质和反应条件已略去）。试推断 A 为哪种物质？其化学式是什么？

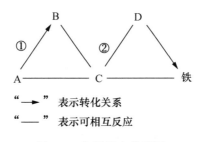

"→" 表示转化关系

"——" 表示可相互反应

图 9-2　物质反应关系图

这类题如果直接从 A 物质开始入手没有办法进行推断,从题中最后 D 会转化为铁,说明 D 为氧化铁($Fe_2O_3$),C 能与铁、氧化铁反应,在剩余的物质中只有盐酸能与铁、氧化铁反应,所以 C 应为盐酸(HCl),A 可以转化为 B,B 又能和盐酸反应,所以 B 应为碳酸钙($CaCO_3$),A 为氢氧化钙[$Ca(OH)_2$]。

再如,长方形 ABCD 如图 9-3 所示,证明 AD、BC 相等。

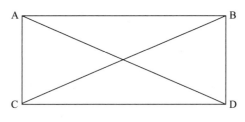

图 9-3　长方形示意图

从目标出发,进行逆向推理,要想证明 AD＝BC,可以证明△ACD 与△BDC 全等,那么 AD＝BC。要想证明△ACD 与△BDC 全等,需要证明两边和夹角相等。这是个长方形,所以 AC＝BD,∠ACD＝∠BDC,CD 为共用边,因此△ACD≌△BDC,故 AD＝BC。

## 第二节　问题解决能力的培养

### 一、影响问题解决的因素

慕课视频 9-2:
问题解决能力的培养

问题解决的思维过程受多种心理因素的影响,有些因素能促进思维活动对问题的解决,有些因素则妨碍思维活动对问题的解决。从总体上来说,问题本身的特征和问题解决者个体因素,二者共同作用,影响着问题解决的过程和结果。

#### (一) 问题的呈现方式

在问题解决的过程中,问题条件的呈现方式不同,解决问题的难易以及方式也会有所不同。有些呈现方式能够更直观地提供问题解决的线索,更有利于问题解决者抓住问题的核心,找到问题解决的方法。但有些问题呈现的方式过于隐蔽或干扰了问题解决的线索,则容易使问题解决者无法准确把握问题实质,增加问题解决的难度。如图 9-4 已知圆的半径 $r$＝5cm,求正方形的面积。

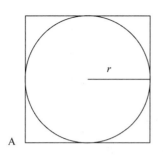 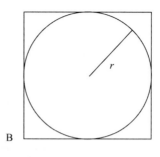

图 9-4　求正方形面积图

如果把图画成图 A 的形式,则更容易获得正方形的边长为 $2r=10\mathrm{cm}$,从而计算出正方形的面积;但如果把图画成图 B 的形式,比较难以直接看出正方形边长与圆半径的关系,因而解答此题也相对难一些。下面一题在信息的呈现上更具迷惑性:

两个火车站 A、B 相距 100km,两辆火车同时以 30 km/h 的速度分别从两个火车站相向而行。正当火车驶出车站时,一只飞鸟从 A 火车站的火车车头出发,以 100 km/h 的速度飞向从 B 火车站出发的火车。当飞鸟和从 B 火车站出发的火车相遇后,马上调转方向,继续以 100 km/h 的速度飞向从 A 火车站出发的火车。当相遇后再次调转方向,以此进行下去直到两辆火车相遇。请问飞鸟总计飞行了多长时间?

在思考这个问题时,如果我们思考的重点在飞鸟飞行的时间,就会考虑飞鸟从第一辆火车飞到第二辆火车的时间 $t_1$,再考虑飞鸟从第二辆火车再到第一辆火车的时间 $t_2$,再返回的所用时间 $t_3$……最后求所有时间的总和 $t_1+t_2+t_3+\cdots\cdots$ 而这个过程是一个动态的过程,每一次分析都需要考虑火车行驶的速度和相距的距离,还要考虑飞鸟飞行的速度,问题明显十分复杂(图 9-5)。

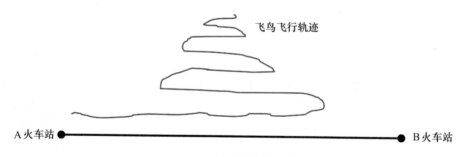

图 9-5　飞鸟飞行路线示意图

但如果能够将相关的信息进行进一步梳理,我们就会发现,在这个问题中,飞鸟的飞行速度其实就是多余的信息,因为飞鸟飞行的总时间就是两辆火车相遇所需要的时间,因此这道题就变成了普通的相遇问题。

(二) 问题的表征方式

问题表征是指在理解问题的条件、要求和障碍的基础上在头脑中或者通过外部行为(如作图、批注等)形成整个问题的结构,也可以说问题表征是头脑中对问题进行理解和表达的方式。个体在头脑中对问题的表征会直接影响到问题解决的策略。如九点连线问题和火柴排图问题。

你能用一笔画 4 条连续的直线段,把图中所有的 9 个点都连起来吗?要求笔不能离开纸面,而且不能重复画。请你在图9-6中画出来。

在常规的思维方式中,我们习惯于将竖排的三个点或横排的三个点作为连线的方式,这样问题就很难得到解决。思考此问题时需要"在格子外思考",即不要被这九个点限制住。如果你将思维局限在9点之内,那么问题就将成为不可能完成的任务。方法如图9-7所示。

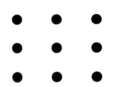

图9-6 九点连线问题图示

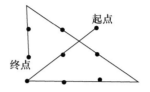

图9-7 九点连线问题解决

请用六根火柴摆成四个等边三角形。

图9-8 火柴排图问题

在思考这个问题的时候,我们往往在平面上构建三角形。比如,将四根火柴摆成一个正方形,然后将两根火柴交叉放在正方形的对角线的位置,但结果发现并不符合要求,即不能形成真正的三角形——对角线比边(一根火柴)长,因此并不能真正形成四个三角形。思考这个问题时,如果我们能够采用立体几何的思维方式,就能很快找到解决方法:构建一个立体的结构,四个等边三角形也就形成了,如图9-8所示。

### (三)个体的知识经验

个体的知识经验与问题解决有着密切的关系。比我们年长的人,由于其知识经验比我们丰富,更有可能看到问题的本质,因此他们对问题的分析和建议于我们解决问题具有非常重要的启发意义。因此,在日常生活中,当一个人遇到无法解决的问题时,很容易就会想到找一个经验丰富的人或专家来帮忙。自己无法解决的问题,到专家那里很容易就得到解决了。已有知识经验的质与量都影响着问题解决,与问题解决有关的经验越多,解决该问题的可能性也就越大。

在心理学研究中,通过实验比较专家和新手的问题解决的过程,发现专家不仅掌握了大量的高度组织化的专业知识,而且在他们所擅长的领域里,通过处理各种各样的问题而积累了丰富的经验。比如,对新手型教师和专家型教师的课堂管理研究表明,专家型教师会把学生分为几类,针对每类学生快速给出应对方案;而新手型教师则针对每个学生去解决问题,但可供选择的解决方案相对较少。

心理学家德·格鲁特(De Groot)在一系列著名的实验中,对国际象棋大师和普通棋手的差异进行比较。在其中一项研究中,让象棋大师和普通棋手观看实际比赛的棋局各5秒钟,然后把棋子的位置打乱,让他们重新恢复棋局。结果发现,象棋大师正确恢复棋子的数量是20~50个,而普通棋手只有6个。但是,当象棋大师和普通棋手所看的棋局为随机排列的棋局,他们恢复棋子的数量没有差别,都是6个。这个研究说明专家往往会利用头脑中储存的大量知识来组织新进入的信息,使得这些信息更容易被记忆。在一个问题情境中,能够更有效地记住相关信息可以提高个体解决问题的能力。

但也需要注意,在解决问题时,年龄较长、知识经验丰富的人可能会习惯性采用已有的解决方法,思维出现固化现象,不能创新性地解决问题。

### (四)思维定势与功能固着

思维定势(thinking set)是指由个体先前的活动而造成的一种对活动的心理准备状态或活动的倾向性。定势有时可以促进问题的解决,借助它可以减少尝试错误的过程,有时也会阻碍问题的顺利解决,尤其当两者情境相似但解决方式相反时,更易出错。

一位公安局局长正在路边和一位老人聊天,这时跑过来一个小孩,着急地对局长说:"你爸爸和我爸爸吵起来了!"老人问:"这孩子是谁啊?"局长说:"是我儿子。"请问,这两个吵架的人和这位公安局局长是什么关系?

在思考这个问题时,很多人会认为公安局局长是位男士,因为平时所遇到的所听到的在公安部门工作的人多为男性,所以在分析人物关系时觉得很复杂,这就是思维定势的影响。其实问题答案很简单:这位公安局局长是位女士,两个吵架的人,一位是公安局局长的父亲,一位是公安局局长的丈夫。

功能固着(functional fixation)指人们把某种功能赋予某种物体的倾向,如笔是用来写字的,水杯是用来装水的,砖头是用来盖房子的等。在遇到一些与日常生活中的情境不完全相同的情况下,人们能否看到物体的不同的功能和用途,影响着问题的解决。在功能固着的影响下,人们不易摆脱物体固有用途的思维,因此无法灵活地解决问题。因此,功能固着也可以看作是一种定势,即从物体的正常功能的角度来考虑问题的定势。邓克尔(K. Duncker)通过蜡烛问题(Duncker's candle problem)实验研究证明了这一点。

研究者将一盒蜡烛、一盒钉子和一盒火柴等物品放在桌子上,要求被试想办法把蜡烛固定到木板墙上。实验材料有两种呈现方式(如图9-9(a)(b)所示)。

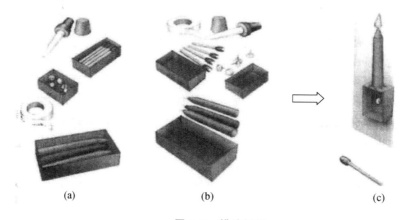

图9-9 蜡烛问题

研究结果发现,呈现材料方式如图(a)所示,被试往往难以看到盒子的新用途,但是如果如图(b)所示,被试就更容易看到盒子的新用途从而解决问题,如图(c)所示。

在某种情形下,当需要利用物体的潜在功能来解决问题时,功能固着可能起到阻碍的作用。例如,衣服就是用来穿到身上的,棉被就是睡觉时候用来保暖的,很少有人能想到它们也可以用于扑火。这类现象是我们趋向于以习惯的方式运用物品,从而妨碍以新的方式去运用它来解决问题。

迈耶(R. E. Mayer)的"两绳问题"的实验也可以说明功能固着与解决问题的关系。研究者要求被试把两根从天花板上垂下来的绳子系在一起(如图9-10所示),但这两个绳子相距很远,被试无法同时把它们抓住。房间里有一张椅子和一把钳子。只有当被试想到把钳子系在一根绳子的下端,并让它像钟摆一样摆动时才能解决这个问题。结果许多被试看不到钳子的这个功能。在这一实验中,只有39%的人能在十分钟内解决这个问题。

图 9-10 绳子问题

克服功能固着需要人们灵活机智地使用已有的工具或材料,使之服务于解决问题的目的,这称之为功能变通。功能变通与功能固着的作用相反,要具备这种能力,一方面需要有丰富的知识,要熟悉物体的不同功能;另一方面也要具有思维的灵活性。

(五)原型启发

对问题解决能产生启发作用的事物叫原型。自然现象、日常用品、机器、动物等都可以成为原型,并可能对问题解决产生启发作用,这就是原型启发。例如,鲁班从茅草割破手受到启发而发明了锯,瓦特从壶盖被蒸汽顶起得到启发进而发明了蒸汽机,科学家根据青蛙的眼睛结构研究出侦察机等,都是受到原型的启发。原型之所以具有启发作用,是因为原型与所要解决的问题之间存在着某些相似之处,通过联想人们可以从原型中找到解决问题的新方法。

(六)个体的动机与情绪

动机影响问题解决的效果,动机的强度不同,影响的大小也不同。实验表明,在一定的限度内,动机的强度和解决问题的效率成正比;动机太强或太弱,都会降低解决问题的效果(详见第五章"学习动机")。

同样,情绪对问题解决有一定的影响,紧张、惶恐、烦躁、压抑等消极的情绪会阻碍问题解决的速度,而乐观、平静、积极的情绪将有助于问题的解决,如学生考试时由于情绪过分紧张,会使其思路阻塞,面对容易的问题也束手无策,甚至有学生到了考场"大脑一片空白"。如果学生能以积极的情绪迎接考试,就有利于打开思路,思维活跃使问题得以解决。

(七)个性特点

不同个性的人在面对问题时会有不同的态度和反应,对问题解决也会产生影响。一个勤奋、乐观、自信、坚定、勇于探索的人,在面对问题时能够积极思考、面对困难仍不妥协;但一个懒惰、怕难、无信心、遇到事情动摇不定的人往往在面对问题时容易选择退却或放弃,使解决问题的工作半途而废。

另外,个体的生理状况、自我效能感等也都会影响问题解决。

## 二、问题解决能力的培养

关于问题解决存在着一个长久的争论。有些心理学家认为,有效的问题解决策略,只是在某个具体的问题领域起作用,如数学中的问题解决策略只能对数学有用,艺术领域中的策略只能对艺术有用,要想成为某个领域中的一名专家,就得掌握这个领域的问题解决策略。另一些心理学家们则认为,存在着一些在许多领域都能发生作用的一般的问题解决策略。这两种观点都能找到支持性证据。在这里,我们先介绍一般问题解决能力训练方面的研究,然后再探讨教师在实际教学中可以采取的措施。

### (一) 一般问题解决能力的训练

训练问题解决能力,最流行的做法就是教学生各种一般原理或原则。这些原理或原则来自对问题解决过程的理论分析和对成功的解题者与不成功的解题者的比较观察。学习这些原则带来的启示有助于问题解决能力的培养,但这只是对解决所有问题都可采用的基础之法,对特殊问题的解决效果不大。一般来说,在那些旨在提高问题解决的训练程序中,长期而精深的训练程序可以取得较好的效果。

1. 创造性思维教程

创造性思维教程(productive thinking programs)是由科文顿(M. V. Covington)等人编写的系统教学程序。这一程序由15册卡通小书组成,每册有若干篇以故事形式表达的课文,共30页。每册讲述一个侦探故事,故事中主要有四个人物:两个儿童分别是吉姆和莱拉,两个成人分别是吉姆的叔叔约翰和大侦探塞奇先生。研究表明,这一思维教程可以有效地提高青少年的思维能力。

学生解决问题的能力,是随着一系列策略的运用而发展和提高的。这些策略是:产生不同寻常的新看法,从不同的角度看问题,摸清问题的要点,注意与问题有密切关系的事实和条件等,最重要的是在关键时刻决定最佳行动方针的策略。

2. 德波诺的 CoRT 思维教程

德·波诺(De Bono)的 CoRT 思维教程是通过训练发散思维来改进思维能力。该教程并不是基于某一学习理论或发展某一心理学理论,而是学习一套思维策略并将其应用于更广泛的情境。

CoRT 教程包括广度、组织、交互、创造力、信息和感觉、行动共 6 个单元,每单元包括 10 节课,每一节课集中训练某一问题情境中的特定策略。每一节课开始时,先由教师简要解释所要学习的思维策略。例如,结合实例解释什么叫作"处理各种想法",然后将学生分组,让他们练习如何解决问题。几分钟过后,各组汇报自己的进展,并在教师的组织下进行讨论。

CoRT 教程大多数问题来自实践经验和现实生活,而不是人为编制的智力测验性质的测题或游戏。例如:

我们可以做一个测试:有一对夫妇买了一辆二手车,做出这个决定前他们考虑了以下因素:① 卖车的人是否对汽车享有所有权;② 汽车的价格;③ 汽车的款式和颜色;④ 发动机的功率和汽车的速度;⑤ 汽车内的所有机械装置是否运行良好;⑥ 车内的空间是否足够全家人使用。你可以想一下,他们是否还有其他的因素没有考虑到?

学生对类似的问题进行分析,列举所有可能的因素以及所有相关的观点,可以提高学生问题分析和解决的能力。

### 3. 批判性思维教程

批判性思维(critical thinking)是指通过逻辑地、系统地检查问题、依据的证据以及解决方案来对结论进行评估，比如识破误导的广告、衡量竞争双方的证据，看出辩论中的假设或谬误等。批判性思维对信息社会非常重要，通过批判性思维课程增强学生的批判性思维能力已成为教育改革的共同趋势。

但关于批判性思维中包含哪些技能，人们从不同的特定学科领域出发，提出了不同的看法。其中，尼德勒(P. E. Kneedler)所提供的批判性思维基本技能较有代表性。他认为，批判性思维包含12种基本技能，如识别中心论题或问题、比较异同点、确定哪些信息是相关的等技能。这些技能可以分为定义和明确问题、判断相关信息、解决问题或做出结论三个方面。

### 4. 思维工具强化教程

以色列心理学家弗斯坦(R. Feuerstein)的思维工具强化教程是目前最广为人知并且进行了广泛研究的思维技能课程。这一课程包括一系列专为学习障碍儿童和青少年设计的许多练习题，分为15种工具，每一种工具包括一种或几种思维策略或认知技能。学生通过一系列的纸笔练习，培养诸如抽象逻辑思维以及分析问题等智力技能，发展学生对自己智力过程的洞察力，并且使他们成为一个积极的思考者。课程实施计划每周3~4个小时，历时至少两年。

思维工具强化教程有一个重要的原则，就是运用"架桥(bridging)"的方法将该课程中所教的知识技能和真实世界的问题联系起来。教师鼓励学生列举所学"工具"的实际应用，然后让其他同学进行评价，从而使学生知道所学"工具"可以在什么条件下应用。

研究表明，思维工具强化教程能有效提高学生的空间推理能力、数学推理能力和非语言智力，对能力倾向测验如IQ测验等有积极的效果。该课程曾在委内瑞拉等国作为智力开发课程进行过广泛的推广。

### 5. 问题解决模式

问题解决模式是鲁宾斯坦(M. F. Rubinstein)编制的一套供大学生使用的训练教程。他向学生提供了许多解决问题的工具。例如，使用矩阵来表示逻辑前提，用等式表现故事中所包含的问题，用示意图澄清不熟悉的命题表述等。这一教程的教学大约花10周时间，教程中包含了许多解答问题的样例，主要涉及工程学或数学领域。教程的前半段教一般技术，讲解如何使用一些思维工具；教程的后半段探讨问题解决的数学基础，包括概率论、决策论以及许多问题解决过程的实例，学生能从中学到表征问题的抽象技术。

### 6. 思维导图技术

思维导图(mind map)是英国布赞(T. Buzan)开发的一种可视化思维方法，最初是一种记笔记的方法，应用于企业策划方面，现已经发展成为一种组织性思维工具。该技术可拓展问题解决的思维空间，培养问题解决能力。

思维导图的结构主要包括节点、连线和连接词等。由图中心的关键词开始绘制，一个节点代表与中心主题的一个联结，而每一个节点又可以成为另一个中心主题，再向外发散出成千上万的节点。节点与节点之间用连接线联系起来，进而构建思维框架。在思维导图绘制过程中，还可以使用大量的色彩，同时开发左脑的词语、逻辑、数字、符号和右脑的色彩、图像、形式、颜色、形状、符号、空间意识等，充分运用左右脑的机能进行记忆、表达思想，思考问题。

思维导图可以有效地用于以下方面：有助于组织或回忆文字或口语信息；准备写论文的问题；计划或评估方案或事件；在开会过程中做图像会议记录。学生在学习过程中构建自己的思维导图是培养和训练学生的高级思维技能最有效的方法。

对一般的解决问题能力的训练研究,都要思考以下几个问题:① 影响解决问题的因素很多,很难决定训练的内容和方法;② 在实验室条件下的短期训练结果能否推演到学校和日常生活情境中解决问题能力的长期变化上去;③ 训练效果的普遍性。

**(二) 实际教学中问题解决能力的培养**

在学校情境中,大部分问题解决是通过解决各个学科中的具体问题来体现的,不同学科教师会根据学科特点及知识的难易水平,结合实际经验总结问题解决的方法和策略,并教授给学生。这也意味着结合具体的学科教学来培养解决问题的能力是必要的,也是可行的。从总体上来说,在实际的教学中可以通过以下几个方面培养学生问题解决的能力:

1. *提高学生知识储备的数量与质量*

知识经验与问题解决密切相关,知识记忆得越牢固越准确,提取得也就越快越准确,成功解决问题的可能性也就越大。因此,教师在教学中要注重学生知识的理解和记忆,引导学生对所学知识进行系统性的概括,重视知识间的联系,形成知识体系。

2. *创设良好的学习氛围,鼓励主动质疑*

"填鸭式"教学方式忽视了学生的主体性和主动性,也无法培养学生勤学善思的习惯,容易造成学生的被动学习和懒于思考。因此,在当前的教育教学工作中,应创设轻松、愉悦、自由探究的学习氛围,鼓励学生主动发现问题,提出质疑,"带着问题走进教室,带着更多的问题走出教室",培养"好奇宝宝""问题宝宝",培养学生善于发现问题、勤于思考的行为习惯。

同时,教师要善于问问题,问好问题。在教学中,要多问开放式的问题而不是封闭式的问题,问一些能够引起学生思考的问题而不是只让学生回答"Yes"或"No"的问题,同时也要给学生适当的思考时间。在发现问题后,教师可以鼓励学生从不同的角度、尽可能多地提出各种假设,而不要对这些想法进行过多的评判,以免过早地局限于某一解决问题的方案中。

3. *帮助学生养成分析问题的习惯*

遇到问题并不可怕,可怕的是学生在遇到问题时不会分析问题,抓不住问题的根本,要么直接放弃,要么等待他人找到答案后照搬。所以要培养学生遇到问题时能沉着、冷静地分析问题的习惯,学会在分析问题的过程中找出事物之间的关系,总结分析问题的思路等,以提升问题解决的能力。

教师在教学中要注意:① 让学生自己分析问题,尝试寻找问题解决的方法,但并不意味着置学生于不顾,采取"放羊式"的教学方式,让学生盲目地尝试和错误地练习。② 遇到学生说看不懂、不明白的地方,不能过分热情,越俎代庖,直接把思路、推导过程及结果全部都告知学生。这样容易养成学生学习懒惰、不喜思考的习惯。教师应该根据学生的实际情况、分析问题过程中的困难,给予针对性的引导,给学生提供适当的线索,或者补充必要的知识,促使其更主动地投入分析过程,更有效地进行探究。

4. *提供多种练习的机会*

教师应事先了解学生的已有知识水平,给学生提供难度适宜的问题供学生练习问题解决的方法和策略,避免低水平的、简单的提问或重复的机械练习。应依据教学目标和内容考虑练习的质量和数量,精选练习,充分考虑练什么、什么时候练、练到什么程度、以什么方式练、如何检验练的效果等,防止"题海战术"降低学生的积极性和效率。

在此过程中,教师可以适当提供一些结构不良的问题(如信息冗长、不足、条件不匹配、问题未加明确等),或是与现实生活实际相关的问题,促使学生结合所学知识进行问题的分析,并重构知识以解决问题,提高学生知识应用的变通性、灵活性与广泛性。

5. 鼓励学生对问题解决过程的自我评价与反思

教师要引导学生对自己的问题解决的过程进行自我评价与反思,以总结面对问题时可采用的分析方法、提出的假设的合理性、整个问题解决过程中的有效性、灵活性及不足,并及时总结经验,发展学生的元认知能力。

## 第三节 创造力及其培养

从社会的发展、人类的进步都可以看出人类创造力的重要性。当今时代,创造力被认为是21世纪人才的核心和首要素养。但是对于人们的创造力,很多人还心存疑问:究竟什么是创造力?创造力是某些人独有的还是所有人都有的?怎样衡量人的创造力?如何培养学生的创造力呢?探讨并回答这些问题,对在教育中培养更具有创造力的学生意义重大。

### 一、创造力的含义及特征

#### (一) 创造力的含义

创造力(creativity)指在一定社会背景下产生新颖独特且具有社会价值和适用性产品的能力。① 这里的产品可以是观念、想法,也可以是任何思维成果的物质形态。创造力是个体多种智慧综合的表现,也是人类普遍存在的一种能力,是人类和社会发展进步的根本动力。每个心理健全的人,都具有创造的可能性,创造力有高低之分,但没有全有或全无之分。在评判创造力时,有两个重要的指标:新颖性和合理性。新颖性是指能创造出的产品是独特的、与众不同的、前所未有的或者具有创新性的;合理性是指所创造出的产品是对社会有价值的、有效的,或者对个体来说有价值的。二者缺一不可。

许多研究者将创造力看作是一个多元的概念,认为创造力的定义中至少包括四种成分(即4P模型):创造性成果(product)、创造性过程(process)、创造性人格(person)和创造性的环境(places or press from pressures)。创造性成果方面关注创造者所取得的成果,如艺术创作、科技发明等,评价的主要指标为创造性产品的新颖性、实用性和适宜性;创造性过程指的是创造力产生于学习、思考、问题解决等各种过程中;创造性人格强调的是某种人格特质在个体创造力中所起的重要作用,抑或将人格看作创造力的影响因素之一;创造性环境指的是对个体创造力具有影响作用的环境特征,在一定程度上决定其创造力水平的高低。

已有研究发现,创造力的产生既与人的认知过程如注意、记忆、想象、思维等密切相关,也与人的大脑皮层的多区域活动有关。从对神经系统的研究中可以看出,创造力是个体额叶、颞叶、顶叶(少数顶枕联合区)等多脑区共同作用的结果。②

#### (二) 创造力的特征

吉尔福德(J. P. Guilford)在研究创造力的过程中指出,创造力具有以下特征:对问题的敏

---

① 叶超群,林郁泓,刘春雷.创造力产生过程中的神经振荡机制[J].心理科学进展,2021,29(4):697-706.

② 同上。

感、思维流畅、新颖的观念、思维的伸缩变化、细节深入、综合分析能力、掌握复杂的概念、估价的因素等。在创造力的研究中发现,创造性思维是其核心与基础,而发散思维是创造性思维的核心。一般认为,创造性思维具有流畅性、变通性和独创性的特征。

流畅性是指在限定时间内产生不同观念的数量的多少。该特征代表心智灵活、思路通达。在短时间内,产生的观念多,则创造性思维的流畅性大;反之,思维缺乏流畅性。例如,请写出尽量多的带有"亻"的汉字,写得越多,说明思维的流畅性越好。

变通性即灵活性,指个人面对问题情境时,不墨守成规,不钻牛角尖,能随机应变,触类旁通。对同一问题所想出的不同类型答案越多者,变通性越高。吉尔福德要求被试在8分钟内列出红砖的用途,一些被试只能在建筑材料范围内列举用途,如盖房子、建教堂、铺路、修桥等,说明这些被试的变通性较差;另一些被试能够列举出不同范围内的用途,如打狗、防身、砸核桃、钉钉子、当道具等,说明这些被试的变通性高,具有一定的创造力。

独创性指个人面对问题情境时,能独具慧心,想出不同寻常的、超越自己也超越同辈的见解。对同一问题所提意见愈新奇独特者,其独创性越高。如吉尔福德在"命题测验"中,向被试提出一般故事情节,要求他们按照自己的意思给出一个适当的题目。

一对夫妻,妻子本是哑巴,经医生治疗后能像正常人一样说话。但妻子说话太多,整天与丈夫争吵。丈夫非常痛苦,最后只好要求医生设法把自己变成了聋子,家中才又恢复了安宁。

对这个故事,有一类被试命名为《丈夫和妻子》《医学的奇迹》《永远不满意》等;另一类被试命名为《聋夫哑妻》《无声的幸福》《开刀安心》等。吉尔福德认为,后一类命名更为独特。

## 二、影响创造力的因素

### (一) 智力因素

创造力需要一定的智力水平作为基础,具有一定创造力的人需要具备正常的一般认知能力(如注意力、感知力、记忆力、思维能力等)、思维方法、元认知能力等。[①] 研究表明,创造力与智力的关系并非简单的线性关系,二者既有独立性,又在某种条件下具有相关性。创造力和智力的关系如图 9-11 所示。

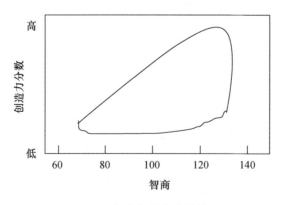

图 9-11 智力与创造力的关系

---

① 张亚坤,陈宁,陈龙安,施建农.让智慧插上创造的翅膀:创造动力系统的激活及其条件[J].心理科学进展,2021,29(4):707-722.

其基本关系表现出以下几个方面：① 低智商不可能具有创造力；② 高智商可能有高创造力，也可能有低创造力；③ 低创造力者的智商水平可能高，也可能低；④ 高创造力者必须有高于一般水平的智商。因此，从总体上来看，高智商虽非高创造力的充分条件，但可以说是高创造力的必要条件。

### (二) 人格因素

美国心理学家韦克斯勒(D. Wechsler)曾经收集众多诺贝尔奖得主青少年时代的智商资料，经分析发现他们的智商大多处于中等或中上等水平，林崇德在此基础上提出了"创造性人才＝创造性思维＋创造性人格"的观点，强调创造性人格的训练。①

吉尔福德对富有创造力的个体人格特征进行了深入研究，提出富有创造性的人格特征包括高度的自觉性，不与他人雷同；有旺盛的求知欲；强烈的好奇心；知识面广，善于观察；工作中讲求条理性、准确性与严格性；丰富的想象力、敏锐的直觉、喜好抽象思维；富有幽默感，表现出卓越的文艺天赋；意志品质出众，能排除干扰，专注于某个感兴趣的问题之中。

斯滕伯格(R. J. Sternberg)认为，高创造力的个体个性具有七个特点：① 能容忍模棱状态；② 具有克服障碍的意志；③ 具有自我超越的愿望；④ 受内在动机驱动；⑤ 具有适度的冒险精神；⑥ 希望得到认可；⑦ 具有为获得认可而工作的愿望。②

一般而言，高创造力的人一般具有以下个性特征：① 具有幽默感，诙谐、幽默，即使面对较困难或者严肃的问题情境时，也能表现出较多的幽默。② 有抱负和强烈的动机。对工作有热忱、有决心，即使遇到困难或面对单调乏味的工作情境，他们也能坚持，并自得其乐。③ 能够容忍模糊与错误。承认矛盾，对无结构的问题或错综复杂的问题，对那些违反常识的假设和观念，都能够坦然接受，反对以武断、虚假、简化等草率的方式处理复杂或矛盾的问题。④ 具有较高的挫折忍受力，不管遇到什么困难，咬定青山不放松，愿意付出无报酬的代价去从事无法预期的工作。心理承受力强，不怕错误和失败，善于在挫折面前进行自我调整。⑤ 喜欢幻想。在日常生活中比一般人有更多的梦想，但能够自由地往返于现实与幻想之间。⑥ 具有强烈的好奇心。不断地提出问题，有浓厚的认识兴趣、对新事物具有强烈的好奇心，喜欢猎奇和尝试用新奇的方法来探究问题，不怕失败。⑦ 具有独立性。他们自信心强，独立性高，有高度的责任心，常常不迷信权威，不随大流，不落俗套，很少考虑自己在他人心目中的印象。

### (三) 环境因素

1. 家庭环境

家庭是儿童成长的重要环境，对儿童的创造力发展有重要影响。父母教养方式、家庭氛围等因素与个体的创造力发展密切相关。研究发现，有利于青少年创造力发展的家庭因素有：家庭比较民主，父母对孩子不专制；父母对儿童的好奇心、探求精神和行动给予积极鼓励和支持；父母信任孩子的能力，给予引导并提供独立锻炼的机会；儿童在家里与父母之间无拘无束，不怕犯错误，有安全感；父母具有独立性和创造性，儿童在家里受到父母思想行为潜移默化的影响。③

2. 学校环境

在学校教育方面，如果学校整体氛围较为民主，教师不以专制方式管理学生，而是以开放

---

① 林崇德.创造性人才·创造性教育·创造性学习[J].中国教育学刊,2000,1:5-8.
② 孙雅君.斯滕伯格创造力理论述评[J].自然辩证法通讯,2000,22(1):29-37+46.
③ 查子秀.超常儿童心理学[M].2版.人民教育出版社,2005:177.

和民主的态度对待学生,尊重学生的意见,鼓励学生的自主性,容许学生在自行探索中去发现知识,学习活动有较多自由,有利于学生创造力的培养。而过于强调规矩和纪律,强调顺从和循规蹈矩的教学氛围则不利于学生创造力的培养。

3. 社会环境

社会文化因素与人的创造力的发展也有着密切的关系。许多跨文化的研究都表明,在倡导和鼓励独立性、创造精神、主张男女平等的民主开放的社会环境中,儿童创造力的发展普遍较好,且男女差异较小;而在强调专制、服从、男女地位悬殊的封闭式的社会条件下,儿童的创造力则比较缺乏,男女差异也较大。同时,心理学家的研究还指出,有的历史时期创造性人才辈出,而有的历史时期则人才枯竭,可见社会需求也是创造力发展的巨大推动力。

## 三、创造力的培养

创造力是一个包含着多方面、多维度的综合能力,也受多种因素的影响。因此,在培养儿童的创造力方面,也需要从多个方面入手。

### (一)创设适宜于创造力发展的环境

1. 创设宽松的心理环境

在学校,教师应给学生创造一个能支持或容忍标新立异者或偏离常规思维者的环境,营造宽松的学习心理环境,让学生感受到"心理安全"和"心理自由"。只有这样,才能够真正激发学生的积极性和主动性,促进学生的认知功能和情感功能的充分发挥,以提高学生的创造力。在这样的氛围中,学生就不会产生危机感和受批评的恐惧,也就不必为自己的创造意识而设防。

2. 给学生留有充分选择的余地

在可能的条件下,应给学生一定的时间和空间,让学生有时间、有机会从事一些具有独创性的活动,为创造性行为的产生提供机会。因此,在课程安排上,应注意为学生提供自由选择的机会,比如,实行选修课制度,让学生有机会选择不同的课程学习,加强学生综合素质的培养;进行抽象逻辑思维和具体形象思维的培养,给学生呈现应用创造性思维才能解决的问题等。

3. 改革考评制度,建立多元评价体系

根据加德纳的多元智力理论,个体智力的表现形式是多样化的,个性的多样化和智力及创造力水平与类型的差异,决定了我们的评价制度也应该是多元化的。因此,改变"唯分数论"的观点,看到学生多方面的表现和发展,建立多元评价体系,能够促进学校更好地培养高创造力的人才。

### (二)注重创造性人格的塑造

创造教育的最终目的是使受过教育的人以其创造性活动创造出新的物质和精神成果,而人的创造性活动是其创造性人格的外部显现。因此,培养创造性人格应是创造教育的直接目的。

1. 激发并保护学生的好奇心和求知欲

好奇心和求知欲是激励人们进行创造的内部动力。好奇心强的人对新奇事物有强烈的探究愿望,求知欲高的孩子会不满足于获得既定的答案或结论,而是积极思考、探索,试图去发现新问题。

家长和教师都应接纳儿童各种奇特的问题,并赞许其好奇求知的态度和行为,引发个体进行各种探索活动,而不应对其忽视或讽刺。

### 2. 解除个体对答错问题的恐惧心理

对学生所提问题，无论是否合理，均以肯定态度接纳他所提出的问题。对出现的错误不应全盘否定，更不应指责。应鼓励学生正视并反思错误，引导学生尝试新的探索。

### 3. 鼓励独立性和创新精神

应重视学生与众不同的见解、观点，并尽量采取多种形式支持学生以不同的方式来理解事物。对平常的问题的处理能提出超常见解者，教师应给予鼓励。

### 4. 重视非逻辑思维能力

非逻辑思维能力是创造性思维的重要成分，在各种创造活动中都起着重要作用，贯穿整个创造活动的始终。教师应鼓励学生大胆猜测，进行丰富的想象，不必拘泥于常规的答案。给学生机会进行猜测，并尽量让他们有猜测的成功体验。在丰富学生的想象力方面，可以应用实物、图片、多媒体辅助教学手段，或者组织参观、访问、开辟丰富多彩的课外活动等，使学生头脑中的表象更为鲜明、完整。

### 5. 给学生提供具有创造性的榜样

通过给学生介绍或引导阅读文学家、艺术家或科学家传记，或带领其参观各类创造性展览，与高创造力的人直接交流等，使学生领略到创造者对人类的贡献，受到创造者优良品质的潜移默化的影响，从而启发他们见贤思齐的心理需求。

## （三）开设相关课程，训练学生创造性思维

通过各种专门的课程来教授一些创造性思维的策略与方法，训练学生的创造力。常用的方法有以下几种：

### 1. 发散思维训练

可通过发散式提问，为学生提供展示其创造性思维能力的机会。比如，可以以材料、功能、结构、形态等各方面为发散式思考的"点"，进行用途扩散、结构扩散、形态扩散、方法扩散等方面的训练。用途扩散即让学生以某件物品的用途为扩散点，尽可能多地设想它的用途，比如尽可能多地说出别针的用途；结构扩散，即以某种事物的结构为扩散点，设想出利用该结构的各种可能性，比如尽可能多地画出包含三角形结构的东西，并写出或说出它们的名字；方法扩散即以解决某一个问题或制造某种物品的方法为扩散点，设想出利用该方法的各种可能性，比如尽可能多地列举出用吹的方法可以完成的事情；形态扩散即以事物的形态，如颜色、味道、形状等为扩散点，设想出利用某种形态的各种可能性，比如利用红色可以做什么、办什么事等。

例1：请写出所有带"土"结构的字，写得越多越好。

可能答案：地、址、块、城、域、坦、坛、坐、在、佳、圣、至……

例2：尽可能多地说出用"提"的方法可以办成哪些事情或解决哪些问题？

可能答案：提水、把购物袋提回家、拔开木塞、移动物品……

例3：尽可能多地写出与图9-12所示形状相像的事物。

可能答案：指纹、蚊香、漩涡、卷尺、葱油饼上的细纹、发髻、卷着的缆绳、弹簧……

在进行发散性思维训练时，要鼓励学生讲出所想到的所有可能，不要打断，也不要限制学生想象的方向。

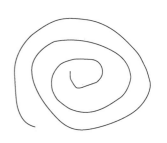

**图9-12　示例图形**

## 2. 推测与假设训练

这类训练的主要目的是发展学生的想象力和对事物的敏感性，并促使学生深入思考，灵活应对。比如，让学生听一段无结局的故事，鼓励他们去猜测可能的结局；或读文章的标题，去猜测文中的具体内容。还可以让学生进行各种假设、想象。比如，假设你当校长，你如何管理这个学校？

【活动窗】

在英国的亚皮丹博物馆中，有两幅藏画格外引人注目。其中一幅画是骨髓图，另一幅是血液循环图。这两幅画出自当年的一名叫麦克劳德的小学生。麦克劳德小时候不仅顽皮，而且充满好奇心。有一天他突发奇想，想看看狗的内脏是什么样。于是，他和几个小伙伴偷了一只狗，宰杀后，开膛破肚把内脏一件件剥离，仔细观察。然而，这只狗是校长的宠物。校长发现自己心爱的小狗被打死了，非常伤心，也非常恼火，他决定给予麦克劳德惩罚。

如果你是这位校长，你会如何惩罚这个孩子？

## 3. 自我设计训练

教师考虑到学生的兴趣及其知识经验，给他们提供某些必要的材料与工具，让学生利用这些材料，实际动手去制作某种物品，如贺卡、图画、各种小模型等，学生通过实际的操作活动，完成自己的设计。此项训练通常需要教师协助学生确定所设计的课题，并提供各种形式的帮助。

## 4. 头脑风暴法

头脑风暴法（brain storming）又称智力激励法或脑力激荡法，是由美国创造学家奥斯本（A. F. Osborn）提出来的，是一种通过小组讨论激发成员创造力的方法。其核心思想就是把产生想法和评价想法区分开。其基本做法是：教师先提出问题，然后鼓励学生快速联想，寻找尽可能多的答案，不必考虑该答案是否正确，教师也不作评论，一直到所有想到的可能的答案都提出来了为止。

一般情况下，参与者5~12人为宜，人数过多或太少都不利于彼此之间思维的碰撞。在实施头脑风暴法时一般应遵循以下原则：① 排除评论性的判断，对设想的评论要在以后进行，在活动过程中要保持尊重、包容的态度。② 鼓励"自由想象"。设想看起来越荒唐就越有价值。③ 要求提出一定数量的设想。设想的数量越多，就越有可能获得更多的有价值的设想。④ 探索组合与改进设想。通过集体讨论，使思维相互撞击、迸发火花，达到集思广益的效果。

上述所列方法彼此之间有一定的交叉或重叠，教师可根据实际情况选择恰当的训练方式，培养创造性思维的方法是多种多样的，但并不存在捷径或点金术。创造性思维的产生是知识、技能、策略、动机等多方面综合发展的结果，虽然各种直接的专门的创造性训练是有效可行的，但不应取代或脱离课堂教学。许多研究证明，结合各个学科特点，进行创造性训练，既可以发挥教师的创造性，也可以有效地提高学生的创造力。排斥或脱离学科而孤立地训练创造力，实际上是舍本逐末的做法，也不可能真正提高学生的创造力。

## 本章小结

问题是指在初始状态和目标状态之间有某些障碍需要加以克服的情境,包括给定条件(初始状态)、目标、障碍三种基本成分。问题解决是指由一定情境引起,按照一定的目标,应用各种认知活动、技能等,经过一系列的思维操作,使问题得以解决的过程。

问题解决的基本特征包括目标指向性、认知操作性、操作序列性、情境性和个体性五个方面。问题解决的过程大致可以分为四个阶段:发现问题阶段、分析问题阶段、提出假设阶段、验证假设阶段。问题解决的策略包括算法式策略和启发式策略。启发式策略又包括手段—目的分析法、爬山法、逆向搜索法。

影响问题解决的因素包括问题的呈现方式、问题的表征方式、个体的知识经验、思维定势与功能固着、原型启发、个体的动机与情绪、个性特点等。

问题解决能力的培养可以从一般问题解决能力的训练和实际教学中问题能力培养两个方面进行。一般问题解决能力的训练方法有创造性思维教程、德波诺 CoRT 思维教程、批判性思维教程、思维工具强化教程、问题解决模式、思维导图技术。在教学中可采取以下方法提升学生的问题解决能力:提高学生知识储备的数量与质量;创设良好的学习氛围,鼓励主动质疑;帮助学生养成分析问题的习惯;提供多种练习的机会;鼓励学生对问题解决过程的自我评价与反思。

创造力指在一定社会背景下产生新颖独特且具有社会价值和适用性产品的能力。创造性思维是其核心与基础。创造性思维具有流畅性、变通性、独特性特征。影响创造力的因素包括智力、人格与环境三个方面。环境因素包括家庭环境、学校环境和社会环境。在学校教育中可通过创设适宜于创造力发展的环境,注重创造性人格的塑造,开设相关课程、训练学生创造性思维等方式培养学生的创造力。

## 知识练习

1. 什么是问题?问题有哪些主要成分?
2. 什么是问题解决?问题解决的过程包含哪些阶段?
3. 影响问题解决的因素有哪些?
4. 影响创造力的因素有哪些?
5. 如何在教学中培养学生的创造力?

## 推荐读物

艾思奇.大众哲学[M].民主与建设出版社,2016.
陈琦,刘儒德.当代教育心理学[M].3版.北京师范大学出版社,2019.
谷振诣,刘壮虎.批判性思维教程[M].北京大学出版社,2017.
莫雷,何先友,迟毓凯.教育心理学[M].广东高等教育出版社,2005.
巴格托,考夫曼.培养学生的创造力[M].陈菲,等,译.华东师范大学出版社,2013.
戴维·H乔纳森.学会解决问题:支持问题解决的学习环境设计手册[M].刘名卓,等,译.华东师范大学出版社,2015.
凯娜·莱斯基.创造力的本质[M].王可越,译.北京联合出版公司,2020.

克拉夫特.创造力和教育的未来:数字时代的学习[M].张恒升,译.华东师范大学出版社,2013.

罗伯特·韦斯伯格.如何理解创造力:艺术、科学和发明中的创新[M].金学勤,等,译.四川人民出版社,2017.

米哈里·希斯赞特米哈伊.创造力:心流与创新心理学[M].黄珏苹,译.浙江人民出版社,2015.

尼尔·布朗,斯图尔特·基利.学会提问[M].11版.吴礼敬,译.机械工业出版社,2019.

# 第四编　因材施教与教育

本编包含 10～11 章，关注教育心理中的因材施教问题，从个体差异、性别差异两个角度，论述了因材施教的意义和教学策略。在这一编中，我们首先从学习风格、认知风格、智力差异三个方面探讨因材施教中的个体差异；然后，从性别差异概述、表现与形成原因、教学策略三个方面探讨因材施教中的性别差异。

慕课视频 10-1：
学习风格

慕课视频 10-2：
认知风格

慕课视频 10-3：
智力差异

慕课视频 11-1：
性别差异与教育

# 第十章 个体差异与因材施教

【学习目标】

1. 理解学习风格的特点、要素及其教育意义；
2. 了解认知风格的类别及其教育意义；
3. 了解智力差异及其因材施教的方法。

【知识导图】

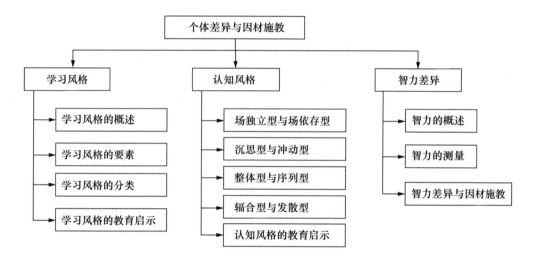

【学前反思】

教学和教育的技巧和艺术就在于，要使每一个儿童的力量和可能性发挥出来，使他享受到脑力劳动中的成功的乐趣。这就是说，在学习中，无论就脑力劳动的内容（作业的性质），还是就所需的时间来说，都应当采取个别对待的态度。有经验的教师，在一节课上给一个学生布置2～3道甚至4道应用题，而给另一个学生只布置1道应用题。一个学生做的是比较复杂的应用题，而另一个学生做的则是比较简单的。一个学生在完成语言的创造性作业例如写作文，另一个学生则在学习文艺作品的片断。

——苏霍姆林斯基《给教师的一百条建议》

学生的个体差异是每个教师都要面对的重要议题，因材施教是千百年来永恒的教育主题。在教学实践中很容易发现，以"一刀切"的教学方法对待不同特点的学生，很难获得满意的效果。究其原因，是学生存在多方面的个体差异。

个体差异（individual difference）是指个体在生理、心理和社会等方面表现出的相对稳定而又不同于他人的特点。在学校环境中,学生的个体差异主要表现为学习风格的差异、认知风格的差异、智力的差异等,这些差异都直接或间接地影响着教育教学活动。对有些差异,教师是完全有可能在教学中进行适当处理的。教师如果了解学生在这些方面的个体差异知识,就能够通过呈现不同形式的材料、展开不同类型的活动、实施不同形式的评价等,满足具有不同智力结构和学习风格的学生的不同需求,促使每个学生得到全面和个性化的发展。

# 第一节 学习风格

慕课视频 10-1:
学习风格

## 一、学习风格的概述

学习风格(learning style)又叫学习方式,是指学习者对学习环境的感知和认知方式,以及对学习环境做出的反应和与学习环境相互作用时所表现出来的具有倾向性的方式。每个人都有自己所偏爱的学习方式,且风格各异。学习风格具有相对的稳定性,主要表现在个体对外界信息刺激的感知、注意力和解决问题的方式上,其作用主要是参加并调节学习活动的进行。

学习风格这一概念一般认为是西伦(H. Thelen)在 1954 年首次提出,但也有研究者认为最早是由荣格在 1927 年提出来的。直到 20 世纪 80 年代,学习风格的研究才由理论模式的研究转向教学实践的应用,引起教育心理学、学习理论和教学论工作者的广泛关注,被誉为"现代教学的真正基础"。当然,学习风格的提出和被关注,还与一系列理论研究的进展和教育实践的需求密切相关。对此,有研究者认为,学习风格的提出与人本主义心理学的影响、教育理论的缺陷及国际个别化教学的趋势密切相关。

一般来说,学习风格具有以下三个方面的特点:

第一,独特性。学习风格是在学习者个体神经组织结构及其机能基础上,受特定的家庭、教育和社会文化的影响通过个体自身长期的学习活动而形成,具有鲜明的个性特征。

第二,稳定性。学习风格是个体在长期的学习过程中逐渐形成的,一经形成,便具有持久稳定性,很少随学习内容、学习环境的变化而变化。但是,学习风格的稳定性并不表明它是不可以改变的,它仍然具有可塑性。

第三,双重性。学习风格兼有活动和个性双重特点。个性,诸如能力、气质和性格等,对学习的影响作用往往是间接的,而学习风格是学习者惯常使用的、有所偏爱的学习策略和学习方式,它直接参与学习过程,一方面使学习过程得以顺利进行,另一方面使学习过程和学习结果受到个性的影响。

## 二、学习风格的要素

不同的研究者对学习风格的要素进行了不同的分析。依据人具有的生理、心理和社会三种属性,我们从这三个方面对学习风格进行要素分类。[①]

### 1. 学习风格的生理要素

学习风格的生理要素表现为学习时个体对外界环境中的生理刺激(如声音、光线、温度)、时间节律以及不同感觉通道的偏爱。例如,在生理刺激方面,有的人学习时喜欢极其安静的环

---

[①] 谭顶良.学习风格的要素及其测定[J].教育理论与实践,1993,13(1):55-62.

境,有的则喜欢在音乐中学习;强光使一部分学生精神振奋,而使另一部分学生情绪紧张。在时间节律方面,有些人是喜欢清晨学习的"百灵鸟型",有些人则是喜欢在晚上或深夜学习的"猫头鹰型"。

依据识记材料时个体对某种感觉通道的偏爱而产生最好效果,可分为视觉型、听觉型与动觉型。① ① 视觉型的学习者对视觉刺激很敏感,习惯通过视觉进行学习,如书籍、图片、景色等。这样的学习者更喜欢自己看书记笔记,而不是听老师的讲授和灌输。② 听觉型的学习者则偏爱听觉刺激,甚至在学习时戴着耳机听音乐,更容易接受和理解语言、声响和音乐的刺激。当学习外语时,他们喜欢的方式是多听多说,而不是注重单词的写法或句型。③ 动觉型学习者则喜欢接触和操作物体,尤其对自己能够动手参与的认知活动感兴趣,教师用手拍拍他们的头表示赞赏所产生的效果要比口头表扬好。

2. 学习风格的心理要素

学习风格的心理要素是指在学习时学生个人心理上的需求与心理状态,它是学习风格中对学习影响比较大、现有研究也较多的层面。心理要素包括认知、情感和意动三个方面:① 认知要素具体表现在认知过程中归类的宽窄、信息的继时性加工与同时性加工、场依存型与场独立型、分析与综合、沉思与冲动等方面。② 情感要素具体表现在理性水平的高低、学习兴趣或好奇心的高低、成就动机水平的差异、内控与外控以及焦虑性质与水平的差异等方面。③ 意动要素则表现为学习坚持性的高低、言语表达力的差异、冒险与谨慎等。

3. 学习风格的社会要素

学习风格的社会要素是指学习时学习者个体对他人的需求,主要是学习者在独立学习与结伴学习、竞争与合作等方面表现出的特征。例如,部分学习者习惯于独立学习,对结伴学习、小组学习等形式不甚适应,与他人在一起学习时不易集中注意力,极易形成"社会干扰现象";相反,部分学习者习惯结伴学习、合作学习,与他人在一起学习时常常相互激励,极易产生"社会促进作用";还有一部分学习者则倾向于通过竞争氛围来激发学习动机。

## 三、学习风格的分类

对于学习风格的认识,除了要素外,还表现在学习风格的分类上。

### (一) 内申思的三维理论

内申思(J. E. Nations)将学习风格描述为感觉定向、反应定向和思维模式这三者的结合。① 感觉定向是指学习者在学习的时候主要是依赖视觉、听觉还是触觉;② 反应定向是指学习者在进行学习任务的时候,更适合单独工作还是小组工作,也就是在单独工作时的成绩好还是小组工作时的成绩好;③ 思维模式是指学习者在解决问题时,是先考虑个体的概念轮廓然后去搜集信息,还是首先搜集细节材料然后再去整理组织材料。

### (二) 雷纳尔多的六维理论

雷纳尔多(J. Reynolds)等人的六维理论主要包括知觉偏好(视觉、听觉、动觉)、物理环境需要(声音、光线、温度)、社会环境偏好(单独、同伴、多样化)、认知方式(场依存—场独立、抽象概括、主动实验和反省性观察)、最佳学习时间(早、午、晚)、动机和价值观(价值观、动机、态度)。

### (三) 科尔布的两维坐标理论

科尔布(D. A. Kolb)认为经验学习(experiential learning)由两个相对独立的维度共同构

---

① 左银舫.学生学习方式的个别差异及因材施教[J].唐山师范学院学报,1999,21(4):65-68.

成:一是获取经验维度,其两极分别是具体经验和抽象概括;二是转化经验维度,其两极分别是反思观察和主动实验。科尔布以这两个维度构成了一个坐标系,并确定出四种学习风格:发散者方式(diverging)、同化者方式(assimilating)、聚合者方式(converging)、顺应者方式(accommodating)。学习可被看作由这四种学习风格构成的循环过程:第一阶段与发散者学习风格相对应,表现为有发散思维,富有想象力;第二阶段与同化者学习风格相对应,表现为喜欢抽象概念观点,具有理性与逻辑性;第三阶段与聚合者学习风格相对应,表现为比较擅长将理论应用于实践;第四阶段与顺应者学习风格相对应,表现为主动探索,并关注具体体验。

### (四) 所罗曼的八维度学习风格

所罗曼(B. A. Soloman)从信息加工、感知、输入、理解四个方面将学习风格分为四个组、八种维度,分别是:活跃型与沉思型、感悟型与直觉型、视觉型与言语型、序列型与综合型。

**1. 知识的加工:活跃型与沉思型**

活跃型学习者倾向于通过积极地做一些事、讨论、应用或解释给别人听来掌握信息;沉思型学习者更喜欢安静地思考问题;"来,我们试试看,看会怎样?"这是活跃型学习者的口头禅;而"我们先好好想想吧!"这是沉思型学习者的通常反应。

**2. 知识的感知:感悟型与直觉型**

感悟型学习者喜欢学习事实,而直觉型学习者倾向于发现某种可能性和事物间的关系。感悟型学习者不喜欢复杂情况和突发情况,而直觉型学习者喜欢革新不喜欢重复。前者比后者更痛恨测试一些在课堂里没有明确讲解过的内容。感悟型学习者对细节很有耐心,很擅长记忆事实和做一些现成的工作;直觉型学习者更擅长于掌握新概念,比感悟型的学习者能更好地理解抽象的数学公式。前者比后者更实际和仔细,而后者又比前者工作得更快更具有创新性。感悟型学习者不喜欢与现实生活没有明显联系的课程;直觉型学习者不喜欢那些包含许多需要记忆和进行常规计算的课程。

**3. 知识的输入:视觉型与言语型**

视觉型学习者很擅长记住他们所看到的东西,如图片、表格、流程图、影片和演示中的内容;言语型学习者更擅长从文字和口头的解释中获取信息。当视觉和听觉同时呈现信息时,每个人都能获得更多的信息。在学校里很少呈现视觉信息,学生都是通过听讲和阅读写在黑板上及课本里的材料来学习。不幸的是,大部分学生都是视觉型学习者,也就是说学生通过这种方式获得的信息量不如通过呈现可视材料的方法获得的信息量大。

**4. 知识的理解:序列型与综合型**

序列型学习者可能没有完全了解材料,但他们能以此做些事情(如做家庭作业或参加考试),因为他们掌握的逻辑是相连的。综合型学习者习惯大步学习,吸收没有联系的随意材料,然后突然获得它。序列型学习者能对主题的特殊方面有较多了解,但联系到同一主题的其他方面或不同的主题时,他们就表现得很困难。序列型学习者倾向于按部就班地寻找答案;综合型学习者或许能更快地解决复杂问题,一旦他们抓住了主要部分就会用新奇的方式将它们组合起来,但他们很难解释清楚自己是如何工作的。

## 四、学习风格的教育启示

了解学生的个体差异,尤其是学习风格的差异并为他们制定合适的教育方法,是教师进行个别化教育的基础,这对更好地促进学生的全面发展无疑是非常有帮助的。作为教师,可以从下面几个方面因材施教：

第一，承认并尊重学生学习风格的差异。任何一种学习风格既有促进学习的优势一面，也有妨碍学习的劣势一面。例如，小学生集中识字和分散识字孰优孰劣的问题曾在我国当代教育史上争论多年且没有定论。如今，学习风格的研究已经将争论画上了一个句号。因此，教师要尊重学生学习风格的差异，并把它视为一种待开发和利用的教育教学资源，因人而异地调整教学策略，为每个学生富有个性的发展创造条件。

第二，认识和调整学生的学习风格。由于学生在学习风格上存在着差异，所以他们在学习时表现出的倾向、采取的方式与策略也会有所不同。要让每一个学生都得到适合自己发展的教育，教师就应该正视差异、了解差异，并落实到对不同学习风格的深入研究上。教师可以通过日常观察或量表测定的方法来了解学生学习风格的差异，并帮助学生分析和形成适合自己的学习风格，一方面要引导学生充分发挥其固有风格的优势；另一方面，当发现学生的风格类型对他们的学习已经造成阻碍时，教师应该帮助学生正确认识和调整他们的学习风格，以形成多元化的、适应性更强的学习风格。[①]

第三，扬长避短，因材施教。教师应在了解学生的基础上，制定相应的教学策略。当这种策略和学习风格中的长处相一致时，称为匹配策略。它有利于学生学得更多更快，却无法弥补学习方法上的缺陷。如这种策略是针对学习风格中的短处进行有意弥补，称为有意失配策略。它虽影响信息的摄入和加工，但却有利于学生心理机能的全面发展，以适应各种任务情景。

## 第二节　认知风格

认知风格（cognitive style），又称认知方式，是指个体在认知活动中所偏爱的信息加工方式，它是个体在知觉、思维、记忆和解决问题等认知活动中加工和组织信息时所显示出来的独特而稳定的风格。个体在认知风格上的差异不同于智力上的差异，它与智力没有必然联系，没有优劣好坏之分。个体在认知风格上的差异具有一定的稳定性，它是个体自幼形成的一种认知活动的习惯方式，儿童时期所表现出来的某种认知风格可能会保持到成年。

对认知风格的研究始于20世纪40年代初，由实验心理学家在知觉、思维等领域所发现的个体差异引起。至20世纪六七十年代，认知风格的研究呈现一派繁荣景象，有大量的认知风格结构被提出和验证。

### 一、场独立型与场依存型

20世纪40年代初，美国心理学家威特金（H. A. Witkin）提出了"场认知风格"（field cognitive styles）理论，开创了认知风格的现代研究，被称为"认知风格之父"。二战期间，威特金为研究飞行员怎样利用来自身体内部的线索和视觉见到的外部线索调整身体的位置，专门设计了一种可以摇摆的座舱，舱里放置一些坐椅。研究发现，有些人主要利用来自身体内部的线索调整身体，尽管座舱倾斜，仍能使身体保持垂直。而另一些人则主要利用来自仪表盘的外

---

① 康艳霞.学习风格的研究及其教育实践意义[J].开封教育学院学报，2011,31(3):87-88.

部线索调整身体,因此当座舱倾斜时不能使自己的身体恢复垂直。他将前者称为场独立型的人,将后者称为场依存型的人。所谓"场"(field),就是环境,心理学家把外界环境描述为一个场。

场独立型与场依存型是两种普遍存在的认知风格。场独立型(field-independent,简称FI)的人在对客观事物做出判断时,倾向于利用自己内部的参照,不易受外来因素的影响和干扰,在认知方面独立于周围的背景,倾向于在更抽象和分析的水平上加工,对事物做出独立判断。而场依存型(field-dependent,简称FD)的人对物体的知觉倾向于以外部参照作为信息加工的依据,难以摆脱环境因素的影响,他们的态度和自我知觉更易受周围的人,特别是权威人士的影响和干扰,善于察言观色,注意并记忆言语信息中的社会内容。

埃利斯(R. Ellis)从四个方面总结了场认知风格的两极表现,见表10-1。

表 10-1　场独立—场依存型认知风格的两极表现

| | 场独立型 | 场依存型 |
| --- | --- | --- |
| 1 | 非个人倾向(impersonal orientation):<br>在加工信息中依靠内部参照系 | 个人倾向(personal orientation):<br>在加工信息中依靠外部参照系 |
| 2 | 分析的(analytic):<br>根据一个场的各组成部分来感知;各部分从背景中区分出来 | 整体的(holistic):<br>把一个场作为一个整体来感知;各部分与背景相交融 |
| 3 | 独立的(independent):<br>分离性的认同感 | 依赖的(dependent):<br>自我观来自其他人 |
| 4 | 社交上不那么有意识的(not so socially aware):<br>在人际/社交关系中技能较弱 | 社交上敏感的(socially sensitive):<br>在人际/社交关系中技能较强 |

场独立型与场依存型这两种认知方式是一个连续体的两端,一端在对信息进行加工时倾向于以内在参照为指导,而另一端则较倾向于以外部参照为指导。每个人在这个连续统一体上都处于某一相应的位置上。除了少数人以外,大部分人都或多或少地处于中间位置。需要说明的是,场独立型和场依存型这两种人格特点,并不能说孰优孰劣,只有与特定环境的适应相联系,才能加以评价。在某些方面,场独立型的人占有优势;而在另一些方面,则是场依存型的人占有优势。一般来说,在个体发展过程中,认知方式是从场依存型向场独立型转化的;在性别差异上,场独立型比较强的女性少于男性。当然,威特金强调指出,两种认知风格各有比较适应的特殊生活情境,它们本身是中性的,并无优劣之分,只有联系到环境的适应性,才能加以评价。

对场独立—场依存型认知风格的测量,一般采用威特金等人设计的镶嵌图形测验(embedded figures test,简称EFT),见图10-1。该测验题由比较复杂的图形构成,每个图形中又镶嵌有简单的图形。测验时,要求被试迅速地从复杂图形中找出简单的图形。要完成这个任务,需要具有"重构技能"(restructuring skill),即对信息进行加工改组,把一个刺激物从组织好的场中"剔抉"(dis-embedding)出来。

区分这两种认知风格对因材施教具有重要的意义。首先,场独立型和场依存型的学生具有不同的活动特征和偏好,不同的教学方法对这两类学生的学习效果有明显的不同影响,见表10-2。教师在教育过程中应注意到不同场认知风格学生的特点,因材施教,发挥不同认知风格学生的特长,并以此组织自己的教学活动。

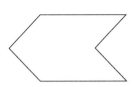 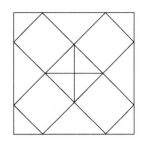

图 10-1 镶嵌图形测验样题

表 10-2 学生认知风格类型的优劣及注意事项

| 认知风格 | 优势 | 劣势 | 注意事项 |
| --- | --- | --- | --- |
| 场独立型 | 善于从整体中分析出各个元素,喜欢学习无结构的材料,不太喜欢受外界的影响,对于他人的评价有自己的看法,不受外界环境的干扰 | 倾向于冲动,冒险,容易过分主观 | 应注意把老师的要求与自己的想法相协调,使自己的做法与外界相辅相成 |
| 场依存型 | 善于把握整体,善于学习系统化、条理化的材料,喜欢与同伴一起讨论或进行协作学习,注意环境的要求,很容易适应环境,受大家欢迎,受外在动机支配 | 表现较为谨慎,不愿冒险;受到批评时,很容易受影响,学习的积极性下降;容易受外界环境的干扰;学习欠主动,受外在动机支配 | 应注意不轻易受他人评价的影响,尤其当他人提出批评时,应分析原因,并考虑自己应该怎样努力,而不能就此气馁 |

其次,不同认知风格的学生有着不同的学习兴趣和职业兴趣。场独立型偏爱与人无关的、需要认知改组技能的领域;而场依存型的学生则偏爱强调人与人之间的关系、重视社会交往技能的领域。当学生进入与他们场认知风格相一致的领域中进行学习时,成绩比较好。因此,在专业领域分化上,具有不同认知风格的学生将倾向进入与自己的认知风格相一致的领域,如表 10-3 所示。

表 10-3 场独立型学习者与场依存型学习者在学习上的不同特点比较

| | 场独立型 | 场依存型 |
| --- | --- | --- |
| 学科兴趣 | 自然科学 | 社会科学 |
| 自然科学成绩 | 好 | 差 |
| 社会科学成绩 | 差 | 好 |
| 学习策略 | 独立自觉地学习 | 易受暗示,学习不够主动 |
| | 由内在动机支配 | 由外在动机支配 |
| 教学偏好 | 结构不严密的教学 | 结构严密的教学 |

最后,师生之间认知风格的匹配明显影响着学生的学业成绩。在教学过程中,两种类型的教师倾向于采用不同的教学方法。场依存型教师更偏爱课堂讨论的教学方法,他们倾向于以学生为中心,让学生在组织课堂时起更大作用;场独立型教师更偏爱讲授法和发现法。场依存型强的教师喜欢与学生有互动过程的教学情境;场独立型强的教师则喜欢定向于教学方面认知特征的教学情境。研究认为,场依存型教师在教学中鼓励学生树立标准,而场独立型教师则常常强调自己的标准。另一项研究发现,两种类型的教师偏爱不同类型的强化,相对于场依存

型教师,场独立型教师更倾向于指出学生错误的回答并分析错在哪里,因此他主张负评价是一种有效的教学技巧。此外,两类教师对学生有不同的评价,场独立型教师对学生的智力效能有较高的评价;而场依存型教师给学生的社交技能给予更高的评价。因此,教师教学时,应采取适当的教学措施以弥补认知风格上的缺陷。

表 10-4 与学生认知风格类型对应的教学方式

| | 场独立型教学方式 | 场依存型教学方式 |
|---|---|---|
| 个人行为 | ● 与学生关系是正式的,注意权威形象<br>● 注重教学目标<br>● 鼓励学生单独取得成就<br>● 鼓励同学之间的竞争 | ● 用温暖赞许的方式表达情感<br>● 运用奖赏以增进与学生的关系<br>● 对学生取得成功的能力表示信心,对需要帮助的学生很敏感 |
| 教学行为 | ● 只在学生有困难时予以辅导帮助<br>● 鼓励经过尝试错误而学习 | ● 主动给予学生辅导,把解题步骤讲清楚<br>● 鼓励经过模仿而学习 |
| 课堂教学策略 | ● 注重教材细节<br>● 给学生自己思考的各种机会,鼓励独立研究、设计、发现式学习 | ● 强调概念的整体性<br>● 给学生精细的课程计划和明确的讲解<br>● 注意创设集体气氛 |

资料来源:郑航.认知风格与教学策略的选择[J].青岛大学师范学院学报,1999,16(3):61-63.

## 二、沉思型与冲动型

1964 年,杰罗姆·卡根(J. Kagan)等人提出了沉思—冲动型认知风格模型(reflectivity-impulsivity,简称 R-I)。他们认为,沉思—冲动型认知风格描述的是个体在不确定条件下问题解决(problem solving)的反应速度。

冲动型的特点是反应快,但精确性差。冲动型学生面对问题时总是急于求成,不能全面细致地分析问题的各种可能性,不管正确与否就急于表达出来,甚至有时还没弄清问题的要求,就开始对问题进行解答。他们的信息加工策略使用的多是整体加工方式,在完成需要做整体型解释的学习任务时,学习成绩会更好些。冲动型学生会出现阅读困难,常伴有学习能力缺失,学习成绩不太好。因为阅读、推理需要细心分辨,粗心大意的学生会处于不利的地位。

沉思型的特点是反应慢,但精确性高。这种学生总是把问题考虑周全以后,再做出反应,他们看重的是解决问题的质量,而不是速度。但是,当他们回答熟悉的比较简单的问题时,反应也是比较快的。在回答比较复杂的问题时,沉思型的特点表现得更为明显。沉思型学生的信息加工策略多采用细节性加工方式,所以他们在完成需要对细节做分析的学习任务时,学习成绩会更好些。沉思型的学生在阅读能力、记忆能力、推理能力、创造力等方面都表现比较好。

对这一认知方式维度的评定,卡根编制了匹配相似图形测验(matching familiar figures test,简称 MFFT),以考察儿童的认知速度。如图 10-2 所示,左侧给出标准图片,右侧有 6 个选项图片,其中只有 1 个选项与标准图片完全匹配。测验要求指出与标准图片相匹配的选项,研究者对被试的反应类型进行观察,同时记录他们的反应。那些能迅速做出选择,但出现错误较多的人被认为是冲动型,而那些经过深思熟虑才做出反应,准确率高但反应慢的人被认为是沉思型。

一般来说,沉思型学生阅读成绩好,再次测验及推理测验成绩也好于冲动型学生,在创造性设计中成绩也优秀。相比之下,冲动型学生往往阅读困难,较多表现出学习能力缺失,学习成绩常不及格。不过,在某些涉及多角度的任务中,冲动型学生则表现较好。在实际教学中,单纯提醒冲动型学生并无帮助,可通过具体分析、比较材料的构成成分,注意并分析视觉刺激,让学生大声说出自己解决问题的过程进行自我指导。

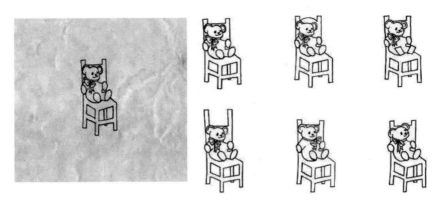

图 10-2　匹配相似图形测验样题

### 三、辐合型与发散型

认知风格差异还体现在思维方面。美国心理学家吉尔福德在其提出的智力三维结构模型(structure of intellect)中,介绍了辐合型和发散型这两种不同的思维方式。辐合型认知方式是指个体在解决问题过程中常表现出辐合思维的特征,表现为搜集或综合信息与知识运用逻辑规律,缩小解答范围,直至找到最适当的唯一正确的解答。而发散型认知方式则是指个体在解决问题过程中常表现出发散思维的特征,表现为个人的思维沿着许多不同的方向扩展,使观念发散到各个有关方面,最终产生多种可能的答案而不是唯一正确的答案,因而容易产生有创见的新颖观念。

辐合型个体倾向于谨慎,兴趣不广泛,但可靠性强,喜欢选择自然学科;发散型个体兴趣广泛、想象力丰富,喜欢选择人文学科。在实际的教学活动中,在注重培养学生辐合型思维方式的同时,也要尽力营造更为开放宽松的情境,鼓励学生从多角度、多方面进行思维活力,灵活多样地思考和解决问题。

除了上述认知风格外,帕斯克(G. Pask)和斯科特(B. Scott)的整体型与序列型、霍尔兹曼(P. S. Holzman)和克莱因(G. S. Klein)的水平化与尖锐化、卡尔·荣格的内倾与外倾等也是常见的认知风格分类。但这些认知风格的研究传统是一个庞大而分散的研究体系,缺乏结构性和适用性。虽然有人提出认知风格分类众多主要是由于认知本身的复杂性所致,但一般认为,如此众多的认知风格类型划分并不利于研究的进一步深入。更重要的是,许多心理学研究工作者认为,这些认知风格类型大多是在具体的研究情境中提出的,实际上是从某个侧面对几种基本认知风格类型或维度贴上的标签。为此,学者们对已有的认知风格类型进行分析梳理,探索其内在的结构特征,从而提出认知风格的整合理论,典型代表主要有三层"洋葱"模型、心理自我控制理论和二维认知风格模型。

### 四、认知风格的教育启示

认知风格没有优劣好坏之分,只是表现为学生对信息加工方式的某种偏爱,主要影响学生的学习方式。教师应根据学生认知差异的特点与作用,不断改革教学,因材施教。

首先,应该创设适应学生认知的教学组织形式。那么,是按年龄分班教学,还是将能力或知识水平接近的学生组成教学班(组)进行教学?斯托达德(G. D. Stoddard)曾提出一个双重进度方案,一部分课程(必修课)采用年级制分班,而其余课程则采用能力分级制,力图使两种教学形式有机地统一起来。

其次,采用适应认知差异的教学方式,努力使教学方式个别化。布卢姆通过长期的教学实验,提出著名的掌握学习理论。所谓掌握学习,是指向不同能力水平的学生分别提供最佳的教学和给予足够的学习时间而使绝大多数学生达到掌握的程度(通常要求成功地完成80%～90%的教学评价项目)。

最后,运用适应认知差异的教学手段。美国的斯金纳等人提倡程序教学,依靠教学机器或程序化教科书呈现学习程序,使学生循序个别学习。在现代,程序教学又发展为计算机辅助教学,它是根据程序教学的原理将电子计算机技术运用于教学的一种手段。

## 第三节 智力差异

### 一、智力的概述

智力在教育中一直受到高度重视。大多数心理学家认为,智力(intelligence)是个体顺利从事某种活动所必需的各种认知能力的有机结合,是一种综合的心理能力,是进行学习处理抽象概念、应对新情境和解决问题以适应新环境的能力。

智力是影响学习的一个重要因素。在传统教学条件下,智力是学习成绩的一个可靠的预测指标。然而,智力并不影响学习能否发生,它主要影响学习的速度、数量、巩固程度和学习的迁移。

#### (一)智力理论的发展

自20世纪以来,心理学家从不同角度对人的智力进行了广泛的研究,形成了不同时期的智力理论。

传统智力理论认为,智力是人脑的内部特性和有待发现的心理结构,因此往往将语言能力和数理—逻辑能力作为智力的核心。传统智力理论采用因素结构取向(factor approach),试图从心理测量学的角度探讨智力的组成,通过对智力测验资料进行因素分析,以确定智力活动中各种相互独立的心理结构组成。传统智力理论始于英国心理学家斯皮尔曼(C. E. Spearman)提出的二因素理论,其后有代表性的观点有卡特尔(R. B. Cattell)的晶体智力和流体智力理论、瑟斯通(L. L. Thurstone)的群因素理论、弗农(P. E. Vernon)的智力层次结构理论、吉尔福德的智力三维结构模型等。这些传统智力理论对智力本质的探讨局限于对智力的静态结构进行描述,很少涉及智力活动的内部心理过程,他们更关注于智力活动的结果而不是活动本身,忽视了智力活动的动态过程以及智力与现实世界的联系。

针对传统智力理论存在的弊端,到了20世纪六七十年代,随着信息加工心理学的流行,智力理论家们开始反省传统的智力理论。他们把智力研究的重点转移到对其内部活动过程的分析上,引入了信息加工的观念,从而形成了当代智力理论。当代智力理论基于人的智力可能表现在许多不同方面这一事实,倾向于将智力的概念定义得更加宽泛,强调智力的多元性,重视社会适应能力和社会文化对智力的影响。他们采用信息加工取向(information processing approach),试图从认知心理学的角度探讨构成智力行为的心理过程,从人类从事智力活动时展示的认知过程来理解智力,通过实验的方法测定智力活动中的各种心理过程,以研究智力的心理本质。其中,加德纳(H. Gardner)的多元智力理论(multiple intelligence)、斯腾伯格(R. J. Sternberg)的三元智力理论(triarchic theories)、戴斯(J. P. Das)等人提出的"智力的 PASS 模型"(Plan-Arousal-Simultaneous-Successive)最具代表性。智力理论的具体内容请参看普通心理学教材的介绍,此处就不再赘言。

### (二)智力的发展

智力是随着年龄的增长而变化的,且发展的速度是不均衡的。美国心理学家贝利(N. Bayley)以贝利婴儿量表、斯坦福—比奈智力量表和韦氏成人智力量表等为工具,对同一群被试从其出生开始做了长达 36 年的追踪测量,把测得的分数转化为可以互相比较的"心理能力分数",绘制成了智力发展曲线(图 10-3)。研究发现,人的智力在 11 岁、12 岁以前是快速发展的,智力的发展与年龄的增长几乎等速,其后发展放缓,到 20 岁前后达到了顶峰,随后即保持一个相当长的水平状态直至 30 多岁,之后开始出现衰退迹象。

沙因(K. W. Schaie)和斯特罗瑟(C. R. Strother)等人根据五种主要能力对成人进行测验,发现人的智力一般到 35 岁左右发展到顶峰,以后缓慢下降,到 60 岁左右迅速衰退(图 10-4)。另外,研究还显示,智力超常者的智力水平不仅发展速度快,而且延续发展的时间也长;而智力落后者的智力不仅发展缓慢,并且有提前停止发展的倾向。不过,以上所述只是智力发展的一般趋势,实际上个体在智力表现的早晚及智力结构等方面的差异,都是很显著的。

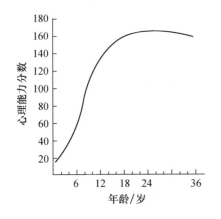

图 10-3 智力的成长曲线

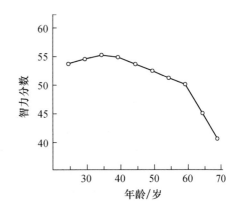

图 10-4 智力的年龄变化

智力不仅作为整体而发展,而且智力中的各成分的发展速度并不是完全同步的。美国心理学家塞斯顿(L. L. Shurstone)考察了不同智力因素的发展情况,结果发现不同智力因素的发展速度各不相同。例如,12 岁时知觉速度已发展到成人水平的 80%;而推理能力、词的理解力和词语运用能力等则要到 14 岁、18 岁和 20 岁以后才分别达到同一水平,见图 10-5。

对流体智力(一个人与生俱来的学习和解决问题的能力)和晶体智力(通过日常经验和知识长期积累而发展起来的智力)的发展研究表明,流体智力发展到一定年龄就不再提高,在成年期保持一段时间以后将开始逐渐下降;晶体智力则在人的一生中一直在发展,即使到了老年期,仍可以得到一定的提高,见图 10-6。

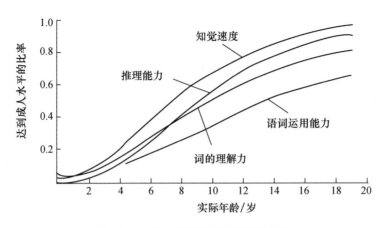

图 10-5 智力中不同因素的发展曲线

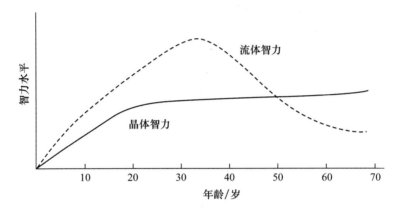

图 10-6 流体智力与晶体智力的发展曲线

小学儿童的思维开始从以具体形象思维为主要形式过渡到以抽象思维为主要形式,但这时的抽象思维仍需以具体形象为支柱,总体上仍然与感性经验直接相联,故而具有较明显的具体形象性。小学生的观察力、想象力和判断推理能力都在不断发展,但其实他们智力的发展存在一个明显的"关键年龄"。根据我国心理学家的研究结果,一般认为关键年龄出现在四年级(约 10~11 岁)。关键年龄出现的早晚,实际上取决于教育条件的好坏。

中学生的两个阶段——初中期和高中期的个体又各有自己的思维特点。初中期个体的形象思维趋于成熟,抽象逻辑思维开始占优势。从初中二年级开始,个体的抽象逻辑思维开始由经验型水平向理论型水平转化。因此,初中生思维活动的基本特点是抽象逻辑思维已占优势地位,但有时思维中的具体形象成分还起作用。高中期个体的形象思维已完全发展成熟,抽象逻辑思维的发展也进入了成熟期。到高中二年级时,经验型向理论型转化的初步完成,标志着他们的抽象逻辑思维趋向成熟。因此,逻辑思维的发展是青少年思维发展的重点。[①]

---

① 林崇德.发展心理学[M].2 版.人民教育出版社,2008:330.

> **【知识窗】加强中小学生睡眠管理工作**
>
> 研究表明,睡眠与学生智力发展紧密相关。睡眠是人的基本生理功能,对促进中小学生大脑发育、骨骼生长、视力保护、身心健康和提高学习能力与效率至关重要。据中国青少年研究中心发布的统计数据,2005年至2015年间,我国近六成中小学生睡眠不足。为此,2017年12月11日,教育部印发《义务教育学校管理标准》,首次全面系统地梳理了我国义务教育学校管理的基本要求。2021年3月31日,教育部办公厅再次印发《关于进一步加强中小学生睡眠管理工作的通知》,对中小学生的必要睡眠时间、学校作息时间、晚上就寝时间等方面做出明确要求。该通知规定,根据不同年龄段学生身心发展特点,小学生每天睡眠时间应达到10小时,初中生应达到9小时,高中生应达到8小时。学校、家庭及有关方面应共同努力,确保中小学生充足睡眠时间;小学上课时间不早于8:20,中学不早于8:00;小学生就寝时间不晚于21:20,初中生不晚于22:00,高中生不晚于23:00;作业、校外培训、游戏要为学生睡眠让路。为防止学业过重挤占睡眠时间,中小学校要提升课堂教学实效,加强作业统筹管理。

### (三)智力的差异

由于智力是个体先天禀赋和后天环境相互作用的结果,所以个体智力的发展存在明显的差异,包括个体差异和群体差异。

**1. 智力的个体差异**

尽管智力的发展总体上呈现出一定的趋势,但就每个个体而言却是因人而异的,不同个体之间都存在着差异。个体差异即个体在成长过程中因受遗传与环境的交互影响,使不同个体之间在身心特征上所显示的彼此不同的现象。

智力的个体差异反映在个体间和个体内。个体间的差异指个人与其同龄团体的常模比较表现出来的差异。大量的研究表明,人们的智力水平呈常态分布(又称钟形分布)。绝大多数的人的聪明程度属中等。智商分数极高与极低的人很少。一般认为,IQ超过140的人属于天才,他们在人口中所占比例不到1%。由于在先天的遗传素质、后天的生长环境和所接受教育等方面都不相同,个体间在智力上也存在着很大的差异,这主要表现在智力的水平和智力的结构两方面。

第一,在智力发展水平上,不同的人所达到的最高水平极其不同。研究表明,人类的智力差异从低到高表现为许多不同的层次。人类的智力分布基本上呈两头小、中间大的正态分布形式(normal distribution),见表10-5和图10-7。在具有代表性广泛的人群中,有接近一半的人智商在90~110之间,而智力发展水平非常优秀者和智力落后者在人口中只占很小的比例。从智商分布情况看,智力落后者与天才都处于常态曲线的两个极端,都是不同于常态的变态。据此,心理学家依据智力发展水平把儿童分为超常儿童、常态儿童、低常儿童。其中,智力超常或低常都与常态有较大偏离,称之为智力特殊儿童。学校应根据这些儿童的特殊需要,因材施教,促进他们最大程度的发展。

第二,每个人智力的结构,即组成方式上也有所不同。由于智力不是一个单一的心理品质,它可以分解成许多基本成分,用单一的智商分数,是不足以表明智力的特点的。例如,有的人记忆力好,有的人观察能力强;有的人擅长逻辑推理,但缺乏音乐才能;也有人很擅长音乐,却在数字计算方面表现得无能。人们之间的智力差异水平多种多样,不仅仅是一个简单的数量上的差异。

表 10-5 智商在人口中的分布

| 智商 | 类别 | 百分比 |
| --- | --- | --- |
| 140 以上 | 极优等(very superior) | 1.33% |
| 120～139 | 优异(superior) | 11.30% |
| 110～119 | 中上(high average) | 18.10% |
| 90～109 | 中等(average) | 46.50% |
| 80～89 | 中下(low average) | 14.50% |
| 70～79 | 临界(border line) | 5.60% |
| 70 以下 | 智力落后(mentally retarded) | 2.90% |

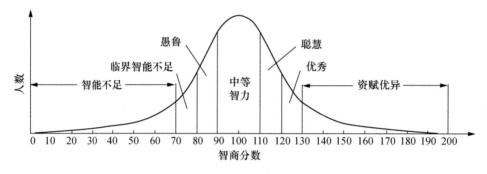

图 10-7 人类智商的理论分布

此外,人的智力发展过程有不同形态:稳定发展是大多数人的发展模式;有一些人表现出早熟,在很小的时候就崭露头角,但在成人以后智力平平;也有些人前期发展很慢,但大器晚成,后来居上,得到了高水平的发展。

智力的个体内差异,即个人智商分数的构成成分的差异。一般的智力测量都是由许多分测验构成的。如韦克斯勒儿童智力量表中有 12 个分测验,其中 6 个分测验是通过言语问答进行的,被认为是测量言语智力;另外 6 个分测验是通过动手操作完成的,被认为是测量操作智力。研究表明,两个 IQ 分数相同的儿童,他们智商分数的构成可能有很大差异。

2. 智力的群体差异

智力的差异不仅表现在个体与个体之间,而且还表现在群体之间。智力的群体差异是指不同群体之间的智力差异,包括智力的性别差异、年龄差异、种族差异等。除年龄外,最明显的是性别差异。大量的研究表明:① 男女智力的总体水平大致相等,但男性智力分布的离散程度比女性大,即智力超常和低常的男生比女性多,智力常态的女生比男生多;② 男女的智力结构存在差异,各自具有自己的优势领域。男性在空间能力上具有一定优势,这种优势的显示具有一定的年龄特征,其发展趋势表现为随年龄增长而差异加大。女生在小学和初中阶段的数学能力优于男生,但青春期以后,这种优势被男生所占有,并且男生一直把这种优势保持到老年。女性在言语能力上具有较大的优势,与女性相比,男性更容易被诊断为具有阅读障碍,具体见第十一章内容。

> **【知识窗】** 智力评价的文化相对性
>
> 不同社会文化背景的人有着不同的智力概念。美国主流心理学认为,具有高智商的人应该知道很多事情,并且能迅速地回答问题。因而,在美国,一个人如果很灵巧,做事迅速,就被认为是一个聪明的人。但在乌干达的巴干达人中,他们的智力概念往往与有学问、慢慢地深思熟虑以及能说出正确的事情有关。由此,缓慢与冗长的思维、符合社会规范等成为巴干达人所理解的智力标准。所以巴干达社会的聪明人在美国社会里可能被视为笨蛋,反之亦然。
>
> (资料来源:周燕.评西方心理健康标准在中国的移植与应用[J].广州大学学报(社会科学版),2003,9:50-54.)

## 二、智力的测量

### (一) 智力测验概述

智力测验(intelligence test)是指对人的智力水平进行综合评定的测验。为了对人的聪明程度作定量分析,心理学家创造了许多测量工具,这些测量工具被称做智力量表。世界上最著名的智力量表是斯坦福—比纳量表(简称 S-B 量表)。该量表最初由法国人比纳和西蒙于 1905 年编制,后来由斯坦福大学的推孟做了多次修订而闻名于世,我国也有其修订版。

智力测验主要采用智商作为衡量智力水平的指标。智商,即智力商数(intelligence quotient,简称 IQ),是个人智力测验成绩和同年龄被试成绩相比的指数。

$$IQ = \frac{\text{智力年龄(MA)}}{\text{实际年龄(CA)}} \times 100$$

上述公式中的实际年龄指从出生到进行智力测验时的年龄,简称 CA。智力年龄是根据智力测验计算出来的相对年龄,因为智力测验的题目按年龄分组。由此计算得到的智商属于比率智商(ratio IQ)。比率智商存在一定的局限性,它不适用于成年人。因为成年人的生理年龄每年都在增加,而心理年龄则并非如此,到了一定年龄以后,心理年龄就会出现停滞甚至有下降的趋势。如果使用上述公式计算,就会出现生理年龄越大,智商越低的趋势。

1936 年,美国的韦克斯勒编制了另一套智力量表,包括学龄前智力量表(WPPIS)、儿童智力量表(WISC)和成人智力量表(WAIS)。为了克服比率智商的弊端,韦克斯勒提出了一种新的智商计算方法,称其为离差智商(deviation IQ)。离差智商是将一个人的测验成绩与同年龄组受测者的平均测验分数相比较而得出的相对分数。IQ 值为 100 是"平均值"。其计算公式如下:

$$IQ = 100 + 15Z \quad \text{其中}, Z = (X - M) \div SD$$

所以,上式可转化为:

$$IQ = 100 + 15(X - M) \div SD$$

式中,X 为个体测验分数,M 为个体所处团体的平均分数,SD 为该团体的标准差。

离差智商是对个体智力在同龄人中的相对位置的度量,通过离差智商,我们可以知道一个人在同龄人中的相对位置是更靠前,是处在中间,还是靠后。由于离差智商不受个体年龄增长的影响,因此具有更强的适用性。现在,它已经取代比率智商并得到了广泛使用。

不管是斯坦福—比纳量表还是韦克斯勒量表,在选择测题时都需要严格控制各种因素的影响,从而使测题对所有儿童都有同样的检验。这样,儿童在回答测题时的数量与质量便成为其聪明程度的指标。

(二)智力测验的局限性

自 20 世纪初发展出 IQ 测验以来,人们经常以智商高低来判断一个人聪颖或愚笨,并以此来决断一个人的未来走向。一些学校对学生进行智商测试,以 IQ 分数作为入学条件之一,不合格者予以淘汰。在电影《阿甘正传》中,阿甘在入学时智商测验得 75 分,因此学校拒绝接收他入学。有的学校老师甚至对那些智商数值不高的学生极端漠视,从而导致这些学生的自信心受到摧残。

智力测验有它的局限性,对它的批评主要集中在:① 智力测验测出的是智力还是知识技能;② 智力测验的公平性,特别是人的文化背景和生活经验会有很大的差异,智力测验的项目很难保证所有的被试都有相同的机会学习相关方面的内容;③ 现行的智力测验偏重测量语言能力和数理逻辑能力,但它们只是复杂智力结构中的一部分,测验分数并不能充分反映一个人智力的全貌;④ 智力水平虽然会影响个体的学业成绩,但并不能决定将来取得成就的大小,反而可能由于操作的不当,给个体的心理带来许多消极的影响。

【活动窗】

某市有一重点小学,每年报名入学者众多。该小学为了能从申请入学者中选拔优秀的苗子,同时也为了公平起见,采用了韦克斯勒儿童智力量表对申请入学儿童进行测试。测试由该校自己的老师实施,并当场公布测试结果。他们将得分在 90 以下的儿童作为考虑被淘汰的对象,他们还告诉家长,学校的这个做法是科学的。

试分析该校的入学选拔方法可行吗?可以加以推广吗?他们真的可以得到聪明的、具有发展潜能的儿童吗?

对教育工作者来说,要在教育过程中客观、合理地使用智力测验,最重要的是树立起这样一些观念:① 智力测验所评估的智力并不能代表智力的全部,在某个领域中表现得差并不说明他在其他领域中也会有类似的表现,还有创意、艺术、人际交往等方面的潜能尚未发掘。教师必须避免将儿童看作是聪明的或不聪明的,因为聪明可表现在多个方面。令人遗憾的是,传统的学校教育只认可几种行为表现,用加德纳的分类法来说即语言能力和数理逻辑能力,并据此简单地将学生划分等级。如果学校想让所有学生都变得聪明,就必须采用更多种活动,奖励更多种表现,而不能像过去那样的单一狭隘。② 智力测验的结果并不能预测未来的事业成就或生活美满,这些更依赖于自尊、自信和自我努力的程度。③ 智力测验的实施是一项专业性很强的工作,测验的操作必须规范,尤其是对测验结果的解释必须十分慎重。④ 把智力测验和其他方法结合起来,如自我评价、同伴介绍、父母评定、教师评定、创造性测验结果、学业成绩等,把所得的各种数据相互参照,进行综合分析,才能有效评定个体的能力水平。

【知识窗】 弗林效应与智商悖论

1983年,美国学者弗林(J. Flynn)声称,他发现了一个重要的现象:在过去半个世纪中所有发达国家年轻人的IQ平均指数都出现了持续增长。比如从1932年至1978年,美国年轻人的IQ平均指数提高了14点。这一发现受到了广泛的关注,被称为"弗林效应"。

对这一现象的解释包括:儿童比父母有更好的营养和医疗护理;环境的日益复杂化刺激思维能力的发展;结构更小的核心家庭能给予儿童更多的关注;父母文化水平有所提高;学校能提供更多更好的教育;进行更加充分的测验准备等。

"弗林效应"带来一个智商悖论。根据主流理论,智商指数主要是由基因决定的,而人类不可能在这么短的时间里获得如此快的"进化"。再者,随着后工业社会的来临,感官享乐主义泛滥及整个社会的娱乐化倾向,使得传统意义上的思辨精神及能力严重滑坡。"这种每况愈下的趋势被批评者称为'弱智化'倾向",而这种现状"与IQ指数的持续提升很不相符","学生的考试成绩并没有看出显著的提高,为什么他们IQ测验成绩反而提高了?"弗林认为,"关键在于IQ测试是一种特殊的智力测验,面对的问题主要是一系列视觉图像,每一题包含一组图形的混合,答案是要填充一个正确的图形。要解决这类问题是要细查一组变化的图标,寻找其中的规律。"而现代化社会的一大显著特点是,人们对这个社会的接触媒介以及由此所产生的思维方式,均发生了根本性的变化,而"这些正是IQ测试中我们所需要的思维技能"。

此外,弗林效应的另一个结果是:必须不断地修订用来确定分数的常模。换句话说,为保持平均分为100,必须加大测验问题的难度,这可能使得上一代那些"中等水平"的学生现在可能会被鉴定为智力障碍儿童。

(资料来源:赵健伟."弗林效应"与智商悖论[J].语文新圃,2010,4:5-7.)

## 三、智力差异与因材施教

由于学生在智力上存在差异,学校在教学内容和教学方法上应有所区别,可以通过调整和改变课程内容和评估体系,包括具体目标、学习内容、教学方法、评估、师资等方面,以适应不同智力水平儿童的发展特点。这是因材施教的重要方面,从而达到促进儿童身心健康发展、增长儿童才能的教育目标。为更好适应学生的智力差异,需要从以下两个方面着手。

**(一)改革教学组织形式**

为适应学生的智力差异,实施因材施教,有必要改革教学组织形式。教学组织方面的改革包括分校、分班、班内分组以及留级或跳级等。

1. 分校

分校指根据学校的师资水平及办学条件等不同,将其分为重点、非重点学校及其他各种不同类型的学校。学生通过参加统一的入学考试,根据考试情况进入相应的学校。这样做虽然可以在一定程度上缩小个别差异,但也存在很多弊端。因为心理学的大量研究表明,在小学阶段女生的成绩超过男生,中学阶段则男生的成绩超过女生,过早的分校(初中)可能不利于许多有学习潜力的男生。此外,分校的做法还会使学校教育,特别是小学教育将重点放在提高升学考试分数上,不利于对学生能力的培养。鉴于此,目前国内的许多地区已取消了在初中阶段分校的制度。

2. 同质分班或分组

同质分班或分组即是按智力或成绩高低分班或班内分组。同质分班或分组也可以缩小学生间的差异,便于以统一的进度和方法进行教学。至于不同类型同质分班或分组的效果,国外做过许多对比研究,但研究结果并不一致。多数结果表明按能力分班或分组,有利于学生的学习成绩提高。但是,有的实验也得出了相反的结果。按程度分班或分组有许多弊端:① 学生的年龄越大,能力就越分化,按 IQ 分班或分组不能解决学生能力分化的差异问题,按 IQ 分班或分组只在低年级可行。② 容易使程度高的学生骄傲自满,使程度低的学生受到歧视。有人调查了 190 名四、五、六年级学生,问他们愿意选择哪个班级,结果,95%~96%的后进生、中等生和优秀生都愿上程度最高的班。③ 智力相同的学生,成绩也不可能相同,因为智力只是影响学习成绩的因素之一,还有许多其他因素,如动机、兴趣、努力程度、学习习惯和方法等,也会影响成绩的差异。

3. 留级或跳级

通过留级或跳级也可以缩小学生间的差异。对成绩不及格的学生采用留级的办法,其目的是让他们有第二次机会学习尚未掌握的教材。这是从低的一端缩小个别差异的方法。对于智力好和成绩优秀的学生则可以允许跳级,这是从上端缩小差异的方法。但在实际中,教师往往更多地强调留级而非跳级。很多学生留级后,成绩并无多大进步,有的甚至比原来更差。究其原因,一方面在于留级有损学生自尊心,使其自暴自弃,更重要的原因在于教师并没有根据他们的特点教学,而是沿用导致他们学业失败的同样方法来教他们。因此,若要使留级达到应有的教育效果,一方面教师要给予他们更多的温暖和关怀,做好思想工作;另一方面则应切实改进教学内容与方法,使教学适合他们的特点。相对于留级,跳级的尖子学生一般适应良好。有研究表明,能力相等的学生,跳过级的比未跳级的学生学习速度快,与同学相处也较好。在小学跳过级的,到中学阶段成绩仍良好,与同学能友好相处,关系融洽。

目前,心理学家一般更支持在常规的教学班中根据学生的能力、兴趣进行分组。能力与性格相近的学生组合在一起,有利于教师分组指导,也有利于学生共同研讨,而且教师还可以根据学生学习的实际水平,随时调整小组成员。除了上述优点之外,常规教学班还有以下有利之处:在这样的集体中学习的儿童,可以较好地适应他们将在校外遇到的广泛的能力差异;优秀的学生可以为后进的学生提供榜样;优秀生给后进生辅导,在帮助别人的过程中使自己的知识更有条理,更为巩固。①

**(二) 改革教学方式**

为适应学生的智力差异,实施因材施教,教学方式也应做相应的改革,突破传统教学方式,以便使教学适应学生的个体差异。其中,布卢姆的掌握学习、凯勒的个人化的教学系统等,都在这方面做了有益的尝试。②

1. 布卢姆的掌握学习

布卢姆认为,只要给予足够的学习时间和适当的教学,几乎所有的学生对几乎所有的学习

---

① 陈琦,刘儒德.教育心理学[M].高等教育出版社,2001:58-59.
② 皮连生.教育心理学[M].4 版.上海教育出版社,2011:285-286.

内容都可以达到掌握的程度(通常要求达到80%～90%的评价项目)。学生的学习能力上的差异并不能决定他能否学习要学习的内容和学习的好坏,而只能决定他将要花多少时间才能达到对该项目内容的掌握程度。换句话说,学习能力强的学习者,可以在较短的时间内达到对某项学习任务的掌握水平;而学习能力差的学习者,则要花较长的时间才能达到同样的掌握程度,但他们都能获得通常意义上的A等或B等。

为实施掌握学习的思想,布卢姆设计了一种掌握学习的程序,他将学习任务分成许多小的教学目标,然后将教程分成一系列小的学习单元,后一个单元中的学习材料直接建立在前一个单元的基础上。每个学习单元中都包含一小组课,它们通常需要1～10小时的学习时间。然后,教师编制一些简单的、诊断性测验。这些测验提供了学生对单元中的目标掌握情况的详细信息。达到了所要求的掌握水平的学生,可以进行下一个单元的学习。若学生的成绩低于所规定的掌握水平,就应当重新学习这个单元的部分或全部,然后再测验,直至掌握。

采用掌握学习这个方法,学生的成绩是以成功地完成单元的学习而不是以在团体测验中的等第名次为依据的,学生的成绩仍然存在差异。这种差异表现在他们所掌握的单元数或成功地学完这些单元所花的时间上,学生之间仍然有竞争。竞争采取的形式是,力求首先完成一组单元的学习,或者比试谁更快学完最高额的"选修"单元。然而,按照某门课的实际标准,最终可能使绝大多数学生都得到A等或B等。这一结果部分是由于掌握了前面的教学单元。尽管有些学生要比另一些学生花时较多,但前面的学习可以大大地促进后面单元的学习并减少学生在背景知识上的最初差距。

2. 凯勒的个人化的教学系统

这一系统由美国心理学家凯勒(F. S. Keller)及其同事创立。在该系统中,一年的课程被分成15～30个单元(大约每周一个单元),每个单元通常包括:一段导言;一张列出了所要达到的目标的表格;一个建议用以达到这些目标的程序,包括阅读注释或参考教科书中的特定部分。在学习进程中,需要向学生提供一些问题的练习,以帮助学生达到目标。同时,学生还可以利用自测题了解自己是否已经掌握了单元的内容。当他们认为已经学完了一个单元时,就到"监督者"那里去测验("监督者"通常是已学完了该单元的学生),测验一般都很短。测验完后,"监督者"当着学生的面打分,并提一些有关对题和错题的问题。不能达到满意标准的学生必须重新学习,过一段时间后再测,直到掌握以后才学习下一单元。对成功地完成了前面各个单元的学生,给予听报告、看电影和参加演示的优先权,以资奖励。

在个体差异中,还存在与普通学习者有较大差异的特殊学习者。特殊学习者(exceptional learner)是指对教育有特殊需要的学生,他们因具有特殊能力或因缺失(disability)而与普通学习者存在较大差异。常见的类型主要有学习障碍、注意缺陷多动障碍(即多动症)、智力落后、感觉障碍等。广义上的特殊学习者除丧失某种能力的儿童外,还包括超常天才儿童。大约有10%的学生为特殊学习者,这些特殊学习者需要额外的关注和引导。对特殊学习者的教育即为特殊教育,应注意在内容、技能和环境上进行变革。

## 本章小结

个体差异是指个体在生理、心理和社会等方面表现出的相对稳定而又不同于他人的特点。

依据人具有的生理、心理和社会三种属性,学习风格要素也分为生理要素、心理要素、社会要素。学习风格的分类主要有:内申思的三维理论、雷纳尔多的六维理论、科尔布的两维坐标理论、所罗曼的八维度学习风格。

典型的认知风格类型主要有:场独立型与场依存型、沉思型与冲动型、整体型与序列型、辐合型与发散型等。认知风格的整合理论主要有三层"洋葱"模型、心理自我控制理论和二维认知风格模型。

由于智力是个体先天禀赋和后天环境相互作用的结果,个体智力的发展存在明显的差异,包括个体差异和群体差异。心理学家根据智力发展水平把儿童分成三个等级,即超常儿童、常态儿童、低常儿童。由于学生在智力上存在差异,学校在教学内容和教学方法上应有所区别,可以从改革教学组织形式、改革教学方式着手。

 **知识练习**

1. 学习风格是什么?有哪些特点?
2. 学习风格有哪些因要素构成?研究学习风格的教育意义是什么?
3. 简述场独立型和场依存型的认知风格及其教育启示。
4. 什么是智力?什么是智力测验?智力测验的局限性有哪些方面以及在教育过程中如何合理使用?
5. 智力的差异有哪些?怎样根据智力差异因材施教?

 **推荐读物**

任学柱.流体智力与学习的个体差异[M].科学出版社,2020.

苏雪云,张旭.超常儿童的发展与教育[M]. 2版.北京大学出版社,2016.

杨广学,张巧明,王芳.特殊儿童心理与教育[M]. 2版.北京大学出版社,2017.

J.P.戴斯,J.A.纳格利尔里,J.R.柯尔比.认知过程的评估:智力的PASS理论[M].杨艳云,等,译.华东师范大学出版社,1999.

R.赖丁,S.雷纳.认知风格与学习策略:理解学习和行为中的风格差异[M].华东师范大学出版社,2003.

# 第十一章 性别差异与教育

【学习目标】

1. 理解性别、性别角色及其刻板印象;
2. 了解性别差异的表现与形成原因;
3. 了解性别角色社会化的影响因素;
4. 掌握性别差异的教育对策。

【知识导图】

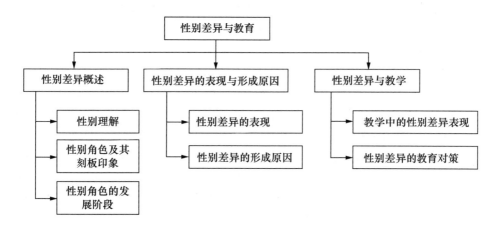

【学前反思】

女人并不是生就的,而宁可说是逐渐形成的。在生理、心理或经济上,没有任何命运能决定人类女性在社会的表现形象。决定所谓具有女性气质的人的,是整个文明。只有另一个人的干预,才能把一个人树为他者。一个儿童,就他存在于自身并为自身存在而言,很难意识到自己是一个有性别的人。

——波伏娃《第二性》

## 第一节 性别差异概述

### 一、性别理解

性别是个体显而易见、持久不变的特质。性别差异(sex/gender difference)是指男女在能力、气质、态度、兴趣及行为等方面显示出的差异。性别差异既是一个生物事实,又是一个社会

慕课视频 11-1:
性别差异与教育

事实。对这种差异的论述,最早可追溯到 1873 年斯宾塞(H. Spencer)的《性别心理学》(Psychology of the Sex)一书。高尔顿最早开展了研究工作,他在 1883 年出版的《人类官能及其发展探讨》一书中,测量、限定并比较了男女两性不同的生理和心理特质。1966 年,麦科比(E. E. Maccoby)出版《性别差异》一书,关注儿童的性别差异。此后,这一领域的研究受到心理学家的广泛关注。

男性与女性间的性别差异分为第一性征差异和第二性征差异。第一性征(primary sexual characteristics)又称"主性征",是两性在生殖器结构方面的差异:男性有睾丸、附睾、输精管、阴囊、前列腺、阴茎;女性有卵巢、输卵管、子宫、阴道、外阴。青春期以前的男女除第一性征差异外,并没有其他形态上的差异。第二性征(secondary sexual characteristics)又称"副性征",是指男女两性除了生殖器官以外的外貌特征区别,体现为男女在身高、体态、相貌等方面的差异。第二性征是在进入青春期后由来自垂体激素的信号引发的,如女性的乳房发育、臀部变宽和体形的变化,男性面部和身体一些部位生出胡须、毛发,声音变得低沉等。这些变化标志着身体为生殖做好了准备。月经初潮是女性生殖成熟的明显标志,随即开始了每月的排卵,从卵巢释放出卵细胞,直到绝经。女性从初潮到绝经这一段时间里均可生育。第一性征是性别差异最根本的标志,它在出生时就基本完备了,而第二性征却要在进入青春期后才出现,这是人体内性激素作用的结果。

性与性别常常会互相通用,都可以用来描述女性和男性间的差异。为避免混淆,我们对性与性别的内涵做了区分。性(sex)指的是生物学上的男性或女性,不会因社会的影响而发生变化。性别(gender)则是指作为男性或女性的所有心理学特质和社会特质。性别是学习得来的,是社会建构的适合于男人和女人的角色、行为、活动及特征。大多数儿童在早期已从社会环境中获得相关信息,使他们在还不知道任何解剖学知识之前就已经开始意识到了性别的差异。

判定一个人是男性还是女性,至少需要考虑五个方面的因素:(1)基因,女性第 23 对染色体为 XX,男性第 23 对染色体为 XY;(2)激素,女性雌激素占主导,男性雄激素占主导;(3)性腺,女性为卵巢,男性为睾丸;(4)性器官,女性为阴蒂和阴道,而男性为阴茎和阴囊;(5)性别认同,即自身作为男性还是女性的个体感知。不同的性别认同反映个体所认同的性别角色。出生时,儿童对其性别是不清楚的,但在一岁半时,儿童会最终确定他们的性别。如果父母始终把儿童当作男孩或者当作女孩来抚养,儿童就能形成明确的性别认同。但如果父母不能及时确定抚养方式,儿童就可能形成与自己的生物学性别不一致的性别认同,进而形成性别认同混乱。①

## 二、性别角色及其刻板印象

在对性别差异的影响上,性别角色与基因、性器官、激素同等重要。性别角色(gender role)是指社会为男性或女性群体限定的行为规范。社会对男女两性的典型特征有概括性的看法,如认为:男性应有事业心、进取心和独立性,表现为讲实际、精明、自信、支配、富于竞争性、挑剔、自制;女性应富有同情心和敏感、对人温柔体贴、举止文雅娴静,善于理家并"天生"对生儿育女感兴趣。

性别角色是人类在发展过程中形成的价值观念。在原始社会,男性从事狩猎和战斗,女性进行采集和养育子女;在农业社会,人们过着男耕女织的生活;在封建社会,女性受到礼教的约

---

① 库恩.心理学导论:思想与行为的认识之路[M].9 版.郑钢,等,译.中国轻工业出版社,2004:550.

束,活动大多限制在家庭内,男性则有更多的社会交往自由,这就是人们广为称道的"贤妻良母"和"男儿志在四方"的行为模式。尽管人类社会在进入大机器工业生产特别是信息时代,女性已从家庭桎梏中解脱出来,参与较多的社会活动,但性别角色刻板印象仍然极大程度地影响着人们对性别角色的认知与行为。

性别角色刻板印象(gender role stereotype)是指对男性或女性在行为、人格特征等方面的期望、要求和一般看法的固定印象,即认为男性应该做什么,女性应该做什么。性别角色刻板印象是一种普遍的社会现象,它不仅是对性别特质的一种区别,而且还将其赋予了不同的价值。

性别角色刻板印象并非都是恒定的,其形成受到文化和家庭因素的较大影响。20世纪30年代,人类学家米德(M. Mead)在对新几内亚的柴姆布利人(Tchambuli)进行田野调查时发现,柴姆布利人的性别角色与中西方的性别角色刻板印象正好相反。在柴姆布利,女性捕鱼,从事生产,控制社区的权力和经济生活,在追求异性和性关系上也积极主动;而男性习惯于依赖他人,他们轻佻、注重外表,特别喜欢用鲜花和首饰装饰自己,艺术、游戏和戏剧演出占据了他们的大部分时间。于是,米德得出结论说,男女的个性特征与他(她)们具有的生理特征之间没有必然联系,性别角色特征不是天生的,而是通过在不同文化中经过系统的性别角色社会化形成的。可见,什么是"适宜"的性别行为规范,在不同文化中是有很大差别的,一些文化的性别角色刻板印象比另一些文化更深。[①] 显而易见,性别角色有时并不客观。一个男人做饭、缝纫、照顾孩子,他仍是男人;一个女人精明、自信、支配、富于竞争性,在事业上获得成功,她仍是女人。然而,文化对"男子气"和"女子气"的定义还是在极大地影响着社会成员的个性和性别认同。

在大学不同专业选择中,性别角色刻板印象也有重要影响。比如,一般认为学前教育、外语等专业更适合女性,而计算机等理工科则更适合男性。对于从事计算机领域的专业人员性别失衡问题,研究者用内隐联想测验(implicit association test,IAT)范式进行研究,发现大学生对计算机编程专业普遍存在显著的性别刻板印象,即认为男生比女生更擅长学习编程。[②]

## 三、性别角色的发展阶段

个体在社会的要求与期望下逐渐理解和获得性别角色规范,其发展具体包括三个阶段:

1. 性别角色的萌芽及其基本形成阶段

2~3岁开始逐渐发展性别角色意识;3~4岁能进行性别角色的选择,理解符合自己性别的行为特性;6岁左右已基本形成性别角色的概念,主要表现在能选择符合自己性别的玩具、衣服、游戏和其他物品上。

2. 性别角色的扩大和发展阶段

主要发生在儿童期。儿童的性别角色向行为方向、性格特征方向分化发展,儿童的行为更加符合社会规定的性别化行为标准,逐渐与成年人的行为接近。

3. 性别角色的重新形成阶段

主要发生在青春期。青少年出现第二性征,形成如下性别角色特性:能正确掌握社会期待的性别角色的内容;与女性性别角色特性相比,男性的性别角色特性更明确,而且青少年对男性性别角色的评价要比对女性性别角色的评价高;在两性自我理想与社会期望的性别角色行为之间的一致性方面,男性同样要比女性高。

---

[①] 库恩.心理学导论:思想与行为的认识之路[M].13版.郑钢,等,译.中国轻工业出版社,2014:438.
[②] 黄磊,朱芳芳.大学生对计算机编程的性别刻板印象及教学应对[J].计算机教育,2019,6:143-146.

## 第二节　性别差异的表现与形成原因

### 一、性别差异的表现

儿童青少年的性别差异主要表现在以下方面：[①]

1. 身体和动作方面的差异

女孩的身体发育较男孩快些，无论是走路、说话、长牙齿，还是青春期的到来，女孩都要先于男孩。女孩触觉敏感，痛觉耐受性低，擅长于精细活动，表情丰富；而男孩身体代谢旺盛，自发活动频繁，在大肌肉动作技能和力量方面更为优越。

2. 认知和学习方面的差异

在学前期，男女智力差异不明显，女孩略高于男孩；从学龄期开始，女性表现出明显的智力优势；青春高峰期时，男性智力逐渐显胜，直到青春期结束，男性优胜的趋势逐渐减弱。男女儿童认知差异发展的年龄倾向，反映了男女儿童认知总体上的平衡。无论是智商水平、学习成绩，还是事业成就，极端的总是男性居多，中等的总是女性居多。

男女还存在不同的智力优势领域：（1）在言语领域，可能是由于低年级的女性化环境使男孩不能做出较好表现，女孩在言语能力上占据优势，特别在言语表达的清晰性、流畅性和情感性方面，但男孩在言语表达的逻辑性和缜密性上丝毫不比女孩逊色。（2）在感知领域，男孩的视敏度优于女孩，女孩则有较好的听觉定位和分辨力；男孩的空间能力优于女孩，因而在涉及空间技能的几何、三角等数学学科中，男孩的数学能力显著高于女孩。造成这种情况，可能是由于男女儿童大脑左右半球发达程度不同，也有可能是由于成人尤其是母亲的性别刻板观念的影响。（3）在思维领域，男孩要比女孩更擅长于分析、推理，更倾向进行逻辑思维。（4）在成就动机领域，中小学女生成绩普遍优于男生，其原因不在于动机水平上的差异，而在于成就动机种类上的不同：女生希望努力学习并从事一份好的工作；而男生则追求达到优秀水平并在与他人的竞争中胜出。

3. 个性和社会性方面的差异

个性和社会性上的差异主要表现在玩具偏好、游戏、攻击性、亲子关系等方面。

（1）在玩具偏好方面，男孩喜欢玩刀枪、汽车、建筑积木等玩具，而女孩则偏好洋娃娃、厨具、布艺等玩具。玩具偏好和父母的选择与强化密不可分，它是儿童性别行为的早期表现，可以促进儿童性别行为的发展。

（2）在游戏方面，女孩对人更感兴趣，乐于交往；而男孩则对物体和事情更感兴趣，乐于探索。男女儿童都倾向于选择同性别的儿童作为游戏伙伴，由男孩组成的游戏伙伴容易为争夺玩具而发生冲突，而由女孩组成的游戏伙伴则会友好合作。当男孩与女孩之间发生冲突时，女孩通常会因放弃而成为旁观者；男孩喜欢结群玩耍，女孩喜欢两两玩耍；在进行两人互动时，对第三者的介入，男孩两人群体通常是积极接纳，而女孩两人群体的态度通常会消极拒斥；在寻找合作伙伴时，女孩倾向于找比自己年龄小的同伴玩，对年幼的孩子给予关心和帮助，而男孩则倾向于找年龄比他大的男孩合作，对同伴的苦恼和不适有点漠然。

---

[①] 朱小蔓.中国教师新百科（小学教育卷）[M].中国大百科全书出版社,2002:151-153.

（3）在攻击性领域，主要表现在两方面：① 攻击倾向上的差异。男孩比女孩具有更强的攻击倾向，这可能是生物学因素如性激素差异所形成的，因为这一现象跨越了文化的界限，在灵长类动物中雄性的攻击性就高于雌性。② 反应性上的差异。男孩多用拳脚攻击，女孩多用言语攻击。在攻击之后，女孩比男孩更容易产生害怕情绪和犯罪的感觉；这些情绪将影响她们以后的攻击行为；男孩容易因他人的攻击而愤怒，女孩容易因他人的傲慢而恼怒，这使得他们会因不同的事件而产生攻击；男孩更容易受攻击感染（如电视暴力画面、暴力游戏等）而产生攻击性，女孩却不容易。

（4）在亲子关系方面，男孩对父母的管教较多表现出抗议与违拗，而女孩则比较顺从听话，容易与父母形成积极的互动。父母尤其是父亲对男孩女孩的要求有很大不同，他们较多注重男孩的自主与独立，强调女孩的同情与魅力，对男孩的严厉惩罚和物质奖励均多于女孩，因而男孩女孩对父母的社会行为的感知也有显著差异。此外，不良家庭关系对男孩的消极影响要远大于女孩，父母离异会迅速地波及男孩的早期发展，对女孩而言，则要到青少年期才会产生重要的影响。

## 二、性别差异的形成原因

性别差异主要是通过性别角色社会化来实现的。性别角色社会化（gender role socialization）是指个体在社会生活过程中逐渐学会按照自己的性别角色规范行事的过程。社会通过性别角色社会化培养儿童，为他们今后进入成人的世界做准备。性别角色社会化从一出生就开始了。整个社会以其公认的性别角色规范衡量和要求不同性别的儿童，这深深地影响着性别角色发展的进程。根据对各国教学材料的大量调查，无论是发达国家还是发展中国家，故事中的男性人物不仅居于多数，而且这些人物所承担的角色也非常重要。男性多为政治家、军人、科学家、作家等，且比例大大高于女性，这些职业富刺激性，需要创造性；而女性多为教师、护士等。在家务方面，女性从事打扫房间卫生、做饭等几乎全部的传统家务，而男性极少从事家务劳动。男性一般表现出知识渊博和能力超群，而女性多为无助与能力有限。

在性别差异的形成中，生物遗传因素和社会环境因素都起到重要作用。

**（一）生物遗传因素**

生物遗传因素包括性激素比例上的不同、男女大脑半球发育速度和水平的差异对脑功能专门化和单侧化的影响、染色体遗传特征对智力的影响等。

生物遗传因素对智力上的性别差异有一定的影响，如空间能力可通过染色体遗传给后代。男女染色体的不同特征，使得男性通过遗传具有更好的空间能力。男性大脑右半球处理空间信息能力的专门化要早于女性，而在支配言语能力的左半球的发展上，女性又早于男性。男孩和女孩一出生就存在着气质上的差异，新生的男婴醒着的时间比女婴长，且活动更多，如不停地抓脸、转头、挥手等；1岁男孩在玩耍时要比女孩更加精力充沛，喜欢需要大运动量的玩具。男婴和女婴表现的这种行为差异与性激素对大脑的影响有关。在青春期，生理成熟也会给男生和女生的性格差异带来影响。女生会由于生理上的明显变化所引起的身体不舒适、行动不方便，变得好静不好动，容易产生焦虑和烦恼，分散了学习精力。

**（二）社会环境因素**

1. 文化的影响

男性和女性自小就是在不同的、有性别差异的文化中长大的。性别角色是一种习得的行为，它是个体最早学习的内容之一。然而，男性和女性在不同的文化背景中所扮演的角色种类是多种多样的。所谓的男性或女性行为实际上更多是由文化观念决定而不是由生理因素决定。

文化是一个特定群体或社会的生活中形成的并为其成员所共有的生存方式的总和,其中包括价值观、知识、信仰、法律、艺术、风俗习惯、风尚、生活态度和行为准则,以及相应的物质表现形式。不同文化对儿童性别角色社会化的影响不同。当被置于各种文化体制和结构中,每个人都是由不同话语所赋予的主体位置的集合体,这就使人们在不同的社区或文化中承担着不同的社会性别身份。当相互冲突的价值观、假设和目标在人们内心碰撞并塑造着人们时,紧张状况就会产生,从而带来有关性别角色的冲突、失败与调试。

2. 家庭的影响

儿童的性别角色社会化始于家庭中,其机制是性别期望、性别认同和性别模仿。实际上,自怀孕期间开始,父母常常推测胎儿的性别,对不同性别的孩子,赋予不同的期望。在婴儿出生后,父母就已经按照他(她)的性别用不同的方式培养、教育。在儿童认识到性别差异之前,他们就因为性别不同而受到不同的对待。比如,人们抱女婴时比抱男婴更轻柔,对待女婴也更体贴。父母与儿子玩耍时比与女儿玩耍时会更豪放粗犷一些,因为女儿被认为更娇嫩。长大一些,家长对孩子的穿衣打扮、玩具选择、说话方式、行为表现都有不同的要求。家长会允许儿子在小区范围内玩耍,不需要特别的许可,而女儿则往往需要家长的同意和陪同。男孩常被教导要自立,"男儿有泪不轻弹",而女孩常被鼓励去寻求帮助,要做个淑女,因此家长派男孩外出办事要早于女孩。家长更多地要求男孩要坚强,对他们的顽皮和淘气采取容忍的态度,而对女孩则告知她们是"小公主",对她们的安静文雅予以称赞。男孩子爬树、打架,往往被视为勇敢,予以认可,而女孩子如果这样做,则被认为是"假小子"或"撒野"。

在学龄前,父母给不同性别的子女购买不同的玩具,给女儿买布娃娃,给儿子买玩具卡车和军事装备,玩具被强烈地性别化了。尤其是父亲,他们往往鼓励孩子玩适合自己性别的玩具。到了上幼儿园的时候,孩子们已经有了习得的性别角色观念,警察、消防员和飞行员多是男性,而护士、秘书和美甲师则多是女性,这是儿童从所见所闻中学到了性别角色。儿童在这段时间里,通过玩具和游戏增强了性别角色的意识,使其行为逐渐向相应的性别角色转化,表现出性别角色的认同,即女孩模仿母亲,男孩模仿父亲。

父母们倾向于鼓励儿子的工具性行为(instrumental behavior)。工具性行为是为达到特定目标而进行的行为,具有产生某种效果的工具性。工具性行为也称为目标指向行为,它让男孩子能控制情绪,为其外出工作做准备。同时,父母们鼓励女儿的表达性行为(expressive behavior),表达或交流情绪和个人感受的行为。表达性行为也称为情绪指向行为,它让女孩子在一定程度上为将来当母亲做好社会化的准备。

于是,在高度性别化的游戏中,男孩与女孩间的性别差异被扩大了。随着年龄增长,儿童往往会把自己归入同性别群体。大概从3岁开始,男孩开始喜欢和男孩玩,女孩喜欢和女孩玩。女孩倾向于在室内或在大人附近玩耍,她们喜欢合作玩过家家和其他需要言语交流的游戏;男孩则喜欢在室外摸爬滚打,他们更关心权力或者说"谁说了算"。在大部分时间里,儿童在同性别群体中可以避免男女行为模式间的冲突。然而,随着孩子们进入青少年期,他们开始花更多的时间和异性在一起,这使男孩子的支配性和竞争性风格与女孩子有教养和善于表达的风格产生冲突。

3. 学校的影响

学校是重要的性别社会化场所。在儿童进入学龄期后,学校对孩子的影响逐渐超过家庭,它从多个方面加强了两性的角色差异:教师不仅对男女生的升学期望、课余活动、体育锻炼项目有不同的要求与内容,而且供学生学习的教科书也表现出对男女的不同期待。在现代社会,学校教育日益重要,它面向社会,具有严格的组织、明确的目标和具体的计划,能够充分调动有限的教育资源,有规模地、集中地把个体塑造成能适应现代社会的有用之人。学校进行性别角色社会化的最主要的途径表现在两个方面:教学内容,老师对待不同性别学生的态度和期望。

4. 同龄人群体的影响

同龄人群体或称同辈群体,是儿童和青少年性别角色社会化的重要因素之一。同龄人群体在不同的年龄阶段中对个体的影响有不同的特征。个体进入青少年时期,由于身心发展的不平衡性而表现出自身要求独立、摆脱父母老师等权威的影响与渴望得到社会支持和认可的双重矛盾,同龄人群体的影响将超过家庭的影响。被同龄伙伴所认同,服从同龄人群体的价值观、习俗和时尚,是青少年的强烈需求。同龄人的负面评价有一种无形的压力;为了得到同伴的赞赏,孩子们往往会调整自己的行为,使之更符合"规范"。

5. 大众传媒的影响

大众传媒主要包括电影、广播、广告、报纸、杂志以及日益普及的互联网。大众媒体的影响是伴随着大众文化的推广而增加的,大众文化的受众主要是青少年。20世纪下半叶以来,由于城市化和消费时代特征的出现,使青少年群体变成了一种文化群体,大众文化成为年轻人自己的亚文化语言。通过大众传媒,大众文化成为青少年性别角色社会化的重要手段。大众文化大多强调传统的两性各自的性别角色行为规范,使观众和读者自觉或不自觉地接受这种规范并按其行事。大众传媒在塑造两性角色定位时过于注重单性化的性别角色,如媒体对"伪娘"等的报道甚至隐形推崇,造成儿童青少年在性别角色社会化中出现混乱。图书和电视进一步影响儿童的性别角色意识。在儿童的动画世界里,英雄多是男性,是强者;女性往往等待英雄把自己从恶魔身边解救出来,是弱者。

---

**【知识窗】我们过度性感化小女孩了吗?**

随着社会的发展和多元文化取向,女性可以更加自由地展示自身的性感与魅力。在这一环境下,越来越多的小女孩像模特一样穿着打扮,这引起人们的普遍担心:小女孩们是否会被过度性感化?

根据学者的研究结果,以下标准可以帮助人们区分不健康的性感与健康的性感。满足其中一项或多项,基本上就可以判断为不健康的性感化:

(1) 一个人仅仅因为其性感的外貌或行为被认可和重视;
(2) 一个人狭隘地将性方面有吸引力与有魅力画等号;
(3) 一个人在性方面被物化为取悦他人的工具;
(4) 一个人在性方面被他人不恰当地利用。

从大众传媒到流行时尚,小女孩们比小男孩们更容易被过度性感化。过度性感化让女孩们认为自己只是因为性而有价值,进而导致低自尊、进食障碍、抑郁、羞耻感等问题。研究发现,过度性感化的女孩在智力活动中的表现比其他女孩差。为此,父母和教育者应鼓励女孩更多关注自己内在的品质、人格、兴趣,而不是外貌。

(资料来源:库恩.心理学导论:思想与行为的认识之路[M].郑钢,等,译.中国轻工业出版社,2014:452.有改动.)

总之，由于社会环境影响，男孩和女孩在活动方式上逐渐形成了性别倾向性。既成的性别心理和行为方式渗透到社会生活的各个方面，从各种渠道、以各种方式影响着年轻一代。儿童从降生起就开始不断地受到来自家庭、幼儿园、学校的性别文化的影响。通过不断的观察、模仿和学习，儿童在生理基础上逐渐完成性别社会化的过程，从而形成了自己的性别心理。

## 第三节　性别差异与教学

### 一、教学中的性别差异表现

教师在课堂教学中通常会不自觉地带有性别偏见（gender bias）。这种偏见主要有三种表现形式：强化性别刻板印象，分隔男女生，区别对待男女生。这些偏见给女生和男生都带来了消极影响。

在课堂教学中，教师对男生的关注往往会更多。虽然多数教师口头表示在实际课堂中自己对男生和女生在关注上并无差异，但实际上他们并未意识到自身的真实表现。这一方面是因为在课堂教学任务重且时间有限的情况下，教师会根据学生的主观意愿进行关注，如男生表现积极，更易引起教师的关注；另一方面则受评价体制约束，分数作为指挥棒，教师会更加关注成绩较差的学生，而这部分群体男生居多。教师往往认为他们成绩差并非学习能力问题而是学习态度问题，只需对其多加关注，纠正其马虎的做题习惯和学习不认真的态度，他们的成绩很容易得到提高。此外，男生调皮好动，容易出现安全问题，教师出于对学生安全的考量而给予更多的额外关注，最终导致教师对男生的关注更多。[①]

在课堂的师生互动中，两性的差异再次得以强化。教师侧重在抽象思维、想象力、创造力、成就动机、思维反应、兴趣广泛、责任感、对挫折的忍受力等方面对男生予以鼓励和引导，而侧重在顺从、乖巧、安静、认真仔细、情感表达力、语言组织能力、重自尊等方面对女生予以鼓励和引导。在学校日常生活中，唯一一项教师们普遍认可的是女生"小帮手"的角色。女生常常协助教师管理班级日常琐事，教师们也普遍认为女生足够认真、细心、踏实。如此种种，似乎与传统文化中的"男主外、女主内"思想保持一致。

目前，多数教师仍未意识到自身的性别意识已体现在教育教学和课堂管理的行为中。对于性别差异，教师在课堂关注中存在两种状态：一种是部分教师自身存在性别意识且为自身所感知，并敢于直言自己所持有的性别认知。另一种是教师自身无性别意识或潜在的性别认知，但力图逃避回答有关性别的问题；他们通常较为敏感，对待该问题持谨慎态度，认为与性别相关的话题即是与性别歧视相连，在回答有关性别问题时，直接判定自己所持有的性别态度为男女平等。但在实际的课堂教学中，这类教师自身并未意识到他们受潜意识支配，其行为方式明显带有性别偏向。

即便教师在教学过程中持有性别意识，但持有性别意识的强弱以及性别意识是否影响日常教学行为也存在差异。一部分教师持有较强的性别意识且自身性别角色特征较分明，直接或间接影响到了对学生角色行为举止的规范。这类教师在日常教学活动安排中，对待男女生

---

[①] 张丹,范国睿.课堂教学场域中教师关注的性别差异研究：以上海小学课堂为例[J].教育研究,2014,35(4):122-128.

的关注点及其培养侧重也存在差异。他们通常对女生的关注点聚焦在行为举止规范上,要求她们符合女孩子该有的"文静、优雅的淑女形象";对男生则需要"阳刚、敢作敢为的责任与担当意识",在行为举止上的要求较宽容,但在深入的内在能力以及责任意识上要求更多。与此同时,另一部分教师自身对学生本身并无区分,但受环境影响,成绩作为指挥棒,无意识中将学生分为不同的等级,这影响到对男女生除成绩外的其他能力的判断。

总之,在学校教育过程中,尤其是在课堂教学互动中,男女生受到教师差异性的关注与对待,而这种差异是基于教师差异化的性别认知而刻板了两性的角色及其行为。在此基础上,通过师生互动,来塑造男女生在性格特质、角色分配、行为举止等方面差异化的性别特征,这就导致了两性在受教育过程中的不公平。①

## 二、性别差异的教育对策

### 1. 避免性别刻板印象

教师应尽量避免强化性别刻板印象。在课堂上分配任务时,不要因性别而区别对待;避免先入为主地将男生指派为团队的领导者,而将女生指派为协助者;不妨让男女生都参加体力劳动。教师还要避免在语言陈述上出现性别刻板印象,如"男生不哭"以及"女生不打架"等,避免给学生贴上诸如"假小子""假姑娘"之类的标签。当学生表现出对某种活动或职业的兴趣时,即使它们与社会文化中的性别刻板印象不符,如女生喜欢数学和科学,教师也应给予鼓励。

### 2. 促进整合

造成性别刻板印象的一个重要原因是,小学时期男女生往往很少有异性朋友,他们大部分时间都是和同性伙伴待在一起。教师有时会有意无意地强化这种行为,如让男生和女生分开站队,不安排男女生同桌,分开组织男女生的体育活动等,这导致异性学生间的交往远远少于同性学生间的交往。而在那些鼓励男女生互相合作的班级里,学生们就很少形成男女能力差异的刻板印象。

### 3. 平等对待女生和男生

很多时候,教师不能够平等地对待男女学生。教师与男生的互动多于与女生的互动。教师对男生的提问,特别是提抽象问题,要多于对女生的提问。在一项研究中,研究者给教师播放一段课堂录像,然后让教师回答是男生还是女生参与得更多,结果发现大多数教师都认为女生比男生参与得更多,而实际情形却是男生比女生参与得多。这反映出教师对女生参与课堂活动有较低的预期,因此他们将女生的低参与率视为是正常的②。无论是课堂参与、担任领导角色,还是参加各种各样的活动,教师都应该给不同性别的学生提供平等的机会,最好开展一些能引发男女生的共同兴趣的活动。同时,教师也需要鼓励女生学习数学和科学,并像对男生那样同等地期待和重视女生在这些科目上的优异表现。

## 本章小结

性别是个体显而易见、持久不变的特质。性别差异是指男女在能力、气质、态度、兴趣及行为等方面显示出的差异。判定一个人是男性还是女性,至少需要考虑以下五个方面的因素:基

---

① 张丹,德特黑.教育公平视角下的教师性别意识及认知差异:以上海市小学课堂为例[J].全球教育展望,2018,47(8):69-81.
② 斯莱文.教育心理学:理论与实践[M].10版.吕红梅,姚梅林,等,译.人民邮电出版社,2016:98.

因、激素、性腺、性器官、性别认同。

性别角色是指社会为男性或女性群体限定的行为规范。性别角色刻板印象是指对男性或女性在行为、人格特征等方面的期望、要求和一般看法的固定印象。这种刻板印象并非都是恒定的,其形成受到文化的较大影响。

个体在社会和成年人的要求与期望下逐渐理解和获得性别角色规范,其发展具体包括三个阶段:性别角色的萌芽及其基本形成阶段、性别角色的扩大和发展阶段、性别角色的重新形成阶段。

儿童青少年的性别差异主要体现在身体和动作方面,认知和学习方面,个性和社会性方面。性别差异主要通过性别角色社会化来实现的。性别角色社会化是指个体在社会生活过程中逐渐学会按照自己的性别角色规范行事的过程。在性别角色社会化过程中,生物遗传因素和社会环境因素都起重要作用。生物遗传因素包括不同的性激素比例、男女大脑半球发育速度和水平的差异对脑功能专门化和单侧化的影响、染色体遗传特征对智力的影响等。社会环境因素主要为来自文化、家庭、学校、同龄群体以及大众传媒的影响。

教师在课堂教学中通常会不自觉地表现出性别偏见。这种偏见主要有三种表现形式:强化性别刻板印象、分隔男女生、区别对待男女生。性别差异的教育对策主要有:避免性别刻板印象、促进整合、平等对待女生和男生。

### 知识练习

1. 性别角色、性别角色刻板印象是什么?
2. 性别角色的发展阶段有哪些?
3. 性别差异的表现有哪些?
4. 性别角色社会化的影响因素有哪些?
5. 性别差异的教学对策有哪些?

### 推荐读物

方刚.性别心理学[M].安徽教育出版社,2010.

钱铭怡,苏彦捷,李宏.女性心理与性别差异[M].北京大学出版社,1995.

库恩.心理学导论:思想与行为的认识之路[M].9版.郑钢,等,译.中国轻工业出版社,2014.

埃托奥,布里奇斯.女性心理学[M].苏彦捷,等,译.北京大学出版社,2003.

布兰农.性别:心理学的视角[M].4版.北京大学出版社,2005.

赫尔格森.性别心理学[M].2版(影印本).世界图书出版公司,2005.

斯坦伯格.与青春期和解:理解青少年思想行为的心理学指南[M].孙闰松,译.人民邮电出版社,2019.

# 第五编　教学组织与教育

　　本编包含第 12～13 章,关注教育心理中的教学、教师和学生的组织管理与心理健康。在这一编中,我们首先从教学设计、课堂管理、教学评价三个方面探讨教学心理。然后,从教师的职业角色与心理特征、教师的成长和发展、教师心理健康的维护三个方面探讨教师心理。

# 第十二章 教学心理

**【学习目标】**

1. 了解教学目标的分类标准,能够合理表述教学目标;
2. 了解常用的教学方法,能够合理选择和运用教学媒体;
3. 了解课堂管理的含义及目标;
4. 掌握维持课堂纪律的策略,能够处理课堂问题行为;
5. 了解教学评价的类型,掌握教学评价的方法,能够合理报告评价结果。

**【知识导图】**

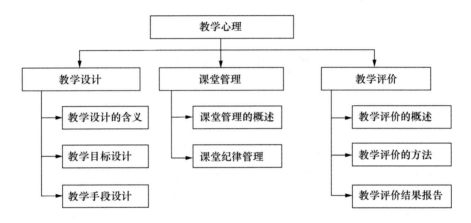

**【学前反思】**

## 独特的评价

一所小学的老师布置了一个拼图作业。孩子们带来了自己的作品,老师将和孩子们一起分享他们的成果。

老师用赞赏的目光浏览了孩子们的作品,然后请大家谈谈做拼图作业的体会和感受。

学生:我拼图的时候,先看一下包装上的图画,心中有一个轮廓,然后把外框拼好,再从外向内,用这种方法拼得比较快。

老师:很好。认识一个问题从总的概貌入手,然后去了解细节,就像我们面对一个陌生的城市,用一张地图,比一条街一条街去走要快得多。

学生:我拼了很长时间也拼不好,所以请爸爸妈妈和奶奶帮忙完成了拼图。

老师:很好。这是一种团队合作。记住:如果你遇到自己一个人难以解决的问题,可以求助别人,大家共同完成。

学生:我最高兴的时刻是把最后一片放进拼图的时候。

老师:很好。享受成功是一种非常愉悦的感觉。

学生：我面前是一大堆杂乱无章的拼图，我根本找不出它们的规律，我试了很多次也无法拼出图案，我心情很急躁、烦闷，干脆把它装起来，再也没有打开。

老师：很好。有时放弃也是一种选择。人各有长处，你一定有另外的专长。

学生：我拼了一部分，拼不下去了，看着剩下的200多片图片，我再也不想拼了。不过，我觉得包装纸上的图画很漂亮。

老师：很好。谁也不可能事事都成功。你没有亲手拼成，但你懂得去欣赏别人的成果，这也是一种优秀的品质。

学生：我拼的时候很气恼，有时候刚拼好这一块，一不小心碰着了另一块，图画就又乱了。

老师：很好。你拼的每一块图与周围的图都是和谐默契的，这说明成功与你周围的环境因素是分不开的，就如同你们小朋友间要处好关系。和谐是福。

……

可以看出，每一个孩子都在真实表达自己的喜悦、无奈、失望……而老师总能从孩子的经历中，找出值得他们在以后的生活中珍惜和体会的哲理。

恰当的教学设计，良好的课堂管理，多样的教学评价，就会产生好的教学效果。那么，如何进行教学设计？如何管理好课堂？如何进行教学评价？本章将为您一一揭示。

# 第一节　教学设计

## 一、教学设计的含义

教学设计是教师在教学之前根据社会要求和学生特点，对教学的目标、内容、方法、媒体、程序、环境以及评价等要素进行系统谋划，形成教学思路和方案的导教、促学过程。[①]

教学设计具有以下主要特征：① 教学设计的主要功能是导教和促学；② 教学设计是将教学诸要素进行系统性谋划的过程；③ 教学设计的结果是形成教和学的计划和方案。

好的教学设计是教师进行教学交流的载体，它可以优化课堂教学，促进学生的学习和发展，同时也是对教师进行教学评价的依据。以下我们将从教学目标设计和教学手段设计两个角度来谈教学设计的进行。

## 二、教学目标设计

### （一）教学目标的含义及功能

教学目标是教师将国家和地区的教育宗旨以及学校教育计划分解到具体的教学单元和课时的过程中产生的课堂教学目标，是教师对学生在接受教学之后将产生哪些认知、技能或态度变化的理性预期。

教学目标有助于教师决定教学方法、技术和媒体的选择与运用。教学目标能够指引学生的学习。教学目标能够促进课堂行为和交流。教学目标可以指导教学结果的测量与评价。

### （二）教学目标的分类

有关教学目标的理论中，布卢姆关于目标分类的理论最具有代表性。20世纪50年代，布

---

[①] 张大均.教育心理学[M]. 3版.人民教育出版社,2015:277.

卢姆曾领导一个委员会对教育目标进行了系统的分类研究。他们把教学活动所要实现的整体目标划分为认知、情感和动作技能三大领域,并从实现各领域的最终目标出发,确定了一个细化的目标序列。

1. 认知领域(cognitive domain)的目标分类

认知领域的教学目标包含由低级到高级、由简单到复杂的 6 级水平。① 具体见表 12-1。

表 12-1　布卢姆对认知目标的分类

| 水平 | 含义 | 举例 |
| --- | --- | --- |
| 知识<br>(knowledge) | 记住所学的材料,包括对具体事实、方法、过程、概念和原理的回忆;可使用的描述动词:定义、叙述、背诵、排列、匹配等 | 准确背诵《将进酒》 |
| 领会<br>(comprehension) | 领悟所学材料的意义,但并不一定将其与其他事物相联系,代表最低水平的理解;可使用的描述动词:解释、辨别、概括等 | 用自己的话讲述《小红帽》的故事 |
| 运用<br>(application) | 将所学概念、规则、方法、规律和理论应用于新情境中的能力,代表较高水平的理解;可使用的描述动词:计算、操作、演示等 | 运用加减乘除的方法模拟商店购物 |
| 分析<br>(analysis) | 将整体材料分解成其构成成分并理解其组织结构,包括对要素的分析、关系的分析和组织原理的分析,代表了比运用更高的智能水平;可使用的描述动词:分解、说明、推理等 | 分解一篇文章的结构 |
| 综合<br>(synthesis) | 将所学的零碎知识整合为知识体系,强调的是创造能力,需要产生新的模式或结构;可使用的描述动词:创造、编写、设计等 | 设计一个科学实验 |
| 评价<br>(evaluation) | 对材料(论点的陈述、小说、诗歌、研究报告等)做价值判断的能力,包括按材料内在的标准(如组织)或外在的标准(如材料对目标的适当性)进行判断;可使用的描述动词:评价、对比、证实等 | 评价武则天的是非功过 |

2. 情感领域(affective domain)的目标分类

情感领域的教学目标主要与学习者的态度目标、感情目标及价值目标有关。依据价值内化(internalization)的程度,情感领域的目标可细分为接受、反应、形成价值观念、组织价值观念系统和价值体系个性化 5 级目标。具体见表 12-2。

表 12-2　情感领域的目标分类

| 水平 | 含义 | 举例 |
| --- | --- | --- |
| 接受<br>(receiving) | 对环境中正在发生的事情的低水平觉知 | 不经意地听;<br>对教师付出的努力做轻微的反应 |
| 反应<br>(responding) | 由经验引起的新的行为反应,由学生主动参与 | 主动举手回答问题,对恰当的观点表示出兴趣 |
| 形成价值观念<br>(valuing) | 学生将特殊的对象、现象或行为与一定的价值标准相联系 | 欣赏文学作品;<br>刻苦学习英语 |
| 组织价值观念系统<br>(organization) | 纳入新的价值观,形成自己的价值系统 | 参加各种俱乐部;<br>改变行为,如早点儿到校 |
| 价值体系个性化<br>(characterization by value) | 表现出与新价值观一致的行为 | 愿意做出牺牲以继续参加活动;<br>过去受到批评的行为有所改进 |

---

① 陈琦,刘儒德.当代教育心理学[M].3 版.北京师范大学出版社,2019:363.

3. 动作技能领域(psychomotor domain)的目标分类

动作技能领域的教学目标分类方法很多,其中一种是将其分为知觉、模仿、操作、准确、连贯和习惯化6种。具体见表12-3。

表12-3 动作技能领域的目标分类

| 水平 | 含义 | 举例 |
| --- | --- | --- |
| 知觉<br>(perception) | 指学生通过感官,对动作、物体、性质或关系等的意识能力,以及进行心理、躯体和情绪等的预备调节能力(如表现出外部的感觉动作) | 观看游泳的演示,能感知正确的游泳方法和步骤 |
| 模仿<br>(imitation) | 指学生按提示要求行动或重复被显示的动作的能力,但学生的模仿性行为经常是缺乏控制的(如表演动作是冲动的、不完善的) | 在观看游泳的姿势之后,能以一定的精确度来演示这一动作 |
| 操作<br>(operation) | 指学生按提示要求行动的能力,但不是模仿性的观察(如按照指示表演或练习动作等) | 在进行了一段练习之后,能在10级操作成绩表上达到7级水平 |
| 准确<br>(accuracy) | 指学生的练习能力或全面完成复杂作业的能力。学生通过练习,可以把错误减少到最低限度(如有控制地、正确地、准确地再现某些动作) | 能表演一个可以接受的抽球动作,至少成功75% |
| 连贯<br>(consistency) | 指学生按规定顺序和协调要求,去调整行为、动作等的能力(如准确而有节奏地演奏) | 能准确而有节奏地演奏一首曲子 |
| 习惯化<br>(habituation) | 指学生自动或自觉地做出动作的能力(如经常性的、自然和稳定的行为就是习惯化的行为)。也就是学生能下意识地、有效率地各部分协调一致地操作 | 在需要的时候,能不借助于模板就能够正确地画出三角形、四边形和圆形 |

布卢姆的教学目标分类学并非尽善尽美,但有助于我们从多角度、多水平、多层次去考虑学校的教育、教学目标问题。它提醒教师:有效的教学既要考虑认知领域的目标,还要考虑情感领域的目标及动作技能领域的目标。

(三)教学目标的表述

在传统的课堂教学中,教师多倾向于借用描述内部心理状态的词语来表述教学目标,这样的表述不能充分发挥目标的导教、促学和检测功能。针对这一弊端,教育心理学家提出了三套新的目标表述技术。

1. 行为目标表述技术

行为目标,也称操作目标,是指用可以观察和可以测量的学生行为来陈述的目标,即用预期学生学习之后将产生的行为变化来陈述的目标。

行为目标的概念在1934年由美国俄亥俄州立大学的泰勒(R. Tyler)教授最先提出。在泰勒的影响下,1962年美国行为派心理学家马杰(R. Mager)系统地提出了用行为术语陈述教学目标的理论与技术。马杰认为,一个陈述得好的行为目标(behavioral objectives)应具有三个要素:一要表述行为,二要表述条件,三要表述标准(见表12-4)。

马杰的行为目标表述技术改变了传统教学目标陈述上的含糊不清,使教学目标更加明确、可操作。但是也存在不足,它只强调了行为的结果,而没有关注内在的心理过程,有些心理过程也无法用行为目标表述出来。因此,教师有可能只专注于烦琐的教学目标,只留意学生表面的行为变化,却忽视了学生内在能力、态度、品德等方面的变化,使教学显得机械、呆板。

表 12-4　马杰教学目标行为观表述举例

| 要素 | 中心问题 | 举例 |
| --- | --- | --- |
| 表述行为 | 明确学生应该做什么,并使用行为动词表示。 | 记住 20 个单词。 |
| 表述条件 | 明确学生将在什么条件下完成这些任务,这些条件包括环境因素、人的因素、设备因素、信息因素、时间因素、问题明确性因素。 | 独立完成 50 以内加减法。下个星期一之前完成作业。 |
| 表述标准 | 明确什么样的行为表现才表明学生掌握了教学内容,是用来衡量学习结果的行为的最低要求。 | 在测验中得 18 分以上。 |

2. 内外结合表述技术

为弥补行为目标的不足,格朗兰德(N. E. Gronlund)提出可以用内部过程与外显行为相结合的方式来表述教学目标。即先陈述内部心理过程的目标,然后列出表明这种内部心理变化的可观察的行为样例,使目标具体化。表 12-5 是运用格朗兰德结合观进行教学目标表述的一个实例。①

表 12-5　格朗兰德教学目标结合观表述举例

| 要素 | 例子 |
| --- | --- |
| 一般目标 | 理解议论文写作中的类比法。(内部心理过程) |
| 子目标 A | 用自己的话说明运用类比法的条件。(行为样例 1) |
| 子目标 B | 在课文中找出运用类比法阐明论点的句子。(行为样例 2) |
| 子目标 C | 在所提供的含有类比法和喻证法的课文中,指出包含类比法的句子。(行为样例 3) |

格朗兰德提出的内外结合表述技术首先强调了学习的实质在于内在心理状态的变化,然后又用一些具体的、可操作的行为样例进行了解释。这样的表述方法既克服了传统方法陈述目标含糊不清和不可操作的弊端,又克服了行为目标只顾具体行为变化而忽视内在心理过程变化的机械性和局限性,因此,得到普遍的认可和采纳。

3. 表现性目标表述技术

艾斯纳(E. W. Eisner)提出了表现性目标(expressive objectives)。表现性目标只要求教师明确规定学生必须参加的活动是什么,但不要求教师精确规定每个学生应从这些活动中习得什么。例如,爱国主义教育方面的一个表现性目标可以这样陈述:"学生能认真观看学校组织的反映爱国主义的影片,并在小组会上谈自己的观后感。"

表现性目标的设置是因为许多高级的教学目标并不能通过参加一两次教育活动达到,教师也很难预测在一定的教学活动后,学生的内心会发生什么变化,如爱国主义情感的培养,不是通过一两节课的教育就能立竿见影的。此时,设置表现性目标,可以作为以上教学目标具体化的补充。

**(四) 教学目标设计**

设计教学目标,需要对每一个教学目标进行任务分析(task analysis)。任务分析指将教学目标逐级细分成彼此关联的各级子目标的过程。在进行任务分析时,教师要从最终目标出发,一级子目标、一级子目标地揭示其先决条件,反复提出这样的问题:"学生要完成这一目标,必

---

① 岑国桢. 教育心理学[M]. 中国人民大学出版社,2006:211.

须先具备哪些能力？"一直追问到学生的起始状态为止，然后把学生需要掌握的学习目标逐级排列出来。通过任务分析，教师能够确定出学生的起始状态；能够分析出从起始状态到最终目标之间必须掌握的知识、技能或行为倾向；能够确定出为实现最终目标而要逐级实现的各种子目标的逻辑顺序。

## 三、教学手段设计

教学目标告诉教师"要到哪里去"，教学手段则会回答"如何到那里去"。教学手段设计的关键在于科学选择和有效运用教学方法和教学媒体。

### （一）教学方法设计

教学方法指在教学过程中师生双方为实现一定的教学目的、完成一定的教学任务而采取的教与学相互作用的活动方式，它是整个教学过程中的一个重要组成部分，是教学的基本要素之一。[①] 在学校教育中，教师常常会用到讲授法、演示法、提问法、讨论法、自习法、实验法等基本的教学方法。

#### 1. 讲授法

讲授法是指教师主要通过语言向学生讲述概念、原理、事实，或描绘事物的现象及其发展过程和规律，或推导公式的由来。讲授法属于接受性教学模式的范畴，其优点是：教师的精彩讲授能够把教学涉及的大量信息、新内容较快地向大多数学生传输；满足了教师与工作的需要，如控制需要、学生成功需要、时间管理需要；精彩的讲授还有助于发展学生的倾听、做笔记等学习技能。

讲授法的不足是：对教师的素质和教学风格要求较高，如要求教师友善、幽默、口语流畅等；讲授法是一种单向交流，不利于学生之间的相互作用，不利于学生的卷入，不利于促进学生的思考；教师不能及时获得学生的反馈信息，易走向注入式或填鸭式教学；一味地讲授不容易吸引学生的注意力，导致学生接受信息有限；对那些缺乏良好的注意习惯、记笔记技能或记忆技巧的学生，使用讲授法易使其受挫。

#### 2. 演示法

演示法是指教师主要通过展示各种直观教具、实物或进行示范实验，使学生获得有关概念或原理的感性认识。这种方法在各科教学中经常使用，尤其是在物理、生物、化学等课程上使用更多。在实际教学中，讲授法和演示法常常一起使用，被人们合称为讲演法。演示法的优点是：可以使学生获得丰富的感性材料，进而加深对事物的印象；可以激发学生的学习兴趣，维持学生的注意力；可以使学生形成深刻正确的概念，确信所学的原理的正确性，加深学生对概念原理的理解。

#### 3. 提问法

提问法是教师根据学生已有的知识或经验，提问学生，并引导学生经过思考，得出结论，从而获得知识、发展智力的教学方法。提问法的优点是：有问有答，能够激发学生思考，实现师生间信息的双向交流。教师使用时需注意：把握问题的难度水平，适当的难度是多数学生不是立即举手而是经过思考才能回答；提出不同认知水平或类型的问题；提问要面向全体学生；控制等待时间；对学生的回答给予适当反馈；鼓励学生大胆质疑，充分保护学生的自尊心，不对学生

---

[①] 陈琦.教育心理学[M].高等教育出版社，2001：357.

的问题讥刺挖苦或置之不理。

4. 讨论法

讨论法是指在教师的指导和监督下,以学生集体为中心,学生间相互启发、相互学习与交流的一种教学形式。讨论法是一种以学生自己的活动为中心的教学方法。在讨论中,每个学生都有自由表达自己见解的机会,并且要提出事实和论据,有效地说服他人。讨论法的优点是:学生在活动中处于主动的地位,有利于激发学生学习的主动性和积极性;学生在群体思考、人际互动的过程中相互启发、相互砥砺,既可以提高学生的交流能力,又可以发展其分析性和批判性思维,加深对所学知识的理解;有利于激发学生的独立思考和创造精神;讨论在转变学生的态度和促进道德判断上很有效,有助于促进学生社会性的发展。讨论法的不足之处是:如果讨论没有得到好的引导,可能会导致无目的和浪费时间的低效学习。

5. 自习法

自习法是指教师要求学生独立地完成与课堂作业或实践性练习有关的自由学习方法,目的是为其提供复习、实践以及学会怎样学习的机会。但需要注意的是,自习法不是完全放任学生,也不是教师和学生各干各的事情,而是在教师的引导和调控下的自主学习。自习法的优点是:可以提高学生对所学知识的理解和巩固程度,可以培养学生的学习自主性。自习法的不足是:它的实际教学效果会受教师和学生对它的理解和运用程度的影响。如果学生对自习的目的和要求不明白,或者认为它们不合理,就会消极应付或抵制作业任务;如果教师引导、调控或评价不当,也会影响学生的学习成效。

6. 实验法

实验法是指学生在教师的指导下,利用一定的仪器设备进行独立操作,通过观察事物的变化而获取知识的方法。实验法在运用时,需要注意如何将实验整合到对知识的理解和问题解决的过程中来,让学生不是为了操作而操作,而是为了促进学生灵活运用知识来分析问题、提出假设、验证假设、处理数据结果以及表达思想观点等。实验法的优点是:学生能够亲自参与,获得感性经验,能加深和巩固对知识的理解;能获得正确使用实验设备的操作技能;养成严谨的科学态度和求实精神;发展观察能力、思维能力和创造能力,从而有利于发挥学生的主动性。

**(二) 教学媒体的选择与运用**

教学媒体(instructional media)是指在教学过程中传递信息的物质工具。在教学过程中,教师运用媒体把信息传输给学生,学生通过媒体接受教学信息。教学媒体可以从不同的角度进行分类。根据媒体表达的手段,可分为印刷媒体和电子媒体;根据信息传播中信息流动的相互性,可分为单向传播媒体(影视、广播、幻灯、投影等)和双向传播媒体(计算机等);根据感官来分,可分为听觉型(广播、磁带等)、视觉型(书本、图片等)、视听型(电视、电影、录像等)以及交互型(多媒体计算机等);根据工具的先进程度,可分为传统教学媒体(教科书、黑板、粉笔、标本、模型、图表、实物和教具等)和现代教学媒体(幻灯、投影、录音和计算机等)。在教学过程中,教师应当按照教学任务、教学内容、学生的需要和水平以及教学条件进行恰当的选择。

教学媒体的选用既是系统教学设计的一个重要环节,也是课堂教学手段运用和环境创设的关键技术之一。教学媒体的合理运用需要做到以下几点:

1. 多种媒体的组合运用

不同的媒体有不同的特点,一种媒体的局限性可以用其他媒体的适应性来弥补。采用多种媒体组合教学,可以使各种媒体扬长避短、互相补充。如幻灯、投影在表现静态放大画面时有优势,但在表现动态场景时不如电视、录像,如果将它们结合使用,则既能表现静态画面,又能表现动态场景。

2. 一定程度的传媒冗余度促进信息整合

学习者对信息进行顺利整合,很大程度上依赖于传媒的一定冗余度,如给学生呈现材料时,采用动画加解说的形式,可以取得更好的效果;有时在图片上适当加入2~3个解释词,让信息适当冗余,也能促进学习。学习者要形成信息的整体印象,前后信息必须同时保存在大脑中,整合才能进行。因此,为了保证信息的分析、整合,一方面媒体传递信息的速度不能太快;另一方面教师应创造信息分析、整合的有利条件。例如,可利用媒体的优势方便地控制时间顺序和空间距离来强调事物的接近性,利用或强调事物的因果关系、功能关系、种属关系、层次关系等来促进信息的整合。

3. 选择适合学习者思维水平的传媒符码

传媒的显示必须以某一特定的符号(或称符码)为形式进行。传媒的符码形式可分为语言和非语言两大类;也可分为模拟符码(如芭蕾舞的动作)、数序符码(印刷、语言、文字)、形状符码(图画、图表、图解)。对符码的研究发现,形状符码容易追忆、易于迁移;传媒的符码越与学生思考时所用的符码一致或接近,学生就越能有效地思考。因此,我们在用某种传媒符码教学时,应考虑学生是否能轻松地处理这种符码,即学生是否能用最有利于自己的形式来解释、储存、提取和使用这种符码。在进行个别教学中尤其应注意这一点。

4. 应遵循学生学习的心理规律

学生在学习过程中需要良好的注意、感知、记忆。因此,媒体的选用要遵循注意的规律,吸引学生的无意注意,维持学生的有意注意;利用感知的规律,采用各种媒体呈现直观形象的材料;利用记忆的规律,媒体的呈现首先要组块化,减轻学生的记忆负担并提高记忆质量,其次要有限性,根据人的 $7\pm2$ 个组块的短时记忆容量进行设计。

# 第二节 课堂管理

在课堂教学中,教师除了"教",还要"管"。良好的课堂管理能够保证课堂教学的效果。能否有效管理课堂,是衡量教师教学能力的一个重要指标。

## 一、课堂管理的概述

课堂管理是一项十分复杂的活动。广义的课堂管理把创设和维持课堂秩序、设计有效的教学、建立学生团体、应对学生个体的需要、建立课堂纪律和处理学生的不良行为都纳入到其范畴之内。狭义的课堂管理仅指为了创建和维持一种有利于学生学习和取得成就的课堂环境而进行的管理活动。本节所讲的课堂管理包括课堂人际关系管理、课堂环境管理、课堂纪律管理。

课堂管理的根本目的是创设良好的学习环境和条件,促进学生有效地学习。1993年,美国教育心理学家沃尔福克(A. Woolfork)指出,要达到上述目的,需要把课堂管理分解成以下三个具体的目标:① 争取更多的时间用于学习;② 争取让更多学生投入学习;③ 帮助学生形成自我管理的能力。

有效的课堂教学以积极的课堂互动为前提,而积极的课堂互动又以师生、学生之间的良好人际关系为前提。课堂管理的一项重要任务,就是促进师生之间、学生之间形成良好的人际关系,为有效地开展教学创造社会性条件。有效的课堂人际关系管理包括建立良好师生关系、促进同伴关系的发展和有效管理班级群体三个方面。

教学是教师、学生、情境三者交互作用的活动过程。作为一种情境因素,课堂环境对教学效果的影响极为重要。因此,长期以来,人们一直把课堂环境管理作为课堂管理的一个重要方面。课堂环境可以分为"硬环境"和"软环境"两个方面,前者主要是指课堂中的物理环境,如座位、光照、活动区域等;后者主要指课堂中的社会心理环境,如课堂气氛、学习目标定向等。

## 二、课堂纪律管理

课堂纪律管理是课堂管理的重要组成部分。在课堂教学中,难免出现各种课堂问题行为,干扰教学活动的正常进行。有效的课堂纪律可以通过营造良好的课堂秩序、减少学生的不当行为来促进学生的学习。

### (一) 课堂纪律的含义

课堂纪律是指为了保障或促进学生的学习而为他们设置的行为标准和施加的控制。课堂纪律有助于维持课堂秩序,减少学习干扰,也有助于学生获得情绪上的安全感。在纪律良好的课堂中,学生能够专注于教师为他们设置的学习任务和课堂活动,很少有干扰这些任务和活动的行为。

根据形成途径,课堂纪律一般可分为以下四类:

1. **教师促成的纪律**

教师促成的纪律主要指在教师的帮助指导下形成的班级行为规范。它是课堂纪律中的一种重要类型,在不同年龄阶段的学生中发挥着不同的作用。对于刚入学的儿童,课堂纪律主要由教师制定,教师需引导儿童如何在团体中学习和游戏。此时,教师的监督和指导较多。随着儿童年龄的增长和自我意识的增强,他们有了自主性,开始反对教师的过多限制,对教师促成的纪律要求会降低。

2. **集体促成的纪律**

集体促成的纪律主要指在集体舆论和集体压力的作用下形成的群体行为规范。如班集体的纪律、少先队的纪律、兴趣小组的纪律等。儿童从入学开始,就受到同伴群体的影响。随着年龄的增长,同伴群体的影响会越来越大。他们逐渐会以同辈群体的集体要求和价值判断作为自己的行为准则,"别人也都这么干"成为了他们从事某事的理由。

3. **自我促成的纪律**

自我促成的纪律主要指自律,它是在个体自觉努力下由外部纪律内化而成的个体内部约束力。自我促成的纪律是课堂纪律管理的最终目标。当一个学生能够客观地评价自己和集体的行为标准,进而做到自律时,就标志着这个学生的成熟水平向前迈进了一步,并且意味着他能够为新的更好的集体标准的发展做出自己的贡献。

4. **任务促成的纪律**

任务促成的纪律主要指某一具体任务对学生行为提出的具体要求。这类纪律在学生的学习过程中占有重要地位。在日常学习过程中,每项学习任务都有它特定的要求,学生需要对任务有充分的理解,进而自觉遵守任务的纪律要求。学生完成任务的过程,就是接受纪律约束的过程。

**（二）课堂纪律的发展**

课堂纪律的形成不是一蹴而就的，它往往要经历一个发展过程。国外学者参照柯尔伯格道德发展的阶段理论，对不同年龄阶段儿童的纪律发展水平划分为如下四个阶段：

阶段1：反抗行为阶段

4~5岁之前的儿童，多处于这一阶段。这一阶段儿童的特点是：经常表现出对抗性，拒绝遵循指示、要求，需要给予大量的注意；很少具有自己的规则，但是畏于斥责，可能遵循他人的要求。这一阶段的儿童，需要教师或父母展示强力控制，才能约束其不良行为。

阶段2：自我服务行为阶段

5~7岁的儿童，多处于这一阶段。这一阶段儿童的特点是：以自我为中心的，关心行为的后果，在课堂上易于管理，但很少具有自我纪律感。从道德发展来讲，此时儿童处于奖励和惩罚阶段。他们做出某些行为的目的，要么是想得到奖励，要么是避免受到惩罚。这一阶段的儿童，需要教师对其行为不断进行监督。

阶段3：人际纪律阶段

大多数中学生处于这一阶段。此阶段学生的行为取向是要建立一种相互的人际关系，他们做出的行为往往与"我怎样才能取悦你"的动机联系在一起，关心自己在别人心目中的形象，希望别人喜欢自己；有了一种纪律感，不需借助强力就能约束自己。这一阶段的学生只需要教师的轻微提示，就能很好地遵守纪律。

阶段4：自我约束阶段

只有一部分中学生能够稳定保持在这一水平。此阶段学生的特点是：能够明辨是非，理解了遵守纪律的意义，能够做到自我约束；不赞赏武断纪律，厌烦那些逼迫教师处理纪律问题的学生。这一阶段的学生知道什么是对的，应该怎么做。

上述阶段的划分，可以为教师维持课堂纪律提供参照。不同年龄阶段学生出现纪律问题的原因不同，教师需采用不同的引导和干预措施，从发展性的角度看待学生的违纪行为，帮助学生进入更高阶段的纪律水平。

**（三）维持课堂纪律的策略**

课堂纪律管理是一项日常而又复杂的工作。教师可以采用以下策略来维持良好的课堂纪律。

1. 建立积极、有效的课堂规则

课堂规则是课堂成员应该遵守的课堂基本行为规范和要求。教师要管理好课堂纪律，必须建立积极、有效的课堂规则。课堂规则的建立最好由教师和学生充分讨论、共同制订；内容表述要以正面引导为主；规则应少而精，一般以5~10条为宜；制订应及时，并需要根据具体情况引导学生及时进行调整。

2. 合理组织课堂教学，维持学生的注意和学习兴趣

教师合理组织课堂教学，激发学生的学习兴趣，维持学生的注意，就会使学生减少违纪的机会，进而改善课堂纪律。具体来说，教师可以通过设置符合学生需要的教学内容和灵活多变的教学方法来增加学生的课堂参与度；教师可以通过课前的充分准备、课上的合理进度和节奏来保持教学的动量；教师还可以通过处理好教学的过渡问题以保持教学的流畅性。这些均有助于维持学生的注意和学习的兴趣。

3. 注意做好课堂监控

课堂监控有助于教师及时发现纪律问题,提前做好预防,进而维持良好的课堂纪律。发现纪律问题的苗头时,教师可以采用提示的方法加以控制。非言语的提示(如目光接触、手势、身体靠近和触摸等)和言语的提示(如"请注意听讲""老师板演时请不要讲话")均能起到很好的效果。在采用言语提示时,教师需要尽量做正面提示,多用"积极性的引导语言",少用"消极性的引导语言"(见表12-6)。

表12-6 积极性的引导语言与消极性的引导语言

| 积极性的引导语言 | 消极性的引导语言 |
| --- | --- |
| 关门要轻一点。 | 不要"砰"的一声关门! |
| 如果能回答问题就举手。 | 怎么不举手? |
| 应该自己把这些题目做出来。 | 别看其他同学的作业! |
| 答题时应该仔细检查。 | 怎么这么粗心! |
| 身体要坐正。 | 不要瘫坐在凳子上! |

4. 培养学生的自律品质

课堂纪律管理的终极目标是自律,而自律又是在他律的基础之上形成的。因此,教师需要让学生知道行为的规范有哪些,对学生遵守课堂纪律提出明确的要求;注重发展学生的自我监控和调节能力;利用集体舆论和集体规范发展学生的自律品质。

**(四)课堂问题行为及其应对策略**

在课堂教学中,学生有时候会出现各种问题行为,干扰正常的教学活动。因此,澄清并有效地应对这些问题行为便是课堂纪律管理的一项重要任务。

1. 课堂问题行为的含义及分类

课堂问题行为是指学生在课堂中发生的,违反课堂规则,妨碍及干扰课堂教学活动正常进行的行为。学生的问题行为一般可分为两类:品行方面的问题行为和人格方面的问题行为。

品行方面的问题行为是指,那些直接指向环境和他人的不良行为,如攻击性行为、破坏性行为、不服从行为等。这类行为较为外显,容易被教师发现,容易引起教师的关注。这类行为既影响行为者自身的学习,又妨碍教师和同学,有时还会违背社会道德规范。

人格方面的问题行为是与学生的个性关联在一起的不良行为,如孤僻退缩、焦虑抑郁等。这类行为则较为内隐,不易觉察、辨认和确定。这类行为不仅影响行为者自身的学习,而且会导致他们不能形成良好的同学关系和师生关系,从而极大损害教学活动的效果。

2. **课堂问题行为的原因**

导致学生在课堂上出现问题行为的原因比较复杂,概括起来,可以分为三个方面。

(1)学生方面的原因

引起课堂问题行为的学生方面的因素有:① 挫折感。学生在学习生活中如果成绩不良、人际关系不和谐、不适应教师教学的要求等,就会产生挫折心理,引发消极情绪体验,演变为课堂问题行为。② 寻求注意。一些得不到集体和老师承认的自尊心较强的学生,会故意在课堂上制造麻烦来引起教师和同学的注意。③ 人格因素。个性心理特征会导致问题行为的产生,如内向者的退缩,外向者的自制力弱等。④ 生理因素。身体上的疾病、发育期的紧张、疲劳和营养不良等,都会影响学生的行为。

(2) 教师方面的原因

引起课堂问题行为的教师方面的因素有：① 教学不当。教师备课不充分、缺乏教学组织能力、表达能力差等造成的教学失误，会导致学生不能将注意力集中在课堂上，进而产生问题行为。② 管理不当。专制型老师的武断，使学生感觉不到尊重，进而产生对立情绪，出现问题行为；放任型教师的不管，使学生无视课堂纪律引发问题行为。③ 丧失威信。教师业务水平低、对教学不认真负责、对学生要求不一致、说到做不到、不关心学生、不承认错误、有偏见等会使自己丧失在学生心目中的威信，进而引发学生产生问题行为。

(3) 环境方面的原因

引起课堂问题行为的环境方面的因素有：社会环境中的社会风气、大众传播媒介等会对学生产生不良影响；学校环境中的物理环境和社会心理环境等会影响学生心理；家庭环境中的父母教养方式、家庭氛围等会时刻影响着孩子。

3. 课堂问题行为的应对策略

课堂问题行为具有普遍性，是教师经常遇到而又非常敏感的问题，如果处理不好，就会损害师生关系和破坏课堂气氛，影响教学效率。课堂问题行为是否能够得到恰当处理，取决于教师是否采用有效的应对策略。当学生在课堂中出现问题行为时，教师可以采用如下应对方法。

(1) 运用积极的言语和非言语手段调控

对于学生出现的问题行为，教师可以采用非言语行为控制，如教师可以用目光、面部表情、手势、动作、走近学生等非言语手段，提示学生注意控制自己的不良行为。

除了非言语行为，教师还可以采用口头表扬来调控学生的问题行为。一是表扬出现问题行为的学生的良好行为。比如，某学生上课爱搞小动作，教师就在这个学生认真学习时表扬他；某学生常擅自离开座位，教师就在他坐在座位上认真听讲时表扬他。二是表扬其他学生的良好行为。可以选择他邻座的同学或他最要好的同学加以表扬以引起行为不良学生的注意，进而改善其不良行为。表扬良好行为不仅可以终止学生的问题行为，还可以使他们知道什么是合适的行为。因此，这是一种比较好的问题行为调控策略。

(2) 合理运用惩罚

少量的、方式适当的惩罚可有效地减少课堂问题行为。有效的惩罚需遵循七个原则：① 偶尔使用惩罚；② 使学生明白为什么他要受惩罚；③ 给学生提供一个可选的方法以获得某种积极的强化；④ 强化学生与问题行为相反的行为，亦即当实施惩罚后，如发现学生有积极的表现，应停止惩罚；⑤ 避免使用体罚；⑥ 避免在教师非常愤怒或情绪不好时使用惩罚；⑦ 在某一行为开始而不是结束时使用惩罚。

此外，教师在运用惩罚时要坚持对事不对人的原则，执行惩罚时要公平一贯，灵活体现出差异性，如学生第十次捣乱和第一次捣乱所受的惩罚就应有所不同。在对学生进行惩罚后，要给予学生积极的帮助，使学生受惩罚后，不仅不再犯错，而且在同样情境下，学会以适当行为代替不良行为。

(3) 引导学生参与学习活动，不留给学生违纪的时间

课堂上，当学生感到"空闲"、无所事事时，也会出现问题行为。因此，教师可以安排他们从事一些学习活动，使他们没有产生问题行为的空闲，进而中止问题行为。但是，安排的学习活动和任务又不能过多，过多会导致其疲劳、烦躁，也易引发问题行为。适度的学习活动使学生既有事做，又不过度疲劳，能有效避免课堂问题行为。

(4)进行心理辅导

上述三种方法虽然能有效中止课堂问题行为,但不能从根本上解决学生的问题行为。要想从根本上解决学生的问题行为,需要了解其问题行为的心理根源,对其进行心理辅导。第一,给予倾听、接受、移情性的理解,而不要给予批评、指示、约束、强制的教育;第二,给予情感发泄机会,疏导学生内心积压的忧郁、愤怒、冲动、不满、攻击、不安等不良情绪,从而消除问题行为背后的情感根源;第三,通过引导,帮助学生找到产生问题行为的原因,分析问题行为带来的消极后果;第四,帮助学生制定新的适应性课堂行为目标。

## 第三节 教学评价

### 一、教学评价的概述

#### (一)教学评价的含义

要了解教学评价的含义,需要先了解与评价有关的几个概念。测量、测验、评价与教学评价密切相关,但又有所不同。测量就是根据某些法则与程序,用数字对事物的属性进行量化的过程。如用尺子量长度,用心理健康量表测量个体的心理健康水平。测验是测量的一种工具或者方式。如教学评估中的成就测验等。评价是指对事物的价值进行衡量和判断。在学校教育领域,评价往往是在测量、测验的基础上进行的。评价是基于测验分数做出的判断。如某生在语文测验中考了90分,其百分等级为95%,说明在参加该语文考试的常模样本中,有95%的人得分比他低,他的成绩是优秀的。

基于对以上概念的理解,教学评价(instructional evaluation)是指,根据教学目标,对学习者在教学活动中所发生的变化进行观察与测量,收集有关资料并做出价值判断的过程。

#### (二)教学评价的功能

1. 反馈功能

教学评价的结果为学生在学习上的情况提供了反馈。好的反馈可以评估学生的学习结果在多大程度上实现了教学目标,还可以解释学生学习不良的原因,是出自教材教法的使用不当,还是出自学生的学习动机、情绪、准备不足或学习策略不合适等。

2. 导向功能

通过教学评价,学生可以了解自己的学习实际情况与学习目标之间的差距,教师可以为学生的进一步学习指明方向,引领学生不断朝着教学目标努力,对学生的学习起到导向作用。

3. 鉴定功能

通过教学评价,可以鉴定学生的学业水平,可以通过对某一学生与其他学生的比较进行评优鉴定,还可以鉴定一定对象是否具有从事某种活动的资格。比如,通过考试给学生一个分数,可以让学生知道自己在群体中的位置;通过高考可以选拔不同优秀等级的学生进入不同的高校进行进一步深造。

4. 激励功能

通过教学评价,可以激励学生的学习,激发其学习动机。如果学生知道自己的学习效果是好的,会满足其"获得成功"的需要,从而带来愉快的情绪体验,进一步增强其学习动机。如果学生的测评结果不是很理想,则会引起学生不愉快的情绪体验,为了"避免失败",可以促使学生变压力为动力,激发其学习动机。

### (三) 教学评价的类型

根据不同的划分标准,可以将教学评价分为不同的类型。

#### 1. 诊断性评价、形成性评价和总结性评价

根据教学评价在教学工作中的作用,可以将其分为诊断性评价、形成性评价和总结性评价。

诊断性评价(diagnostic evaluation)又称配置性评价、准备性评价,是指在教学之前,为了了解学生对学习新知识应具备的基本条件的掌握情况而进行的评价。诊断性评价通常运用所谓的"摸底测验"的方式来进行。通过诊断性评价,教师可以了解学生的起点行为,确定学生对新任务的准备状况。

形成性评价(formative evaluation)又称诊断进步评价或进展评价,是指在教学过程中,为了解学生的学习情况、及时发现教和学中的问题而进行的评价。形成性评价可多次进行,通常采用非正式考试或单元测验的形式来进行。测验的编制必须考虑单元教学中所有重要目标。通过形成性评价,教师可以随时了解学生在学习上的进展情况。

总结性评价(summative evaluation)又称终结性评价,是指在教学结束后,为全面了解教学目标的实现情况所进行的评价。总结性评价常用期末考试的方式进行。通过总结性评价,教师可以检验本学期教学目标的实现程度,可以对学生一个学期的学业成就做一个综合的评定。

#### 2. 常模参照评价与标准参照评价

根据教学评价时比较标准的不同,可以将教学评价分为常模参照评价和标准参照评价。

常模参照评价(norm-referenced evaluation)是指,评定时把学生的成绩与其所在团体的平均成绩即常模进行比较,从而分析个体在团体中的相对位置的一种评价方法。常模参照评价对学生学习成就的解释采用了相对的观点,着重于学生之间的比较,主要用于选拔(如升学考试)或编组、编班。

标准参照评价(criterion-referenced evaluation)是以教学目标所确定的作业标准为依据,来评价学生对与教学关联密切的具体知识和技能的掌握程度,进而评定学生的学业成就,判断学生是否需要更多指导的一种评价方法。标准参照评价通常适用于掌握性测验,侧重于描述学生能够完成的任务,最终成绩由绝对标准决定,通常在形成性评价中使用。

#### 3. 正式评价和非正式评价

根据评价方法的科学性、可重复性,可以将教学评价分为正式评价和非正式评价。

正式评价(formal evaluation)是指在评价信息的收集方法、程序、评价标准等方面有较为系统、严格的规定,评价的结果相对客观公正,受评价者的主观影响比较小的一种评价方法。测验和问卷等是其常用方式。

非正式评价(informal evaluation)主要是指那些评价过程和评价标准存在一定模糊性的评价方式。观察、谈话是其常用方式。

教学评价是教育领域一项频繁的活动,评价的过程和结果对被评者而言具有重要作用,因此这就要求评价必须有效。有效的评价要求高信度、高效度、中等难度和高区分度。

## 二、教学评价的方法

1. 测验法

测验法是教师对学生认知学习考查最直接、最常用的方法。测验可以帮助教师了解学生的知识准备情况，了解自己的教学效果，以此反思自身的教学过程，提高自身的教学水平，并且最终促使学生更好地掌握知识与提升学业成就水平；测验还可以帮助学生了解自己的不足与欠缺，进而弥补不足，同时又可以训练自己运用知识解决具体问题的能力。在实践中，对学生学业成就的评价主要有标准化成就测验和教师自编测验。

标准化成就测验是由专家和学者按照标准化程序编制的适用于大规模范围的测验，用于评定受过某种教学或训练的人员的成就水平。如美国的托福、英国的雅思、中国的高考都属于标准化成就测验。标准化成就测验具备常模、信度、效度、施测、评分和解释等相应的标准或条件，有较好的客观性、可比性及计划性等，质量高、误差小，能在大规模的测验中客观准确地完成对被试的测定和评价，因而是一种很理想的测验形式。

教师自编测验是由教师或学科小组根据教学的需要自行设计与编制的，能够随时考查学生的学业情况的测验。教师自编测验是标准化成就测验的补充，在学校教学评价中应用最多，是教师最愿意用的测验。在完成一定的教学内容后，教师就可以根据刚结束的内容进行考核，简单易行，灵活方便。通常只应用于本班或本校，编制过程相对随意，题型和内容的选择都由教师根据需要自行决定。编制时应考虑测验内容与教学目标的相关，要能较好地反映教学内容及其重点难点；要具备一定的科学性，如较好的信度和效度；还应具备一定的效果，如激励学生的学习，给师生的教与学提供准确的反馈信息等。

2. 观察法

观察法是指教师在教学过程中对学生的学习表现和学习行为进行自然观察，并对所观察到的现象做客观和详细的记录，然后根据这些观察和记录对教学效果作出评价。观察法常采用行为检查单、轶事记录、等级评价量表等方式进行。

行为检查单是指教师根据教学目标和对学生日常的学习、劳动和纪律等方面的行为要求而设计的，对学生的行为（包括日常学习、操作技能、纪律或品行等）进行观察并随时加以记录。表 12-7 是一份学生的劳动行为检查单。

表 12-7　劳动行为检查单

| 姓名：小西 | | |
|---|---|---|
| 时间：2021 年 6 月 21 日～6 月 25 日 | | |
| 观察教师：小乔 | | |
| 行为表现 | 出现左边的行为请画√ | 备注 |
| 1. 抹桌子 | √ | |
| 2. 打扫走廊 | √ | 班长布置的 |
| 3. 为班级打开水 | | |
| 4. 帮老师擦黑板 | √ | |
| 5. 擦玻璃窗 | | |

轶事记录是指教师客观地观察和记录在学校和课堂中所发生的一些与学习和教学有关的事情,记录内容包括学生的姓名、所在班级、事件发生的时间地点及经过、对事件的解释。在记录过程中不做评论,尽可能不掺杂个人意见和观点。(见表12-8)

表12-8　轶事记录卡设计样例

| 班级 | 高一(1)班 |
| --- | --- |
| 学生 | 张三 |
| 时间 | 2021年10月29日周五上午第三节课 |
| 地点 | 信息技术电脑教室 |
| 事件 | 上课很长一段时间了,同学们都在互联网上按上机作业要求搜索相关信息,完成作业。张三专注地在网上浏览着世界杯的信息,小组同学提醒他,他也不理睬。 |
| 解释 | 张三是个世界杯爱好者。 |

等级评价量表对于连续性的行为更为有效。它可用于判断某种行为的发生频率,以及某种操作或活动的质量,使得观察信息被量化。等级评价量表是一种间接的观察技术,通过量化所观察的信息,可以迅速简便地获得概括化的信息。表12-9的等级量化表表示了教师对学生行为的评定。

表12-9　等级评价量表

| | 从不 | 有时 | 经常 | 总是 |
| --- | --- | --- | --- | --- |
| 参加周五的义务劳动 | 1 | 2 | 3√ | 4 |
| 上课时做与学习无关的事情 | 1 | 2√ | 3 | 4 |

许多学习结果可以通过这些观察技术来测量。包括口头表达能力、写作能力、听力、朗读技能、实验操作技能、演奏乐器的能力、学习技能和社会技能等。

3. 表现性评价法

表现性评价法也被称为真实性评价法,是通过观察学生在学业生活中和学习场景中完成各种任务的情况来对其学业成就进行评价。主要由真实性任务(authentic task)和量规(rubric)两个部分组成。真实性任务是指现实生活中或模拟现实生活中的任务,学生可以用他们所学的知识和技能去解决这类任务。量规主要由评价项目和评价等级组成。

学生学业评价中通常采用的表现性评价主要有以下7种类型。① 口头报告与答辩。口头报告是用口头语言对学习内容进行反应,有时采用难度更大的答辩,在答辩过程中不仅要求对学习内容进行口头表述,还要求对自己的观点和逻辑做出较为详细的解释。② 项目调查。有个人项目,即学生个人完成的项目;也有小组项目,即两个或两个以上个体合作完成的项目;还有个人—小组项目,即项目完成后,每个个体都撰写一个报告。③ 角色扮演。局部或全部模拟真实情境,让学生进行角色扮演,如在社会学习课程中,学生采用角色扮演的方法模拟法庭审判、市政会议、招聘等活动。④ 小论文。要求学生对某个现象、问题或者观点进行描述、分析、解释、总结、评价或论证。⑤ 学习日志。即让学生收集和留下有关学习活动的相关资料。⑥ 科学实验。结合教学过程要求学生操作实验设备直接去感知事物的一种综合性的评价方法。⑦ 艺术作品。让学生进行艺术创作,包括诗歌、文章、图画或者其他形式的艺术作品的创作。

4. 档案袋评价法

档案袋评价法又称为文件夹评价或成长记录袋评价,是有目的地收集学生在学习过程中所取得的学习成果、学习记录、最佳作品样本等内容,以展示学生在一个或几个领域学习中的进步与成就的方法。依据档案袋收集的信息可以对评价对象进行客观的、综合的评价。

档案袋有展示型档案袋和过程型档案袋两种。展示型档案袋主要收集能够反映个人成就的材料,如自己的最佳作品、自己的代表性作品、自己的获奖证书、奖章等;过程型档案袋主要收集反映不同时间段的个人表现的材料,其中不仅有自己最满意的作品,也有最初的、不太成熟的作品,如一篇文章的初稿、修改稿和定稿都可以放在档案袋中。

5. 概念图

概念图(concept map)是现代认知心理学的一种测评方法,认知心理学关于人的语义知识表征的理论(即人的知识不是孤立的、分离的,而是以层次网络的形式储存在长时记忆中的)是概念图的理论基础。

概念图是一种评价学生认知结构的工具,是让学生根据自己对某个知识的理解,用图的方式来表现其中的概念以及概念之间的联系。一个概念图就是由结点和连线构成的结构性的表征,其中结点对应某领域中的一个概念,连线代表一对概念(结点)之间的关系,而连线上的标注则说明这是什么样的关系。两个结点与一个带标注的连线共同构成了一个命题。通过让学生把某领域中的概念连起来,并标明这种联系的性质,可以展示某知识领域的关键概念在学生的头脑中是怎样组织起来的。

概念图的测试任务有限制性任务和开放性任务两种。限制性任务是给定一串概念和连接词,让学生将它们画成概念图;开放性任务是只给出少数几个提示性的概念,让学生充分发挥,将自己头脑中所有的相关概念归纳整合画成一幅概念图。

概念图能够评价学生对深层知识的理解程度。对概念图的评价标准可由以下几部分组成:一个清晰的核心概念;相当数量的关键概念、观点;恰当的细节;贴切的事例;各资料间的正确联系;整洁、明确、易读。

## 三、教学评价结果报告

对学生在学校中的进步状况进行报告的方法通常有两种:一是对学生进行等级评定与解释;二是写评语。

1. 等级评定与解释

等级评定与解释是对学生的发展与进步进行等级判断和相应解释的方法。通常采用字母来表示学生在学业或其他方面的发展等级,然后对这个等级进行相应的解释。

等级评定与解释有不同的参照依据。依据不同,等级的划分与对等级的解释也相应不同。具体来说,参照依据有绝对标准、相对标准和进步量表三类。绝对标准是任务参照、标准参照,是相对于课程的具体目标设定的;相对标准是群体参照、常模参照,是相对于班内其他同学设定的;进步量表是自我参照、变化大小,是相对于来此地学习时所具备的能力和知识设定的。

以上三种参照标准的等级评定各有优劣,如果都报告,就能较全面地反映学生的状况。不同参照标准下的各等级划分方法如下:在标准参照(绝对标准)中,如果是百分制,则可以将90~100分评定为A,80~89分评定为B,70~79分评定为C,60~69分评定为D,59分以下评定为E。在常模参照(相对标准)中,可以将百分制转换为百分比,然后从高分端到低分端按各等级所占比例分别为10%、20%、40%、20%和10%将学生评定为A、B、C、D、E五等。在自我参照(进步量表)中,将学生现在的表现和以前的表现进行对照后给出等级,如果学生进步了两个等级,评定为A;进步了一个等级,评定为B;等级没有进步,评定为C;退步了一个等级,评定为D;退步了两个等级,评定为E。自我参照的不足是对学业成绩中上的学生激励不够,因为他们的相对进步较小。

2. 评语

评语是用相对简洁的评定性语言叙述评价的结果。评语能够弥补评分的不足,那些难以用分数反映的问题可以用评语来进行评述。在写评语时,需要注意:① 评语要体现学生的特点、兴趣、爱好;② 评语包括对学生发展情况的描述,如学生的进步或后退;③ 评语包括教师对学生的希望和鼓励,让学生能感觉到老师对自己的期待。

随着教学评价的发展和发展性评价的深入,评语这一报告方式发生了可喜的变化,主要体现在以下四个方面:① 在内容上,模式化语言转变为了根据学生实际情况进行报告,凸显了评语的个性化;② 在语言表述上,干瘪的条文增加了情感化用语,更加委婉和风趣;③ 在报告时间上,由过去学期末或学年末的一次性报告转变为多次报告,由以前偏重于德、智、体的综合评价转变为即时评语、学科评语、作业评语、综合评语相结合;④ 报告的撰写人由过去的教师包办转变为全员参与。

现在的评语主要有两种形式:①

一种是"优点+希望"型评语。例如:

在本学期,该生能遵守学校的各项规章制度,尊敬师长,团结同学;能关心集体,且能积极参加班级的各项活动;学习态度认真,上课能认真听课,课后按时完成教师布置的作业,学习成绩进步较大;希望今后多注意锻炼身体。

另一种是"个性+期望"型评语。例如:

你是个心灵手巧的学生,看你图画课上画得多好!看你做的"忍者神龟"头饰多像!同学们都在夸你,都在暗暗羡慕你呢!能把你的聪明用在学习上吗?爱哭可不是男子汉的作风,有了缺点,哭可帮不了忙,想想该用怎样的态度对待批评。我想你已经知道今后该怎么做了,对吗?

写评语需要注意:不能对所有学生都千篇一律地使用一样的语言来描述,要针对不同学生的不同特点给予不同的评语;在希望和鼓励部分,语言要真诚,就像这个学生坐在自己对面,两人在悉心交谈一样,只有这样才能让学生体验到教师对他的关注,从而引起学生进步的想法。

## 本章小结

教学设计是教师在教学之前根据社会要求和学生特点,对教学的目标、内容、方法、媒体、程序、环境以及评价等要素进行系统谋划,形成教学思路和方案的导教、促学过程。布卢姆把教学活动所要实现的整体目标划分为认知、情感和动作技能三大领域。教育心理学家提出了三套新的目标表述技术:行为目标表述技术、内外结合表述技术、表现性目标表述技术。设计教学目标,需要对每一个教学目标进行任务分析。教学手段设计的关键在于科学选择和有效运用教学方法和教学媒体。

课堂管理的目标是:争取更多的时间用于学习;争取让更多学生投入学习;帮助学生形成自

---

① 张大均.教育心理学[M]. 3版.人民教育出版社,2015:614-615.

我管理的能力。课堂人际关系管理包括：建立良好的师生关系；促进同伴关系的发展；有效管理班级群体。课堂环境管理既包括对课堂中的物理环境的管理，又包括对课堂中的社会心理环境的管理。课堂纪律有教师促成的纪律、集体促成的纪律、自我促成的纪律、任务促成的纪律。

教学评价是指根据教学目标，对学习者在教学活动中所发生的变化进行观察与测量，收集有关资料并做出价值判断的过程。根据教学评价在教学工作中的作用，可以将其分为诊断性评价、形成性评价和总结性评价。根据教学评价时比较标准的不同，可以将教学评价分为常模参照评价和标准参照评价。根据评价方法的科学性、可重复性，可以将教学评价分为正式评价和非正式评价。常用的教学评价方法为：测验法、观察法、表现性评价法、档案袋评价法、概念图。教学评价结果报告的方法通常有两种：一是对学生进行等级评定与解释；二是写评语。

## 知识练习

1. 简述布卢姆的教学目标分类理论。
2. 新的目标表述技术有哪些？
3. 常用的教学方法有哪些？
4. 课堂纪律的形成途径有哪些？
5. 如何有效应对课堂问题行为？
6. 教学评价有哪些类型？
7. 常用的教学评价方法有哪些？

## 推荐读物

莫雷.教育心理学[M].教育科学出版社，2007.

皮连生，朱燕，胡谊，等.教学设计——心理学的理论与技术[M].高等教育出版社，2000.

孙波.互动教学设计：用脑做培训[M].电子工业出版社，2020.

王晓春.课堂管理，会者不难[M].中国轻工业出版社，2010.

张大均.教育心理学[M]. 3版.人民教育出版社，2015.

朱德全，徐小容，李鹏.教育测量与评价[M].高等教育出版社，2016.

艾丽森·A.卡尔-切尔曼.教师教学设计：改进课堂教学实践[M].方向，等，译.福建教育出版社，2018.

凯·M·普赖斯，卡娜·L·纳尔逊.有效教学设计：帮助每个学生都获得成功[M]. 4版.李文岩，等，译.中国人民大学出版社，2016.

罗伯特·M.桑代克，特雷西·桑代克-克莱斯特.教育评价——教育和心理学中的测量与评估[M]. 8版.方群，等，译.商务印书馆，2018.

罗森布卢姆-洛登，基梅尔.让教师都爱上教学：307个好用的课堂管理策略[M]. 3版.罗兴娟，译.中国轻工业出版社，2013.

斯蒂芬·耶伦.目标本位教学设计——编写教案指南[M].白文倩，等，译.福建教育出版社，2015.

# 第十三章　教师心理

## 【学习目标】

1. 了解教师的职业角色与心理特征,为未来成为教师做好心理准备;
2. 了解教师成长和发展的阶段,掌握教师成长和培养的途径;
3. 了解教师心理健康维护的方法。

## 【知识导图】

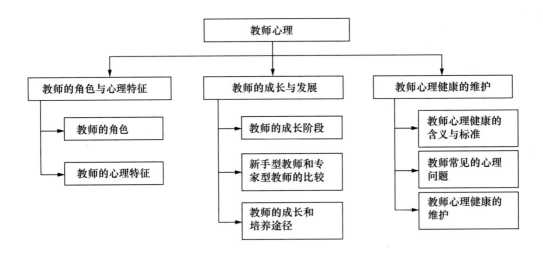

## 【学前反思】

一位已经工作了8年的初中老师在自己的日记中写道:

我这是怎么了?为什么学生会对我这么不耐烦?难道我不适合当一个老师?从查找资料到备课,我没少下劲儿啊!我的课讲得有这么糟糕?前几年学生不也挺喜欢我吗?我记得前年学生还推荐我为他们最喜欢的老师。是我变了还是我落伍了?还是现在的学生这么难伺候?还是学生的喜好变了,不喜欢我这年龄大的老师,喜欢美女帅哥了?我该怎么办?就这么耗着?岂不是对不起教师这个称号?可是一天下来,累都累死了,还得辅导孩子写作业,各种鸡飞狗跳,我能怎么办?学生烦我,我也烦,谁来帮我呢?

处于人生和职业发展的关键时期,却遭遇教学挫折,对于教师已有的教学经验、自我认知形成了巨大的挑战。而这不仅仅是这个老师所面临的个别情况。在教师的成长和发展过程中会遇到哪些挑战?又该如何应对呢?

# 第一节 教师的角色与心理特征

## 一、教师的角色

1934年,米德(G. H. Mead)首先运用角色概念来说明个体在社会舞台上的身份及行为。在社会心理学中,角色是个体在特定的社会关系中的身份及由此而规定的行为规范和行为模式的总和。教师角色是指教师按照其特定的社会地位承担起相应的社会角色,并表现出符合社会期望的行为模式。人们在使用"教师角色"一词时,有三个方面的意思:① 教师角色就是教师行为,即教师在学校或教学中的行为;② 教师角色表示社会地位和身份;③ 教师角色意指对教师的期望。

**(一)教师的角色**

唐代韩愈说:"师者,所以传道授业解惑也。"一个优秀的教师,就要精于"授业""解惑",更要以"传道"为责任和使命。[①] 随着教育改革和"互联网+教育"工程的不断推进,教师的角色已发生重大转变,教师在教育教学过程中扮演着以下重要角色。

1. 教学的设计者

在教育过程中,教师需要通过分析学生特点、教材和教学内容,理清教学思路,根据教学目标选择合适的教学方法进行教学,在既定的教学时间内进行高效教学。因此,教师作为教学设计者,需要着重考虑三个问题:① 教学目标是什么?② 选择什么样的教学策略和教学方法?③ 选择什么样的评价方式来评定教学效果?在教学设计过程中,教师要更多地考虑学生因素,理解和灵活运用各种教学方法进行教学设计,创造性地开展教学工作。

2. 指导者和信息源

教师作为指导者是指在学生学习的过程中,教师要承担"传道授业解惑"的责任,为学生的知识学习提供指导。同时,教师又承担着"育人"的重担,引导学生形成正确的人生观和价值观,指导学生在人生的道路上努力奋斗。

教师作为信息源有两层含义,一是指教师按自己设计的方案主动向学生提供一定的信息,二是学生在对一定的问题情境进行探索时,主动向教师寻求一定的信息。随着信息技术的不断发展,网络课程、智慧校园、智慧教室的应用进一步扩大,学生获得信息的途径越来越多样化,教师已不再是学生唯一的甚至最主要的信息源。因此,教师的角色从信息的提供者转变为信息获取途径的指导者和信息获取线索的提供者,在为学生提供一定的信息的基础上,着重通过提供信息获取的方法和途径,提升学生的信息素养水平,进而达到帮助学生更好地获取和筛选信息,提升学生"学会学习"的能力的目的。

3. 学习的促进者

在以学生为学习主体、强调学生学习积极主动性的教育革新时代,传统的"填鸭式"教学已明显过时,教师作为"知识的搬运工"的角色已不能适应当前教育的要求。因此,教师在教育教学过程中,要从过去作为单纯灌输者的角色中解放出来,采用多种教学方式方法,积极创设问题情境,激发学生的学习积极性,让学生更加主动地投入到学习活动中,提高学习效率。

---

① 《习近平总书记教育重要论述讲义》编写组.习近平总书记教育重要论述讲义[M].高等教育出版社,2020:207.

#### 4. 组织者和管理者

在教育教学过程中,组织和管理班级,维持课堂教学秩序,是教师进行有效教学的前提。因此,教师在教学过程中要组织课堂教学、进行班级管理,处理教学中的偶发事件等。在新课程改革的过程中,新的教学方式如翻转课堂、对话教学、情境教学等的使用使得师生互动更为频繁,学生的学习行为也更加多样化,特别是合作学习、交互性学习、实践活动等学习方式,更进一步凸显了教师作为组织者和管理者的重要性。

#### 5. 平等中的首席

在传统的课堂理念中,教师的角色是课堂活动的监控者,是教学活动的绝对权威。现在教师已不再是高高在上的统治者,而是和学生具有平等地位的学习伙伴和合作者。师生双方均作为独立的个体,其人格和尊严是平等的,教师不再是"权威的代言人"。美国教育学家多尔(W. E. Doll)说:"作为平等中的首席,教师的作用没有被抛弃,而是得以重新构建。"教师作为平等中的首席指的是,教师在尊重、平等的师生关系中,以平等的身份和学生进行讨论,共同理解和解决问题,通过与学生的沟通交流,用自己渊博的知识和丰富的经验积极引导学生,成为平等对话的组织者、促进者。

#### 6. 反思者与研究者

教学有法,但无定法。教师在教学过程中,需要根据学生的实际情况进行教学设计,实施教学过程。但是预期的教学效果与实际的教学状况是否相一致?教学过程中有哪些状况需要加以关注?学生是否能够充分理解和掌握教师所教知识?有哪些方面需要加以改进和提高?诸如此类的问题都需要教师在充分教学观察的基础上,通过教学反思和研究得以回答和解决。

因此,教师需要不断对自己的教学进行反思和评价,发现和分析其中存在的问题,提出可行性的改进方案,以促使个人教学水平提升。同时,教师还需要对自己的教学和学生的学习进行研究,成为一个教育研究者,从而能够以一定的教育、心理理论为基础,灵活地解决教学中的各种实际问题。

#### 7. 终身学习者

终身学习指社会成员为适应社会发展和实现个体发展的需要,贯穿一生的持续学习过程,是 20 世纪国际社会影响最大、最有革命性的教育思潮。知识、信息的迅速更迭,使得终身学习已成为社会成员的共同需求。教师想要成为一名好的教育者,首先需要成为一名好的学习者。陶行知先生曾经说过:"想要学生学好,先要先生好学;唯有学而不厌的先生,才能教出学而不厌的学生。"因此,教师必须成为终身学习者,只有通过不断的学习,提升自己的学习能力、知识水平,才能更好地促进学生发展。

### (二)教师角色的形成

教师角色的形成是指个体逐步认识到教师的职业角色及相应要求,通过实践将社会对教师的角色期待转化为个人内在的思想信念,形成相应的心理特征和能力的过程。这一过程包括三个阶段:

#### 1. 角色认知阶段

教师角色认知是指教师对自己所从事的职业行为规范的认识和了解,即了解教育的复杂性、规范性、长期性等特点,了解教师的职业道德、承担的责任,知道哪些行为是正确的,哪些行为是不规范的等。在思想认识上树立教师的形象认知,能将教师职业角色和社会上其他职业角色区别开。

角色认知是一个人在正式从事教师职业之前就应该具备的，而非进入教育工作之后才去了解的。而且，对教师角色的认知不能仅仅停留在我们日常生活中所了解到的表面，比如将教师每天上课时长等同于教师工作时间，认为当了教师就可以想怎么管学生就怎么管，甚至有人认为教师工作就是拿着教材"照本宣科"，这都是对教师角色的不正确的、停留在表面的认知。正确、深刻的角色认知是成为教师之前的心理和行为准备，为成为合格的教师奠定良好的基础。

2. 角色认同阶段

教师角色认同是指教师通过自己亲身体验接受教师这一角色所承担的社会责任，并能以此评价、调节和控制自己的言行，使自己的言行符合教师的职业要求。对角色的认同不仅是在认识上了解教师角色的行为规范，而且在情感上也有所体验。对教师角色的认同，是一个人正式成为教师并有了一定的教育实践后才逐步形成的。

3. 角色信念阶段

教师角色信念是指教师对自己的角色期望和角色认同转化为自己的心理需要。这时，教师坚信自己对教育事业的追求是正确的，相信通过自己的教育行为能体现个人的社会价值，在行动中表现出自尊感、自信感和荣誉感。坚信教师是人类灵魂的工程师，坚信教师是一种崇高而又光荣的职业，教师就会更愿意将自己的毕生精力倾注于教育工作上，几十年如一日，辛勤耕耘，无悔付出。

## 二、教师的心理特征

教师在教育教学过程中，在提升学生的知识、能力水平的同时，也在培养着学生情绪情感和健全的个性品质。"学高为师，身正为范"是著名教育家陶行知先生的名言，也是对教师品质的基本要求。也就是说，教师要兼具知识渊博和德行高尚，才能成为学生的表率。当代社会中，教师更要争做"有理想信念、有道德情操、有扎实学识、有仁爱之心"的"四有"好老师，做政治素质过硬、业务能力精湛、育人水平高超的高素质教师。

教师的职业特点和职业角色决定了教师应具备一系列特定的心理特征，其中主要包括教师的认知能力、个性特征、道德品质等。

1. 教师的认知能力

俗话说：想要给学生一碗水，教师就要有一桶水。而当今社会知识更新速度的不断加快，对教师的知识涵养也提出了更高的要求。作为一名教师，必须有扎实渊博的知识结构和多元化的能力，这是每个教师应具备的最基本素养。

教师除了所学所教的专业知识之外，还要有足够的教育学、心理学知识，了解教育对象的心理特点，了解教育教学的基本规律和理论；同时还要有相应的自然学科和人文社会科学知识等。在能力方面，除了具备流畅的语言表达能力、良好的思维能力等基本能力之外，教师还要具备计划和实施教学能力、组织管理能力、评估学生的能力、有效沟通能力、发展创新能力等多元化的能力素养。

2. 教师的个性特征

俄国教育家乌申斯基曾说过："教师的人格就是教育工作者的一切，只有健康的心灵才有健康的行为。"教师良好的个性特征不仅会影响学生个性发展，而且对学生的能力、品德等各方面的形成和发展也具有促进作用，对学生的心理健康也有重要的影响作用。

但在研究过程中，由于所调查的学生阶段和年龄不同，得到的学生所认可的教师个性特征也各不相同。研究表明小学生喜欢耐心温柔、幽默有趣的教师；初中生喜欢幽默风趣、和蔼可亲、温柔善良、平易近人、善解人意等个性特征的老师；高中生喜欢个性活泼开朗、幽默风趣、与学生有良好的情感交流等的老师；大学生喜欢治学严谨、态度和蔼、平易近人、幽默风趣的教师。

教育部《小学教师专业标准（试行）》和《中学教师专业标准（试行）》中均指出，教师应具有"富有爱心、责任心、耐心和细心，乐观向上、热情开朗、有亲和力、善于自我调节情绪、保持平和心态"等个人修养与行为标准，这也是对教师个性品质的基本要求。

### 3. 教师的道德品质

教师的道德品质是教师在从事教育活动的过程中所表现出来的与教师职业道德规范和行为准则相关的比较稳定的内在品质，是教师通过自我努力将教师职业伦理关系中所蕴涵的"为教之理"和"为师之道"内化为"为师之德"的结果。[1] 我国不同时期对教师道德品质的具体要求不同，古代强调"学而不厌、诲人不倦；以身作则、为人师表；热爱学生、关心学生；因材施教、循循善诱；闻过则喜、改过迁善；严于律己、宽以待人"，而现代更强调"爱岗敬业、关爱学生、严谨治学、为人师表"。[2]

特别是在当今时代，我们强调教师要"以德立身、以德立学、以德施教"，成为"传播知识、传播思想、传播真理，塑造灵魂、塑造生命、塑造新人"的"人师"，因此对教师的道德品质提出了更高的要求，同时对"失德"教师采取"零"容忍的规范措施。学识再高，在道德素养上不能以身作则，不能为人师表，就不能称之为"师"。

2008年，教育部《中小学教师职业道德规范》提出"爱国守法、爱岗敬业、关爱学生、教书育人、为人师表、终身学习"的师德要求，2018年又提出了《新时代中小学教师职业行为十项准则》，进一步规范教师行为，成为当代教师的职业标准。

## 第二节 教师的成长与发展

### 一、教师的成长阶段

教师的专业成长是一个动态变化的过程，但存在一些标志性的阶段。许多研究者从不同的视角对教师专业成长阶段作出了具体的描述和分析。

**（一）富勒的三阶段说**

富勒（F. Fuller）等人根据教师的需要和不同时期所关注的焦点问题，把教师的成长分为关注生存阶段、关注情境阶段和关注学生阶段。

1. 关注生存阶段（concerns about survival）

这是教师成长的起始阶段，处于这一阶段的一般情况下是刚入职的教师。他们往往非常关注自己的生存适应性问题，在意自己在学生、同事和领导心目中的形象，最担心的问题是"领导喜欢我吗？""学生喜欢我吗？"等。出于这种生存忧虑，他们会把大量的时间用来搞好人际关

---

[1] 邹顺康.论教师职业道德品质的培养[J].道德与文明，2008，3：78-81.
[2] 严虹.新中国成立70年来我国师德要求的回顾与展望——基于国家教师制度的文本分析[J].当代教育论坛，2020，299(5)：1-9.

系,如积极和学生沟通,与同事交流等。

2. 关注情境阶段(teaching situations concerns)

当教师感到自己已经适应了工作岗位,与同事、学生关系融洽稳定时,他们便会把关注的焦点转到关注情境上。这个阶段的教师会将注意力集中在努力钻研教学,提高教学工作质量和学生的学习成绩上。因此,他们会关心班集体建设,关心如何教好每一堂课,关注自己的教学方式是否合适、备课是否充分、教学质量如何提升等问题。在这一时期,教师会通过观摩、交流等方式逐步提升个人的教学水平。

3. 关注学生阶段(concerns about students)

当教师顺利度过前两个阶段之后,开始考虑学生的个体差异和个体需求,认识到不同发展水平的学生有不同的需要,因此会根据学生的个体差异采取合适的教学方式,指导和促进学生的发展。处于这个阶段的教师,践行"因材施教"的教育理念,教学活动更具有针对性和有效性。因此,能否自觉关注学生是衡量一个教师是否成熟的重要标志之一。

(二) 伯利纳教师成长五阶段说

伯利纳(D. C. Berliner)在对教师教学专长发展的研究中,受人工智能研究领域中"专家系统"思路的启发,认为教师的成长是由教学新手成长为教学专家的过程。

1. 新手阶段(novice level)

新手水平的教师是师范生或刚进入教学领域的教师。在这一阶段,教师的任务是学习一些陈述性知识,如一般的教学原理、教材内容知识和教学方法等,并熟悉课堂教学的步骤和各类教学情境,获得初步的教学经验。

2. 熟练新手阶段(advanced beginner level)

一般入职2～3年的教师处于这一阶段。这一阶段的教师已经从实际的教学过程中积累了一些经验,意识到了教学情境的相似性,能够把过去所学到的陈述性知识和当前获得的经验相结合,也会运用一些教学策略来调整和控制自己的行为。但是,他们对自己的行为或课堂中教学事件的控制还是在无意识的情况下进行的,他们也不能确定教学事件的重要性。因此,此阶段的教师的课堂管理与教学活动带有很大的偶然性、盲目性。

3. 胜任阶段(competent level)

这一阶段的教师已经积累了更多的教学经验,能够按照个人的想法自由处理教学事件,依据自己的计划对所选择的信息做出反应,在教学活动中,能确定课堂中教学事件的主次,并能够对所做的事情承担更多的责任。处于此阶段的教师对教学目标的完成有较强的自信心,但是他们的教学能力仍然达不到迅速、流畅与变通的水平。

4. 业务精干阶段(proficient level)

处于此阶段的教师对课堂教学情境和学生的反应有敏锐的感知力,并能做出相应的反应。他们从积累的大量丰富的教学经验中总结出不同的教学事件的共性,进而考虑到事物的相互联系,形成事件间的模式识别能力。因此,他们往往能够准确地控制课堂教学活动与预测学生的学习反应,并能根据课堂教学的进行及学生的学习反应及时调整自己的教学计划,控制自己的教学进度,教学行为已经达到了快捷、流畅和灵活的程度,教学技能接近认知自动化水平。

5. 专家阶段(expert level)

专家型教师对教学情境不但有直觉的把握,而且能以非分析性、非随意性的方式,理智、灵活地做出合适的反应。达到此阶段的教师知道在什么时间和什么地方该做什么,与前几个阶段的教师相比,他们对教学情境中的问题解决不仅达到了快捷、流畅和灵活的程度,而且已经达到了完全自动化的水平,采用的方法也更加多种多样。针对复杂程度不同的教学情境,具有专家水平的教师会采取不同的处理方式:当不熟悉的教学事件发生时,他们进行有意识的思考,采取谨慎的解决方法;当教学事件进行得十分流畅时,他们的课堂行为就成了一种"反射性的行为"。

## 二、新手型教师和专家型教师的比较

一般认为,专家型教师是指那些在教学领域中,具有丰富的组织化了的专门知识,能高效率地解决教学中的各种问题,富有职业的敏锐的洞察力的教师。如果一个教师从入职开始,各方面能力得到充分的发展,在教育教学水平上达到很高的造诣,那么就会成为一名专家型教师。比较新手型教师和专家型教师的差异,对于探究教师的成长和发展具有重要指导意义。专家型教师和新手型教师的差异,可从课时计划的制订、课堂教学过程和课后教学评价三个方面具体表现出来。

### (一)课时计划的差异

对教师课时计划的分析表明,与新手型教师相比,专家型教师的课时计划简洁、灵活,以学生为中心且具有预见性。具体表现为:

**1. 简洁性**

专家型教师的课时计划只是突出了课程的主要步骤和教学内容,并未涉及一些细节。他们认为,这些教学的细节方面是由课堂教学活动中学生的行为所决定的。他们可以从学生那里获得一些关于教学细节的问题。相反,新手型教师的课时计划往往依赖于课程目标,他们会将更多的时间用在课时计划的细节上,如怎样呈现教学内容、针对具体问题设计方法、仔细安排某些课堂活动等,不能够把课堂教学计划与课堂情境中学生的行为联系起来。

**2. 灵活性**

专家型教师在制订课时计划时,能根据学生的先前知识来安排教学进度,课时计划有很大的灵活性。而新手型教师仅仅按照课时计划去做,并想办法去完成它,却不会随着课堂情境的变化来修正他们的计划。

**3. 预见性**

专家型教师会在头脑中形成包括教学目标在内的课堂教学表象和心理表征,并且能预测执行计划时的情况。而新手型教师则认为自己不能预测计划执行的情况,因为他们往往更多地想到自己做什么,而不知道学生将要做什么。

### (二)课堂教学过程的差异

**1. 课堂规则的制定与执行**

专家型教师制定的课堂规则明确并能坚持执行,而新手型教师制定的课堂规则较为含糊,不能坚持执行。

专家型教师能够鉴别学生的哪些行为是合乎要求的,哪些行为是不合乎要求的,从而集中关注于学生应该做的和不应该做的事情。他们知道许多课堂规则是可以通过练习与反馈来习得的,是一种可以习得的技能,所以他们能教会学生一些重要的鉴别课堂活动的能力,如上课时老师声音太小的含义;一个人是否可以削铅笔,教师步伐的快慢意味着什么;课堂需要的行为是怎样的,以及自己应有怎样的表现等。而新手型教师却不会这么做,在阐述规则的时候,他们往往是含糊其词的。

在课堂规则的执行上,专家型教师与新手型教师也有差异。在课堂教学的关键时刻,如果有人进来扰乱了课堂秩序,专家型教师往往不予理会,也不会离开教室。相比之下,新手型教师则会离开教室,去与此人说话,而把正在上课的学生撂在一边。

2. 吸引学生的注意力

专家型教师有一套完善的维持学生注意的方法,在课堂教学中运用不同的技巧来吸引学生的注意力,如声音、动作及步伐的调节;预先计划好每天的工作任务,使学生一上课就开始注意和立刻参与所要求的活动;从一个活动转移到另一个活动,或有重要的信息时,能提醒学生注意。新手型教师则相对缺乏这些方法,他们往往在没有暗示的前提下,就要变换课堂活动;遇到突发的事情,如有课堂活动之外的事情干扰,就会自己停下来,但却希望学生忽略这些干扰。

3. 教材的呈现

专家型教师在教学时注重回顾先前知识,并能根据教学内容选择适当的教学方法。他们通常是用导入式,从几个实例出发,慢慢地引入要讲的教学内容;或者引入之前的课程内容,在上课之前往往说"记得我们已经学过……";但新手型教师则常说:"今天我们开始讲……",一上课就开始讲一些较难的和使人迷惑的教学内容,而不注意此时学生是否已进入课堂学习状态。

4. 课堂练习

专家型教师将练习看作是检查学生学习的手段,新手型教师仅仅把它当作必经的步骤。在学生做练习时,专家型教师往往是这样做的:提醒学生在规定的时间内做完练习,帮助他们把握做作业的速度;在教室里来回走动,以便检查学生的作业情况;对练习情况提供系统的反馈(如为每一个学生设置一个小本子,用来记录他们的作业情况,或者在课堂上留一部分时间来订正作业等);关心学生是否学会了刚才教的知识,而不是纪律问题。新手型教师则是这样做的:对课堂练习的时间把握不准,往往延时;只照顾自己关心的学生,不顾其他学生;对练习无系统的反馈;要求学生做作业时要安静,并把这看作是课堂中最重要的事情。

5. 家庭作业的检查

专家型教师具有一套检查学生家庭作业的规范化、自动化的常规程序。专家型教师在上课时首先开始点名,做完了作业的学生回答"有",反之就回答"没有",并把自己的名字写在黑板上,这样教师就知道有多少人完成了作业和多少人没有做完作业;接着教师问每道题目的答案,要求学生一起回答,如果学生回答的声音减弱下来,说明这道题较难,教师就记录下这个问题。这一过程中,学生也能更清楚地了解到自己的作业情况。在给出所有的正确答案后,教师询问并记录每道题做对的学生有多少,整个过程只需两分钟。相比之下,新手型教师则要花上六分钟的时间检查家庭作业,首先他问全班谁没有做家庭作业,于是学生的行为各异;接着教师要求他认为最差的学生回答各题的答案,但是此学生回答得相当慢;最后教师纠正错误并给出正确答案,但没有详细了解学生每道题的作答情况。

6. 教学策略的运用

专家型教师具有丰富的教学策略,并能灵活应用。在提问策略与反馈策略上,专家型教师会提更多的问题,促进学生进一步思考,且在学生自发的讨论中,更可能给出反馈。但新手型教师缺乏或者不会运用教学策略。

在对学生发出的非言语线索上,专家型教师能利用线索来判断和调整教学,对学生线索做出反应,是一种即时创作的能力。研究发现,新手型教师往往只注意课堂中的细节,且难以解释他们看到的事情间的联系,而专家型教师则试图从这些活动中做出一些推论,他们能运用经验和教学法知识来解释这些活动,推测活动与活动情境的关系,关注一些异常行为,并试图加以解释。

在处理学生分心问题上,专家型教师常常采用一些课堂管理策略,如某个专家教师对一个正在说话的学生说:"彤彤,我知道你已经了解了许多关于蝴蝶的事情,现在请你认真地帮我把这表填完。"这样的言语就使该生的注意力重新回到课堂,且没有打乱课堂上其他人的学习。而新手型教师最初是忽略这种行为,等到这种行为将要扰乱整个课堂教学时,他就不得不中断教学,去惩罚这个学生,而这样的惩罚往往会影响整个课堂教学。

### (三) 课后教学评价的差异

在课后评价时,专家型教师和新手型教师关注的焦点不同。专家型教师关心那些他们认为对完成目标有影响的活动,多谈论学生对新材料的理解情况和他认为课堂中值得注意的活动,很少谈论课堂管理问题和自己的教学是否成功。新手型教师的课后评价更关注课堂中发生的细节,如板书情况、学生在课堂中的纪律、课堂参与度以及自己在上课时讲解是否清楚等。

## 三、教师的成长和培养途径

#### 1. 观摩和分析优秀教师的教学活动

准教师和刚入职的教师,想要学习如何教学,可以观摩和分析优秀教师的教学活动,通过对优秀教师的观察,了解教学的基本流程、课堂互动方式、教师的教学方式与风格等以促进专业水平的提高。

观摩可以是组织化的观摩,也可以是非组织化的观摩。组织化的观摩一般在观摩之前制订较详细的观察计划,确定观察的主要行为对象、角度以及观察的大致程序,也可以进行有组织的讨论分析。而非组织化的观摩则是指没有明确的目的和计划的观摩,这种观摩形式对观摩者有较高的要求,需要观摩者有相当完备的理论知识和洞察力,否则就是"外行人看热闹",难以达到观摩学习的目的。因此,组织化的观摩更适用于刚入职的新手型教师和欠缺教学经验的年轻教师。

观摩可以是现场观摩,也可以是观看优秀教师的教学录像。现场观摩就是进入优秀教师的教学课堂,作为一名旁观者的"学生"进行观摩。采用这种方式进行观摩,个体的参与感和体验感更强,除了可以从教学方面获得更为直接的教学经验,也可以从学生的角度了解教师教学风格、教学方式等带给学生的体验。而优秀教师的教学录像则可以反复观看、分析,不受时间限制。通过观摩分析,学习优秀教师驾驭专业知识、进行教学管理、调动学生积极性方面的教育机智和教学能力,对于教师的成长和发展大有裨益。

#### 2. 开展微格教学

微格教学(microteaching)又称微型教学、小型教学,指以少数学生为教学对象,在较短的时间内(5~20分钟)尝试小型的课堂教学。微格教学是一种利用现代化教学技术手段来培训师范生和在职教师教学技能的系统方法。在这种教学过程中可以进行录像,在课后可以进行再分析。美国教育学博士艾伦(D. W. Allen)认为微格教学"是一个缩小了的、可控制的教学环境,它使准备成为或者已经是教师的人有可能集中掌握某一特定的教学技能和教学内容"。

微格教学实施的基本程序是:① 在进行微格教学前,明确所要分析对象的教学行为,作为需要着重分析的问题,如解释方法、提问方法等;② 观看有关的教学录像,指导者说明这种教学行为的特征和要点,确保实习生或新手型教师能理解;③ 实习生或新手型教师制订微格教学的教学计划,以少数学生为对象进行实际的教学,在教学过程中录音或录像;④ 实习生或新手型教师和指导者一起观看录像,分析自己的教学行为,找出问题,并探索可能改进行为的方法;⑤ 在分析和评论第一次教学录像的基础上,再次进行微格教学,这时要考虑改进教学的方案;⑥ 进行以另外的学生为对象的微格教学,并录音录像;⑦ 和指导者一起分析第二次微格教学。第二次微格教学完成后,可继续重复前面的四、五、六、七步骤,直至满意为止。

微格教学的特点简单来说就是"训练课题微型化、技能动作规范化、记录过程声像化、观摩评价及时化"。微格教学使得教学效果反馈及时,能够对教师的教学过程进行详细的分析,增强了改进教学的针对性,因而往往比正规课堂教学经验更有效。

3. 教学决策训练

教师的教学过程包含着一系列的决策,如确定教学目标、拟订课堂教学方案、在教学过程中判断自己的教学行为所引起的学生反应是否符合期望,以及如何调整个人行为、教学进度等。20世纪70年代以后,受认知心理学和决策行为学的影响,教学领域对教师决策过程的思维研究成为教学研究的热点问题。教学决策是指,教师在一定的教育价值观和知识信念等主观因素影响下,在特定的决策情境中,为实现教学目标的有效达成,有意识地探索、判断、选择教学实施方案的过程。[①] 教学决策过程是对课堂教学系统的各组成部分、各环节进行分析、判断、调节、优化组合的过程,决定着教学的质量。而教师的决策水平与教师的教学经验、职业心理特点及心理素质密切相关。

已有的研究表明,让教师或实习生进行教学决策的训练可以提高教师的教学能力。特韦尔克(P. A. Twelker)设计了决策训练的程序,事先向接受训练的教师或实习生提供有关所教班级的各种信息,包括学业水平、学习风格、班级气氛等,可以是印刷资料也可以是录像资料等。然后让他们观看教学实况录像,从中汲取自己认为重要的成分。在此过程中,指导者一面呈现出更恰当的行为,一面给予说明。通过这种方法,教师和实习生可以获得类似于实际上课的经验,并且可以获得指导者及时的解释说明。这种方法不仅可以改善他们的教学行为,而且可以使他们对决策的有效线索更加敏感,这正是专家型教师的重要特征。

4. 教学反思

教学反思是指教师对自己的教学活动以及与之相关的教育教学理论进行积极深入的思考,并通过思考调节教学活动的过程。只有学会对自己的教学过程进行分析、审视和批判,并能"取其精华,去其糟粕",才能在接下来的教学过程中不断提升个人的教学能力和水平,优化教学效果。美国教育心理学家波斯纳(G. J. Posner)曾提出:"教师成长=经验+反思",即教师的成长是在不断积累教学经验和教学反思的过程中得以实现的。我国教育学家叶澜教授也曾指出,一个教师写一辈子的教案,不一定会成为名师;如果一个教师能写三年反思,就有可能成为名师。反思是教师深入了解自我教学水平和特点、持续学习和不断改进、提升个人教学能力的过程。

教学反思既包括教学前的反思,也包括教学中的反思以及教学后反思。① 教学前的反思是指教师在上课前需要深入思考所要教授学生的特点,以"以学生为本"的教学理念为指导,衡

---

[①] 张朝珍.论教师教学决策优化的概念与标准[J].教育学术月刊,2008,6:9-11.

量教学内容及教学方法的适宜度,预测学生可能的反应、疑问点等问题。通过在教学前对教学对象、教学内容、教学设计等方面的反思,及时调整不合适的地方,能使教学更贴合学生实际,使有效教学成为可能。② 教学中的反思是指教师在实施教学活动的过程中,通过对学生学习状况的观察,了解学生学习的态度、教学内容的接受度等问题,及时调整教学方法及进度,以便更有效地促进教学的开展。③ 教学后的反思是指在教学活动结束后,教师对整个教学设计、教学方法、教学过程等各方面进行全方位的分析和反思,通过对教学活动的整体反思,达到提升个人教学设计能力,提升教学水平和教学质量的目的。

## 第三节 教师心理健康的维护

### 一、教师心理健康的含义与标准

#### (一)教师心理健康的含义

教师心理健康是指教师在身体、智能以及情感上能保持和谐状态,并将个人心境发展为最佳状态。由于教育对象的特殊性,学生具有很强的"向师性""亲师性"特点。对教师而言,心理健康水平高低不仅影响个人,还影响学生的心理健康状况,"师源性心理伤害"就是由于教师自身的心理素质或心理健康问题,在教育教学过程中采取不当言行对学生造成的心理伤害。例如,言语粗暴或使用带有侮辱性的语言、身体攻击或变相体罚等,易使学生产生恐惧、焦虑、抑郁等不良情绪,出现厌学、辍学现象,更为严重的可能会产生自伤、自杀等行为。因此,在强调关心、关注学生的心理健康时,也要关心、关注教师的心理健康。

#### (二)教师心理健康的标准

教师职业的特殊性决定了其心理健康的标准既要符合一般心理健康的要求,又要与教师的职业要求相关联。综合来看,教师的心理健康标准主要包括以下几个方面:

1. 认同教师角色

身为教师,对自己的教师身份和角色有充分的认知和接纳,并且有强烈的认同感,才能够积极投身于教学工作中,乐于教育教学工作,才能以饱满的热情和积极的态度对待学生,在工作中体会较高的成就感和价值感。

2. 自我意识健全

自我意识是个体对自己身心状态及自己与客观世界的关系的意识,在个性系统中具有重要作用。良好的自我意识是指教师能够客观、全面地认识自己,也能够正确看待他人的评价,既看到自己的优点又能正视自己的不足,不妄自尊大也不妄自菲薄,积极接纳自我。对现实环境有正确的认知,能平衡自我和现实、理想与现实的关系,合理制定个人发展愿景和工作目标,具有良好的自我调控能力。

3. 情绪稳定乐观

情绪稳定乐观是心理健康的主要标志。主要表现在教师在生活和工作中,快乐、喜悦等积极情绪体验多于难过、焦虑等消极情绪体验,积极情绪占主导地位;且情绪反应与客观刺激相适应;能较好地应对工作压力和生活压力,始终保持乐观和积极的心态。但心理健康不意味着个体不能有消极情绪,而在于消极情绪持续的时间长短、表达的合适性及个体的自我调控等因素。情绪的稳定性表现在教师能主动、有效地调控个体的情绪以适应外部环境,情绪表达适度、适可而止。

4. 人际关系良好

人际关系是人与人之间由于交往而产生的一种心理关系。良好的人际关系就是在生活或工作过程中乐于与人交往,有良好的人际关系;能够在交往中保持个体独立的人格特征,又能够尊重、信任、理解和包容他人,与他人友好相处;能够客观公正地评价他人,不以貌取人,也不以偏概全;能与他人进行真诚的沟通,在集体活动中能够协调一致、相互合作。

教师在教育工作中的人际关系主要包括教师同领导的关系、教师之间的关系、教师与学生的关系、教师与家长的关系。良好的人际关系表现在教师能够乐于与领导、同事、学生、家长等建立友好、协作关系,融洽相处,能够彼此尊重、理解、沟通,态度积极、诚恳。

5. 适应教育环境

心理健康的教师能够客观地认识教育环境,对教育改革与发展要求有客观的认识和判断,能够接受教育工作中的变化和挑战,积极调整自己适应教育改革的要求,不断学习、完善自己,创新性地开展教育教学工作。

## 二、教师常见的心理问题

幼儿园教师、中小学教师、高校教师的教育对象不同,工作压力不同,其心理健康状况也有所不同。但从总体上来说,教师常见的心理问题主要有以下几个方面:

1. 适应不良

适应不良就是个人与环境不能取得协调一致。教师在入职后的最初几年需要根据职业要求通过调整自身的知识结构、行为方式等来适应新角色的需求,如若不能顺利过渡,则会出现各种各样的问题。如若不能很好地完成角色的转变,按照教师的角色要求调整和约束自己的言行,则容易出现言行失范现象;或者不能将所学知识很好地转化为教学技能,出现教学困难;或者不能接受个人对教育教学的高期望与现实的落差,出现较大的心理冲击;或者面对班级中调皮捣蛋的学生无所适从、力不从心等。

教师适应不良的思想根源主要来自两方面。一方面,职前的培训和训练不足,对教师的职业角色认识不到位,或者在现实生活中获得了错误的经验;另一方面,来自指导自己生活行为的准则和信条。这些准则和信条可能是不现实的、过时的、似是而非的、或是过分强调的,因此容易导致不良的行为习惯。[①]

2. 职业倦怠

职业倦怠(burnout)由美国临床心理学家弗罗伊登伯格(H. J. Freudenberger)在 1974 年首次提出,也有人译为职业枯竭或工作耗竭。教师职业倦怠是用来描述教师不能顺利应对工作压力时的一种极端反应,是教师在长时期压力体验下而产生的情感、态度和行为的衰竭状态。已有的研究发现,教师工作压力过大、社会和学校的期望过高、个人应对能力不足、在工作中个人成长不足等都会使教师出现职业倦怠。

马斯拉奇(C. Maslach)等人在研究过程中提出职业倦怠包括三个维度:① 情绪耗竭(emotional exhaustion),即感到自己的能量和资源耗尽、用完;② 去人格化(depersonalization)即表现出刻意与工作对象保持距离,对工作对象和环境采用麻木、冷漠、忽视的态度;

---

① 伍新春. 中学生心理辅导[M]. 高等教育出版社,2010:313.

③ 低个人成就感(reduced personal accomplishment)，即倾向于消极地评价自我和工作，自我效能感降低，工作的意义和价值感低。其中，情绪耗竭是职业倦怠的核心维度。

3. 人际关系问题

教师人际关系问题是指教师在工作过程中建立起来的不稳定、不和谐的心理关系。如教师与同事之间形成的不良竞争关系，或不能很好地处理与学生之间的矛盾冲突，或不知道如何与学生家长沟通等问题，都是教师在工作中经常遇到的困扰。

在教师的人际关系问题中，最明显的是师生关系问题。有些教师过度强调教师权威，对学生过于专制，容易引发师生冲突；但有些教师为了明哲保身，对学生不管不顾，无视教师的教育职责，也是不能很好地应对师生关系的表现。在教师与家长的关系处理上，也有很多教师存在困惑，比如和家长沟通孩子的情况，如果说孩子的不足多了，家长会认为老师是在告状；如果说孩子的优点多了，家长会认为老师在和稀泥。所以该以什么样的方式沟通，沟通哪些方面等，都是教师经常遇到的问题。

4. 情绪问题

教师的情绪问题表现在很多方面，如抑郁、焦虑、担忧等。抑郁通常表现为情绪的衰竭、长期的精神不振或疲乏、对外界事物失去兴趣、对学生淡漠等。焦虑主要表现为持续的忧虑和高度的警觉，如过分担心自己的人身安全问题；弥散性的、非特异性的焦虑，如说不出具体原因的不安感，无法入睡等；预期焦虑，如不怎么关心现在正在发生的事情，而是担心以后可能发生的事情。调查显示，教师对学生的学习成绩的担忧情绪十分明显。除此之外，教师情绪易激惹、情绪的自我调控能力不足等也是常见的情绪问题。

5. 常见的身心疾病

身心疾病又叫心理、生理疾病，是指与心理因素关系密切的躯体疾病。已有的研究发现，教师的心理健康问题中躯体化表现明显。教师常见的身心疾病有冠心病、高血压、消化性溃疡病、肠胃疾病、紧张性头痛和偏头痛等。同时，神经衰弱、失眠也往往是因为工作压力大而造成的身心疾病。

## 三、教师心理健康的维护

2012年，教育部印发《中小学心理健康教育指导纲要》指出，要重视教师的心理健康教育工作。因为教师心理健康教育作为教师教育和教师专业发展的重要方面，[①]对学生的成长和发展、教师专业化发展、教育的可持续发展起着至关重要的作用。[②]

一般来说，教师心理健康的维护可以从社会层面、学校层面、个体层面着手：

### (一) 社会层面

从社会层面来说，维护教师的心理健康，需要针对教师构建社会、学校、家庭等多重支持网络，通过一定方式给予物质和精神支持，使教师体验到被尊重、支持和理解的积极情感。

1. 营造"尊师重教"的社会氛围

从社会氛围上，要通过大众传媒等多种途径，营造尊师重教的社会舆论，引导人们正确认识教师角色的特定职能和规范，塑造良好的教师形象。

---

[①] 苟晓玲,彭玮婧,刘旭.全域视野下教师心理健康教育素养：内涵、构成与发展路径[J].当代教育论坛,2020,298(4):40-47.
[②] 罗小兰.中学教师心理健康、胜任力与工作投入关系的实证研究[J].教育理论与实践,2015,35(25):43-46.

同时，政府应该通过各种政策的制定，维护教师的合法权益，增加教育投入，改善教师的工资、收入、住房、医疗等物质待遇，为教师的心理健康发展提供一个有基本保障的外部环境。

2. 调整对教师的期望

在社会中存在着两种极端的看法，人们要么认为教师无所不能，从而产生过多的不切实际的期望，把孩子的教育、成长完全寄托在教师的身上，如果孩子学习不好、行为出现问题，一切罪责都是教师的；要么认为当前的网络课程、辅导班等对孩子的教育功不可没，而教师就是哄着孩子玩的"孩子王"，忽视教师在教育中的重要作用，对教师的教育行为嗤之以鼻。这两种极端的看法都没有真正认识到教师在教育中的作用和价值，对孩子的教育也会产生影响。因此，社会大众要正确认识教师的职业价值，改善对教师的不当期望，实事求是、客观公正地对待教师，使教师放下沉重的心理负担，愉快地从事教育教学工作，更好地培养学生。

### (二) 学校层面

从学校层面看，提高教师的心理健康水平主要从减少教师的压力源和加强保健措施两个方面出发。具体来说，主要有以下几种策略：

1. 重视师范生的心理健康教育

提高教师心理健康水平，需要从根源做起，即在各级各类师范教育中重视师范生的心理健康教育工作，提高师范生的心理素养，为其进入教育工作岗位后的身心健康发展奠定良好的基础。

2. 推行以人为本的管理模式，创设良好的学校人际环境

创设民主、宽松、和谐的学校人际环境是维护和促进教师心理健康的重要条件。因此，学校的各项规章制度的制定，应当在充分调研和了解教师的心理需求的基础上，结合学校的实际情况来进行。同时要提高教师对学校决策的参与程度。

3. 树立教师心理教育观念，健全教师心理教育机制

首先，建立教师心理健康状况定期测查制度，让教师了解自己的心理健康状况，为调整自己的心态提供依据。其次，采取听讲座、观看录像等多种形式，让教师掌握一些心理保健、心理卫生等方面的知识，使他们能够有效地进行自我调适。再次，采取适当的激励措施，鼓励教师积极参加体育活动、加强体育锻炼，通过体育运动增强体质的同时，排解和调节不良情绪。此外，应建立健全教师心理健康咨询服务机构，为教师的不良情绪和心理障碍提供疏导、排解的渠道。

### (三) 个体层面

1. 完善自我意识

在工作和生活中能够客观、全面地了解自己的能力和个性特征，客观分析自己的优缺点，在发扬自己的优点的同时，能够合理分析缺点和不足，不盲目自大，也不妄自菲薄。这样在遇到问题时才能够合理分析，正确归因，根据实际情况处理问题。

2. 学会自我情绪调节

情绪调节的方法有很多种，如我们经常所说的宣泄法（如哭一场、找家人或朋友倾诉等）、注意力转移法（如做其他喜欢做的事情如看书、运动、听音乐等）、自我暗示法（如在心中告诉自己"我有信心"等）、认知调节（如从另一个角度来看待事件）等。每个人喜欢的调节方式都不尽相同，因此尝试并寻找个体较为适合的情绪调节方式，对教师来说非常重要。

3. 建构社会支持网络

社会支持是指个体从其所拥有的社会关系中获得精神上和物质上的支持（社会关系是指

家庭成员、亲友、同事、团体、组织和社区等)。① 这些支持能减轻个体的心理应激反应，缓解精神紧张状态，提高社会适应能力。

首先，在家庭中建立社会支持系统。通过经常和家人沟通交流，让家人了解教师职业的特点及个人在工作中的状况，以及遇到的困难、问题及个人的感受等，进而使家人理解教师的工作和个人的实际状况，获得认同和支持。

其次，在工作中寻求志同道合的同事或伙伴。有共同的境遇或者有共同的爱好、共同的语言，彼此之间才能有更好的沟通交流，情感上有更好的相互慰藉；彼此之间有相同或相似的看法或观点，能让彼此感受到更多的被理解和被认同。

另外，如果遇到无法在生活中通过自我调适解决的心理问题，也可以寻求心理专家的帮助。

4. 注意劳逸结合

教师繁重的工作压力、过长的工作时间使很多人在身体和心理负荷超重的情况下疲于应付，处于亚健康状态，除了生理上的疲乏无力、食欲不振等表现外，在心理上主要表现出情绪低落、急躁易怒、记忆力下降、注意力不能集中、社交困难等种种不良表现。而劳逸结合、科学用脑对于教师缓解压力、提升健康水平具有重要意义。

首先，教师要学会时间管理。如要对事情的轻重缓急进行评估和分类，然后规划完成事情的时间，将精力充沛的时间安排完成最重要的事件，每天完成当天最重要的三件事；把碎片化的时间用来处理一些零碎事务。这样才能做到心中有数，更高效地工作。

其次，教师要发展自己的休闲活动方式。如跑步、散步、打球、做手工、听音乐等，特别是一些户外的活动，更有利于缓解疲劳、愉悦心情、恢复精力。

最后，要学会规律作息，保证睡眠质量。养成良好的作息习惯，避免长时间、长期熬夜现象，适当午休，保证睡眠质量，让大脑获得充分的休息。

## 本章小结

教师在教育工作中扮演着多种角色，既是教学的设计者、组织者和管理者，学生学习的指导者和信息源、促进者，是平等中的首席，又是反思者和研究者、终身学习者。教师的角色形成包括角色认知、角色认同、角色信念三个阶段。教师的心理特征主要包括教师的认知能力、个性特征、道德品质等方面。

教师的成长阶段理论主要包括富勒的三阶段说、伯利纳的教师成长五阶段说。专家型教师和新手型教师在课时计划的制订、课堂教学过程和课后教学评价等方面均存在着显著差异。教师的成长和培养途径主要有四个方面：观摩和分析优秀教师的教学活动、开展微格教学、进行教学决策训练、教学反思。

教师心理健康是指，教师在身体、智能以及情感上能保持和谐状态，并将个人心境发展为最佳状态。教师心理健康的标准包括：认同教师角色、自我意识健全、情绪稳定乐观、人际关系良好、适应教育环境。教师常见的心理问题包括适应不良、职业倦怠、人际关系问题、情绪问题和身心疾病问题。维护教师心理健康可以从社会、学校和个体三个方面入手。

---

① 刘晓，黄希庭.社会支持及其对心理健康的作用机制[J].心理研究,2010,3(1):3-8.

**知识练习**

1. 当代教师应扮演哪些角色？
2. 你认为优秀教师应具备哪些心理特征？
3. 教师成长与发展的基本途径有哪些？
4. 教师心理健康的标准有哪些？
5. 教师应如何应对职业倦怠？
6. 如何更好地增进教师的心理健康水平？

 **推荐读物**

陈琦,刘儒德.当代教育心理学[M].3版.北京师范大学出版社,2019.

吕洪波.教师反思的方法[M].教育科学出版社,2006.

邵清艳.教师反思力修炼[M].东北师范大学出版社,2010.

张怀春.教师心理健康[M].北京大学出版社,2016.

刘晓明,孙文影.教师心理健康教育[M].中国轻工业出版社,2008.

任勇.觉者为师:好教师成长之新境[M].华东师范大学出版社,2019.

托德·威特克尔,安奈特·布鲁肖.给教师的40堂培训课:教师学习与发展的最佳实操手册[M].2版.张乐,译.中国青年出版社,2019.

露易丝·海.生命的重建[M].徐克茹,译.中国宇航出版社,2008.

井上麻纪.谁来维护教师的心理健康:从预防到应对[M].薛鹏,译.中国人民大学出版社,2018.

克里斯蒂娜·马斯拉奇,迈克尔·P.雷特尔.过劳的真相:击败企业过劳[M].逸文,译.中国财政经济出版社,2004.

 **推荐课程**

慕课《中学生心理发展与辅导》先后被立项为河南省本科高等学校精品在线开放课程和河南省一流本科课程,由本书编委集体录制,任课教师可以通过"中国大学MOOC(慕课)"安排线上教学活动。该课程针对中学生心理发展特点,从"基本理论问题""学习、情绪与行为问题""个体成长与社会适应""学校心理卫生"四个方面规划教学内容,合理设计活动方案,并通过相关的心理辅导方式方法引导师范生自行设计心理辅导课程,让学生在学习过程中能够更好地指导自己的学习和生活,提升个人心理健康水平。同时,让学生更深入地了解未来工作对象中学生的心理特点及规律,明白中学生的心理问题的表现,掌握心理辅导的途径和方法,进而为更好地促进中学生的心理健康奠定基础。